Frank
Erfolgreiche Gestaltung der Kostenrechnung

GABLER EDITION WISSENSCHAFT

Unternehmensführung & Controlling

Herausgegeben von
Universitätsprofessor Dr. Wolfgang Becker
Otto-Friedrich-Universität Bamberg
und Universitätsprofessor Dr. Jürgen Weber
Wissenschaftliche Hochschule für Unternehmensführung (WHU) – Otto-Beisheim-Hochschule

Die Schriftenreihe präsentiert Ergebnisse der betriebswirtschaftlichen Forschung im Themenfeld Unternehmensführung und Controlling. Die Reihe dient der Weiterentwicklung eines ganzheitlich geprägten Management-Denkens, in dem das Controlling als übergreifende Koordinationsfunktion einen für die Theorie und Praxis der Führung zentralen Stellenwert einnimmt.

Stefan Frank

Erfolgreiche Gestaltung der Kostenrechnung

Determinanten und Wirkungen am Beispiel mittelständischer Unternehmen

Mit einem Geleitwort
von Prof. Dr. Jürgen Weber

Springer Fachmedien Wiesbaden GmbH

Die Deutsche Bibliothek - CIP-Einheitsaufnahme

Frank, Stefan:
Erfolgreiche Gestaltung der Kostenrechnung : Determinanten und Wirkungen am Beispiel mittelständischer Unternehmen / Stefan Frank. Mit einem Geleitw. von Jürgen Weber. - 1. Aufl..

(Gabler Edition Wissenschaft : Unternehmensführung & Controlling)
Zugl.: Koblenz, Wiss. Hochsch. für Unternehmensführung, Diss., 1999
ISBN 978-3-8244-7130-0

1. Auflage Dezember 2000

Ursprünglich erschienen bei Betriebswirtschaftlicher Verlag Dr. Th. Gabler GmbH, Wiesbaden, und Deutscher Universitäts-Verlag GmbH, Wiesbaden, 2000

Lektorat: Brigitte Siegel / Annegret Eckert

Fachverlagsgruppe BertelsmannSpringer.

www.gabler.de
www.duv.de

ISBN 978-3-8244-7130-0 **ISBN 978-3-322-99294-9 (eBook)**
DOI 10.1007/978-3-322-99294-9

Geleitwort

Die Kostenrechnung steht seit langem im Fokus der Forschung des Lehrstuhls für Controlling & Logistik der WHU. Dies gilt auch für deren Bezug zum Mittelstand. Eigene konzeptionelle Beiträge (z.B. in „Kostenrechnung im Mittelstand“) wurden durch empirische Arbeit unterstützt, insbesondere durch die Dissertation von Kosmider. Jüngste empirische Arbeiten kommen hinzu (Dissertationen von Aust und Reitmeyer, die beide in dieser Schriftenreihe erschienen sind). Dennoch bestand bis zur vorliegenden Arbeit ein erhebliches Forschungsdefizit hinsichtlich der Ausprägung der Kostenrechnung in unterschiedlichen mittelständischen Kontexten und ihrer Wirkung auf den Erfolg der Unternehmen. Ein Defizit, das durch die wenigen bislang vorliegenden empirischen Studien aufgrund deren methodischer (z.B. kleine Stichproben, rein deskriptive Ausrichtung) und konzeptioneller Begrenzungen (z.B. Vernachlässigung unterschiedlicher Rollen der Kostenrechnung) nicht reduziert werden konnte. Die vorliegende Arbeit setzt sich deshalb zum Ziel, eine umfassende empirische Untersuchung der Determinanten der Gestaltung und des Einsatzes der Kostenrechnung unter Einbeziehung internationaler Forschungsergebnisse und der Verwendung moderner statistischer Verfahren zu leisten. Diesem Ziel wird Frank in jeder Hinsicht gerecht. Von den vielen wichtigen Ergebnissen seien im folgenden nur einige wenige gesondert herausgehoben:

- Anders, als dies die vielen Postulate in der einschlägigen Literatur nahelegen, gilt für die Kostenrechnung im Mittelstand in den vergangenen 15 Jahren ein weitgehender Entwicklungsstillstand. Die empirische Analyse zeigt, daß hierfür strukturelle und personenbezogene Gründe maßgeblich sind. Kostenrechnung ist in der Tat kein über alle Unternehmen kritiklos zu stülpendes Instrument.

- Die Qualität und die Nutzung der Kostenrechnung hängt nicht von der methodischen Stringenz und Eleganz des Kostenrechnungssystems ab, sondern wesentlich vom Stand des Know-hows und der Aufmerksamkeit des Unternehmers. Hochkomplexe Systeme, wie sie dem Mittelstand in Form von Standardsoftware offeriert werden, sind kontraproduktiv.

- Ebenfalls von der Theorie abweichend nimmt die vom mittelständischen Unternehmen verfolgte Strategie keinen wesentlichen Einfluß auf die Gestaltung und Nutzung der Kostenrechnung. Vieles spricht dafür, daß diese Theorie-Praxis-Divergenz eher an der (falschen) Theorie denn an der Unkenntnis der Praxis liegt.

- Ein ähnlich – für die Kostenrechnungsvertreter – unbefriedigendes Bild ergibt sich beim Zusammenhang von Kostenrechnung und Unternehmenserfolg. Entsprechend theoretisch hergeleitet und methodisch erarbeitet, zeigt sich allgemein ein nur sehr schwacher und zudem kaum signifikanter Zusammenhang. Differenziert man nach Strategietypen, wird das Bild klarer, aber keinesfalls "kostenrechnungsfreundlicher".

Für Prospektoren sind nicht-monetäre Informationen deutlich hilfreicher, bei Defendern kann ein entscheidungsorientierter Einsatz der Kostenrechnung den Unternehmenserfolg negativ beeinflussen! "Zusammenfassend kommt der Kostenrechnung damit nur eine begrenzte Rolle bei der Schaffung und Umsetzung von Wettbewerbsvorteilen zu" (S. 231) - wahrlich eine für die weitere Forschung und insbesondere für praxeologische Aussagen schwerwiegende Erkenntnis!

Die vorliegende Arbeit baut sowohl inhaltlich als auch methodisch auf der kürzlich abgeschlossenen Arbeit von Aust auf (z.B. bei einigen Konstrukten und deren Operationalisierung). Trotz dieser Ausgangssituation ist die Frank'sche Arbeit in hohem Maße eigenständig, dies sowohl im Vorgehen wie im Ergebnis. So liefert sie mehrfach abweichende Ergebnisse, die mittelstandsspezifisch erklärbar sind. Wie bei Aust genügt das verwendete statistische Instrumentarium höchsten Ansprüchen und ist im Kontext empirischer Forschung zur Kostenrechnung im wesentlichen ohne Vorbild. Ähnlich positiv ist die Literaturarbeit zu beurteilen. Zusammen mit den durchaus als brisant einzuschätzenden Ergebnissen ist der Arbeit damit ein möglichst großer Leserkreis zu wünschen.

Prof. Dr. Jürgen Weber

Vorwort

Die vorliegende Arbeit wurde unter dem Titel „Kontext, Gestaltung und Erfolg der Kostenrechnung im Mittelstand – eine empirische Studie“ an der Wissenschaftlichen Hochschule für Unternehmensführung - Otto-Beisheim-Hochschule - in Vallendar im November 1999 als Dissertation angenommen.

Zum Gelingen dieser Arbeit haben zahlreiche Menschen beigetragen, denen ich an dieser Stelle herzlich danken möchte. Mein Doktorvater, Herr Professor Dr. Jürgen Weber, hat sich in ungewöhnlicher Weise persönlich und fachlich um diese Arbeit verdient gemacht und den Entstehungsprozeß der Arbeit durch laufende intensive Diskussionen und wertvolle Anregungen kritisch. Professor Dr. Dieter Pfaff von der Universität Zürich hat sich trotz seiner zahlreichen Verpflichtungen freundlicherweise bereit erklärt, das Korreferat zu übernehmen. Finanziell wurde die empirische Untersuchung freundlicherweise durch die Stiftung Industrieforschung (Köln) unterstützt. Zahlreiche mittelständische Geschäftsführer haben darüber hinaus durch ihre Bereitschaft zu Interviews im Rahmen der Vorstudie zu einem differenzierten Verständnis mittelständischer Charakteristika beigetragen.

Mein besonderer Dank gilt meinem ehemaligen Kommilitonen Dr. René Aust. Er hat auf Basis seiner eigenen Forschungstätigkeit durch fortlaufende Diskussionen und Ratschläge das Gelingen dieser Arbeit ganz erheblich unterstützt. Dr. Thorsten Reitmeyer hat durch seine prozeßorientierte Sichtweise unseres gemeinsamen Projekts wesentlich zur rechtzeitigen Fertigstellung dieser Arbeit beigetragen. Zu guter Letzt möchte ich meinen Eltern, meinem Bruder Andreas und insbesondere meiner Freundin Martina für ihre Unterstützung, ihre Geduld und ihr Verständnis danken.

Den Weg zurück in die Praxis haben die Ergebnisse der vorliegenden Arbeit, der Dissertation von Thorsten Reitmeyer sowie die Beiträge von Professor Dr. Jürgen Weber (hoffentlich) über eine weitere Publikation gefunden: Erfolgreich Entscheiden – der Managementleitfaden für den Mittelstand.[1] Dem eher an praxisorientierten Ratschlägen interessierten Leser sei dieses Buch empfohlen.

Stefan Frank

1 Weber, J., Reitmeyer, T., Frank, S., 2000.

Inhaltsübersicht

Inhaltsverzeichnis

Abbildungsverzeichnis

Tabellenverzeichnis

1 Einführung in die Themenstellung

1.1 Mittelständische Kostenrechnung – Relevanz für Wissenschaft und Praxis

Die empirische Forschung zum internen Rechnungswesen wurde in den vergangenen Jahren durch die Untersuchung sogenannter „best practices" dominiert, wie sie sich vorwiegend in führenden westlichen und japanischen Unternehmen finden. Die Fähigkeit dieser Firmen, neuartige Methoden – Prozeßkostenrechnung, Lebenszyklusrechnung und Target Costing mögen als Beispiele genügen – zu initiieren und mit entsprechenden Ressourcen umzusetzen, zieht die Aufmerksamkeit von Wissenschaft und Praxis auf sich. Diesen vorwiegend auf Gestaltungsfragen der Kostenrechnung konzentrierten Forschungsbemühungen liegt damit implizit die Überzeugung zugrunde, daß sich die Forschung zum internen Rechnungswesen an den innovativsten und erfolgreichsten Firmen ausrichten sollte.[1]

Mittelständische Unternehmen spielen in bezug auf die wissenschaftliche Untersuchung der Gestaltung von Führungsunterstützungssystemen nur eine geringe Rolle. Das Ausmaß der mangelnden Anwendung betriebswirtschaftlichen Basiswissens wird durch zahlreiche empirische Untersuchungen belegt. Ihr unzureichendes Rechnungswesen gilt seit langem als wesentliches Problemfeld, so daß die Forderung nach seinem Ausbau bereits vor über einem Jahrzehnt in der Politik artikuliert wurde, so 1984 von Otto Graf Lambsdorff:

> „Ein Unternehmen ohne ein zweckentsprechendes und angemessenes innerbetriebliches Rechnungswesen kann schlechterdings nicht im Sinne einer zielstrebigen rationalen Unternehmensführung gesteuert werden."[2]

Die Forderung der Wissenschaft, die Kostenrechnung für verschiedene dispositive Zwecke einzusetzen, und das Bekenntnis weiter Teile der Praxis zu einer entscheidungsorientierten Verwendung der Kostenrechnungsinformationen lassen auf den ersten Blick auch keinen Platz für Zweifel an der Stimmigkeit des Bildes einer funktionsfähigen entscheidungsorientierten Kostenrechnung. In der deutschen Unternehmenspraxis ergibt sich der Eindruck einer „heilen Kostenrechnungswelt":[3] Empfehlungen zum Ausbau und Einsatz der Kostenrechnung gehören zum Standard jeglicher Beschäftigung mit der Führung mittelständischer Unternehmen.

---

1 Vgl. Mitchell, F./Reid, G./Smith, J., 1998, S. 30.
2 Vgl. Lambsdorff, O. Graf, 1984, S. 12.
3 Vgl. Weber, J., 1996a, S. 926.

Angesichts des Informationsrückstandes mittelständischer Unternehmen gegenüber Großunternehmen[1] besteht eine zentrale Aufgabe des mittelständischen Controllings häufig im Aufbau eines adäquaten Informationssystems,[2] das regelmäßig den „Mittelpunkt des operativen Controllings"[3] mittelständischer Unternehmen bildet.[4] Eine größere betriebswirtschaftliche Durchdringung der häufig auf Basis von Intuition und Improvisation geführten Unternehmen gilt daher kontextunabhängig – ubiquitär – als erstrebenswert. Die Problematik mittelständischer Kostenrechnung erscheint vor diesem Hintergrund eher als Umsetzungs- denn als Erkenntnisproblem.

Die Einschätzung der hohen Bedeutung des internen Rechnungswesens wird durch seine Verbreitung in der Unternehmenspraxis allerdings bis in die jüngste Zeit nicht gestützt. Normative Vorstellungen stehen vielmehr im Gegensatz zu dem Befund, daß die Diffusion betriebswirtschaftlichen Basiswissens im Mittelstand seit Jahrzehnten stagniert und den erhobenen Forderungen nicht Rechnung trägt. Es ist eine erhebliche Diskrepanz zwischen idealtypischen Forderungen und betrieblicher Realität zu konstatieren. Angesichts dieses Befundes stellt sich die Frage, ob die konzeptionelle Weiterentwicklung der Kostenrechnung nicht wesentlich stärker als bisher durch die Untersuchung ihrer organisatorischen Rahmenbedingungen und Voraussetzungen begleitet werden sollte.

Im Gegensatz zum deutschen Sprachraum hat sich die internationale Forschung dieses Themas schon seit längerer Zeit angenommen. Ein wesentlicher Schwerpunkt der Forschungsbemühungen bestand in den vergangenen zwei Jahrzehnten gerade in dem Versuch, den Zusammenhang zwischen verschiedenen Ausgestaltungsformen der Kostenrechnung und ihren internen und externen Kontextfaktoren zu erklären.[5] Der universale Ansatz der Untersuchung der Gestaltung und Nutzung von Informationssystemen, wie er beispielsweise in der Arbeit von Hofstede (1968) (noch) zum Ausdruck kommt,[6] wurde dabei zugunsten eines differenzierteren Vorgehens unter Berücksichtigung verschiedener Kontextfaktoren aufgegeben. In der weiteren Entwicklung hat sich der Forschungsschwerpunkt kontingenztheoretischer Arbeiten parallel zur Entwicklung der Organisationstheorie von normativen Apriori-Aussagen immer stärker zu empirischen Untersuchungen verlagert.[7] Die Beurteilung des

---

1 Vgl. Kellerwessel, P., 1984, S. 89.
2 Vgl. Kosmider, A., 1993, S. 81.
3 Vgl. Kosmider, A., 1993, S. 23.
4 Vgl. Amman, H., 1989, S. 55; Lachnit, L./Amman, H., 1989, S. 37; Horváth, P./Weber, J., 1990, S. 293; Schuster, P., 1991, S. 89; Weber, J., 1992a, S. 959.
5 Vgl. Otley, D.T./Wilkinson, C., 1988, S. 147; Dent, J., 1990, S. 9; Littkeman, J., 1997, S. 863.
6 Vgl. Hofstede, G., 1968.
7 Vgl. Dent, J.F., 1990, S. 10.

erreichten Forschungsstandes divergiert stark und reicht von „valuable insights“[1] bis zur Forderung nach einer grundsätzlichen Neuorientierung der Forschungsbemühungen.[2]

Die wissenschaftliche Diskussion im deutschen Sprachraum berücksichtigt diese Arbeiten zu einer entscheidungsorientierten, situationsgerechten Kostenrechnung in entsprechenden Beiträgen bisher allerdings nur kursorisch[3] oder vernachlässigt sie teilweise völlig.[4] Auch in empirischen Studien des deutschsprachigen Raums ist keine Orientierung an internationalen Arbeiten zu erkennen.[5] Nicht nur in bezug auf die mittelstandsspezifischen Besonderheiten, sondern auch in bezug auf die Berücksichtigung situativer Einflußfaktoren droht ein Perpetuieren des umfassenden Gültigkeitsanspruches der entscheidungsorientierten Systeme der Kostenrechnung.[6] In jüngerer Zeit wurde daher in diesem Zusammenhang mehrfach die Forderung erhoben, internationale Beiträge verstärkt in die Forschung zum internen Rechnungswesen einzubeziehen.[7] Die vorliegende Untersuchung möchte einen Beitrag zur Auseinandersetzung mit diesen Forschungsergebnissen leisten.

Ein weiterer bisher vernachlässigter Ansatzpunkt für Forschungsbemühungen in der Diskussion um die Adäquanz betrieblicher Informationssysteme ist die Frage nach dem Erfolgsmaßstab der Kostenrechnung. Der Begriff des Erfolgs der Kostenrechnung wird in der Literatur äußerst uneinheitlich verwendet. Der Nutzen oder Erfolg der Kostenrechnung ist für ein Unternehmen in direkter Form im Einzelfall nicht ermittelbar bzw. darüber hinaus nur schwer kommunizierbar.[8] Ein Unternehmen hat eben eine Kostenrechnung.[9] Häufig bleibt daher unklar, auf welchen Maßstab sich Empfehlungen beziehen. Die Vorschläge reichen dabei von systemnahen Parametern, wie dem Aufruf von Bildschirmmasken, bis zu sehr weitreichenden organisationsbezogenen Parametern, wie der Verbesserung der Management- und Entscheidungsqualität. Die traditionelle Literatur zum internen Rechnungswesen legt in diesem Zusammenhang häufig als Erfolgsbegriff die Adäquanz der gelieferten Informationen für bestimmte Entscheidungen oder die Zufriedenheit des Managements mit den bereitgestellten Informationen zugrunde: Werden Kostenrechnungsinformationen von den Führungskräften als ausreichend und hilfreich erachtet, ist davon auszugehen, daß sie auch bei der Entscheidungsfindung bzw. der Willensbildung herangezogen werden. Vielfach kann über diese Zusammen-

1 Vgl. Macy, G./Arunachalam, V., 1995, S. 64.
2 Vgl. Chapman, C.S., 1997, S. 189.
3 Vgl. beispielsweise Steinmann, H./Guthunz, U./Hasselberg, F., 1992.
4 Vgl. stellvertretend Männel, W., 1992; Brink, H.-J., 1992; Männel, W., 1995.
5 Vgl. u.a. Becker, H.P., 1984; Kosmider, A., 1991; Währisch, M., 1998.
6 Vgl. Bungenstock, C., 1995, S. 376.
7 Vgl. Bungenstock, C., 1995, S. 378; Littkemann, J., 1997, S. 864.
8 Vgl. Winkler, W.M., 1986, S. 66.
9 Vgl. Weber, J., 1992b, S. 174.

hänge aber nur spekuliert werden. Diese quasi naturgesetzliche Betrachtung der Nutzung der Kostenrechnung vernachlässigt in erheblichem Maße die Erkenntnisse der Entscheidungstheorie, der Organisationstheorie und der Psychologie. Eine Einbeziehung dieser Forschungsergebnisse in die empirische Untersuchung der organisatorischen Anwendungsvoraussetzungen der Kostenrechnung verspricht daher differenzierte Einblicke in den geschilderten Wirkungszusammenhang.

Ein dritter Aspekt in der Diskussion um die Interdependenzen des Informationssystems Kostenrechnung mit der Unternehmensorganisation besteht in der Frage nach den Erfolgswirkungen der Kostenrechnung. Für den Bereich mittelständischer Unternehmen finden sich empirische Hinweise auf die Verbesserung der Unternehmenssituation durch die Nutzung eines ausgebauten Rechnungswesens.[1] Das mangelhafte interne Rechnungswesen gilt regelmäßig als eine der wesentlichen Insolvenzursachen mittelständischer Betriebe.[2] Allerdings sind solche Aussagen nicht immer frei von Uneindeutigkeiten, da über die Richtung der Kausalität in der Regel keine Angaben gemacht werden. Sie erwecken aber den Anschein, daß mittelständisch zugeschnittene Führungsunterstützungssysteme einen wesentlichen Beitrag zur Verbesserung der Unternehmensführung im Mittelstand leisten können. Diese Einschätzung wird durch eine Reihe von Beiträgen gerade in bezug auf die Unterstützung der Wettbewerbsstrategie unterstrichen.[3] Ob der Einsatz einer Kostenrechnung tatsächlich einen positiven Beitrag zur Erzielung von Wettbewerbsvorteilen und für den Unternehmenserfolg leistet, soll damit ebenfalls Thema dieser Arbeit sein.

In der vorliegenden Arbeit wird die Auffassung vertreten, daß die empirische Forschung in mittelständischen Unternehmen gerade in bezug auf diese Fragestellungen aus wissenschaftlicher Sicht eine Reihe von interessanten Untersuchungsmöglichkeiten bietet. Diese resultieren gerade aus den Unterschieden zu Großunternehmen. Die geringere Komplexität des Forschungsumfeldes ermöglicht es, die Entwicklung, Gestaltung und Nutzung der Kostenrechnung vergleichsweise umfassend zu erheben und die Einflüsse anderer Variablen zu kontrollieren. Durch die größere Kontingenzabhängigkeit der Unternehmensstrukturen lassen sich die Effekte fundamentaler Einflußgrößen – Wettbewerbs- und Marktkräfte – auf das Unternehmen eindeutiger abbilden. Die entscheidungsorientierte Nutzung des Rechnungswesens in mittelständischen Unternehmen reflektiert aufgrund ihrer Freiwilligkeit und der geringeren Bedeutung verhaltenssteuernder Elemente der Kostenrechnung vermutlich darüber

1 Vgl. u.a. Bussiek, J., 1981, S. 7; Kosmider, A., 1993, S. 100 und ausführlich Abschnitt 5.3.

2 Vgl. Reske, W./Brandenburg, A./Mortsiefer, H.-J., 1976, S. 62f.; Thürbach, R.-P./Hutter, E., 1976, S. 120ff.

3 Vgl. u.a. Steinmann, H./Guthunz, U./Hasselberg, F., 1992; Ewert, R./Wagenhofer, A., 1997, S. 276-278; Schweitzer, M./Friedl, B., 1997.

hinaus wesentlich stärker die Bedürfnisse der Unternehmensleitung, als dies in Großunternehmen der Fall ist. Mittelständische Unternehmen verfügen also in der Summe über zahlreiche Vorteile als Erkenntnisobjekt für betriebsgrößenunabhängige Fragestellungen der Forschung zum internen Rechnungswesen.

Eine umfassende empirische Untersuchung der Determinanten der Gestaltung und des Einsatzes der Kostenrechnung sowie ihrer Erfolgswirkungen unter Einbeziehung internationaler Forschungsergebnisse und der Verwendung moderner statistischer Verfahren steht – insbesondere für den deutschen Sprachraum – in dieser Form noch aus.[1] Eine solche Untersuchung verspricht Erkenntnisgewinne im Hinblick auf wesentliche Grundannahmen über Funktionalitätsbedingungen der Kostenrechnung und letztendlich auch für die Gestaltung einer mittelstandsgerechten Kostenrechnung.

---

1 An dieser Stelle sei auf die Unterschiede der vorliegenden Studie zur „Koblenzer Studie" von Homburg/Weber/Aust/Karlshaus (1998) und zu den auf ihr basierenden Arbeiten von Aust (1999) und Homburg/Karlshaus (1999) hingewiesen. In dieser Untersuchung wird sowohl auf methodische als auch auf inhaltliche Ergebnisse der Arbeiten von Aust (1999) und Homburg/Karlshaus (1999) Bezug genommen. Aust (1999) untersucht umfassend die verschiedenen Rollen (Nutzungsarten) der Kostenrechnung durch das Management und den Zusammenhang mit dem Grad der Orientierung an den Bedürfnissen der internen Kunden (Dienstleistungsqualität). Besonderes Merkmal ist der triadische Untersuchungsaufbau, in dem jeweils drei Manager (General Management, Marketing, Kostenrechnung/Controlling) in leitenden Positionen eines größeren Unternehmens befragt wurden. Die vorliegende Untersuchung unterscheidet sich – unabhängig von ihrem anders gelagerten Erkenntnisziel – im Aufbau in drei wesentlichen Punkten von der Arbeit von Aust (1999) bzw. der „Koblenzer Studie": 1. Es wird jeweils nur ein Mitglied der Geschäftsleitung mittelständischer Unternehmen befragt. 2. Im Vordergrund stehen die Determinanten und Erfolgswirkungen der entscheidungsorientierten Nutzung der Kostenrechnung, andere Nutzungsarten werden nur am Rande behandelt. 3. Persönliche und organisatorische Merkmale sowie die Unternehmensstrategie und der Unternehmenserfolg werden vergleichsweise ausführlich untersucht. Homburg/Karlshaus (1999) vergleichen die Gestaltung und Nutzung der Kostenrechnung in mittelständischen Unternehmen und Großunternehmen auf Basis der Daten der „Koblenzer Studie". Diese deskriptiven Ergebnisse werden ebenfalls in der vorliegenden Untersuchung berücksichtigt. Vgl. Homburg, C. et al., 1998; Aust, R., 1999; Homburg, C./Karlshaus, J., 1999.

1.2 Zielsetzung der Untersuchung

Die Zielsetzung der Arbeit besteht darin, auf Basis einer empirischen Untersuchung ein differenziertes Verständnis der Erfolgsdeterminanten und -wirkungen der Kostenrechnung im Mittelstand zu gewinnen. Die Beantwortung zweier Fragen läßt sich damit als Teilziele unterscheiden: zum einen die Frage nach den Bestimmungsgründen und Voraussetzungen für den *Erfolg der Kostenrechnung*, zum anderen die Frage, ob die Kostenrechnung ihrerseits einen Beitrag zum *Erfolg des Unternehmens* leisten kann.

Ausgangspunkt der Untersuchung der *Erfolgsdeterminanten der Kostenrechnung* ist die Feststellung, daß mittelständische Kostenrechnung in erheblichem Ausmaß durch Heterogenität gekennzeichnet ist. Als Ursache lassen sich unter anderem Unterschiede im Wettbewerbs- und Marktumfeld sowie in den internen Rahmenbedingungen vermuten. Die Berücksichtigung von Einflußfaktoren, die außerhalb des Einflußbereiches des Kostenrechners liegen, ist für die Konkretisierung von Gestaltungsempfehlungen von besonderer Relevanz. Sie geben den Handlungsspielraum bzw. Kontext für die erfolgreiche Gestaltung der Kostenrechnung vor. Sowohl in der theoretischen als auch in der praxisorientierten Literatur finden sich zahlreiche konzeptionelle Empfehlungen zur Berücksichtigung solcher Faktoren. Allerdings liegen über Art und Ausmaß der Auswirkungen der genannten Merkmale bisher kaum empirische Erkenntnisse vor. Eine systematische Wirkungsanalyse der Einflußfaktoren auf die Kostenrechnung bildet daher einen Ansatzpunkt der Weiterentwicklung (mittelständischer) Kostenrechnungstheorie und -pragmatik.[1]

Neben einer Begriffsklärung verschiedener Erfolgskonzeptionen betrieblicher Informationssysteme sollen diese auch auf ihre Tragfähigkeit für die vorliegenden Fragestellungen untersucht werden. Damit wird implizit auch die Bedeutung dieser Faktoren für die unzureichende Diffusion kostenrechnerischer Führungsunterstützung im Mittelstand untersucht. Daher soll der Frage, wie Kostenrechnung gestaltet sein sollte, um eine möglichst hohe Akzeptanz bzw. Qualitätseinschätzung bei den Nutzern zu erreichen, ebenso nachgegangen werden wie der Frage, welche Faktoren für den (mangelnden) entscheidungsorientierten Einsatz verantwortlich sind. Die Ergebnisse lassen sowohl für die Theorie als auch für die Praxis differenzierte Einblicke in die unterschiedlichen Sichtweisen dieser Phänomene erwarten.

Das zweite Teilziel umfaßt die Frage nach den Erfolgswirkungen der Kostenrechnung. Gerade mittelständische Unternehmen erhoffen sich von der Einführung der Kostenrechnung eine Verbesserung der wirtschaftlichen Situation. Die Kostenrechnungstheorie muß sich angesichts der uneindeutigen theoretischen und empirischen Ergebnisse ihren häufig selbst vertretenen Erfolgswirkungen auch empirisch stellen. Dabei soll der Zusammenhang über eine Einbeziehung einer erheblichen Bandbreite an Kostenrechnungsmerkmalen wesentlich differenzierter als in vergleichbaren Untersuchungen betrachtet werden.

Eine wesentliche Rolle kommt für beide Teilziele der verfolgten *Unternehmensstrategie* zu. Je nach angestrebtem Wettbewerbsvorteil werden in normativen Arbeiten für den strategiegerechten Einsatz der Kostenrechnung unterschiedliche Gestaltungs- und Nutzungsarten postuliert, über deren Umsetzung in der betrieblichen Praxis aber vielfach nur spekuliert werden kann. Zum einen ist die Unternehmensstrategie also Kontextvariable der Kostenrechnung, so daß zu untersuchen ist, inwieweit sich die Kostenrechnung ihren Anforderungen anpaßt. Zum anderen wirkt die Unternehmensstrategie moderierend auf die Beziehung zwischen Unternehmensstrategie und Unternehmenserfolg, da sie den potentiellen Nutzen der Kostenrechnung für die Erzielung von Wettbewerbsvorteilen bestimmt.

Ein wissenschaftliches Erkenntnisziel steht damit für Fragen von allgemeinem Interesse im Vordergrund der folgenden Betrachtungen. Allerdings lassen sich auf Basis der Ergebnisse auch praxeologische Aussagen und damit Empfehlungen für die betriebliche Gestaltung der Kostenrechnung im Mittelstand ableiten. Zusammenfassend beschäftigt sich die Arbeit daher mit den folgenden – hier vereinfacht formulierten – Fragestellungen:

- Welche Faktoren der unternehmensinternen und -externen Umgebung der Kostenrechnung beeinflussen ihre Gestaltung?
- Was ist unter Erfolg der Kostenrechnung zu verstehen, und in welcher Beziehung stehen verschiedene Erfolgsbegriffe zueinander?
- Welche Beziehung besteht zwischen diesen Erfolgsbegriffen, der Unternehmensstrategie sowie beiden Faktoren und dem Unternehmenserfolg?

Eine Präzisierung der Fragestellungen und eine Einordnung der Forschungsfragen in einen Bezugsrahmen werden in Abschnitt 2.2.4 vorgenommen.

---

1 Vgl. Brink, H.-P., 1992, S. 181.

1.3 Gang der Untersuchung

Kapitel 2 stellt die Grundlagen der Untersuchung dar. Neben der Abgrenzung des Untersuchungsgegenstands erfolgt eine ausführliche Diskussion der Rahmenbedingungen und Verwendungsarten der Kostenrechnung in mittelständischen Unternehmen. Auf Basis dieser Ergebnisse und weiterer theoretisch-konzeptioneller Empfehlungen wird ein Bezugsrahmen für die Untersuchung der Forschungsfragen hergeleitet. Eine kritische Würdigung inhaltlich verwandter Untersuchungen hinsichtlich der eingangs formulierten Fragestellungen dient der Einordnung der Arbeit in die bisherigen Forschungsbemühungen. Schließlich wird die wissenschaftstheoretische Orientierung der Arbeit erläutert und die Konzeption der eigenen empirischen Erhebung dargelegt.

Ausgangspunkt des *Kapitels 3* ist die Deskription und Analyse der Rechnungswesenpraxis mittelständischer Unternehmen. Im Anschluß daran werden die Kontextfaktoren und ihr Einfluß auf die Gestaltungsmerkmale der Kostenrechnung umfassend untersucht. Dabei sollen die Determinanten zunächst auf Basis der relevanten Literatur theoretisch erarbeitet und anschließend über Forschungshypothesen zueinander in Beziehung gesetzt und empirisch überprüft werden.

Darauf aufbauend werden in *Kapitel 4* die verschiedenen Erfolgsbegriffe der Kostenrechnung diskutiert und systematisiert. In einem Forschungsmodell werden diese mit ihren potentiellen Determinanten verknüpft. Die postulierten Beziehungen werden dann sukzessive auf Basis der empirischen Daten überprüft. In einem zweiten Schritt wird die entscheidungsorientierte Nutzung der Kostenrechnung eingehend untersucht. Wiederum wird auf einer breiten literarischen Basis ein Forschungsmodell zur Bestimmung der Determinanten der Nutzung von Kostenrechnungsinformationen entwickelt und anschließend empirisch überprüft. Die Ergebnisse erlauben es, Empfehlungen für eine kontextadäquate Gestaltung der Kostenrechnung zu entwickeln.

Der Zusammenhang zwischen der Gestaltung der Kostenrechnung, der Unternehmensstrategie und den Erfolgswirkungen der Kostenrechnung wird sowohl theoretisch als auch empirisch im Rahmen des *Kapitels 5* untersucht. Zunächst wird die Eignung verschiedener Strategietypologien zur Beschreibung mittelständischen Wettbewerbsverhaltens analysiert. Auf Basis einer Typologie wird der Zusammenhang zwischen verfolgter Unternehmensstrategie sowie Gestaltung und Nutzung der Kostenrechnung in einem Forschungsmodell konkretisiert und empirisch überprüft.

Die häufig postulierten Erfolgswirkungen der Kostenrechnung werden differenziert auf Basis eines weiteren Forschungsmodells empirisch analysiert. Im Vordergrund des Interesses steht dabei der nutzendeterminierende und moderierende Einfluß der Unternehmensstrategie. Auf Basis dieser Ergebnisse lassen sich differenzierte Empfehlungen für die Gestaltung und Nutzung der Kostenrechnung ableiten.

Kapitel 6 diskutiert die Ergebnisse abschließend in zweierlei Hinsicht: Zum einen erfolgt eine zusammenfassende wissenschaftliche Bewertung der gewonnenen Erkenntnisse, die eine Betrachtung der Restriktionen der Untersuchung sowie Ansatzpunkte für weitere Forschungsbemühungen einschließt. Zum anderen werden Implikationen der Untersuchungsergebnisse für die Unternehmenspraxis erarbeitet und Handlungsempfehlungen für die Einführung, Gestaltung und Nutzung der Kostenrechnung im Mittelstand gegeben.

2 Grundlagen der Untersuchung

2.1 Mittelständische Unternehmen in wirtschaftlicher Realität und theoretischer Forschung

Dieser Arbeit liegt die Annahme zugrunde, daß für Klein- und Mittelbetriebe – zumindest für die betrachteten Sachverhalte – andere Ausprägungen der betriebswirtschaftlichen Prinzipien heranzuziehen sind als für Großbetriebe. Diese Annahme ist nur unter zwei Voraussetzungen sinnvoll:[1]

- Gruppen von Betrieben lassen sich hinreichend genau voneinander abgrenzen.
- Die Aussagen für die gebildeten Gruppen unterscheiden sich signifikant voneinander.

Im folgenden sollen über die Abgrenzung und Darstellung der Charakteristika mittelständischer Unternehmen diese beiden Voraussetzungen näher begründet werden. Dabei werden die Darstellungen auf Sachverhalte beschränkt, die für die vorliegende Untersuchung von Bedeutung sind.

2.1.1 Abgrenzung des Untersuchungsgegenstands und wirtschaftliche Bedeutung mittelständischer Unternehmen

2.1.1.1 Mittelstand – eine deutsche Sichtweise

Mittelständische Unternehmen stellen regelmäßig den Großteil der Unternehmen einer Volkswirtschaft und gelten daher als Kern der Marktwirtschaft.[2] In der Wirtschaftspolitik und der öffentlichen Diskussion wird ihnen daher häufig eine hohe Aufmerksamkeit zuteil. Die betriebswirtschaftliche Forschung hat sich – wenn auch in bescheidenem Umfang – ebenfalls der besonderen Problematik mittelständischer Unternehmen angenommen, ohne allerdings eine einheitliche Begriffsbestimmung zugrunde zu legen.[3]

Der Begriff „Mittelstand“ stellt eine spezifisch deutsche Klassifizierung von Unternehmen dar.[4] Dabei bezieht sich der Begriff im deutschsprachigen Raum nicht nur auf einen statistisch

---

1 Vgl. Pfohl, H.-C./Kellerwessel, P., 1990, S. 2.

2 Vgl. Albach, H., 1983a, S. 870; Albach, H., 1983b, S. 28; Pleitner, H.J., 1995, S. 930.

3 Vgl. Wossidlo, P.R., 1993, Sp. 2888.

4 In den Niederlanden (Middenstand) und Schweden (Meddelstand) finden sich vergleichbare Bezeichnungen, die sich auf einen gemeinsamen etymologischen Ursprung zurückführen lassen.

greifbaren Teil der Gesamtwirtschaft. „Der Mittelstand kann materiell in seiner Bedeutung nicht voll ausgewogen werden, sondern er ist (...) viel stärker ausgeprägt durch eine Gesinnung und eine Haltung im gesellschaftswirtschaftlichen Prozeß."[1] Zur Begründung dieser auch heute unverändert gültigen Feststellung Ludwig Erhards lassen sich historische, soziologische und psychologische Aspekte heranziehen.

Im ständisch geprägten Mittelalter entwickelte sich aus Fabrikanten, Beamten und Handelsleuten ein eigenständiges, wohlhabendes Bürgertum, das zwischen Adel und Klerus und den ärmeren Schichten einen „mittleren Stand" bildete. Dieser verdankte sein Vermögen nicht Geburt oder Besitzständen, sondern der persönlichen Lebensleistung. Soziologische Klassen- und Schichtenmodelle der Gesellschaft haben bis in die heutige Zeit den Begriff und die Unterteilung in soziale Schichten fortgeführt, auch wenn die Begriffsinhalte einem steten Wandel unterworfen waren.[2] Aufgrund der hohen politischen Bedeutung und des Zugehörigkeitswillens vieler Bevölkerungskreise hat sich der Begriff im allgemeinen Sprachgebrauch durchgesetzt. Er wird heute auch in der betriebswirtschaftlichen Forschung synonym für die Umschreibung kleiner und mittelgroßer Unternehmen mit bestimmten Charakteristika verwendet und hat selbst als „German Mittelstand" Eingang in die internationale Berichterstattung gefunden.[3]

Dennoch eignet sich die Verwendung eines solch schillernden Begriffs grundsätzlich nicht für die Belange (empirischer) betriebswirtschaftlicher Forschung. Die Schwierigkeiten einer allgemeingültigen und zweckneutralen Abgrenzung werden am besten durch den Verzicht der Bundesregierung auf eine „einengende" Definition im Rahmen der Maßnahmen mittelständischer Strukturpolitik dokumentiert.[4]

Zahlreiche Versuche der Begriffsbestimmung versuchen der vorherrschenden terminologischen Unschärfe zu begegnen, ohne daß sich allerdings eine allgemein akzeptierte Definition durchgesetzt hätte.[5] Häufig wird eine mehrdimensionale Abgrenzung unter Verwendung qualitativer (nominalskalierter) oder quantitativer (kardinal- oder ordinalskalierter) Dimensionen vorgeschlagen.[6]

Qualitativen Merkmalen kommt dabei im Rahmen der Begriffsbestimmung aufgrund der Ambiguität und emotionalen Besetzung des Begriffs eine vergleichsweise hohe Bedeutung zu.

---

[1] Erhard, L., 1956, S. 54.
[2] Vgl. Wossidlo, P.R., 1993, Sp. 2889.
[3] Vgl. beispielsweise o.V., Financial Times, 1997.
[4] Vgl. Bundesministerium für Wirtschaft, 1996.
[5] So finden sich bei Gantzel (1962) bereits über 200 Definitionen. Vgl. Gantzel, K.-J., 1962, S. 293.
[6] Vgl. Mugler, J., 1993, S. 15f.

Ob die im folgenden skizzierten Besonderheiten mittelständischer Unternehmen ursächlich für die Zugehörigkeit zu einer Größenklasse sind oder eine Funktion ihrer Größenklasse sind, ist für die folgenden Betrachtungen dabei zunächst unerheblich. Aus der Vielzahl der Ansätze lassen sich nachstehende qualitative Kriterien als bedeutsam herauskristallisieren:[1]

- *Rechtliche und dispositive Selbständigkeit* der Unternehmung als eines der wesentlichsten Merkmale mittelständischer Unternehmungen. Die juristische Selbständigkeit wird dabei als Voraussetzung für die dispositive Selbständigkeit betrachtet.
- *Eigentumsmehrheit* bei einem begrenzten Kreis natürlicher Personen, von denen sich zumindest eine zugleich entscheidend am Betriebsgeschehen beteiligt und Verantwortung für alle unternehmensrelevanten Entscheidungen hat.
- *Abhängigkeit der wirtschaftlichen Existenz* eines der Inhaber vom Bestand und dem Erfolg der Unternehmung.

Als weitere notwendige Merkmale werden die Zugehörigkeit zu bestimmten Wirtschaftsbereichen (Handel, Handwerk, Industrie oder Dienstleistung) oder das Gewinnstreben zur Abgrenzung gegenüber Non-Profit-Organisationen genannt.[2] Zahlreiche Vorschläge für weitere Kriterien folgen zumeist Zweckmäßigkeitsüberlegungen und sind theoretisch nicht weiter begründbar. Neben der schwierigen Operationalisierbarkeit der vorgeschlagenen Größen kommt ihnen aufgrund ihrer fehlenden Objektivität und zeitlichen Varianz eher ein konzeptioneller Stellenwert denn ein praktischer Nutzen für empirische Untersuchungen zu.

Quantitative Merkmale werden sowohl in der Literatur als auch in der Gesetzgebung (HGB, GWB, EStG, UStG, PublG) regelmäßig zur Abgrenzung mittelständischer Unternehmen herangezogen. Dabei finden sowohl Einsatzgrößen (z.B. Beschäftigtenzahl, Personalaufwand, Gesamtkapital, Bilanzsumme, Einheitswert, Gewerbekapitalertrag) als auch Ausbringungsgrößen (z.B. Umsatz, Marktanteile, Betriebsleistung) Anwendung.[3] Die genannten Größen verdeutlichen die Relativität des Größenbegriffs, denn nur unter Bezug auf die kleinsten und größten Unternehmen einer Grundgesamtheit ist eine sachgerechte Abgrenzung möglich.

Damit ergibt sich eine erhebliche Raum- und Zeitabhängigkeit dieser Merkmale, da sich diese Werte in Abhängigkeit regionaler oder temporaler Abgrenzungen auf unterschiedliche Grundgesamtheiten beziehen können.[4] Trotzdem besitzen quantitative Merkmale erhebliche Vorteile gegenüber qualitativen Merkmalen hinsichtlich objektiver Erfaßbarkeit und der Stabilität im Zeitablauf. Allerdings lassen sie wesentliche Charakteristika mittelständischer

[1] Vgl. Gantzel, K.-J., 1962, S. 280; Mugler, J., 1993, S. 17; Wossidlo, P.R., 1993, Sp. 2890; Institut für Mittelstandsforschung, 1997, S. 3.

[2] Vgl. Wossidlo, P.R., 1993, Sp. 2890.

[3] Vgl. Busse von Colbe, 1974, Sp. 566-579; Wossidlo, P.R., 1993, Sp. 2894.

[4] Vgl. Kellerwessel, P., 1984, S. 56.

Unternehmen nur vermuten. Unabhängig von der Auswahl eines Indikators stellt eine quantitative Abgrenzung daher immer nur eine zweckorientierte und untersuchungsvereinfachende Näherung an den Begriff des Mittelstandes dar.[1]

Die Frage nach einer zweckmäßigen Wahl eines Abgrenzungskriteriums läßt sich über die Unterscheidung der möglichen Kriterien nach aussagebezogenen und erhebungsbezogenen Kriterien deutlich präzisieren.[2] *Aussagebezogene Kriterien* untergliedern Abgrenzungskriterien nach ihrer Eignung für die Abgrenzung bezüglich des betrachteten Problembereichs, der betrachteten Grundgesamtheit oder der notwendigen Differenzierung der Betriebsgrößen. *Erhebungsbezogene Kriterien* umfassen die Unterscheidung nach Erhebungsmöglichkeiten, dem Erhebungsaufwand und der Erhebungsgenauigkeit. Bei der Abgrenzung der Grundgesamtheit werden im Rahmen der vorliegenden Untersuchung Kriterien aus allen diesen Bereichen angewendet. So wurden zum einen repräsentative Unternehmen ausgewählt, die Aussagen über die betrachteten Tatbestände erlauben, zum anderen wurden Einschränkungen zugunsten der Erhebbarkeit verschiedener Parameter gemacht.[3]

Obwohl in einigen mittelstandsbezogenen Arbeiten die Diskussion der sachgerechten Abgrenzung mittelständischer Unternehmen erheblichen Raum einnimmt, finden sich diese Überlegungen nur selten in der Operationalisierung wieder. In nationalen und internationalen Untersuchungen hat sich daher eine eindimensionale Abgrenzung mittelständischer Unternehmen anhand der Beschäftigtenzahl oder des Umsatzes durchgesetzt. Das Institut für Mittelstandsforschung Bonn verwendet für seine (wissenschaftlichen) Untersuchungen folgende Einteilung:[4] 1-9 Mitarbeiter (kleine Unternehmen), 10-499 Mitarbeiter (mittlere Unternehmen) und mehr als 500 Mitarbeiter (große Unternehmen). Dieser Einteilung soll daher gefolgt werden. Empirische Untersuchungen zeigen, daß die geforderten qualitativen Merkmale auch bei der Wahl eines eindimensionalen Abgrenzungskriteriums i.d.R. erfüllt werden.[5] Einwände gegen die Wahl einer solchen Abgrenzung beziehen sich darauf, daß die Unternehmen trotz vergleichbarer Mitarbeiterzahl aufgrund ihrer Zugehörigkeit zu Produktion, Handel oder Dienstleistung sowie zusätzlich aufgrund des unterschiedlichen Automatisierungsgrads innerhalb eines Sektors nicht vergleichbar sind.[1] Durch eine Fokussierung auf zentrale Branchen des verarbeitenden Gewerbes wurde die betrachtete Grundgesamtheit in der vorliegenden Arbeit insoweit eingeschränkt, als von einer relativen Homogenität der Untersuchungseinheiten in bezug auf die Charakteristika des Rechnungswesens mittelständischer

[1] Vgl. Kratz, T., 1996, S. 4.
[2] Vgl. Pfohl, H.-C./Kellerwessel, P., 1982, S. 14; Kellerwessel, P., 1984, S. 58.
[3] Vgl. Abschnitt 2.3.2.
[4] Vgl. Institut für Mittelstandsforschung, 1997.
[5] Vgl. Pfohl, H.-C./Kellerwessel, P., 1990, S. 17; Pleitner, H.J., 1995, S. 929.

Unternehmen ausgegangen werden kann. Damit wird entsprechenden Empfehlungen zur zweckgerechten Abgrenzung des Untersuchungsgegenstands Rechnung getragen.[2]

Zwei semantische Klarstellungen sind für das Verständnis der weiteren Ausführungen notwendig:

- Auf die Unterscheidung zwischen dem *Betrieb* als technisch-wirtschaftlicher Einheit und der Unternehmung bzw. dem *Unternehmen* als finanzieller-rechtlicher Einheit soll in den folgenden Darstellungen verzichtet werden, da sie i.d.R. deckungsgleich sind.[3] Für betriebswirtschaftliche Forschungsbelange ist die Unterscheidung in der Regel ohnehin von geringer Bedeutung.[4]
- Auf die gesonderte Unterscheidung von *Klein- und Mittelbetrieb* als betriebsgrößenspezifische Abgrenzung gegenüber dem soziologisch geprägten Begriff des *mittelständischen Unternehmens* soll in dieser Arbeit daher ebenfalls verzichtet werden.

Während sich in Deutschland der Wechsel von der soziologisch orientierten zur betriebsgrößenbezogenen Abgrenzung erst allmählich durchsetzt, knüpft das Ausland bei der Klassifizierung von Unternehmen – auch begrifflich – direkt an der Betriebsgröße an. Als Beispiele seien genannt: „Kleine und mittlere Unternehmen (KMU)" (Europäische Kommission), „Small Business" (USA), „Small and Medium Sized Firms" (Großbritannien), „Petites et Moyennes Entreprises (PME)" (Frankreich) oder „Piccole e Medie Imprese" (Italien). Dabei sind die gewählten Größenklassen mit den deutschen Klassifizierungen i.d.R. gut vergleichbar,[5] so daß von einem ähnlichen Begriffsverständnis ausgegangen werden kann und eine Übertragbarkeit der Forschungsergebnisse grundsätzlich gegeben ist.

2.1.1.2 Volkswirtschaftliche Bedeutung des Mittelstands

Die überragende volkswirtschaftliche Bedeutung mittelständischer Unternehmen läßt sich, ungeachtet der begrifflichen Abgrenzungsschwierigkeiten, allerdings sowohl quantitativ als auch qualitativ belegen. Unter Zugrundelegung der wirtschaftsbereichsbezogenen Definition des Instituts für Mittelstandsforschung (IfM) Bonn gab es in Deutschland im Jahre 1996 rund 3,2 Millionen mittelständische Unternehmen mit rund 20 Millionen Beschäftigten.[6] Sie repräsentieren damit 99,6 % aller umsatzsteuerpflichtigen deutschen Unternehmen. Dieser

---

1 Vgl. Gramss, R.J., 1990, S. 48f.

2 Vgl. Kayser, G., 1990, S. 61; Pfohl, H.-C., 1997, S. 1.

3 Vgl. Pfohl, H.-C./Kellerwessel, P., 1990, S. 2f.; Mugler, J., 1993, S. 3.

4 Vgl. Währisch, M., 1998, S. 61.

5 Für einen Überblick vgl. Stadelmann, M., 1996, S.14 sowie die dort zitierten Quellen; Institut für Mittelstandsforschung, 1997, S. 13.

6 Vgl. Institut für Mittelstandsforschung, 1997, S. 16.

Anteil läßt sich auch in anderen Ländern, unabhängig davon ob sie größer (USA, Japan) oder kleiner (Schweiz) sind, beobachten.[1] Mittelständische Unternehmen tätigen 46,9 % aller steuerpflichtigen Umsätze und beschäftigen rund 68 % aller Arbeitnehmer. Sie tragen damit mit 53,0 % zur Bruttowertschöpfung aller Unternehmen bei[2] und tätigen 45,4 % aller Bruttoinvestitionen.

Aufgrund ihrer überragenden Bedeutung gelten mittelständische Unternehmen daher als Funktionsgarant einer Wettbewerbswirtschaft[3] oder als „die Marktwirtschaft" überhaupt.[4] Neben der quantitativen Bedeutung kommt ihnen aber auch ein qualitativer bzw. wirtschaftspolitischer Stellenwert zu, da sie zahlreiche positive volkswirtschaftliche Wirkungen entfalten:

- Wirtschaftliche *Ordnungsfunktion* durch die Förderung des Leistungswettbewerbs über eine Vermeidung von Machtkonzentration und eine breite Streuung der Leistungserstellung.[5]
- *Diversifikation struktureller und konjunktureller Risiken* durch eine breite Basis an Unternehmen.[6] Mittelständische Unternehmen verfügen darüber hinaus über eine hohe Adaptionsfähigkeit und gleichen gesamtwirtschaftliche Nachfrageschwankungen aus.
- *Förderung des Bildungsstandes* durch einen Anteil von rund 80 % der Auszubildenden im dualen Bildungssystem,[7] der über den eigenen Bedarf hinausgeht. Unter arbeitsmarktpolitischen Gesichtspunkten kommt mittelständischen Unternehmen eine erhebliche Bedeutung zu, da sie im wesentlichen für die Schaffung neuer Arbeitsplätze verantwortlich sind.

Eine Beschäftigung mit den Problemen mittelständischer Unternehmen als dem *Normaltypus* des deutschen Unternehmens ist daher unter volkswirtschaftlichen Aspekten als besonders förderungswürdig einzustufen. Allerdings wird diesem Bedarf – wie im folgenden gezeigt werden soll – in der betriebswirtschaftlichen Forschung nicht allzu oft Rechnung getragen.

---

[1] Vgl. Pleitner, H.J., 1995, S. 929.
[2] Bezogen auf die gesamte Bruttowertschöpfung (einschließlich Staatsanteil) beträgt der Anteil 44,7 %.
[3] Vgl. Wossidlo, P.R., 1993, Sp. 2888.
[4] Vgl. Albach, H., 1983a, S. 870.
[5] Vgl. Wiebe, R., 1991, S. 75.
[6] Vgl. Zeitel, G., 1982, S. 44.
[7] Vgl. Institut für Mittelstandsforschung, 1997, S. 13.

2.1.2 Mittelständische Unternehmen in der betriebswirtschaftlichen Forschung

Betriebswirtschaftliche Forschung ist von jeher durch selektive Problemwahrnehmung und -auswahl gekennzeichnet. Vorrangig orientiert sie sich an den Bedürfnissen dominanter betrieblicher Interessen- oder Unternehmensgruppen.[1] Damit werden Gruppierungen, die über einen geringen Organisationsgrad und damit verbunden eine geringe öffentliche Sichtbarkeit verfügen, bei der Festlegung von betriebswirtschaftlichen Forschungsschwerpunkten regelmäßig vernachlässigt. Diese Schwerpunktsetzung der Betriebswirtschaftslehre mündete in der Vergangenheit in den Vorwurf der „Großbetriebslehre".[2] So finden beispielsweise die Probleme und Interessen von Arbeitnehmern oder mittelständischen Unternehmen nur geringe Resonanz in betriebswirtschaftlichen Forschungsprogrammen.[3] Trotz dieses Befundes wird der Bedarf einer eigenständigen Forschungsrichtung für kleine und mittlere Unternehmen, von wenigen Ausnahmen abgesehen,[4] in der betriebswirtschaftlichen Forschung nur unzureichend unterstützt.[5]

In der Betriebswirtschaftslehre haben sich aufgrund der Spezialisierungsvorteile eine Reihe von Subdisziplinen herausgebildet. Kleine und mittlere bzw. mittelständische Unternehmen sind zunächst nur besondere Erscheinungsformen des Erkenntnisobjekts Betrieb, so daß sich die Frage stellt, ob sie als eigenständiger Fachbereich eine eigene Forschungsrichtung i.S.e. Subdisziplin sinnvoll beanspruchen können. Die Voraussetzung für eine Abgrenzung einer Subdisziplin ist, daß besondere Ausprägungen allgemeinerer Phänomene erkennbar sind, auf die auf allgemeingültige Aussagen nicht oder nur in stärker konkretisierter Form übertragen werden können,[6] oder einfacher: Lassen sich die Erkenntnisse aus der Betrachtung aller (und insbesondere der größeren) Unternehmen nicht auf kleine und mittlere Unternehmen in hinreichender Form übertragen, so läßt sich die Notwendigkeit eines eigenständigen Forschungsgebietes ableiten. Unterschiedliche Möglichkeiten einer verstärkten Hinwendung der Betriebswirtschaftslehre im Sinne einer eigenen speziellen Betriebswirtschaftslehre wurden diskutiert, teilweise war sogar von einer „Rekonstruktion der Allgemeinen Betriebswirt-

---

1 Vgl. Chmielewicz, K., 1973, S. 12; Freimann, J., 1994, S. 20.

2 Vgl. Grochla, E./Puhlman, M./Vahle, M., 1984, S. 397.

3 Vgl. Chmielewicz, K., 1973, S. 12.

4 Für eine solche Sichtweise die folgenden Ausführungen sowie d'Amboise, G./Muldowney, M., 1986; Pfohl, H.-C., 1990; Mugler, J., 1993.

5 Sehr pointiert McGuire (1976): "Thus, small enterprise in the eye of the academic community are analogous to plain girls and acneridden boys at a high school dance – they are present in large numbers, but usually unnoticed. Small firms move through their typically brief life spans neglected, untouched and unassisted by the sophisticated hand of scholarship." Entnommen aus Wolff, R./Goldberg, W.H., 1984, S. 525.

6 Vgl. Mugler, J., 1984, S. 768.

schaftslehre" durch die Analyse kleiner Unternehmen die Rede.[1] Für den ersten Fall läßt sich eine Betriebswirtschaftslehre der kleinen und mittleren Betriebe nur schwer in die klassische Struktur der Betriebswirtschaft einordnen. Diese umfaßt i.d.R. institutionelle (Industrie, Handel, Dienstleistung usw.) und funktionelle Teilbereiche (Beschaffung, Herstellung, Absatz, Rechnungswesen usw.).[2] Eine Betriebswirtschaftslehre der kleinen und mittleren Unternehmen stellt damit eine Verknüpfung aus anderen Gliederungen der Betriebswirtschaftslehre dar. Im zweiten Fall läßt sich argumentieren, daß die Analyse kleinerer und mittlerer Unternehmen durch ihre aus der relativ geringen Komplexität resultierende Fähigkeit zu konsistenten Entscheidungen Vorteile gegenüber der Betrachtung von Großunternehmen verspricht.[3] Beide Vorschläge haben jedoch bis heute nur in geringem Maße Eingang in die Betriebswirtschaftslehre gefunden.

Als wesentliche Gründe für die seltene Behandlung mittelständischer Unternehmen in der Literatur wurden schon früh übereinstimmend folgende Problembereiche genannt:[4] problematische Durchführung empirischer Forschung in mittelständischen Unternehmen, geringe Anwendung formalisierter Managementmethoden und mangelnde Zusammenarbeit zwischen Unternehmern und Hochschullehrern aufgrund der geringen (betriebswirtschaftlichen) akademischen Prägung und daraus resultierenden geringen Affinität mittelständischer Führungskräfte zur betriebswirtschaftlichen Forschung. Allerdings läßt sich in jüngster Zeit eine *Renaissance der Mittelstandsforschung* konstatieren. Sie wird insbesondere durch die (geplante) Einrichtung zahlreicher Lehrstühle für „Entrepreneurship" bzw. Existenzgründer anschaulich dokumentiert.[5] Dieses Phänomen läßt sich aber wohl stärker auf die Rolle von Neugründungen bzw. Ausgliederungen für die Probleme des Arbeitsmarkts[6] und auf die gestiegene Verfügbarkeit von Mitteln zur Existenzgründung bzw. Venture Capital zurückführen. Die veränderte öffentliche Meinung zum Unternehmertum dürfte damit für diese Entwicklung von größerer Bedeutung sein als ein originäres Interesse der Betriebswirtschaft an den Problemen kleiner und mittlerer Unternehmen. Gerade durch die Trennung von Kapital und Verfügungsmacht im Rahmen von Venture-Capital-Investitionen kommt dem internen

---

1 Vgl. Ball, H., 1984, S. 755.

2 Vgl. Chmielewicz, K., 1994, S. 19-20. Andere Unterscheidungen folgen z.B. dem Betriebsziel (erwerbswirtschaftliche Betriebe, fördernde Betriebe [Genossenschaften], Kostendeckung anstrebende Betriebe usw.) oder dem Lebenszyklus. Vgl. Mugler, J., 1984, S. 770f.

3 Vgl. Ball, H., 1984, S. 762 und Abschnitt 1.1.

4 Vgl. Klein-Blenkers, F. et al., 1979, S. 78-79; Wolff, R./Goldberg, W.H., 1984, S. 525.

5 Stellvertretend seien genannt: Humboldt-Universität Berlin (gepl.), TU Chemnitz (SS 1999), TU Darmstadt (gepl.), TU Dresden (SS 1999), Fernuniversität Hagen (gepl.), TH Karlsruhe (SS 1999), Universität Köln (WS 1999/2000), Universität Lüneburg (gepl.), Universität Mannheim (gepl.), Universität Münster (SS 1999), Universität (GH) Wuppertal (gepl.). Quelle: Informationsseiten des World Wide Web.

6 Vgl. Schmidt, A., 1995, S. 5.

Rechnungswesen neuerdings wieder eine verstärkte Rolle zu.[1] Darüber hinaus sind bereits seit den siebziger und achtziger Jahren mehrere hundert Kurse zur Entrepreneurship an amerikanischen Business Schools eingerichtet worden,[2] so daß die deutsche Wiederentdeckung des Mittelstands im großen und ganzen die internationale Entwicklung nur nachvollzieht.

Im anglo-amerikanischen Sprachraum, insbesondere in den USA, scheint die Forschung und Lehre auf dem Gebiet des Small Business Management relativ weit entwickelt zu sein. Die wichtigsten Lehrbücher zum Thema entstammen diesem Sprachraum.[3] In den USA existieren bereits seit 1963 ein eigenes „Journal of Small Business Management" sowie eine eigene Regierungsstelle, die „Small Business Administration". Die naheliegende Vermutung, daß der Wissensstand im anglo-amerikanischen Raum daher größer ist, bestätigt sich allerdings nur eingeschränkt. Im wesentlichen dominieren kasuistische Ausführungen und daran anschließende normative Empfehlungen für Praktiker.[4] Nur wenige wissenschaftliche Publikationen widmen sich ausschließlich der Betrachtung kleiner und mittlerer Unternehmen. Schwerpunkte sind dabei die Persönlichkeit des Unternehmers (traits approach), die Unternehmensumwelt (contingency approach, ecology approach) und die Gestaltungsinstrumente (instrument approach, managerial approach).[5] Eine geschlossene Theorie der mittelständischen Unternehmung läßt sich aus diesen Ansätzen nicht gewinnen.[6] Allerdings finden sich in empirischen Untersuchungen vergleichsweise oft kleine und mittlere Unternehmen als Untersuchungsgegenstand, ohne daß ihre Besonderheiten in den entsprechenden Beiträgen im Mittelpunkt des Forschungsinteresses stünden.

Für mittelständische Unternehmen werden angesichts der Forschungsdefizite in der wirtschaftswissenschaftlichen Literatur oft stillschweigend die Verhältnisse der Großunternehmung unterstellt.[7] Dabei liegt die Annahme zugrunde, daß kleine Unternehmen im wesentlichen großen Unternehmen entsprechen, nur über geringere Umsätze, weniger Betriebsvermögen und eine geringere Mitarbeiterzahl verfügen.[8] Die unterstellte „Abwärtskompatibilität" der für Großunternehmen gefundenen Lösungsansätze durchzieht besonders die Forschung zum internen Rechnungswesen. Die häufig zitierte Forderung von Welsh/White

---

1 Vgl. Mitchell, F./Reid, G./Terry, N., 1995 und Abschnitt 2.2.2.3.1.

2 Vgl. Mugler, J., 1993, S. 79.

3 Vgl. Kreikebaum, H., 1984, S. 646.

4 Vgl. für viele Burns, P./Dewhurst, J., 1989.

5 Für einen guten Überblick über den Stand der Forschung vgl. Sexton, D.L./Kasarda, J.D., 1992.

6 Vgl. Kreikebaum, H., 1984, S. 647.

7 Vgl. Chmielewicz, K., 1984, S. 152.

8 Vgl. Welsh, J.A./White, J.F., 1981, S. 18.

(1981) nach einer differenzierten Betrachtung des Rechnungswesens – „A Small Business is not a Little Big Business“[1] – ist bisher nur unzureichend berücksichtigt worden.

An dieser Stelle läßt sich festhalten, daß sich die folgende Darstellung der Besonderheiten kleiner und mittlerer Unternehmen demgemäß auf keine besondere Theorie der Unternehmensführung kleiner und mittlerer Unternehmen stützen kann, sondern vielmehr auf konzeptionelle Überlegungen vor dem Hintergrund begrenzter theoretischer und empirischer Erkenntnisse angewiesen ist.

2.1.3 Rahmenbedingungen mittelständischer Kostenrechnung

Nach der Abgrenzung des Untersuchungsgegenstandes ist es notwendig, zunächst ein ausreichendes Verständnis für die institutionellen, funktionalen und prozessualen Rahmenbedingungen der Kostenrechnung in mittelständischen Unternehmen zu entwickeln. Angesichts des skizzierten Erkenntnisstands erscheint eine systematische, theoriegeleitete Betrachtung um so notwendiger. Erst vor diesem Hintergrund ist eine Diskussion der möglichen Rollen und Bedeutungen von Informationssystemen in mittelständischen Unternehmen möglich, da die organisatorischen Rahmenbedingungen – wie noch zu zeigen sein wird – in erheblichem Umfang den potentiellen und tatsächlichen Nutzen einer Kostenrechnung bestimmen.

2.1.3.1 Grundlagen und Bezugspunkte in der Literatur

Eine explizite gesonderte Behandlung der Organisation mittelständischer Unternehmen im Verhältnis zur allgemeinen Organisationstheorie existiert als geschlossene Darstellung nicht.[2] Frühe Ansätze der Organisationstheorie beziehen sich noch vorwiegend auf diesen Normaltypus mittelständischer Unternehmen, setzen sie doch häufig ein Maß an Überschaubarkeit voraus, das höchstens in mittelgroßen Betrieben vorzufinden ist.[3] Die Organisationslehre bis in die sechziger Jahre kann damit zugleich als die Theorie der Organisation der mittelständischen Unternehmung gelten.[4] In der Folgezeit hat sich der Schwerpunkt der Forschung auf die Betrachtung der Großunternehmung und ihrer Organisationsformen verschoben.[5] Über die Entdeckung verschiedener Erfolgsmerkmale – etwa der Organisationskultur[6] – rücken erst in

1 Welsh, J.A./White, J.F., 1981, S. 18.

2 Vgl. Kahle, E., 1992, Sp. 1409f.

3 Allerdings handelt es sich i.d.R. um eine implizite Bezugnahme. Vgl. exemplarisch Stefanic-Allmayer, K., 1950; Gutenberg, E., 1962; Kosiol, E., 1962.

4 Vgl. Kahle, E., 1992, Sp. 1410.

5 So beziehen sich zahlreiche Ansätze zur Gestaltung von Organisationen – Matrix-Organisation, multinationale Organisationsformen und Projektorganisation – vorwiegend auf die Interessen- und Problemlage der Großunternehmung.

6 Vgl. stellvertretend Peters, T.J./Waterman, R.H., 1982; Bleicher, K., 1986.

jüngerer Zeit mittelständische Unternehmen wieder in den Fokus.[1] Großunternehmen versuchen teilweise, die Vorteile kleiner Einheiten durch Flexibilitäts- und Effizienzvorteile (geringe Koordinations-, Prüf- und Überwachungskosten)[2] über Dezentralisierung und größere Autonomie für sich zu nutzen.[3]

Kennzeichnend für die Unternehmensführung im Mittelstand ist die zentrale Rolle des Unternehmers bzw. der Geschäftsleitung. In der Regel nimmt der Unternehmer die Rolle des Risikoträgers, des Kapitalgebers und der Geschäftsleitung in Personalunion wahr.[4] Mittelständische Unternehmen werden häufig in Form einer personalisierten Rechtsform eines Einzelunternehmens, einer Personengesellschaft oder einer GmbH geführt.[5] Träger der Führungsaufgabe ist daher entweder eine Person (Eigentümer-Unternehmer) oder mehrere Personen in Form einer Geschäftsleitung. Bei Wahrnehmung der Führungsaufgabe durch Angestellte besteht über die vorherrschende personalisierte Rechtsform ein hohes Maß an Kontrolle und Einflußnahme durch den Kapitalgeber.[6]

Als wichtigste Besonderheit der mittelständischen Unternehmung gegenüber dem Großbetrieb ist also die Unterschiedlichkeit der Sozial- und Führungsbeziehungen zu sehen. Für die Darstellung der *Unternehmensführung* läßt sich auf keine konsensfähige Definition in der betriebswirtschaftlichen Literatur zurückgreifen, obwohl der Begriff schon Jahrzehnte die wissenschaftliche Diskussion durchzieht.[7] Die Vielschichtigkeit dieser Ansätze erschwert es, den Begriff Unternehmensführung allgemeingültig zu definieren, es ist „vielmehr ein Konstrukt, das in bestimmten Beschreibungs- und Erklärungszusammenhängen verwendet wird".[8] Zur Charakterisierung der Führungssituation soll an die mehrdimensionale Unterscheidung von Staehle (1987)[9] und Ulrich/Fluri (1992)[10] angeknüpft werden, für die prozessuale Darstellung wird auf die Ausführungen von Weber/Brettel/Schäffer (1996)[11] bzw. Weber (1998)[12] zurückgegriffen.

---

1 Vgl. Schröder, E.F., 1993, S. 110.
2 Vgl. Schmidt, A., 1995, S. 34.
3 Vgl. Frese, E., 1993, S. 999.
4 Vgl. Gaulhofer, M., 1988, S. 27; Lanz, R., 1989, S. 31; Pfohl, H.-C./Kellerwessel, P., 1990, S. 18-19; Wengerter, A., 1992, S. 12; Kosmider, A., 1993, S. 39; Pleitner, H.J., 1995, S. 930.
5 Vgl. Heigl, A., 1981, S. 426.
6 Vgl. Wengerter, A., 1992, S. 11.
7 Vgl. Kirsch, W., 1977; Staehle, W., 1989; Steinmann, H./Schreyögg, G., 1991; Ulrich, P./Fluri, E., 1992; Weber, J./Brettel, M./Schäffer, U., 1996.
8 Vgl. Wunderer, R., 1995, Sp. 1337.
9 Vgl. Staehle, W., 1987.
10 Vgl. Ulrich, P./Fluri, E., 1992.
11 Vgl. Weber, J./Brettel, M./Schäffer, U., 1996.
12 Vgl. Weber, J., 1998, S. 29ff.

Unternehmensführung läßt sich in dieser mehrdimensionalen Sichtweise, die den folgenden Ausführungen als Strukturierungsraster zugrunde liegt, durch die Dimensionen Institution, Funktion und Prozeß näher kennzeichnen. Die *institutionelle* Sichtweise beschäftigt sich mit den Trägern der Unternehmensführungsaufgabe. Personen, die aufgrund ihrer rechtlichen oder organisatorischen Stellung gegenüber anderen Personen Weisungsbefugnis besitzen, ohne selbst an Weisungen gebunden zu sein, sind damit Gegenstand der Betrachtung.[1] Die *funktionale* Sichtweise stellt die konkreten Inhalte dieser Aufgaben in den Mittelpunkt ihrer Betrachtungen, ohne sich an den Trägern dieser Aufgaben zu orientieren. Der Organisation des Unternehmens kommt dabei eine verbindende und ermöglichende Funktion zu. „Organisation als soziales Gebilde bietet den Rahmen, innerhalb dessen das Management (Management als Institution) seine Aufgaben (Management als Funktion) durchführt."[2] Die *prozessuale* Sichtweise betrachtet die formale Struktur des Führungsprozesses und abstrahiert dabei erheblich von den Entscheidungsträgern oder den wahrgenommenen Aufgaben. Dabei sind die betrachteten Dimensionen weder frei von Interdependenzen oder Redundanzen, noch besteht ein Konsens über die Zuordnung verschiedener Merkmale zu den einzelnen Dimensionen.[3]

Auch wenn diese Unterscheidung an anderer Stelle vereinzelt für die Darstellung der Besonderheiten mittelständischer Unternehmen im Zusammenhang mit der Untersuchung von Informationssystemen herangezogen wird,[4] können sich die folgenden Ausführungen keineswegs auf eine breite Literatur- und Erkenntnisbasis stützen. Vielmehr soll unter Rückgriff auf klassische Konzepte[5] der Organisations- und Entscheidungstheorie eine systematische Diskussion der mittelständischen Unternehmensführung geleistet werden. Die jeweiligen Konzepte werden jeweils aus Gründen der Übersichtlichkeit nur kurz erläutert und können im wesentlichen als bekannt vorausgesetzt werden. Für eine vertiefte Diskussion wird auf die entsprechende Literatur verwiesen.

2.1.3.2 Institutionelle Charakteristika der Unternehmensführung

Die institutionelle Betrachtungsweise der Unternehmensführung umfaßt zwei Aspekte:[6] zum einen die Organisationsverfassung bzw. die *Organisationsstruktur* und zum anderen die *persönlichen Merkmale* der handelnden Personen und die verhaltenswissenschaftlichen

---

1 Vgl. Gutenberg, E., 1962, S. 20; Ulrich, P./Fluri, E., 1992, S. 37.

2 Vgl. Staehle, W., 1989, S. 92f.

3 Beispielsweise lassen sich die Themenbereiche Planung und Steuerung sowohl der funktionalen als auch der prozessualen Sichtweise zuordnen.

4 Vgl. Kellerwessel, P., 1982; Kellerwessel, P., 1984; Gaulhofer, M., 1988; Wiebe, R., 1991; Wengerter, A., 1992; Kosmider, A., 1993.

5 Zum Begriff "Klassiker" vgl. Witt, F., 1995, S. 34.

6 Vgl. Kosmider, A., 1993, S.11.

Aspekte der Führungssituation. Beide determinieren den potentiellen Nutzen, den Kostenrechnung in ihrem Kontext stiften kann.[1] Weber (1992) spricht im Zusammenhang mit der prozessualen Sichtweise vom „Führungsstilbezug" der Kostenrechnung.[2]

Die *Organisationsverfassung* legt den Umfang des Führungspersonenkreises und seine Einbindung in die Organisationshierarchie fest.[3] Diese Festlegung umfaßt die Weisungsmacht und Kompetenz sowie die Entscheidungs- und Informationsbefugnisse derjenigen, die mit der Führung betraut sind. Der umfassendere Begriff der *Organisationsstruktur* erlaubt es, darüber hinausgehende Aussagen über die Koordination des gesamten Unternehmens zu treffen. Unter Organisationsstruktur wird die Gesamtheit aller formalen, d.h. offiziell erlassenen Regelungen verstanden. Konzeptionen der Organisationsstruktur wurden in erheblichem Maße durch die Arbeiten der Aston-Gruppe[4] geprägt und orientieren sich am Bürokratiemodell Max Webers (1972).[5] Zur Beschreibung der Organisationsstruktur werden fünf Hauptdimensionen herangezogen, von denen jede mehrere Unterdimensionen umfaßt. In Anlehnung an die Darstellung bei Kieser/Kubicek (1992)[6] sollen anhand der Dimensionen Spezialisierung, Konfiguration, Koordination, Entscheidungsdelegation und Formalisierung die wesentlichen Spezifika mittelständischer Organisationen dargestellt werden.

Unter *Spezialisierung* wird die Aufspaltung der Gesamtaufgabe der Organisation in Teilaufgaben verstanden. Art und Umfang der Arbeitsteilung auf Stellen- oder Abteilungsebene resultieren aus der Art der Ausdifferenzierung von Aufgaben und der Zuordnung der Teilaufgaben zu verschiedenen Aufgabenträgern. Dabei können Kriterien der Verrichtung oder des Objekts zur Anwendung kommen. Der Bedarf an Spezialisierung steigt in dem Maße, in dem die ursprünglichen Aufgabenträger aus fachlichen oder kapazitativen Gründen nicht mehr in der Lage sind, die Aufgaben in vollem Umfang wahrzunehmen. Wesentliches Kennzeichen mittelständischer Unternehmen ist ein weitestgehender Verzicht auf eine *Stellenspezialisierung* im Bereich der höheren Führungsaufgaben und -befugnisse, d.h., eine institutionalisierte Spezialisierung ist auf der ersten und häufig auch auf der zweiten Führungsebene nicht auszumachen. Unter dem Stichwort *Funktionshäufung* bei den Entscheidungsträgern beschäftigt sich die Literatur in erheblichem Maße mit diesem Sachverhalt.[7] Diese große Funktions-

1 Vgl. Henning, M., 1991, S. 11.
2 Vgl. Weber, J., 1992a, S. 961.
3 Vgl. Chmielewicz, K., 1987, Sp. 1978.
4 Vgl. Pugh, D.S. et al., 1963; Pugh, D.S. et al., 1969; Pugh, D.S./Hickson, D.J., 1976.
5 Vgl. Weber, M., 1976.
6 Vgl. Kieser, A./Kubicek, H., 1992, S. 74. Zur Erläuterung der Begriffe und vertieften Darstellung ebd.
7 Vgl. Kellerwessel, P., 1982, S. 82; Churchill, N.C./Lewis, V.L., 1983, S. 34; Gaulhofer, M., 1988, S. 31; Pfohl, H.-P./Kellerwessel, P., 1989, S. 18; Kayser, G., 1990, S. 83; Kosmider, A., 1993, S. 39; Pleitner, H.-J., 1995, S. 934-935.

breite ist bei den Entscheidungsträgern so regelmäßig vorzufinden, daß sie beispielsweise in Australien selbst Eingang in die Definition kleiner und mittlerer Unternehmen gefunden hat.[1] Auch bei zunehmender Unternehmensgröße und einem (empirisch degressiv)[2] steigenden Bedarf an Spezialisierung wird in der Regel eine übergewichtige Verteilung der Aufgaben auf den Unternehmer beibehalten, soweit es seine Leitungskapazität zuläßt. Mit ihr werden regelmäßig die Vorteile mittelständischer Führungsstrukturen verbunden:[3] kurze, direkte Kommunikationswege, hohe Anpassungsflexibilität sowie Unmittelbarkeit und Eindeutigkeit von Entscheidungen. Allerdings bestimmen die persönlichen Fähigkeiten der Unternehmensführung in erheblichem Maße, ob diese Vorteile der Funktionshäufung realisiert werden können oder ob vielmehr eine Überforderung der Führungskräfte zu negativen Konsequenzen führt.[4] Die hohe Zahl an Funktionen je Führungskraft reduziert naturgemäß die interpersonellen Koordinationsprozesse.

Die *Abteilungsspezialisierung*, also die Zusammenfassung von Stellen unter der Verantwortung einer besonderen Leitungsstelle, ist ebenfalls nur sehr gering ausgeprägt und im wesentlichen in den ausführenden Bereichen festzustellen.[5] Der Unternehmer ist i.d.R. in dem Funktionalbereich, in dem er seine Berufsbildung erhalten hat (häufig ein technisch-naturwissenschaftlicher Bereich), tätig.[6] Darüber hinaus nimmt er andere Funktionen, ohne daß er über besondere Kenntnisse verfügen würde, qua „ownership" wahr.[7] Bei Verteilung der Führungsaufgabe auf mehrere Handlungsträger ist das vorherrschende Gliederungsprinzip die Funktionalorganisation, in der technische und kaufmännische Leitung nebeneinander bestehen.[8] Eine objektorientierte Organisationsform läßt sich durch die damit verbundene Notwendigkeit zur Delegation häufig nicht durchsetzen. Erst mit steigender Unternehmensgröße werden Aufgaben zunehmend delegiert und mehreren Aufgabenträgern übertragen, so daß die Anzahl der Funktionsbereiche je Führungsperson abnimmt.

In der Literatur werden erhebliche Nachteile dieser Funktionshäufung diagnostiziert: geringe Substituierbarkeit des Führungspotentials, mangelnde oder geringe Arbeitsteilung und damit Überlastung der Geschäftsleitung sowie eine geringe Anwendung von Managementprinzi-

---

1 Vgl. Brown, A.M., 1975, S. 24.

2 Vgl. Kieser, A./Kubicek, H., 1992, S. 300f.

3 Vgl. Pfohl, H.-C./Kellerwessel, P., 1990, S. 18-19; Köhler, G., 1994, S. 25.

4 Vgl. Kellerwessel, P., 1984, S. 86f.

5 Vgl. Pfohl, H.-C./Kellerwessel, P., 1990, S. 18-19; Kayser, G., 1990, S. 83.

6 Vgl. Kellerwessel, P., 1982, S. 85.

7 Vgl. Gaulhofer, M., 1988, S. 51; Kayser, G., 1990, S. 84.

8 Vgl. Becker, H.P., 1984, S. 54; Gaulhofer, M., 1988, S. 59; Pfohl, H.-C./Kellerwessel, P., 1990, S. 18-19; Wiebe, R., 1991, S. 102.

pien.[1] Die Sensibilität gegenüber Umwelteinflüssen kann derart abnehmen, daß es zu Flexibilitätsverlusten einer Organisationsform kommt, die diese Eigenschaft gerade unterstützen soll.[2] Diese Nachteile werden durch eine geringe Bereitschaft zur Delegation und ein gewisses Maß an Selbstüberschätzung bei den Beteiligten noch verstärkt.[3] Darüber hinaus kann unter motivatorischen Aspekten eine hohe Kongruenz zwischen persönlichen Zielen der Entscheidungsträger und den Unternehmenszielen unterstellt werden. Kotey/Meredith (1997) kommen beispielsweise empirisch zu dem Ergebnis, daß eine hohe Übereinstimmung zwischen persönlichen Werten des Unternehmers und der strategischen Orientierung kleiner und mittlerer Unternehmen feststellbar ist.[4] Allerdings besteht die Gefahr, daß der Schwerpunkt der Unternehmensführung auf dem Interessengebiet des Unternehmers und damit i.d.R. vorwiegend auf absatzwirtschaftlichen und technischen Aspekten liegt.[5]

Aus der geringen Spezialisierung der Aufgaben lassen sich direkte Implikationen für die angewendeten *Koordinationsmechanismen bzw. -instrumente* ableiten.[6] Organisationsstrukturen lassen sich danach unterteilen, in welchem Umfang sie für den Einsatz verschiedener Koordinationsinstrumente eingerichtet sind. Man unterscheidet *personenbezogene Koordinationsmechnanismen* – Koordination über persönliche oder hierarchische Weisung und Koordination über Selbstabstimmung (Teams, Kollegien, Komitees) – und *technokratische Koordinationsinstrumente*, also die Koordination über Pläne und die Koordination über Programme und Verfahrensrichtlinien. Eine Koordination über die Organisationskultur – durch die Internalisierung gemeinsamer Werte und Normen – gehört nicht zu der über die Organisationsstruktur vermittelten Koordination.[7] Die Organisationskultur kann aber eine strukturelle Koordination unterstützen, wie es bei kleinen und mittleren Unternehmen in besonderem Maße der Fall ist. Der hohe regionale und soziale Homogenitätsgrad der Belegschaft wirkt sich dabei günstig auf verschiedene Merkmale der Unternehmensführung aus bzw. ermöglicht diese erst.[8]

Grundsätzlich steht die bereits skizzierte mangelnde Abgrenzung und Spezifität der Aufgaben einer expliziten Standardisierung, wie sie technokratische Koordinationsinstrumente erfordern, entgegen:

---

1 Vgl. Hamer, E., 1990, S. 115f.; Pfohl, H.-C./Kellerwessel, P., 1990, S. 18-19.
2 Vgl. Schmidt, A., 1995, S. 31.
3 Vgl. Kellerwessel, P., 1982, S. 150; Becker, H.P., 1984, S. 56.
4 Vgl. Kotey, B./Meredith, G.G., 1997.
5 Vgl. Becker, H.P., 1984, S. 55.
6 Für eine ausführliche Darstellung vgl. Kieser, A./Kubicek, H., 1992, S. 95ff.
7 Vgl. Kieser, A., 1993, S. 58.
8 Vgl. Kahle, E., 1992, Sp. 1413.

- Die Koordination über *Regeln* oder *Programme* erfolgt über auf Dauer angelegte, schriftlich fixierte Verfahrensanweisungen, die in hohem Maße die persönliche Kommunikation ersetzen. Die Verwendung in der Unternehmenspraxis weist empirisch einen hohen Bezug zur Unternehmensgröße und zur Spezialisierung der Aufgaben auf.[1] Ihre Anwendung entspricht damit nicht mittelständischen Gegebenheiten, in deren Vordergrund die persönliche Kommunikation steht. Mittelständische Unternehmen setzen diese Mechanismen selbst in der einfachsten Form von Organisationsplänen, schriftlichen Arbeitsanweisungen oder Stellenbeschreibungen nur sehr zurückhaltend ein. In (älteren) empirischen Untersuchungen zeigt sich, daß nur etwa jedes fünfte Unternehmen über schriftliche Stellenbeschreibungen oder Arbeitsanweisungen verfügt.[2]

- Die Koordination über *Pläne* erfolgt über ein formalistisches System der Vorgabe von Aktionszielen für einen bestimmen Zeitraum. Sie gilt regelmäßig als Voraussetzung für die Anwendung einer Kostenrechnung.[3] In mittelständischen Unternehmen bestehen Gestaltungsvorteile für die Realisierung einer ausgebauten Planung.[4] Die Überschaubarkeit des Unternehmens erleichtert aufgrund der hohen intersubjektiven Nachvollziehbarkeit die Erstellung und Steuerung von Plänen. Empirisch läßt sich ein positiver Zusammenhang zwischen der Unternehmensgröße und der Anwendung von Planung konstatieren.[5] Dies betrifft sowohl die Ausdehnung des Planungshorizontes als auch die Zunahme des Planungsumfangs und der Planungsintensität. Eine einfache Planung wird in mittelständischen Unternehmen vergleichsweise oft eingesetzt, dies impliziert aber noch keine Koordination über Pläne.

- Eine Koordination über *Selbstabstimmung* besteht aus der Übertragung von Aufgaben und entsprechenden Entscheidungsbefugnissen auf Gruppen oder Teams. Der Abstimmungsweg ist offiziell vorgeschrieben, und die von den entsprechenden Gremien getroffenen Entscheidungen haben einen gewissen Verbindlichkeitsgrad. Damit unterscheidet sich Selbstabstimmung deutlich von dem in mittelständischen Unternehmen intensiveren und offeneren, aber letztendlich unverbindlichen Informationsaustausch. Selbstabstimmung entspringt der Problemlage größerer Unternehmen, da in institutionalisierter Form die horizontale Kommunikation, die Flexibilität und der Wissensaustausch geför-

---

[1] Vgl. Pugh et al., 1969, S. 166; Child, J., 1972 und die Analyse beider Arbeiten bei Wollnik, M./Kubicek, H., 1976.

[2] Vgl. Thürbach, R.-P./Hutter, E., 1976, S. 66; Steiner, J./Reske, W., 1978, S. 20.

[3] Vgl. Weber, J., 1992a, S. 962.

[4] Vgl. Gaulhofer, M., 1988, S. 42.

[5] Vgl. IHK Koblenz, 1978, S. 4.

dert werden. In dieser Form ist Selbstabstimmung in mittelständischen Unternehmen daher *nicht* anzutreffen.

- Die Koordination über *Hierarchie* stellt auf die vertikalen Kommunikationsbeziehungen im Unternehmen ab und herrscht in den meisten mittelständischen Unternehmen vor.[1] Koordinierendes oder integrierendes Verhalten wird dabei über *persönliche Weisungen* in konkreten Situationen herbeigeführt. Dabei stellen sie nicht Resultate eines übergreifenden Systems von Regelungen oder Programmen, sondern hierarchische Ad-hoc-Entscheidungen dar.[2] Die zentrale Abstimmung ist dadurch gekennzeichnet, daß eine Person oder Gruppe explizit die Aufgabe übernimmt, spezifische Koordinationsentscheidungen zu treffen.[3] Die Führung wird dabei durch eine unmittelbare Teilnahme am Betriebsgeschehen und einem sehr personenbezogenen Führungsstil wahrgenommen, der durch die Vertrautheit mit den Mitgliedern der Organisation und dem Betrieb begünstigt wird. Empirische Ergebnisse deuten auf einen engen Zusammenhang zwischen der Zentralisation von Entscheidungen und der Koordination über Hierarchie hin,[4] womit eines der typischen Merkmale mittelständischer Unternehmen angesprochen wird.

Zusammenfassend läßt sich festhalten, daß der Koordination über Pläne und der Koordination über persönliche Weisung in mittelständischen Unternehmen eine vergleichsweise hohe Bedeutung zukommt. Andere Koordinationsmechanismen treten in ihrer Bedeutung und Anwendung in der Unternehmenspraxis demgegenüber deutlich zurück. Allerdings entspricht wohl eine Verbindung beider Koordinationsmechanismen am ehesten der Realität mittelständischer Unternehmen. Dieses Verhältnis soll in Kapitel 4 ausführlicher diskutiert werden.

Die *Konfiguration* oder das *Leitungssystem*[5] umfaßt „die äußere Form des Stellengefüges"[6], wie es etwa in Organigrammen zum Ausdruck kommt. Alternative Formen des Leitungssystems sind Ein-Linien-System, Stab-Linien-System, Mehr-Linien-System und Matrix-Organisation.[7] Die Konfiguration stellt das Ergebnis der Strukturdimensionen der Spezialisierung und Koordination dar. Die Konfiguration beschreibt die mit Entscheidungs- und Weisungsbefugnis ausgestatteten Instanzen, also das sogenannte „Leitungssystem".[8] Eine

---

1 Vgl. Gaulhofer, M., 1988, S. 47; Kayser, G., 1990, S. 84f.; Pfohl, H.-C./Kellerwessel, P., 1990, S. 18-19.

2 Vgl. Gaulhofer, M., 1988, S. 47; Kayser, G., 1990, S. 84f.; Pfohl, H.-C./Kellerwessel, P., 1990, S. 18-19.

3 Vgl. Kirsch, W., 1971, S. 71.

4 Vgl. Child, J., 1975.

5 Vgl. Staerkle, R., 1992, Sp. 1229f.

6 Vgl. Kieser, A./Kubicek, H., 1992, S. 126.

7 Vgl. Braun, G.E., 1982, S. 178.

8 Vgl. Kieser, A./Kubicek, H., 1992, S. 126.

Stelle ist definiert durch ein personenbezogenes Bündel von Aufgaben, wobei viele Stellen im Unternehmen sowohl Ausführungs- als auch Leitungsaufgaben umfassen. Alle Stellen, die auch oder ausschließlich Leitungsaufgaben innehaben, werden mit Instanzen oder Leitungsstellen bezeichnet.

Der Begriff der Konfiguration steht in einem engen Verhältnis zum Begriff der *Entscheidungsdelegation*. Eine hohe Entscheidungszentralisation liegt dann vor, wenn die Entscheidungskompetenzen oder -befugnisse auf den oberen Hierarchieebenen zentralisiert sind.[1] Das Leitungssystem bezieht sich auf die Weisungsbefugnisse, während der Begriff der Entscheidungsdelegation sich auf die den Weisungsbefugnissen sowohl sachlich als auch zeitlich vorgelagerten Entscheidungsbefugnisse bezieht. Gerade die problematische Abstimmung beider Strukturparameter in mittelständischen Unternehmen aufeinander läßt eine gemeinsame Behandlung als vorteilhaft erscheinen.

Das Leitungssystem mittelständischer Unternehmen besteht in der Regel aus einem *Ein-Linien-System*, das auf den Unternehmer oder wenige Personen ausgerichtet ist.[2] Primäres Gliederungskriterium der Aufgabenteilung ist das Verrichtungsprinzip bzw. Funktionalprinzip. Dies ist zum einen auf die geringe Diversifikation vieler Betriebe zurückzuführen, zum anderen auf die bereits erwähnte geringe Bereitschaft zur Delegation. Auf der zweiten Ebene sind bei zunehmender Unternehmensgröße Zwischeninstanzen eingezogen, die jedoch i.d.R. nur mit ausführungsbezogenen Leitungsaufgaben betraut sind.[3] Die wahrgenommene Funktionsbreite nimmt zwar ab, doch bleibt eine eigenständige Abteilungsbildung auf einige wenige Funktionen beschränkt. Zumindest für Kleinbetriebe gilt in diesem Zusammenhang die Feststellung von Churchill/Lewis (1983) in bezug auf die Abteilungsleiter: „Neither of them makes major decisions independently, but instead carries out the rather well-defined orders of the owner."[4] Damit läßt sich festhalten, daß zwar Weisungsbefugnisse in beschränktem Maße abgegeben werden, Entscheidungsbefugnisse aber beim Unternehmer verbleiben. Die resultierende Zentralisierung der Entscheidungen in Verbindung mit der Überschaubarkeit des Unternehmens ist eine wesentliche Spezifität der Unternehmensführung im Mittelstand.

Die Abteilungsbildung führt also keineswegs zur Entscheidungsdelegation. Entsprechend kann erst dann von Delegation gesprochen werden, wenn Aufgabeninhalt, Kompetenz und Verantwortung deckungsgleich sind. Langfristige, ganzheitliche Führungsaufgaben werden in nennenswertem Umfang nicht delegiert, vielmehr ist ein zunehmender Delegationsgrad mit

---

1 Vgl. Kieser, A., 1993, S. 58.
2 Vgl. Pfohl, H.-C./Kellerwessel, P., 1990, S. 18-20.
3 Vgl. Gaulhofer, M., 1988, S. 32.
4 Churchill, N.C./Lewis, V.L., 1983, S. 34.

(drastisch) abnehmender Wichtigkeit der Aufgaben festzustellen.[1] Auffallend ist auch in einer Untersuchung von Grochla/Puhlmann/Vahle (1981) die hohe Anzahl von Routineentscheidungen, die auf der obersten Führungsebene getroffen werden. Dies gilt sowohl für die Selbsteinschätzung der Unternehmer als auch – wesentlich gravierender – für die Einschätzung durch die Betroffenen.[2]

Unter *Formalisierung* werden drei Merkmale von Organisationsstrukturen verstanden:[3] Die *Strukturformalisierung* als schriftliche Fixierung von Regelungen, die *Formalisierung des Informationsflusses* im Sinne der schriftlichen Durchführung und Aufbewahrung (Aktenmäßigkeit) der Kommunikation und die *Leistungsdokumentation*, die schriftliche Aufzeichnung von Leistungsdaten. Formalisierung ist nicht unbedingt Voraussetzung für eine Koordination in arbeitsteiligen Organisationen. Regeln für die Programmierung können entweder in Organisationshandbüchern festgehalten werden (Formalisierung) oder gehören zum Erfahrungsschatz der Unternehmung (Traditionalismus).[4] Insofern kann Formalisierung als eigenständige, unabhängige Dimension der Organisationsstruktur betrachtet werden. Die Strukturformalisierung ist in mittelständischen Unternehmen gering ausgeprägt.[5] Thürbach/Hutter (1978) berichten, daß 75 % der von ihnen untersuchten Unternehmen über kein schriftlich festgehaltenes Organigramm verfügen.[6] Dies läßt sich zum einen auf den geringen Bedarf einer solchen Beschreibung angesichts der Überschaubarkeit des Unternehmens zurückführen, zum anderen aber auch auf die geringen Möglichkeiten zur Strukturierung angesichts einer häufig an Personen orientierten Stellendefinition und -besetzung. Vorteile einer Stellenbeschreibung wie die eindeutige Festlegung von Aufgaben, der Verantwortungsbereiche und insbesondere der Stellvertretung können so nicht realisiert werden.[7] Empirisch läßt sich wiederum ein positiver Zusammenhang zwischen Unternehmensgröße, Spezialisierung und Formalisierung feststellen.[8]

2.1.3.3 Unternehmenswachstum und institutionelle Charakteristika

Wie gezeigt, werden mit der zunehmenden Unternehmensgröße zahlreiche Veränderungen der Organisationsstruktur assoziiert. Von besonderer Bedeutung ist die Frage, an welchen Wachstumsschwellen solche Veränderungen auftreten. Unter einer Wachstumsschwelle

1 Vgl. Kayser, G., 1990, S. 86.
2 Vgl. Grochla, E./Puhlman, M./Vahle, M., 1984, S. 403.
3 Vgl. Kieser, A., 1993, S. 58.
4 Vgl. Kieser, A./Kubicek, H., 1992, S. 110.
5 Vgl. Kayser, G., 1990, S. 87.
6 Vgl. Thürbach, R.-P./Hutter, E., 1976, S. 31.
7 Vgl. Braun, G.E., 1982, S. 181; Kellerwessel, P., 1984, S. 69; Gaulhofer, M., 1988, S. 63.
8 Vgl. Kieser, A., 1993, S. 63.

versteht man „eine unternehmensindividuelle Erscheinung, hervorgerufen durch die geänderten Anforderungen an die Unternehmensführung, -organisation, -finanzierung etc., wenn das Unternehmen in eine neue Unternehmensgrößenklasse hineinwächst. Die Diskrepanz zwischen den betrieblichen Anforderungen und den realisierten Maßnahmen führt zu negativen Folgen für die Zielerfüllung des Unternehmens."[1] Albach/Bock/Warnke (1985) unterscheiden drei Unternehmenskrisen: die Gründungskrise, die Wachstumsschwelle und die Alterskrise. Wachstumsschwellen sind durch eine Finanzierungs- sowie eine Führungs- und Organisationskrise gekennzeichnet, die nach den empirischen Ergebnissen i.d.R. zusammenfallen.[2] Auf Basis ihrer Untersuchung lassen sich Wachstumsschwellen bei Unternehmen mit 300 bis 400 Beschäftigten oder 500 bis 850 Beschäftigten vermuten, wobei die Wachstumsschwellen in Abhängigkeit der individuellen Unternehmensverhältnisse und im Rahmen des organisatorischen Gestaltungsspielraums erheblich verschoben sein können. Damit ist davon auszugehen, daß in der betrachteten Unternehmensgrößenklasse bis 1000 Mitarbeiter u.U. solche Wachstumsschwellen auftreten.

Unter Überwindung einer reduktionistischen Abgrenzung über die Zahl der Mitarbeiter als Wachstumsmaßstab nehmen Churchill/Lewis (1983)[3] eine andere Unterteilung vor. Anhand eines Index aus Größe, Diversifizierung und Komplexität unterscheiden sie auf Basis konzeptioneller und empirischer Ergebnisse fünf Phasen der Entwicklung kleiner und mittlerer Unternehmen: „existence", „survival", „success", „take-off" und „resource maturitiy". Jede dieser Phasen wird mit unterschiedlichen Anforderungen hinsichtlich acht Dimensionen belegt. Wiederum läßt sich im Übergang der dritten zur vierten Phase eine überproportionale Zunahme der Anforderungen an die Dimensionen Personalqualität und -diversität, Informations-, Planungs- und Kontrollsysteme sowie grundlegende Organisationscharakteristika wie die Delegationsfähigkeit aufzeigen. Auch das zeitliche Zusammenfallen mit einem erhöhten Finanzierungsbedarf wird bestätigt.

Die Unternehmensgröße determiniert daher in erheblichem Maße die Wahl und den Wechsel des Primärkoordinationsmechanismus. Schon Chandler (1962) beobachtete die im Laufe des Wachstumsprozesses auftretenden organisatorischen Anpassungen, die durch die Notwendigkeit der Integration neuer Ressourcen in die bestehenden betrieblichen Abläufe entstehen.[4] Großunternehmen besitzen häufig einen diskretionären Spielraum bei der Ausgestaltung ihrer Aufbauorganisation innerhalb einer bestimmten Größenklasse, d.h. Koordinationserfordernis-

[1] Vgl. Albach, H./Bock, K./Warnke, T., 1985, S. 8-10.
[2] Vgl. Albach, H./Bock, K./Warnke, T., 1985, S. 45-70.
[3] Vgl. Churchill, N.C./Lewis, V.L., 1983, S. 31f.
[4] Vgl. Chandler, A.D., 1962.

se lassen sich durch unterschiedliche Aufbauorganisationen auffangen.[1] Dieser Spielraum ist für mittelständische Unternehmen eingegrenzt. Die typischerweise vorherrschende Koordination über persönliche Weisung verliert im Zuge des Wachstumsprozesses deutlich an Effizienz. Die zentrale Rolle des Unternehmers als alleiniger Handlungsträger nimmt ab, da die Führungsaufgaben auf mehrere Handlungsträger verteilt werden. Daher wird ein höheres Maß an Delegation und damit Koordination erforderlich. Typischerweise wird im Zuge des Wachstumsprozesses die *persönliche Weisung* durch eine *Primärkoordination durch Pläne* ergänzt, wenn nicht sogar in weiten Teilen ersetzt.[2] Aldrich (1979)[3] äußert im gleichen Zusammenhang in bezug auf den Führungsaspekt: „As organizations grow and exceed the scope of one person's ability to supervise, domination can no longer be exercised on a one-to-one basis."[4]

Damit ergeben sich aber erhebliche Wirkungen auf die Systeme zur Führungsunterstützung:

- Informelle Informationssysteme müssen zur Sicherstellung eines adäquaten Informationsstandes aller Beteiligten durch *formalisierte Informationsstrukturen* ersetzt werden.
- Die Rolle des Informationssystems als *Informationsinstrument* wird durch die Rolle als Instrument zur *Verhaltenssteuerung* ergänzt.[5]

Ein stärker analytisches Verhalten – im Sinne einer stärkeren Betonung der reflexiven Willensbildung –, eine verbesserte Planung und Kontrolle und der Einsatz betriebswirtschaftlicher Methoden treten an die Stelle der bisherigen Form der Unternehmensführung.[6] Kosmider (1993) spricht vom „Prüfstein des Führungssystems".[7]

An dieser Stelle soll die Frage nach der Ursächlichkeit der mittelständischen Besonderheiten für die Zugehörigkeit zu ihrer Unternehmensklasse aufgenommen werden:[1] Empirische Ergebnisse zeigen, daß eine wesentliche Voraussetzung für die Bewältigung der Wachstumsschwellen eine ständige Überprüfung des Führungssystems und ein Erkennen der potentielle Wachstumskrise ist. Gerade diese Anforderung ist aber aufgrund der Charakteristika der Führungssituation nur von den wenigsten Unternehmen zu bewältigen, sollen sie doch gerade im Zuge der Überwindung der Wachstumsschwelle erst ein solches Instrumentarium zur Früherkennung einführen. Diese tautologisch anmutende Forderung muß als eher weltfremd

---

1 Vgl. Kieser, A., 1993, S. 60.
2 Ausführlich im Abschnitt 4.2.2.2.1.
3 Vgl. Aldrich, H.E., 1979.
4 Aldrich, H.E., 1979, S. 7.
5 Vgl. zu dieser Unterscheidung Abschnitt 2.2.2.3.1.
6 Vgl. Albach, H./Bock, K./Warnke, T., 1985, S. 412f.
7 Kosmider, A., 1993, S. 54.

gelten und führt Geiser (1983)[2] zu der Annahme, daß die Betriebsführungssituation mittelständischer Betriebe als wesentlicher Hemmfaktor für das betriebliche Wachstum gelten muß.

Als Ergebnis dieser Ausführungen bleibt festzuhalten, daß das Unternehmenswachstum mit erheblichen Konsequenzen für die Ausgestaltung der Organisationsstruktur behaftet ist. Es ist mit Anforderungen an den Führungsstil und damit auch an die notwendigen Führungsunterstützungssysteme verbunden, die auch die Kostenrechnung betreffen. Allerdings scheint aufgrund der skizzierten Befunde die Betrachtung der unmittelbar aus dem Wachstum resultierenden Veränderungen angemessener zu sein als die Betrachtung des Wachstumsprozesses selbst.

2.1.3.4 Erkenntnisbeitrag für die vorliegende Untersuchung

Als Ergebnis des Abschnitts lassen sich im Hinblick auf die Rahmenbedingungen der Kostenrechnung vier Punkte festhalten:

1. Die Organisationsstruktur ist durch ein geringes Ausmaß an Spezialisierung und eine Funktionshäufung bei der Geschäftsleitung gekennzeichnet. Der resultierende Engpaß bei der Aufnahme und Verarbeitung von Informationen stellt erhebliche Anforderungen an die Kostenrechnung in bezug auf die Fokussierung ihrer Informationen.

2. Die Abteilungsbildung und insbesondere die Delegation von Aufgaben sind nur gering ausgeprägt. Der Kostenrechnung kommt damit als Koordinationsinstrument vermutlich eine vergleichsweise geringe Rolle zu.

3. Formalisierung und Strukturierung sind ebenfalls nur schwach ausgeprägt. Insbesondere eine Formalisierung und die Schriftlichkeit des Informationsflusses widersprechen mittelständischen Gegebenheiten. Kostenrechnungsinformationen bewegen sich damit in einem schwierigen Umfeld, das durch einen intensiven mündlichen Informationsaustausch geprägt ist.

4. Das Unternehmenswachstum stellt erhebliche Anforderungen an die Unternehmensführung und damit auch an die Rolle und Ausgestaltung der Führungsunterstützungssysteme.

In der Summe sind damit organisationsimmanent problematische Anwendungsvoraussetzungen für eine Kostenrechnung gegeben.

---

[1] Vgl. Abschnitt 2.1.1.1.

[2] Vgl. Geiser, J., 1983, S. 335ff.

2.2 Theoretische und empirische Grundlagen der Untersuchung

Der folgende Abschnitt umfaßt die Darstellung der theoretischen Bezugspunkte, die Definition und Abgrenzung des internen Rechnungswesens in mittelständischen Unternehmen sowie eine kritische Würdigung der Ergebnisse der empirischen Forschung zum internen Rechnungswesen. Dabei wird auf Basis der Empfehlungen in der Literatur ein konzeptioneller Bezugsrahmen für die empirische Untersuchung hergeleitet.

2.2.1 Bezugspunkte in der Theorie

In der vorliegenden Untersuchung wird in erheblichem Maße auf die Forschungsprogramme und methodischen Ansätze der Organisationstheorie zurückgegriffen. Aus den logischen und empirischen Grenzen organisatorischer Gestaltungsempfehlungen ergeben sich je nach Wissenschaftsverständnis und fachlicher Zugehörigkeit unterschiedliche Ansätze und Perspektiven. Eine geschlossene, allgemein akzeptierte Organisationstheorie kann sich unter diesen Umständen nicht entwickeln,[1] so daß im folgenden auf verschiedene Forschungsprogramme zurückgegriffen wird. Die sich überschneidenden und komplementären Sichtweisen der betrachteten Phänomene versprechen dabei Synergien im Rahmen der Untersuchung.[2]

2.2.1.1 Situative Organisationstheorie

Die Ursprünge der *situativen Organisationstheorie* lassen sich bis Ende der fünfziger Jahre zurückverfolgen, wobei ihre inhaltlichen und methodischen Beiträge zur Organisationsforschung bis heute prägend wirken. Das Forschungsprogramm wird durch zwei Grundthesen gekennzeichnet:[3]

- Unterschiedliche Ausprägungen struktureller Organisationsmerkmale und des Verhaltens der Organisationsmitglieder lassen sich auf Unterschiede der Situation zurückführen, in der sich die betrachteten Organisationen jeweils befinden.
- Organisationsstrukturen und Verhaltensweisen sind in Abhängigkeit von der Situation unterschiedlich effizient.

Aufgrund der situationsbedingten Abhängigkeit wird diese Sichtweise auch als *Kontingenzansatz* bezeichnet. *Inhaltlich* stellt der situative Ansatz die große Variationsbreite und Unterschiedlichkeit von Organisationen in den Vordergrund und löst sich von der Vorstellung einer generell besten Form der Organisation. Dabei lassen sich ein *empirisch-analytisches* Erkennt-

[1] Vgl. Frese, E., 1991, Sp. 1706.
[2] Vgl. Mitchell, F./Reid, G./Smith, J., 1998, S. 30.
[3] Vgl. Ebers, M., 1991, Sp. 1818.

nisziel, also die differenzierte Erfassung organisatorischer Strukturunterschiede und die Erklärung ihrer Ursachen und Wirkungen, und ein *pragmatisches* Erkenntnisziel, das in bezug auf bestimmte Ziele relativ vorteilhafte Lösungen als praktische Gestaltungsempfehlungen ableitet, unterscheiden.[1] *Methodisch* stützt sich der Ansatz nicht mehr nur auf ein sachlich-analytisches oder formal-analytisches Vorgehen, sondern auf eine vorwiegend empirisch geprägte Vorgehensweise. Auf Basis vergleichender empirisch-quantitativer Untersuchungen gelangt man zu Bedingtheitsaussagen über die Effizienz und Effektivität organisatorischer Gestaltungsformen. Hinsichtlich der formalen Grundstruktur und der jeweils eingesetzten Modelle lassen sich zwei Varianten explikativer Studien unterscheiden:[2] *Kongruenz-Hypothesen*, zu denen ein Großteil der frühen Arbeiten gerechnet werden muß, werden zumeist in monovariaten Studien untersucht, d.h., sie basieren auf einer Ceteris-paribus-Annahme hinsichtlich aller anderen nicht betrachteten Variablen. *Kontingenz-Hypothesen*, zu denen auch einige der in dieser Untersuchung verwendeten Forschungshypothesen zu zählen sind, beziehen mehrere unabhängige Variablen in die Untersuchung ein und erfordern multivariate Studien und Analysemethoden sowie wesentlich größere Stichproben.[3]

Viele Konzepte und Ergebnisse der situativen Organisationstheorie haben nicht nur die Organisationsforschung, sondern – gerade im angelsächsischen Raum – zahlreiche Arbeiten zum Management Accounting entscheidend beeinflußt.[4] Zum besseren Verständnis der Grundlagen dieser Untersuchungen sollen an dieser Stelle kurz die wesentlichen Konzepte und Ergebnisse skizziert werden.

Aus der Vielzahl an betrachteten organisatorischen Strukturmerkmalen und situativen Variablen hat sich bis heute kein Konsens über die einzubeziehenden Variablen, ihre Konzeptualisierung oder ihre Operationalisierung entwickelt. Die ersten Konzeptionen der organisatorischen Strukturmerkmale basierten auf Webers Bürokratiemodell[5] und wurden beispielsweise in den Arbeiten der Aston-Gruppe um Pugh (1969) operationalisiert.[6] In Untersuchungen mit ähnlichen Erkenntniszielen[7] oder in Replikationsstudien wurden abweichende Konzeptualisierungen gewählt, so daß die Ergebnisse nur eingeschränkt vergleichbar sind.

---

1 Vgl. Ebers, M., 1991, Sp. 1820.

2 Vgl. Drazin, R./van de Ven, A.H., 1985; Ebers, M., 1991, Sp. 1820.

3 Vgl. Schoonhoven, C.B., 1981; Pennings, J.M., 1987.

4 Vgl. u.a. Otley, D.T., 1980; Otley, D.T., 1985; Dent, J.F., 1990; Langfield-Smith, K., 1997.

5 Vgl. Weber, M., 1976.

6 Vgl. Pugh, D.S. et al., 1969, S. 91-114; eine kritische (methodische) Analyse findet sich bei Aldrich, H.E., 1972, S. 26ff.

7 Vgl. Lawrence, P.R./Lorsch, J.W., 1967.

Ein Bezug auf bestehende theoretische Ansätze ist bei der Auswahl und Konzeptualisierung von *Situationsdimensionen* nicht zu konstatieren. Vielmehr wird postuliert, daß alle zur Erklärung geeigneten Situationsfaktoren einbezogen werden können.[1] Aufgrund der skizzierten Einschränkungen hinsichtlich der Vergleichbarkeit können die Ergebnisse nur überblickartig dargestellt werden. Zu den bekanntesten Untersuchungsinhalten, auf die regelmäßig im Rahmen der Forschung zum Management Accounting Bezug genommen wird,[2] zählen:

- Einfluß der *Produktionstechnologie*: Woodward (1965) kommt zu dem Ergebnis, daß mit zunehmender Komplexität der Leistungserstellung sich eine Zunahme an Hierarchieebenen, eine größere Leitungsspanne und ein höherer Anteil an qualifizierten Führungskräften feststellen lassen.[3] Zahlreiche Folgeuntersuchungen[4] oder Replikationen[5] kommen, wenn auch auf Basis teilweise adaptierter Operationalisierungen, zu ähnlichen Ergebnissen. Grundsätzlich läßt sich beobachten, daß die Aussagen mit Gültigkeit für die Gesamtorganisation uneinheitlich bzw. sogar widersprüchlich sind, während die Zusammenhänge für die Organisationsstruktur für kleinere Einheiten (Abteilungen oder Arbeitsplätze) wesentlich konsistenter sind. Eine Betrachtung kleinerer Einheiten wie in der vorliegenden Untersuchung erscheint daher vorteilhaft.
- Einfluß von *Umweltdimensionen*:[6] Burns/Stalker (1961) stellen eine höhere Adaptionsfähigkeit organischer Organisationsstrukturen auf Umweltunsicherheit gegenüber mechanistischen Strukturen fest. In einem stabilen Umfeld sind mechanistische Organisationsformen erfolgreicher. Zu ähnlichen Befunden kommen Schoonhoven (1981)[7] und Argote (1982)[8]. Khandwalla (1972) gelangt zu dem Ergebnis, daß erfolgreiche Unternehmen auf Umweltunsicherheit mit personellen, strukturellen und technokratischen Maßnahmen im Sinne einer größeren Differenzierung reagieren. Sie weisen eine höhere vertikale Integration, eine partizipative Entscheidungsfindung und Koordinationsinstrumente (Planungssysteme) auf.
- Einfluß der *Unternehmensgröße*: Die Ergebnisse zum Einfluß der Unternehmensgröße sind vergleichsweise konsistent und eindeutig. Mit zunehmender Unternehmensgröße steigen der Spezialisierungsgrad der Organisation[9] und das Ausmaß an Planung, Programmierung und Formalisierung.[1]

Trotz des Beitrages der situativen Organisationstheorie zu einem differenzierteren und empirisch gestützten Bild der Organisation werden schon angesichts der skizzierten Ergebnis-

[1] Vgl. Kieser, A./Kubicek, H., 1992, S. 204.
[2] Vgl. Otley, D.T., 1980; Dent, J.F., 1990; Chapman, C.S., 1997.
[3] Vgl. Woodward, J., 1965; Pugh, D.S. et al., 1969.
[4] Vgl. Child, J./Mansfield, R., 1972; Kieser, A., 1974; Blau, P.M., 1976.
[5] Vgl. Hickson, D.J./Pugh, D.S./Phesey, D.L., 1969; Zwerman, W.L., 1970.
[6] Vgl. Burns, T./Stalker, G.M., 1961; Lawrence, P.R./Lorsch, J.W., 1969; Khandwalla, P.N., 1972.
[7] Vgl. Schoonhoven, C.B., 1981.
[8] Vgl. Argote, L., 1982.
[9] Vgl. Pugh et al., 1969; Child, J., 1972; Blau, P.M./Schoenherr, F., 1971; Kieser, A., 1973.

se die Begrenzungen dieses Ansatzes sichtbar. Eine quasi-kausale Erklärung der Zusammenhänge ist nur unter drei relativ restriktiven Annahmen möglich:[2]

- Die Situation determiniert die Gestaltung der Organisationsstruktur.
- Für jede Situation gibt es nur *eine* adäquate Organisationsstruktur.
- Die Organisation kann die Situation nicht beeinflussen.[3]

Es zeigte sich schon früh, daß zum einen in ähnlichen Situationen durchaus unterschiedliche organisatorische Regelungen Gültigkeit haben[4] und zum anderen Organisationen ihre Umwelt beeinflussen können.[5] Daher wird der situativen Organisationstheorie häufig ein zu mechanistisches Verständnis der Einflußfaktoren vorgeworfen. Die unzureichende theoretische Aufarbeitung der empirisch gewonnenen Erkenntnisse legt den Schluß nahe, daß die Arbeiten häufig explorativer Natur sind und eine Verdichtung und Akkumulation zu einer gemeinsamen Theorie nicht gelingen kann. Der Vorwurf der Theorielosigkeit wurde bereits früh erhoben,[6] hat aber weder das Forschungsprogramm noch die Forschungsmethodik in erkennbarer Weise beeinflußt. Unter methodischen Aspekten ist die Auswahl, Konzeptualisierung und Operationalisierung der betrachteten Variablen häufig nicht theoretisch begründet. Validität und Reliabilität als zentrale Gütekriterien empirischer Untersuchungen wurden nur selten geprüft.

Aus der Diskussion ist deutlich geworden, daß dem Kontingenzansatz als einem weiteren Baustein eines heterogenen Forschungsgebietes der Organisationsforschung die Rolle eines Partialmodells zukommt. Im Rahmen der vorliegenden Untersuchung wird er nicht als eigenständige Theorie verstanden, sondern als übergeordnete Perspektive,[7] die es erfordert, Umfeldfaktoren bei der Untersuchung der Kostenrechnung zu berücksichtigen.[8] Die kausalen Zusammenhänge sind im einzelnen immer durch spezifische Theorien zu erklären.

2.2.1.2 Entscheidungsorientierte Betriebswirtschaftslehre

Die Kennzeichnung der Kostenrechnung als „entscheidungsorientiert"[9] deutet bereits auf einen engen Zusammenhang mit der *entscheidungsorientierten Betriebswirtschaftslehre*[1] und

---

1 Vgl. Pugh et al., 1969; Blau, P.M./Schoenherr, F., 1971.
2 Vgl. Schreyögg, G., 1978.
3 Zu weiteren Kritikpunkten vgl. Ebers, M., 1991, Sp. 1830.
4 Vgl. Wood, S., 1979, S. 334.
5 Vgl. Child, J., 1972.
6 Vgl. Aldrich, H.E., 1972, S. 40; Kieser, A., 1993, S. 74.
7 Vgl. Kieser, A., 1993, S. 75.
8 Vgl. Homburg, C., 1995, S. 62.
9 Vgl. Abschnitt 1.1.

der entscheidungsorientierten Organisationstheorie hin. Die potentielle Trennung zwischen Gestaltung und der entscheidungsorientierten Nutzung des Kostenrechnungssystems macht eine Analyse des potentiellen und realisierten Beitrages der Kostenrechnung im Rahmen von Entscheidungsprozessen notwendig. Die klassische Entscheidungstheorie stellt das Individuum, den Entscheidungsträger, in den Mittelpunkt der Betrachtung. In der Entscheidungstheorie lassen sich präskriptive und deskriptive Ansätze unterscheiden.[2] Erstere sind aufgrund ihres normativen Charakters für die vorliegende Fragestellung von geringer Bedeutung, vielmehr stehen die faktischen Entscheidungsverläufe im Rahmen des individuellen bzw. organisatorischen Entscheidungsprozesses in mittelständischen Unternehmen im Interesse der Untersuchung.

2.2.1.3 Verhaltensorientierte Betriebswirtschaftslehre

Am Rande wird auch auf die *verhaltenstheoretischen Aspekte* von Informationssystemen zurückgegriffen. Obwohl diese im mittelständischen Umfeld – wie noch zu begründen sein wird – nur eine eingeschränkte Bedeutung haben, geben konzeptionelle und empirische Ergebnisse doch wichtige Anstöße für die Untersuchung der Determinanten der Nutzung von Informationssystemen. Als verhaltenswissenschaftliche Ansätze werden Disziplinen bezeichnet, deren Forschungsgegenstand die verschiedenen Aspekte und Erscheinungsformen des menschlichen Verhaltens sind.[3] Insbesondere die Arbeiten zum *Behavioral Accounting* weisen einen engen Bezug zum bereits dargestellten situativen Ansatz auf.[4] Von besonderem Interesse sind dabei die im Rahmen von Entscheidungen verlaufenden Informationsverarbeitungsprozesse, die einen starken Zusammenhang mit dem Charakter des internen Rechnungswesens als einem Informationssystem aufweisen.[5]

2.2.1.4 Systemorientierte Betriebswirtschaftslehre

Im Rahmen der Betrachtung von Faktoren aus den verschiedenen Bezugsebenen – Umwelt, Unternehmen und Kostenrechnung – wird auf der *systemtheoretischen Sicht der Unternehmung* aufgebaut. Die systemtheoretische Sicht der Unternehmung faßt Unternehmen als dynamische, offene, komplexe, nichtdeterministische, soziotechnische, zweck- und zielorientierte Systeme auf,[6] die als reale Gebilde den Zweck verfolgen, Leistungen für die Gesell-

---

[1] Vgl. Heinen, E., 1980.
[2] Vgl. Schreyögg, G., 1993, Sp. 1746.
[3] Vgl. Schanz, G., 1993, Sp. 4522.
[4] Vgl. Schoenfeld, H.-M. W., 1993, Sp. 284ff.
[5] Vgl. Macharzina, K., 1984, Sp. 1635-1642.
[6] Vgl. Ulrich, H., 1970, S. 155f.

schaft bereitzustellen.[1] Basiswissenschaften sind dabei die Systemtheorie und insbesondere die Kybernetik. Grundlegende Überzeugung ist, daß die Probleme, die sich dem in der Unternehmung tätigen Menschen stellen, auf einer höheren, vom konkreten Inhalt sowie der Alltagsperspektive abstrahierenden Betrachtungsebene als Lenkungsprobleme verstanden werden können.[2] Damit werden Probleme unterschiedlichen Charakters einer interdisziplinären, ganzheitlichen (nicht holistischen) Sichtweise zugänglich gemacht, was für die Zielsetzung der vorliegenden Untersuchung und ihr heterogenes theoretisches Fundament von besonderem Vorteil ist. Subsysteme der Umwelt und des Unternehmens sind in systemtheoretischer Sicht auf vielfältige Weise miteinander verbunden. Veränderungen der Umwelt wirken sich direkt und indirekt auf das Unternehmen aus. Die Gestaltung seiner direkt-produktiven und indirekt-produktiven Bereiche wird damit durch die Dynamik und Komplexität der betrieblichen Umwelt bestimmt.[3] Die Systemtheorie stellt daher eine geeignete Perspektive und Strukturierungshilfe für die Untersuchung der Zusammenhänge zwischen Unternehmensumwelt und -merkmalen dar.

2.2.2 Das interne Rechnungswesen in der betriebswirtschaftlichen Forschung

Der Versuch, einen auch nur annähernd vollständigen Überblick über den Stand der Forschung auf dem Gebiet des Rechnungswesens zu geben, soll angesichts der Fülle und Unterschiedlichkeit der Forschungsergebnisse[4] an dieser Stelle unterbleiben. Die folgende Darstellung beschränkt sich daher ausschließlich auf die für die vorliegende Untersuchung zentralen Forschungsrichtungen und -ergebnisse.

2.2.2.1 Begriff und Gliederung der Kostenrechnung

Weder in der wissenschaftlichen Diskussion noch in der betrieblichen Praxis läßt sich ein einheitliches Begriffsverständnis darüber ausmachen, was unter Kostenrechnung zu verstehen ist. Zum einen ist eine erhebliche Breite an Begriffen festzustellen, mit denen Kostenrechnung bezeichnet werden soll, zum anderen herrscht eine semantische Unsicherheit darüber, was unter diese Begriffe zu subsumieren ist. Daher scheint es geboten, den in dieser Untersuchung verwendeten Begriff der Kostenrechnung näher zu spezifizieren.

---

1 Vgl. Horváth, P., 1994, S. 91.

2 Vgl. Ulrich, H./Krieg, W./Malik, F., 1976, S. 137.

3 Vgl. Schehl, M., 1993, S. 30.

4 Vgl. Laßmann, G., 1995, S. 1052.

Verschiedene Begriffe konkurrieren um eine Bezeichnung der Kostenrechnung: Kosten- und Erlösrechnung,[1] Kosten- und Leistungsrechnung,[2] internes Rechnungswesen,[3] interne Unternehmensrechnung[4] und Management Accounting.[5] Grundsätzlich werden sehr ähnliche Inhalte unter diesen Begriffen verstanden. Eine Über- oder Unterordnung im Verhältnis zu anderen Bezeichnungen ist mit der Wahl eines Begriffs daher meist nicht verbunden. Als Kern aller Definitionsansätze läßt sich die Funktion eines unternehmensinternen Informationsinstrumentes ansehen, das der systematischen Ermittlung, Aufbereitung, Darstellung, Analyse und Auswertung von Zahlen über den Betrieb und seine Beziehung zu anderen Wirtschaftsobjekten dient. Kostenrechnung ist damit ein Teil des betrieblichen Rechnungswesens, das als Zusammenfassung der primär wertorientierten, quantitativen Informationssysteme des Unternehmens verstanden wird.[6]

In einer *institutionellen* Sicht wird das Rechnungswesen durch die Handlungsträger beschrieben, die dem Rechnungswesen zugeordnete Aufgaben erfüllen – also die Organisationseinheiten, die wertorientierte Informationsversorgungsfunktionen wahrnehmen.[7] Zur *funktionalen* Gliederung des Rechnungswesens wird häufig auf eine Unterscheidung in Kostenrechnung, Finanzbuchhaltung, betriebliche Statistik und diverse Nebenrechnungen zurückgegriffen.[8] Diese Unterscheidung ist insofern problematisch, als es sich einerseits nicht um eine disjunkte, trennscharfe Unterteilung handelt und andererseits bestimmte Gebiete der Kostenrechnung mit hoher praktischer Bedeutung – wie die Erlösrechnung – nicht in diese Systematik eingegliedert werden können. Eine Unterscheidung in *internes* und *externes Rechnungswesen* anhand unterschiedlicher Adressatengruppen vermeidet die Ambiguität dieser Abgrenzungen und hat sich in weiten Teilen durchgesetzt.[9] Die Adressatengruppen umfassen auf der einen Seite das Management als Entscheidungsträger des Unternehmens und auf der anderen Seite den Kapitalmarkt, die Marktpartner – Zulieferer, Kunden, aber auch Wettbewerber – und die Kapitalgeber. Die Rechnungen unterscheiden sich durch die unterschiedliche gesetzliche Regelungsdichte und unterschiedliche Zwecke. Mit den verwendeten Rechengrößen Ko-

---

1 Vgl. Hummel, S./Männel, W., 1986; Kloock, J./Sieben, J./Schildbach, T., 1991.

2 Vgl. Chmielewicz, K., 1982; Schweitzer, M./Küpper, H.-U., 1995.

3 Vgl. Coenenberg, A.G., 1993; Coenenberg, A.G., 1995; Laßmann, G., 1995.

4 Vgl. Küpper, H.-U., 1995; Schildbach, T., 1995; Ewert, R./Wagenhofer, A., 1997.

5 Vgl. Schoenfeld, H.-M.W., 1992, Kobayashi, T., 1993; Mussnig, W., 1996.

6 Vgl. Szyperski, N., 1981, Sp. 1426; Brink, H.-U., 1992, S. 167; Coenenberg, A.G., 1993, Sp. 3679; Weber, J., 1998, S. 160.

7 Vgl. Schweitzer, M./Küpper, H.-U., 1995, S. 13.

8 Die Grundsätze zur "Organisation der Buchführung im Rahmen eines einheitlichen Rechnungswesens" aus dem Jahre 1937 umfassen Bilanz- und Erfolgsrechnung, Selbstkostenrechnung, Planungsrechnung und Statistik. Vgl. Coenenberg, A.G., 1973, Sp. 1415.

9 Vgl. Hummel, S./Männel, W., 1986, S. 6; Plinke, W., 1989, S. 9; Busse von Colbe, W., 1991, S. 468f.

sten/Aufwand und Erlöse/Erträge werden unterschiedliche Ziele verbunden.[1] In der Entscheidungsfunktion der Kostenrechnung ist die Notwendigkeit einer auf eigenständigen und von der Jahresabschlußrechnung abweichenden Zielgrößen beruhenden Kostenrechnung begründet.[2] Die meisten Unternehmen verfügen daher über zwei Rechenkreise, die ineinander überführt werden. Zum einen werden interne Informationen so dem Blick Externer entzogen, zum anderen finden die unzweckmäßigen Steuerungs- und Periodisierungsprinzipien sowie die steuerrechtlichen Verfälschungen des handelsrechtlichen Jahresabschlusses keine Anwendung.[3] Diese Trennung führt zu einer Dualität der Ziele, da sich der Kapitalmarkt am Jahresabschluß orientiert, während für interne Steuerungs- und Kontrollzwecke die Kostenrechnung herangezogen wird. Der resultierende organisatorische und schulungstechnische Aufwand zum Betrieb zweier Rechnungskreise ruft unterschiedliche Reaktionen hervor. Großunternehmen versuchen zunehmend, diese Verbindung entweder über einen einzigen Rechnungskreis, der auf der externen Rechnungslegung basiert,[4] oder über ein kapitalmarktorientiertes Steuerungsinstrument – Stichwort „wertorientiertes Controlling"[5] – herzustellen. Mittlere und insbesondere kleine Unternehmen verzichten hingegen auf den Aufbau einer Kostenrechnung und versuchen, auf Basis der Daten der Finanzbuchhaltung geeignete Informationen für Entscheidungs- und Steuerungszwecke zu erhalten. Ein nach steuerlichen Gesichtspunkten gestaltetes Rechnungswesen ist dabei allerdings schwerlich in der Lage, den Blick für eine betriebswirtschaftliche Unternehmensführung zu schärfen, da schon beim Kostenansatz unterschiedliche Zielvorstellungen zu konstatieren sind.[6]

Die Ausrichtung des internen Rechnungswesens auf die Unternehmensleitung führt regelmäßig zur Kennzeichnung der Kostenrechnung als *Führungsinstrument* oder Instrument der Unternehmensleitung.[7] Die Bedeutung der Kostenrechnung für das Management wird beispielhaft durch die Einschätzung Männels (1993) umschrieben: „Kostenrechnung hat sich zu einem sehr bedeutenden Instrument der Unternehmensführung entwickelt."[8] Demski (1994) betont: „The professional manager is (...) among other things, a skilled user of the accounting library."[9] Die Kostenrechnung bildet in dieser Sichtweise einen Teil eines umfassenden Führungsinformations- und Unterstützungssystems und soll eine *rationale* Unternehmensführung ermöglichen.

1 Vgl. Coenenberg, A.G., 1995, S. 2077.
2 Vgl. Pfaff, D., 1994, S. 1072.
3 Vgl. Küting, K./Lorson, P., 1998a, S. 471.
4 Vgl. beispielsweise Ziegler, H., 1994.
5 Vgl. stellvertretend Knorren, N./Weber, J., 1997.
6 Vgl. Küting, K./Lorson, P., 1998a, S. 471.
7 Vgl. Weber, J., 1985, S. 23; Weber, J., 1989, S. 32; Weber, J., 1991a, S. 444.
8 Vgl. Männel, W., 1993, S. 70.
9 Vgl. Demski, J.S., 1994, S. 3.

Im wesentlichen soll sie dieses Ziel über die

- „Bereitstellung von Daten und Methoden,
- deren zweck- und empfängerorientierte Aufbereitung,
- Instrumente zur problemrelevanten Auswertung,
- Anleitung zur sachgerechten Handhabung und Interpretation“[1] erreichen.

Der Kostenrechnung wird also ein umfassendes Aufgabenspektrum zugesprochen: Die Kostenrechnung liefert für viele Führungsentscheidungen und -handlungen die informatorische Basis und ermöglicht es, die Folgen von Entscheidungs- und Handlungsalternativen zu beurteilen. Informationen der Kosten- und Erlösrechnung stellen einen wesentlichen Teil der für Unternehmensentscheidungen relevanten wertmäßigen Informationen bereit, andere sind die Finanzierungsrechnung oder das externe Rechnungswesen. Ihre Anwendung in kleinen und mittleren Unternehmen soll der qualitativen Verbesserung der Entscheidungen dienen.[2] Sie erlaubt es dem Management, seine Aufgaben „in bestmöglicher Form zu erfüllen“.[3] Inwieweit die Kostenrechnung diesen Aufgaben angesichts mittelständischer Rahmenbedingungen gerecht wird bzw. werden kann, soll in Kapitel 4 ausführlich diskutiert werden.

2.2.2.2 Bezugspunkte zu verwandten Forschungsgebieten

2.2.2.2.1 Management Accounting

Von besonderer Bedeutung ist an dieser Stelle die Abgrenzung zum Management Accounting, das schon begrifflich ebenfalls den Anspruch einer Ausrichtung auf die Unternehmensführung erhebt. Der Begriff „Management Accounting“ wird in zahlreichen internationalen theoretisch-konzeptionellen und empirischen Arbeiten verwendet, auf die im Laufe dieser Untersuchung Bezug genommen werden soll. Management Accounting unterliegt wie die Kostenrechnung unterschiedlichen Sichtweisen und Interpretationsansätzen. Eine sehr weite Auffassung, die besonders in den USA Anwendung findet, geht vom Management Accounting als einem übergeordneten Begriff für das gesamte Rechnungswesen aus.[4] In einer engeren Sichtweise wird das Management Accounting dem *Financial Accounting* gegenübergestellt, das die Rechenschaftspflicht gegenüber außenstehenden Adressaten zu erfüllen hat und weitgehend im Rahmen der gesetzlichen Reglementierung stattfindet.[5] Management Accounting wird insofern primär durch die Adressatengruppe der Manager definiert, als „Teil des

[1] Vgl. Riebel, P., 1992, S. 248.
[2] Vgl. Schuster, P., 1991, S. 70.
[3] Vgl. Ewert, R./Wagenhofer, A., 1997, S. 6.
[4] Vgl. Fickert, R., 1993, S. 204.
[5] Vgl. Kobayashi, T., 1993, Sp. 1381.

Rechnungswesens, der überwiegend interne, aber teilweise auch externe Daten für Managemententscheidungsprozesse aufarbeitet und sich dabei aller für diese Zwecke geeigneter Methoden bedient".[1] Der Verweis auf geeignete Methoden indiziert schon, daß das Management Accounting methodisch damit deutlich über das Repertoire der Kostenrechnung hinausgeht. Zum einen zählen alle analytischen Teile des Rechnungswesens dazu, aber auch alle Aspekte der Leistungsbeurteilung (performance evaluation), selbst wenn sie sich nicht mit der monetären Leistungserstellung beschäftigen.[2] Die Investitionsplanung und -rechnung (capital budgeting) zählt im anglo-amerikanischen Raum ebenfalls zum Management Accounting.[3] Die von Mussnig (1996)[4] genannten Abgrenzungsmerkmale zwischen Management Accounting und Kostenrechnung, die „über die Kostenrechnung hinausgehen"[5], wie die Bereitstellung betriebswirtschaftlich relevanter Informationen oder die Aktualität, Objektivität und Vollständigkeit der Informationen, können in diesem Zusammenhang allerdings keine Eigenständigkeit beanspruchen, da sie auch von der Kostenrechnung gefordert werden müssen.

2.2.2.2.2 Management Control

Die Forschung zu Management-„Kontroll"(besser Steuerungs-)systemen (Management Control System [MCS]) nimmt in internationalen Studien einen breiten Raum ein.[6] Die Kostenrechnung bzw. das interne Rechnungswesen sind dabei integraler Bestandteil des Systems zur Steuerung von Organisationen. Simons (1995) definiert: „Management control systems are the formal, information-based routines and procedures managers use to maintain or alter patterns in organizational activities."[7] Mit dem MCS werden alle kurzfristigen quantitativen und qualitativen Planungs- und Kontrollinformationen umschrieben, die vom Management zur unterjährigen Steuerung herangezogen werden. Die Kostenrechnung läßt sich dabei weitgehend den diagnostischen Systemen zur Steuerung und Überwachung durch Feedback-Informationen zuordnen.[8] Diese umfassen die klassischen Einsatzgebiete der Kostenrechnung, wie Break-even-Analysen, Deckungsbeitragsrechnungen sowie insbesondere den monatlichen Soll-Ist-Vergleich im Rahmen einer Plankostenrechnung.

---

1 Vgl. Schoenfeld, H.-M.W., 1992, S. 348.

2 Vgl. Schoenfeld, H.-M.W., ebd.

3 Vgl. Kobayashi, T., 1993, Sp. 1388; Ewert, R./Wagenhofer, A., 1997, S. 8.

4 Vgl. Mussnig, W., 1996.

5 Vgl. Mussnig, W., 1996, S. 14.

6 Vgl. u.a. Hopwood, A., 1978; Daft, R./Macintosh, N., 1984; Merchant, K., 1985; Otley, D.T., 1985; Dent, J., 1990; Otley, D.T./Broadbent, J./Berry, A., 1995.

7 Simons, R., 1995, S. 5.

8 Vgl. ausführlich Simons, R., 1995, S. 59ff.

Diese weite Auffassung des Management Control erlaubt es, Bezüge zu anderen Theoriegebieten herzustellen. Für die vorliegende Untersuchung sind dabei weniger die konzeptionellen Ergebnisse in Anlehnung an die verhaltensorientierte Organisationstheorie, sondern vielmehr die empirischen Arbeiten zu Kontext- und Erfolgsfaktoren betrieblicher Management-Kontrollsysteme relevant.

2.2.2.2.3 Management-Informationssysteme

Einen weiteren Bezug weist die vorliegende Arbeit zur Forschung im Bereich von *Management-Informationssystemen* auf. Neben vielen konzeptionellen Arbeiten, die sich insbesondere mit Informationsverarbeitungsprozessen beschäftigen, liegen zahlreiche empirische Ergebnisse zur Gestaltung und Nutzung von Management-Informationssystemen vor. Dabei rekurrieren diese Arbeiten häufig auf entscheidungsorientierte Forschungstraditionen. Der Ursprung der Kostenrechnung als einer entscheidungsorientierten Rechnung legt die Einbeziehung dieser Theoriegebiete in die vorliegende Untersuchung nahe.[1] Mit Management-Informationssystemen wird vorwiegend die DV-technische Realisierung von Informationssystemen für Entscheidungsträger umschrieben. Ihre Inhalte gehen dabei deutlich über den Leistungsumfang der Kostenrechnung hinaus und können sowohl interne als auch externe Informationen umfassen.[2]

2.2.2.2.4 Erkenntnisbeitrag für das zugrundeliegende Verständnis der Kostenrechnung

Die institutionelle Trennung von internem und externem Rechnungswesen einerseits und von Finanz- und Rechnungswesen andererseits ist in kleineren Unternehmen in den seltensten Fällen gegeben.[3] Wie bereits ausgeführt, orientiert sich die Stellenabgrenzung sehr häufig an persönlichen Fähigkeiten und Präferenzen. So liegt es nahe, den Kostenrechner aufgrund seiner Vertrautheit mit dem Zahlengerüst des Unternehmens auch mit einer Investitionsrechnung zu beauftragen oder mit einer Liquiditätsrechnung zu betrauen. Eine Abgrenzung der Aufgaben des internen und externen Rechnungswesens aus Sicht der Unternehmensleitung ist damit schwierig. Dies wird durch die häufige Verwendung von Informationen des externen Rechnungswesen für interne Steuerungszwecke[4] noch gefördert. Erst in größeren Unternehmen findet sich regelmäßig eine Unterscheidung zwischen internem und externem Rechnungswesen. Der Aufgabenumfang dessen, was in mittelständischen Unternehmen als Kostenrechnung verstanden wird, steht also dem Management Accounting nahe. Eine stärkere

---

1 Vgl. Mertens, P., 1984 und 1992.

2 Vgl. Mertens, P./Cas, K./Meier, M., 1997.

3 Vgl. Amman, H., 1988, S. 55; Gaulhofer, M., 1988, S. 303; Kosmider, A., 1993, S. 137.

4 Vgl. Becker, H.P., 1984, S. 84.

Orientierung am Aufgabenumfang des Management Accounting verspricht daher im Rahmen dieser Untersuchung zwei Vorteile:

- vergleichsweise unproblematische Einbeziehung der Ergebnisse aus dem angloamerikanischen Raum,
- stärkeren Bezug zur Realität der Kostenrechnung mittelständischer Unternehmen.

Der Arbeit liegt damit ein *erweitertes* Kostenrechnungsverständnis zugrunde, das auch Elemente des Management Accounting umfaßt. In Zusammenfassung der bisherigen Ergebnisse sei daher formuliert:

> Die Kostenrechnung nimmt als Teil des betrieblichen Rechnungswesens eine Informationsversorgungsfunktion innerhalb des Unternehmens wahr, in deren Mittelpunkt die Aufgabe steht, vorrangig wertmäßige Informationen zur Unterstützung der kurzfristigen (und ggf. mittel- und langfristigen) Führungsaufgaben des Managements bereitzustellen.

2.2.2.3 Verwendung der Kostenrechnung in verschiedenen Perspektiven

Mit der im vorigen Abschnitt erarbeiteten Definition der Kostenrechnung ist noch nichts über den Sinn und Zweck der Kostenrechnung gesagt, denn die Bedeutung der Kostenrechnung für das Management kann unterschiedlichste Ausprägungen annehmen. In der folgenden Darstellung soll auf die aktuellen Diskussionen aus verschiedenen Theoriegebieten Bezug genommen werden. Dabei werden Gültigkeit und Unterschiede der allgemeinen Annahmen für mittelständische Unternehmen diskutiert.

2.2.2.3.1 Kostenrechnung zwischen Entscheidungs- und Verhaltensorientierung

Beschränkt man die Sichtweise auf den instrumentellen Charakter der Kostenrechnung als Informationssystem bzw. Informationsgenerator, so ist ihr Zweck in der Bereitstellung „von bestimmten alpha-numerischen Informationen für Planungs-, Kontroll- und Steuerungsaufgaben“[1] zu sehen. Eine mehr teleologische Sichtweise der Kostenrechnung orientiert sich hingegen üblicherweise an ihrer Funktion oder ihrem Sinn für die Unternehmensführung. Dabei werden in der Diskussion um die Aufgaben der Kostenrechnung oder die Verwendungsarten ihrer Informationen eine Vielzahl solcher Aufgaben, Rollen, Ziele und Zwecke identifiziert, die nur in den seltensten Fällen stringent voneinander abgegrenzt werden.[2]

---

[1] Vgl. Szyperski, N., 1981, Sp. 1426.

[2] Vgl. Mussnig, W, 1996, S. 8.

Homburg/Weber/Aust/Karlshaus (1998)[1] und Aust (1999)[2] unterscheiden in Anlehnung an Menon/Varadarajan (1992)[3] drei Nutzungsarten von Kostenrechnungsinformationen:

- Kostenrechnungsinformationen können direkt zur Fundierung spezieller Entscheidungen genutzt werden. Sie lösen in diesem Fall direkt Handlungen der Manager aus. Diese entscheidungs- und handlungsorientierte Art der Nutzung der Kostenrechnung sei *instrumentell* genannt.
- Informationen der Kostenrechnung fördern auch das allgemeine Verständnis des Geschäfts und der Situation, in der sich der Manager befindet. Die Informationen führen nicht zu konkreten Handlungen, sondern zum Aufbau einer umfassenden Erfahrungsbasis. Die Informationen dienen dazu, die Unsicherheit bezüglich einzelner Entscheidungsalternativen langfristig und planmäßig zu reduzieren. Diese Art der Nutzung wird als *konzeptionell* bezeichnet.
- Darüber hinaus läßt sich eine dritte Art der Nutzung identifizieren. Kostenrechnungsinformationen lassen sich auch erst dann nutzen, wenn die Entscheidung an sich schon getroffen ist, die Informationen aber zur Durchsetzung eigener Entscheidungen und Beeinflussung anderer Organisationsmitglieder verwendet werden. Diese Verwendungsart sei als *symbolische* Nutzung bezeichnet.

In einer etwas allgemeineren Sichtweise werden der internen Unternehmensrechnung zwei Hauptfunktionen zugestanden.[4] In dieser Form gehen sie auf die Unterscheidung von Demski/Feltham (1976)[5] in „decision-facilitating" und „decision-influencing" zurück:

- *Entscheidungsfunktion*, d.h. die Beeinflussung eigener Entscheidungen. Die Kostenrechnung wird als Informationsinstrument für das Management verstanden, das (zusammen mit anderen Informationen) die Grundlage für Entscheidungen bildet. Die Entscheidungsorientierung läßt sich als zentrales Merkmal fast aller Kostenrechnungssysteme festhalten.[6]
- *Verhaltenssteuerungsfunktion*, d.h. die Beeinflussung fremder Entscheidungen. Die Kostenrechnung wird dazu verwendet, die Entscheidungen anderer zu steuern.

Die instrumentelle und die konzeptionelle Nutzung lassen sich damit der entscheidungsorientierten Sichtweise zuordnen, die symbolische Nutzung umfaßt verhaltenssteuernde Elemente.[7]

Das Postulat der Entscheidungsorientierung findet sich in fast allen Kostenrechnungssystemen, auch wenn es nicht immer den Ausschlag für ihre Entwicklung gab. Der Ursprung der

---

1 Vgl. Homburg, C. et al., 1998, S. 36.
2 Vgl. Aust, R., 1999.
3 Vgl. Menon, A./Varadarajan, R., 1992.
4 Vgl. Ewert, R./Wagenhofer, A., 1997, S. 6; Pfaff, D./Weber, J., 1998, S. 156f.
5 Vgl. Demski, J./Feltham, G., 1976.
6 Vgl. Bungenstock, C., 1995, S. 67.
7 Vgl. Homburg, C. et al., 1998, S. 38.

Kostenrechnung ist in der Ermittlung der Selbstkosten als Basis für die Preisfindung zu sehen.[1] Auf Basis einer Selbst- und *Vollkostenrechnung* wurden Preisentscheidungen getroffen und insbesondere Preise gegenüber den Nachfragern begründet.[2] Die resultierenden Produktergebnisse bildeten wiederum den Ausgangspunkt für die Steuerung des betrieblichen Geschehens und die Gestaltung des Leistungsprogramms. Obwohl die Vollkostenrechnung für Entscheidungen nicht geeignet ist, kann man doch in der Praxis aufgrund ihrer intuitiven Nachvollziehbarkeit und allseits bekannten Regeln immer noch eine erhebliche Verwendung für Entscheidungszwecke konstatieren.[3] Auch zahlreiche Kritiker und Praxisbeispiele für Fehlentscheidungen konnten in der Vergangenheit nur wenig daran ändern.

Die relative *Einzelkosten- und Deckungsbeitragsrechnung* stellt Entscheidungen in den Mittelpunkt ihrer Konzeption und ist explizit auf die Betriebsdisposition und -kontrolle ausgerichtet. Sie basiert auf einem entscheidungsorientierten Unternehmensmodell, welches das Unternehmensgeschehen als eine Abfolge vielfältig verbundener Entscheidungen betrachtet.[4] Auf Basis einer zweckneutralen Grundrechnung werden über zweckspezifische Auswertungsrechnung idealtypisch die Informationen für jedwedes Entscheidungsproblem bereitgestellt.

Die ursprüngliche Intention der *Plankostenrechnung* lag in der Planung und Kontrolle betrieblicher Abläufe, namentlich der Wirtschaftlichkeitskontrolle des Geschehens in Kostenstellen. Sie findet sich in verschiedenen Formen in der Praxis, sei es als starre oder flexible Plankostenrechnung sowie als Grenzplankostenrechnung. Über die Verbindung mit der Deckungsbeitragsrechnung wurde die Plankostenrechnung darüber hinaus für eine Vielzahl von Entscheidungsproblemen herangezogen,[5] „da sie die aussagefähige *Steuergröße* für Fragen der Artikel- und Verfahrenswahl und damit für die wichtigsten unternehmerischen Entscheidungen liefert".[6]

Auch die neueren Entwicklungen der Kostenrechnung sind in erheblichem Maße von dem Bemühen getragen, die Relevanz der Kostenrechnung für betriebliche Entscheidungen zu erhöhen. Dabei versuchen die meisten Ansätze, eine bessere bzw. genauere Abbildung des betrieblichen Geschehens zu erreichen. Die *Prozeßkostenrechnung* zieht dabei Zurechnungs- und Kostenallokationsprinzipien heran, die sich an betrieblichen Prozessen und deren Werteverzehr orientieren. Daraus können Entscheidungen zur Optimierung der Prozeßstruktur

1 Vgl. im Detail Bungenstock, C., 1995, S. 114-128.
2 Vgl. Weber, J., 1992a, S. 960.
3 Vgl. Pfaff, D., 1996, S. 154f.
4 Vgl. Riebel, P., 1992, S. 256.
5 Vgl. Weber, J., 1992a, S. 960.
6 Vgl. Plaut, H.G., 1992, S. 203. Hervorhebung im Original.

und des Ressourceneinsatzes in den Gemeinkostenbereichen, aber auch zur Optimierung des Absatz- bzw. Produktionsprogramms in Verbindung mit adäquaten Produktgestaltungsmaßnahmen abgeleitet werden.[1] Das *Target Costing* versucht, über eine Beeinflussung der Kosten bereits in den Phasen der Entwicklung und Konstruktion eines Neuproduktes, Entscheidungen über die Gestaltung des Produktes und seines Produktionsprozesses zu unterstützen. Dabei wird explizit auf Entscheidungen Bezug genommen, die in traditionellen Kostenrechnungssystemen nicht abgebildet werden.[2]

Im Vordergrund des Interesses steht angesichts dieser normativen Forderungen und der Beiträge zur mittelständischen Kostenrechnung die Entscheidungsfunktion der Kostenrechnung. Dennoch ist zu prüfen, in welchem Ausmaß verhaltenssteuernde Elemente Relevanz für den vorliegenden Kontext besitzen.

2.2.2.3.2 Verhaltensorientierung der Kostenrechnung in mittelständischen Unternehmen?

Die *Entscheidungsfunktion* der Kostenrechnung berücksichtigt keine potentiellen Zielkonflikte zwischen verschiedenen Handlungs- und Entscheidungsträgern. Zielkonflikte entstehen im einfachsten Fall dann nicht, wenn eine einzelne Person alles macht (Einpersonenkontext).[3] Vorrangiges Ziel der Kostenrechnung ist es dann, möglichst genaue und umfassende Informationen für bestimmte Entscheidungstypen zu liefern.Von einem Zielkonflikt kann nicht nur im Einpersonenkontext, sondern auch dann abstrahiert werden, wenn die Organisation(sstruktur) als ausreichend betrachtet wird, um die *Zielkongruenz* zwischen dem Benutzer (Management), der Unternehmensleitung und dem Ersteller der Informationen sicherzustellen.[4] Im Falle mittelständischer Unternehmen kann von einer Identität des Managements und der Unternehmensleitung ausgegangen werden.[5] Starke Bindungen zwischen Unternehmer und Mitarbeitern führen dazu, daß die aus einer Koalitionsbildung resultierenden Negativfolgen nicht oder nur in geringerem Ausmaß vorzufinden sind.[1]

Zielkonflikte zwischen dem Ersteller der Information, also dem Kostenrechnungsverantwortlichen, und dem Management des Unternehmens sind über die üblichen Probleme einer hierarchischen Beziehung hinaus nur sehr schwer vorstellbar. Gerade in mittelständischen Unternehmen besteht die Abteilung, wie gezeigt, aus einer sehr geringen Zahl von Personen, die diese Funktion u.U. noch in Personalunion mit anderen Aufgaben wahrnehmen. Diese

---

1 Vgl. Glaser, H., 1992, S. 276.
2 Vgl. Coenenberg, A.G./Fischer, T./Schmitz, J., 1994, S. 2.
3 Vgl. Ewert, R./Wagenhofer, A., 1997, S. 7.
4 Vgl. Ewert, R./Wagenhofer, A., 1997, S. 6.
5 Vgl. Abschnitt 2.1.3.2.

geringe Stellen- und Abteilungsdifferenzierung trägt nicht zu einer eigenständigen Zielbildung bei.

Voraussetzungen für eine *Verhaltenssteuerungsfunktion* im Unternehmen sind zum einen potentielle Zielkonflikte zwischen Entscheidungsträgern im Unternehmen, zum anderen asymmetrisch verteilte Informationen zwischen den Entscheidungsträgern.[2] Pfaff (1995) weist darauf hin, „daß asymmetrische Informationsverteilung und zumindest partiell divergierende Interessen *notwendige* Voraussetzungen dafür sind, Rechnungswesendaten auf die Beeinflussung von Entscheidungsträgern im Unternehmen auszurichten".[3] Daß diese Voraussetzungen in kleineren Unternehmen bereits vorliegen, kann unterstellt werden, allerdings knüpft ein Mehrpersonenkontext zusätzlich an *hinreichende* Voraussetzungen an. Zu diesen zählen, daß Sachentscheidungen an verschiedenen Stellen im Unternehmen getroffen werden und die Entscheidungsträger ihren Entscheidungen unterschiedliche Zielvorstellungen zugrunde legen. Diese können mit über- oder gleichgeordneten Zielen des Unternehmens kollidieren. Die Kostenrechnung kann einen Beitrag zur Überwindung von Zielkonflikten und Informationsunterschieden in Unternehmen leisten, indem sie Informationen zur Kontrolle und Informationen zur Koordination zur Verfügung stellt. Im Rahmen der *Personalführung* kommt der Kostenrechnung etwa durch die Anwendung der Grenzplankostenrechnung im Hinblick auf wirtschaftliches Handeln die Rolle der Verhaltensbeeinflussung zu. Je geringer das Kostenbewußtsein und je stärker die Möglichkeit opportunistischen Verhaltens, desto stärker wirkt sich diese aus.[4] Der Nutzen der Verhaltensbeeinflussung über die Kostenrechnung ist damit von jedem Unternehmen gesondert zu beurteilen und entspricht in der Regel eher der Problemlage größerer Unternehmen.

Darüber hinaus kann die Aufgabe, die resultierenden Probleme zu mindern, durch eine ganze Reihe anderer Instrumente übernommen werden:[5] Gestaltung der Entlohnungsfunktion, Kontrolle durch konkurrierende Manager oder Mitarbeiter sowie die Steuerung über „weiche Faktoren" (Unternehmenskultur bzw. Traditionalismus). In der Regel ist aber angesichts der beschriebenen Charakteristika mittelständischer Unternehmen davon auszugehen, daß divergierende Zielsetzungen der Organisationsmitglieder durch hierarchische Kontrolle nur in einem geringen Umfang über die Schaffung finanzieller Anreize zu den Unternehmenszielen kongruent gemacht werden müssen.[6]

---

1 Vgl. Schmidt, A., 1995, S. 32.
2 Vgl. Ewert, R./Wagenhofer, A., 1997, S. 6.
3 Vgl. Pfaff, D., 1995, S. 441.
4 Vgl. Weber, J., 1992a, S. 960.
5 Vgl. Pfaff, D., 1995, S. 441.
6 Vgl. Schmidt, A., 1995, S. 33.

Das Problem der Verhaltensorientierung kann in mittelständischen Unternehmen darüber hinaus potentiell auf zwei Ebenen Bedeutung erlangen, die hier nur der Vollständigkeit halber erwähnt sein sollen, für die vorliegende Untersuchung allerdings keine Relevanz besitzen:

1. Die Kostenrechnung kann der *Vertrauenssicherung* gegenüber Abnehmern dienen. Über die Kalkulation von Selbstkosten werden „verursachungsgerechte" Kosten ermittelt, die zur Preisbegründung herangezogen werden.[1] Dieser Aspekt wird in der Praxis allerdings häufig dem Zweck der Entscheidungsorientierung zugeordnet, wie zahlreiche empirische Untersuchungen zum Verwendungszweck von Kostenrechnungsinformationen belegen.[2]

2. Kostenrechnungsinformationen wirken vertrauensbildend zwischen *Kapitaleigner* und *Verfügungsmacht*. In einer Gesamtbetrachtung der Entwicklung des Rechnungswesens bemerkt Schneider (1992): „Vielmehr gab Anlaß für den Ausbau auch des internen Rechnungswesens das Handeln im Auftrag anderer und damit die Trennung von Eigentum und Verfügungsmacht an Produktionsmitteln."[3] Gerade dieser Aspekt ist angesichts der hohen Zahl an Eigentümer-Unternehmen[4] und der resultierenden Identität von Eigentum und Verfügungsmacht im Mittelstand nicht regelmäßig anzutreffen und soll damit in den folgenden Ausführungen nicht weiter betrachtet werden. Für Neugründungen oder für Management-Buy-outs unter Verwendung von Venture Capital erhält diese Rolle der Kostenrechnung allerdings erhebliche Aktualität.[5]

Damit bleibt an dieser Stelle festzuhalten, daß die skizzierten Probleme in mittelständischen Unternehmen durchaus auftreten (können), die Kostenrechnung aber in diesem Zusammenhang nur eine sehr begrenzte Rolle im Rahmen der Problemlösung spielt. Der Kostenrechnung kommt also in viel stärkerem Maße die Rolle der Entscheidungsunterstützung zu, als sie angesichts ihres Ausbau- und Verwendungsgrades[6] geeignet ist, die vermutlich auch in mittelständischen Unternehmen vorherrschenden Probleme aus asymmetrischer Informationsverteilung und konfligierenden Interessen zu lösen. Die Kostenrechnung ist aus den genannten Gründen in dieser Rolle im Mittelstand nur sehr selten vorzufinden, so daß im folgenden schwerpunktmäßig die Entscheidungsfunktion betrachtet wird.

---

1 Vgl. Weber, J., 1992a, S. 961.
2 Vgl. stellvertretend Becker, H.P., 1984, S. 137; Währisch, M., 1998, S. 45f. sowie Abschnitt 3.1.2.
3 Vgl. Schneider, D., 1992b, S. 4.
4 Vgl. Schmidt, A., 1995, S. 36.
5 Vgl. Mitchell, F./Reid, G./Terry, N., 1995.
6 Zu den Ergebnissen dieser Untersuchung vgl. auch Abschnitt 3.2.1.

2.2.2.3.3 Beitrag der Kostenrechnung im Entscheidungsprozeß

Der individuelle Entscheidungsprozeß wird üblicherweise als eine Folge von Phasen aufgefaßt, an deren Anfang eine Anregungsphase bzw. die Wahrnehmung von Reizen steht und die mit dem Entschlußakt endet.[2] In einer erweiterten Perspektive zählen auch die Durchführungs- und Kontrollphase zum Entscheidungsprozeß.[3] Für eine differenzierte Darstellung des Beitrags der Kostenrechnung im Entscheidungsprozeß soll im folgenden auf ein Vier-Phasen-Schema des Führungszyklus in Anlehnung an Weber zurückgegriffen werden.[5] Der Führungsprozeß kann demnach als Entscheidungsprozeß verstanden werden, denn jede Führungshandlung läßt sich als Entscheidung verstehen. Dabei werden grundsätzlich die Phasen *Willensbildung*, *Willensdurchsetzung*, *Ausführung* und *Kontrolle* unterschieden.[6] Aust (1999) beschreibt die unterschiedlichen Rollen (Nutzungsarten) der Kostenrechnung in bezug auf dieses Schema ausführlich. Im folgenden soll die Darstellung daher auf die Fragestellung nach dem Beitrag der Kostenrechnung im Rahmen der Willensbildung in einer entscheidungsorientierten Sicht beschränkt werden. Die Phasen Willensdurchsetzung, Ausführung und Kontrolle werden der Vollständigkeit halber dargestellt.

Im Rahmen der *Willensbildung* werden auf Basis von Außen- oder Kontrollinformationen ein Handlungsbedarf bzw. ein Problem identifiziert und mögliche Handlungsalternativen generiert sowie auf ihre Vorteilhaftigkeit hin überprüft. Die Willensbildung besteht also aus der geistigen Antizipation des Gewollten und der Ableitung der notwendigen Ausführungshandlungen. Ergebnis eines Willensbildungsprozesses ist die Festlegung der zu realisierenden Handlungsalternative. Hierfür stehen idealtypisch zwei Vorgehensweisen zur Verfügung: *Reflexion* und *Intuition*, in deren Spannungsfeld sich Willensbildungsprozesse immer bewegen.[7]

- Unter *reflexiver Willensbildung* versteht man einen strukturierten Prozeß, in dem explizites Wissen zur Problemidentifikation, zur Generierung von Entscheidungsalternativen und zur Konstruktion und Anwendung von Entscheidungsmodellen genutzt

---

1 Der Begriff *Phasen* unterstellt implizit eine zeitlich festgelegte Struktur der einzelnen Elemente. Diese ist aber eher als modellhaft (heuristisch) zu bezeichnen, da sich empirisch weder eine klare Abgrenzung der Phasen voneinander noch eine stringente zeitliche Abfolge nachweisen lassen. Vgl. Witte, E., 1968, S. 625ff.; Kahle, E., 1993, S. 41ff.

2 Der Begriff *Phasen* unterstellt implizit eine zeitlich festgelegte Struktur der einzelnen Elemente. Diese ist aber eher als modellhaft (heuristisch) zu bezeichnen, da sich empirisch weder eine klare Abgrenzung der Phasen voneinander noch eine stringente zeitliche Abfolge nachweisen lassen. Vgl. Witte, E., 1968, S. 625ff.; Kahle, E., 1993, S. 41ff.

3 Vgl. stellvertretend Heinen, E., 1980, S. 52.

4 Vgl. Weber, J., 1998, S. 29ff.

5 Vgl. Weber, J., 1998, S. 29ff.

6 Vgl. Weber, J., ebd.

7 Vgl. Weber, J., ebd.

wird. Er setzt ausreichendes explizites Wissen voraus. Explizites Wissen besteht dabei einerseits aus Erfahrungswissen, andererseits aus Aktivitäten zur Erlangung von Informationen bezüglich des Entscheidungsproblems.

- Steht nur begrenztes Wissen zur Verfügung und/oder ist dieses nicht explizierbar, erfolgt die Willensbildung über *Intuition*. Die Prozesse der intuitiven Willensbildung sind nicht genau bekannt, und ihre Charakteristika widersetzen sich dem Versuch, sie in Schemata oder Strukturen abzubilden. Empirisch läßt sich aber dennoch zeigen, daß Lösungen intuitiv gefunden werden und häufig auch effizient sein können.[1]

Bei der *Willensdurchsetzung* werden der gebildete Wille und die geistig antizipierte Realisation bzw. Ausführung konkretisiert. Bei einer personellen Trennung von Führung und Ausführung werden sie an die ausführenden Stellen übermittelt. Diese Übermittlung wird mit Anordnung bezeichnet. In der Phase der *Ausführung* bestehen keine Freiheitsgrade mehr, da die Handlung in der antizipierten und vorbestimmten Weise durchgeführt wird. Diese Phase stellt daher keinen Bestandteil der Führung dar. Auf die Ausführung folgt als vierte und letzte Phase die *Kontrolle* der Ausführung. In ihr wird die Übereinstimmung von Gewolltem und Erreichtem überprüft. Erster Schritt ist die (zahlenmäßige) Dokumentation der Ausführung. Damit werden zwei Ziele verfolgt: Zum einen finden die Ergebnisse Eingang in neue Willensdurchsetzungsprozesse, in denen die ergebnis-, prozeß- und faktorbezogenen Anordnungen adaptiert werden. Zum anderen können diese Informationen auch die Willensbildung beeinflussen, da sie Informationen über die Adäquatheit des Gewollten zurückspielen. Dieser Phase kommen damit sowohl verhaltenssteuernde als auch wissensgenerierende Ziele zu.

Es läßt sich also ein zentraler Einfluß des Umfangs und der Form des zur Verfügung stehenden Wissens auf die Ausgestaltung des Entscheidungsprozesses bzw. der Führung konstatieren. Kostenrechnungsinformationen bilden in diesem Zusammenhang einen Teil des zur Verfügung stehenden Wissens und unterstützen idealtypisch die reflexive Willensbildung. Zwar ist auch eine Unterstützungsmöglichkeit hinsichtlich der intuitiven Willensbildung, beispielsweise über die Visualisierung von Sachverhalten, denkbar, doch sind diese Möglichkeiten äußerst begrenzt.

Für die reflexive Willensbildung kann der Beitrag der Kostenrechnung weiter spezifiziert werden. Die Willensbildung läßt sich mit Heinen (1980) in die Teilphasen *Anregungsphase*, *Suchphase* und *Auswahlphase* einteilen.[3] Die Kostenrechnung kann dabei alle Teilprozesse

---

[1] Als dritte Möglichkeit der Willensbildung läßt sich die *Improvisation* identifizieren. Hier werden quasi aus dem Stegreif ohne rationale Vorarbeit oder spezifische Erfahrungsbasis Entscheidungen getroffen. Diese Möglichkeit ist solchen Situationen vorbehalten, in denen die vorliegenden Wissensbeschränkungen den Handlungsträgern keine andere Möglichkeit lassen.

[2] Vgl. Heinen, E., 1980, S. 52.

[3] Vgl. Heinen, E., 1980, S. 52.

unterstützen:[1] Die Informationen der Kostenrechnung tragen in der Anregungsphase zum *Erkennen von Problemen* bei, indem sie die Aufmerksamkeit des Managers auf bestimmte Problembereiche lenken.[2] Die Kostenrechnung bietet in diesem Zusammenhang die strukturierte und selektierte Abbildung des realisierten und geplanten bzw. erwarteten Unternehmensgeschehens. Diese Funktion der Kostenrechnung wird mit „attention-directing" umschrieben.[3] Weisen die Informationen der Kostenrechnung beispielsweise im Rahmen einer Plankostenrechnung Abweichungen zu den Soll-Vorstellungen aus, decken sie damit potentielle Probleme auf. Genauso sollen sie aber auch „erfolgsträchtige Chancen"[4] beispielsweise über differenzierte Ergebnisrechnungen sichtbar machen.

Die Kostenrechnung unterstützt das Management im Rahmen der Such- und Auswahlphase bei der *Formulierung und Abgrenzung der zu betrachtenden Entscheidungsalternativen.*[5] Dieser Aspekt steht im Vordergrund der entscheidungsorientierten Betrachtungen zur Kostenrechnung. Über die wertmäßige Abbildung erlaubt die Kostenrechnung die informatorische Fundierung der Entscheidungsalternativen, indem sie Entwicklungs- und Wirkungsprognosen für alternative Erwartungen, Planungen und Handlungsmöglichkeiten aufzeigt.[6]

In mittelständischen Unternehmen sind Entscheidungsprozesse selten formalisiert.[7] Eine Kontrolle des Entscheidungserfolges bzw. der Ausführung der getroffenen Entscheidungen gestaltet sich häufig schwierig, da die Phasen kaum voneinander unterscheidbar sind. Dieser Befund steht in einem wechselseitigen Verhältnis mit dem Einsatz betriebswirtschaftlicher Methoden der rationalen Willensbildung. Zum einen erfordern betriebswirtschaftliche Methoden eine gewisse Strukturierung des Entscheidungsprozesses, zum anderen wirken sie selbst strukturierend auf solche Prozesse ein. Die reflexive Willensbildung basiert in mittelständischen Unternehmen zu großen Teilen auf Erfahrungswissen sowie einer eher unstrukturierten Informationsaufnahme, etwa Gespräche mit Mitarbeitern, Kunden und Lieferanten. Gesonderte und explizite Informationssuch- und -auswertungsaktivitäten bilden tendenziell die Ausnahme im Rahmen der Willensbildung und schränken damit die systematischen Unterstützungsmöglichkeiten durch die Kostenrechnung ein. Diese geringen Anknüpfungspunkte für die Kostenrechnung lassen sich auch durch die institutionellen Gegebenheiten

[1] Vgl. Pfaff, D./Weber, J., 1998, S. 157.
[2] Vgl. u.a. Dent, J.F., 1986, S. 149; Hummel, S./Männel, W., 1986, S. 23.
[3] Vgl. Simon, H.A. et al., 1954, S. 3.
[4] Vgl. Riebel, P., 1992, S. 249.
[5] Vgl. Hummel, S./Männel, W., 1986, S. 23; Heinen, E./Dietl, B., 1993, Sp. 1237; Weber, J., 1997a, S. 55f.
[6] Vgl. Riebel, P., 1992, S. 249.
[7] Vgl. Kellerwessel, P., 1982, S. 139.

erklären. Während in Großunternehmen mit mehreren Handlungsträgern wichtige Entscheidungen im Rahmen kollektiver Entscheidungsprozesse häufig über institutionalisierte Prozesse unter Anwendung von Entscheidungsmodellen getroffen werden – wobei an dieser Stelle von der potentiellen Dysfunktionalität solcher Prozesse abstrahiert werden soll –, besteht in mittelständischen Unternehmen völlige Methodenfreiheit. Pleitner (1995)[1] spricht in diesem Zusammenhang vom „Optionscharakter"[2] systematischer Unterstützungsmöglichkeiten für die Unternehmensführung. Durch die fehlende Verbindlichkeit solcher institutionalisierten Willensbildungsprozesse wird die Rolle der Kostenrechnung im Entscheidungsprozeß nicht begünstigt. Damit bestätigen sich die schwierigen Anwendungsvoraussetzungen für die Kostenrechnung, die sich bereits bei der Darstellung der organisatorischen Rahmenbedingungen andeuteten.[3] In Kapitel 4 sollen die Determinanten der entscheidungsorientierten Nutzung von Kostenrechnungsinformationen ausführlich untersucht werden.

2.2.3 Konzeptioneller Bezugsrahmen der empirischen Untersuchung

Nachdem sowohl der Begriff und die Verwendung der Kostenrechnung als auch ihre Rahmenbedingungen spezifiziert wurden, sollen im folgenden die Forschungsfragen unter Berücksichtigung theoretischer und konzeptioneller Empfehlungen in ein Forschungsmodell bzw. einen Bezugsrahmen überführt werden.

2.2.3.1 Konzeptionelle Ansätze vor dem Hintergrund theoretischer und empirischer Ergebnisse

Die erhebliche Zahl an fragmentierten und teilweise widersprüchlichen Ergebnissen der Forschung zum Management Accounting bzw. Management Control führte wiederholt zur Forderung nach einem übergreifenden konzeptionellen Bezugsrahmen.[4] Die begrenzte Weiterentwicklung der frühen kontingenzbezogenen Arbeiten läßt sich durch den Bezug auf einige wenige Quellen der Kontingenzforschung,[5] deren häufig unkritische Übernahme und die häufig unverbundene Arbeit verschiedener Forschungsrichtungen und -gruppen an den gleichen oder ähnlichen Sachverhalten erklären.[1] An Versuchen, auf Basis konzeptionell-analytischer Überlegungen und bestehender empirischer Ergebnisse ein integratives „Framework" zu definieren, fehlt es angesichts dieser Defizite nicht.

[1] Vgl. Pleitner, H.J., 1995.
[2] Vgl. Pleitner, H.J., 1995, S. 935.
[3] Vgl. Abschnitt 2.1.3.4.
[4] Vgl. Otley, D.T., 1980; Dent, J.F., 1990; Chapman, C.S., 1997; Langfield-Smith, K., 1997.
[5] Vgl. Banbury, J./Nahapiet, J.E., 1979, S. 164f.

Gordon/Miller[2] definieren unter Rückgriff auf die Arbeiten von Lawrence/Lorsch[3] und Thompson[4] einen bis heute in Grundzügen verwendeten Bezugsrahmen, auf den in der Literatur als G&M-Modell rekurriert wird. Er enthält die Variablengruppen Umweltmerkmale, Organisationsmerkmale und Merkmale des Entscheidungsstils. Dabei werden in einer linearen Beziehung die Einflüsse der Umwelt auf die Organisationsstruktur und auf die Merkmale des Kostenrechnungssystems analysiert.

Ein wesentlich einfacheres Modell vertreten Waterhouse/Tiessen[5] mit den Variablengruppen Umwelt und Technologie (in jeweils zwei Ausprägungen) und zwei dominanten Entscheidungstypen (operative Entscheidungen und Managemententscheidungen) als Determinanten des Management Accounting.

Otley (1980)[6] schlägt einen deutlich über diese Überlegungen hinausgehenden Bezugsrahmen als Minimalspezifikation eines Kontingenzmodells für weitere Arbeiten vor, indem er den Unternehmenserfolg und die tatsächliche Nutzung, nicht die bloße Existenz eines Systems einbezieht. Langfield-Smith (1997)[7] weist in diesem Zusammenhang explizit darauf hin, daß nicht die bloße Existenz von Informationssystemen, sondern deren Anwendung im Vordergrund stehen sollte.

Chenhall/Morris (1986)[8] konzentrieren sich auf die Untersuchung der wahrgenommenen Nützlichkeit der Informationen (perceived usefulness) und schlagen die Variablengruppen externe Umwelt, organisatorische Interdependenz, Organisationsstruktur und Nützlichkeit der Informationen vor.

Brink (1992)[9] definiert die Variablengruppen externe Umwelt, interne Umwelt und Merkmale des Kostenrechnungssystems. Allerdings macht er keine Angaben über die zu untersuchenden direkten und indirekten Abhängigkeitsbeziehungen. Littkemann (1997)[10] bildet in einer zusammenfassenden Darstellung der Forschung zum Kontingenzansatz des Management Accounting vier Variablengruppen: externe und interne Umwelt, Gestaltung des Abrechnungssystems und Unternehmenserfolg.

---

1 Vgl. Otley, D.T., 1980, S. 419.
2 Vgl. Gordon, L.A./Miller, D., 1976, S. 59f.
3 Vgl. Lawrence, P.R./Lorsch, J.W., 1967.
4 Vgl. Thompson, J.D., 1967.
5 Vgl. Waterhouse, J.H./Tiessen, P., 1978, S. 66ff.
6 Vgl. Otley, D.T., 1980.
7 Vgl. Langfield-Smith, K., 1997, S. 226.
8 Vgl. Chenhall, R.H./Morris, D., 1986, S. 17.
9 Vgl. Brink, H.-P., 1992, S. 178.
10 Vgl. Littkemann, J., 1997, S. 862.

Trotz der Versuche, einen konzeptionellen Überbau für bestehende Untersuchungen zu definieren, muß der Fortschritt dieser Forschungsbemühungen in der Summe als bescheiden bezeichnet werden, da bisher nur auf einem relativ abstrakten Niveau eine Einigung erkennbar ist.[1] Die resultierende Kritik an diesen Ergebnissen des Kontingenzansatzes entzündet sich allerdings stärker an den betrachteten Studien als an der Idee der Kontextabhängigkeit der Kostenrechnung selbst. Erst in jüngster Zeit lassen sich zwei wesentliche Richtungen für weitere Forschungsbemühungen erkennen: Chapman (1997)[2] sieht als wesentliches Versäumnis bisheriger Arbeiten den fehlenden Einbezug von verhaltenswissenschaftlichen Ansätzen und der Organisationstheorie. Die Untersuchung von Aust (1999)[3] hat sich u.a. unter Bezug auf seine Arbeit dieses Themas angenommen. Macy/Arunachalam (1995)[4] leiten auf Basis einer Metaanalyse der wichtigsten empirischen Untersuchungen zum Management Accounting bzw. Management Control eine Reihe von offenen Fragen und Zusammenhängen ab und geben darüber hinaus methodische Empfehlungen.

Aus diesen Empfehlungen und einer eigenen Analyse der bisherigen Forschungsbemühungen[5] lassen sich einige Schlüsse für die vorliegende Untersuchung ziehen:

- Die Elemente *externe* und *interne Umwelt* sowie die Gestaltung des *Abrechnungssystems* stellen die Minimalspezifikation eines Forschungsmodells dar.
- Je nach betrachteter Fragestellung sollte eine *Erfolgsgröße* in die Modellspezifikation aufgenommen werden. Dabei sind Größen, welche die Effektivität der Organisation (organizational effectiveness) abbilden, solchen Größen vorzuziehen, die nur eine Betrachtung des Systemerfolges ermöglichen.
- Die Betrachtung des Systems sollte sich an seinem *organisatorischen Kontext* und an seiner *tatsächlichen* Nutzung orientieren.
- Die Zielsetzung bzw. *Strategie* der betrachteten Organisationen sollte in das Forschungsmodell aufgenommen werden.
- Kostenrechnung sollte gerade unter verhaltensorientierten Aspekten als *Teil des gesamten Steuerungssystems* der Unternehmung verstanden werden. Dazu zählen neben den strukturellen auch die informellen Kontrollmechanismen. Dieser Aspekt ist für die vorliegende Untersuchung allerdings nur von untergeordneter Bedeutung.

---

1 Vgl. Chapman, C.S., 1997, S. 189.

2 Vgl. Chapman, C.S., ebd.

3 Vgl. Aust, R., 1999, S. 66ff., insbesondere für den Zusammenhang zwischen wahrgenommener Unsicherheit und Nutzungsarten der Kostenrechnung.

4 Vgl. Macy, G./Arunachalam, V., 1995, S. 63ff.

5 Vgl. Hayes, D.C., 1977; Merchant, K.A., 1981; Gordon, L.A./Narayanan, V.K., 1984; Govindarajan, V., 1984; Merchant, K.A., 1984; Jones, C.S., 1985; Chenhall, R.H./Morris, D., 1986; Macintosh, N.B./Daft, R.L., 1987; Dent, J.F., 1990; Chapman, C.S., 1997; Langfield-Smith, K., 1997.

- Unter methodischen Gesichtspunkten ist neben einer Verwendung *multivariater Verfahren* eine Orientierung an bereits bestehenden Konzeptualisierungen und Operationalisierungen wünschenswert. Dabei sollte gerade bei der Formulierung der Forschungshypothesen soweit wie möglich auf theoretische Arbeiten aufgebaut werden. Ein exploratives Vorgehen ist nur in begründeten Ausnahmefällen als erfolgversprechend einzustufen, da kontingenztheoretische Ansätze äußerst eingeschränkt zur Theoriebildung geeignet sind.[1]

Diesen Empfehlungen wurde im gesamten Prozeß der Erstellung des Forschungsmodells, der Konzeptualisierung und Operationalisierung sowie der Ableitung von Forschungshypothesen gefolgt.

2.2.3.2 Zwischenfazit: Konzeptioneller Bezugsrahmen der Untersuchung

Die dargestellten Empfehlungen sollen nun zusammen mit den eingangs beschriebenen Forschungsfragen in einen konzeptionellen Bezugsrahmen überführt werden. Zum einen wird so sichergestellt, daß die Forschungsfragen nicht unverbunden nebeneinanderstehen, zum anderen läßt sich so die Einhaltung der Empfehlungen anschaulich dokumentieren.

Ein Bezugsrahmen dient der Integration der Forschungsfragen in ein Gesamtmodell, nicht der Darstellung empirisch testbarer Hypothesen. Die skizzierten *Beziehungen* sind daher im Einzelfall deutlich komplexer und werden an gegebener Stelle in Form von Forschungshypothesen spezifiziert. Ebenso stellen die einzelnen Elemente des Bezugsrahmens an dieser Stelle zunächst nur *Variablengruppen* dar, die für die jeweilige Forschungsfrage auf Basis theoretischer und konzeptioneller Argumente konkretisiert werden. So wird beispielsweise der an dieser Stelle noch unbestimmte Erfolg der Kostenrechnung ausführlich in Kapitel 4 auf Basis theoretischer und empirischer Ergebnisse hergeleitet und in den Bezugsrahmen integriert.

Die Forschungsfragen aus Abschnitt 1.2 befassen sich mit unterschiedlichen Aspekten des Verhältnisses von Gestaltung und Nutzung von Kostenrechnungssystemen zu verschiedenen Kontextfaktoren. Zentrale Elemente des Bezugsrahmens sind die *Gestaltung,* der *„Erfolg"* und die *Nutzung der Kostenrechnung*. Die explizite Trennung der Größen und der Einbezug von organisatorischen Größen in die Untersuchungsschritte entsprechen den Forderungen von Otley (1980) und Macy/Arnunachalam (1995).[1] Die Analyse der Beziehungen erfolgt ausgehend von der ersten Forschungsfrage, dem Einfluß der externen und internen Faktoren auf die Gestaltung des Kostenrechnungssystems, über die Beurteilung und Nutzung der Kostenrechnung bis hin zum Unternehmenserfolg. Die Fragestellungen bauen dabei sachlogisch aufeinander auf und sind jeweils Voraussetzung für den nachfolgenden Untersuchungs-

---

[1] Vgl. Frese, E., 1992, Sp. 1709-1710.

schritt. Aus den Grunddaten werden über festgelegte Algorithmen Kosten- und Erlösdaten errechnet, die sich zu Informationen verdichten lassen.[2] Diese Informationen werden vom Anwender im Hinblick auf ihre Eignung für seine Bedürfnisse beurteilt (Erfolg). Aus der Nutzung dieser Informationen ergibt sich der Einfluß der Kostenrechnung auf die Entscheidungsfindung. Über ein verbessertes Entscheidungsverhalten läßt sich dann abschließend ein höherer Unternehmenserfolg begründen. Diese horizontale Beziehungskette – in der Abbildung grau unterlegt – stellt von links nach rechts den „roten Faden" der Analyseschritte dar. Der Untersuchung liegt damit der folgende Bezugsrahmen zugrunde:

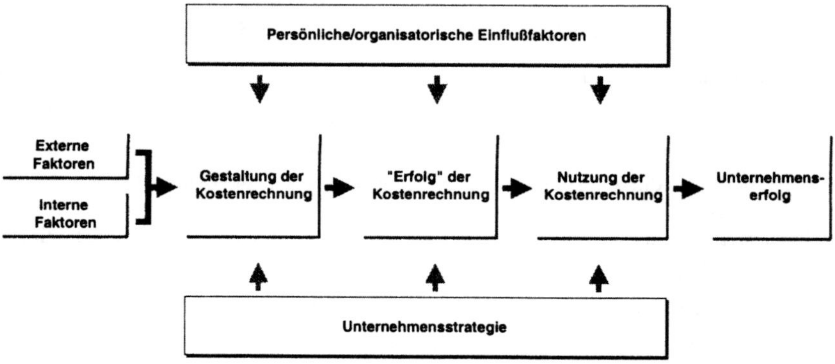

Abb. 2.1: Konzeptioneller Bezugsrahmen der Untersuchung

Im Rahmen der Untersuchung dieser horizontalen Beziehungskette werden die *persönlichen und organisatorischen Einflußfaktoren* teils als eigenständige Einflußfaktoren, teils als moderierende Variablen mit einbezogen. Die verhaltenstheoretischen und organisatorischen Determinanten der Beurteilung und Nutzung der Kostenrechnung werden so ausreichend berücksichtigt.

Der *Unternehmensstrategie* kommt eine besondere Rolle zu. Ihr Einfluß wird aufgrund der spezifischen Fragestellung und der verwendeten Forschungsmethodik gesondert in Kapitel 5 behandelt. Zum einen soll – wie im Bezugsrahmen dargestellt – ihr Einfluß auf die Gestaltung, den Erfolg und die Nutzung der Kostenrechnung untersucht werden, zum anderen aber

---

[1] Vgl. Abschnitt 2.2.3.1.

[2] Vgl. Weber, J., 1991a, S. 448.

auch ihr moderierender Effekt auf den Zusammenhang zwischen Kostenrechnung und Unternehmenserfolg geprüft werden. Im folgenden werden die einzelnen Teilabschnitte des Bezugsrahmens sukzessive spezifiziert, untersucht und diskutiert. In Kapitel 6 werden die Erkenntnisse dann noch einmal zusammenfassend dargestellt und aus einer übergeordneten Perspektive gewürdigt.

2.2.4 Kritische Würdigung inhaltlich verwandter Untersuchungen

Im folgenden sollen die Ergebnisse der empirischen Forschung zum internen Rechnungswesen dargestellt und im Hinblick auf diese Untersuchung kritisch gewürdigt werden. Dabei werden in diesem Abschnitt ausschließlich Beiträge aus dem deutschsprachigen Raum in die Betrachtung einbezogen, um sowohl den Spezifika deutscher Kostenrechnung als auch denen des deutschen Mittelstandes gerecht zu werden.

2.2.4.1 Stand und Ergebnisse der empirischen Forschung zum mittelständischen Rechnungswesen

Die betriebswirtschaftlichen Beiträge zum mittelständischen Rechnungswesen lassen sich vereinfachend zwei Grundrichtungen zuordnen: zum einen rein empirischen Untersuchungen zur Gestaltung und Verwendung des Rechnungswesens,[1] zum anderen konzeptionell-normativen Beiträgen zur idealtypischen Verwendung und Ausgestaltung des Rechnungswesens.[2] Das Rechnungswesen mittelständischer Unternehmen stellt gerade in letztgenannten Untersuchungen aber in der Regel kein eigenständiges Forschungsobjekt dar, sondern wird im größeren Zusammenhang des gesamten Controllinginstrumentariums betrachtet. Regelmäßig werden beide Vorgehensweisen miteinander verknüpft, um auf Basis empirischer Erkenntnisse zu normativen und praxeologischen Aussagen zu kommen.[3]

Empirische Studien zum internen Rechnungswesen finden sich im deutschsprachigen Raum seit den 70er Jahren immer wieder in der betriebswirtschaftlichen Forschung.[4] Allerdings ist der Umfang der „empirischen Forschung zum internen Rechnungswesen (...) recht begrenzt“.[5] Diese Aussage bezieht sich nicht nur auf die rein quantitativ beobachtbare Anzahl von empirischen Untersuchungen, sondern auch auf die konzeptionellen und methodischen

1 Vgl. Lachnitt, L./Dey, G., 1989; Kosmider, A., 1991; Lange, J.-U./Schauer, B.D., 1996; Buxmann, P./König, W., 1997.

2 Vgl. u.a. Amman, H., 1988; Gaulhofer, M., 1988; Kettner, H., 1989; Lanz, R., 1989; Hofmeister, R./Stiegler, H., 1990; Kind, H., 1992; Wengerter, A., 1992; Flassak, D., 1997.

3 Vgl. Becker, H.P., 1984; Wiebe, R., 1991; Kosmider, A., 1993.

4 Vgl. Währisch, M., 1998, S. 11.

5 Vgl. Küpper, H.-U., 1993, S. 603.

Schwächen vieler Arbeiten. In einer Metaanalyse von Küpper (1993)[1] sind über drei Viertel der untersuchten Beiträge in referierten deutschsprachigen Publikationen rein konzeptionelle Beiträge. Die empirischen Arbeiten bestehen wiederum zu über 80 % aus Fallbeispielen und Erfahrungsberichten, so daß der Stellenwert empirischer Befragungen im deutschen Sprachraum als äußerst gering bezeichnet werden darf. In methodischer Hinsicht dominieren im deutschen Sprachraum Arbeiten, die sich auf ein sachlich-analytisches oder formal-analytisches Vorgehen stützen. Empirische Arbeiten, die über ein deskriptives Erkenntnisziel deutlich hinausgehen, haben im Gegensatz zum internationalen Forschungsumfeld kaum Eingang in die Diskussion gefunden.

Studien, die ihren Schwerpunkt ausschließlich in der Untersuchung der Gestaltung und Nutzung der industriellen Kostenrechnung haben, finden sich, wenn auch in deutlich geringerer Zahl, ebenso regelmäßig in der Literatur. Dabei betrachten diese Studien in unterschiedlichen Abgrenzungen (Umsatz oder Mitarbeiter) wahlweise ausschließlich Großunternehmen,[2] mittelständische Unternehmen[3] oder besitzen keine Einschränkung oder Unterteilung in bezug auf die Unternehmensgröße.[4]

Empirische Forschung im Rechnungswesen dient grundsätzlich der induktiven Erfassung der Realität des Rechnungswesens.[5] Trotz der heterogenen Zielsetzung der Studien läßt sich daher eine große inhaltliche und methodische Nähe der Untersuchungen diagnostizieren, die sich im weitesten Sinne mit der Deskription der Rechnungswesenpraxis,[6] der Überprüfung des Nutzens des Rechnungswesens sowie der Analyse der Determinanten und Gründe für praktisches Rechnungswesenverhalten[7] beschäftigen. Die inhaltlichen Kernpunkte der Untersuchungen lassen sich auf vier Bereiche zurückführen:[8]

- *Gestaltung des internen Rechnungswesens*, also die Struktur der realisierten Kosten- und Leistungsrechnung.
- *Einflußgrößen auf die Gestaltung*, d.h. Untersuchung der Determinanten der Ausgestaltung verschiedener Systeme, z.B. durch die Branche oder die Unternehmensgröße.

---

1 Vgl. Küpper, H.-U., 1993, S. 605.

2 Vgl. Frost, A./Meyer, P., 1981; Weber, J., 1993b.

3 Vgl. Küpper, H.-U., 1983; Becker, H.P., 1984; Kind, H., 1986; Weber, J./Lehmann, F.O./Jörgens, H., 1990; Koeder, K.W., 1992; Kosmider, A., 1993; Lange, J.-U./Schauer, B.D., 1996.

4 Vgl. Marner, B., 1981; Küpper, H.-U./Winckler, B./Zhang, 1990; Hauer, G., 1994; Währisch, M., 1998.

5 Vgl. Coenenberg, A.G./Haller, A., 1993, Sp. 506.

6 Vgl. Lachnitt, L./Dey, G., 1989; Kosmider, A., 1991; Lange, J.-U./Schauer, B.D., 1996; Buxmann, P./König, W., 1997.

7 Vgl. Becker, H.P., 1984; Gaulhofer, M., 1988; Wiebe, R., 1991; Kosmider, A., 1993.

8 Vgl. Währisch, M., 1998, S. 13.

- *Informationsbedarf* der Unternehmensführung und *Verwendung der Kostenrechnungsinformationen*, also Untersuchungen zu bestimmten Entscheidungsproblemen und den zu ihrer Lösung eingesetzten Verfahren.
- *DV-Unterstützung der Kostenrechnung* in Form der eingesetzten Software.

Die verwendeten Größen zur Abbildung der Sachverhalte und die untersuchten Zusammenhänge sind vielfach eher das Ergebnis einer Orientierung an verfügbaren Daten als das Resultat eines theoriegeleiteten Begriffs- und Hypothesenbildungsprozesses.[1]

2.2.4.2 Auswertung der Untersuchungen im Hinblick auf die vorliegende Fragestellung

Im folgenden soll nun der Beitrag der bisherigen Untersuchungen zum mittelständischen Rechnungswesen hinsichtlich der Forschungsfragen und des Bezugsrahmens diskutiert werden. Tabelle 2.1 gibt einen Überblick über deutschsprachige empirische Untersuchungen, aus denen Erkenntnisse für die Gestaltung der Kostenrechnung bzw. des Controllings in mittelständischen Unternehmen abgeleitet werden können. Alle genannten Arbeiten zur mittelständischen Kostenrechnung/Controlling konstatieren eine zu geringe Durchdringung der Unternehmen mit den entsprechenden Konzepten.[2] Dabei beziehen sich die Aussagen auf die Gestaltung der Kostenrechnung, also das Vorhandensein der verschiedenen Systeme der Kostenrechnung im Unternehmen.

Um einen Erkenntnisbeitrag für die Beantwortung der Forschungsfragen zu leisten, sollten in Anlehnung an die Ausführungen in Abschnitt 2.2.3.2 vier wesentliche Voraussetzungen erfüllt werden:

- Einbeziehung situativer Faktoren, insbesondere persönlicher und organisatorischer Merkmale,
- Trennung von Gestaltung und Nutzung der Kostenrechnung,
- Einbeziehung des Erfolgs der Kostenrechnung bzw. des Unternehmenserfolgs,
- Einbeziehung der Unternehmensstrategie.

Da keine der Untersuchungen die Unternehmensstrategie mit einbezieht, wurden die Untersuchungen nur im Hinblick auf die ersten drei Anforderungen differenziert bewertet.

---

1 Vgl. Amshoff, B., 1993, S. 13.

2 Vgl. u.a. Becker, H.P., 1984; Kind, H., 1986; Kosmider, A., 1993; Lange, J.U./Schauer, B.D., 1996; Währisch, M., 1998.

3 Vgl. Becker, H.P., 1984; Kind, H., 1986; Kosmider, A., 1993; Lange, J.U./Schauer, B.D., 1996; Währisch, M., 1998.

4 Vgl. Tabelle 2.1.

Autor(en)	**Untersuchter Zusammenhang**	**Empirische Analyse**			**Differenziertheit der Aussagen**		
		Datengrundlage	Daten-erhebung	Methode(n)	Persönliche/ organisatorische Merkmale	Trennung Gestaltung/ Nutzung	Erfolgs-wirkung
IHK Koblenz (1977)	Einsatz betriebswirtschaftlicher Methoden/Kostenrechnung	505 Industrie/ Dienstleistung[1]	Schriftliche Befragung	Deskriptive Statistik	Nein	Nein	Nein
Küpper, H.-U. (1983)	Informationsbedarfe aus der Kostenrechnung	137 Industrie-unternehmen[1]	Schriftliche Befragung	Deskriptive Statistik	Nein	Nein	Nein
Becker, H.P. (1984)	Gestaltung und Einflußfaktoren der Kostenrechnung	480 Industrie-unternehmen[1]	Schriftliche Befragung	Deskriptive Statistik, KA	Ja	Nein	Ja
Kind, H. (1986)	Gestaltung der Kostenrechnung und der Unternehmensplanung	261 Industrie-unternehmen[1]	Schriftliche Befragung	Deskriptive Statistik	Nein	Nein	Nein
Lachnitt, L./Dey, G. (1989)	Gestaltung der Kostenrechnung und EDV-Unterstützung	24 Industrie-unternehmen[1]	Schriftliche Befragung	Deskriptive Statistik	Nein	Nein	Nein
Kosmider, A. (1991, 1993)	Anwendung und Einflußfaktoren des Controlling/Kostenrechnung	440 Industrie-unternehmen[1]	Schriftliche Befragung	Deskriptive Statistik, KA	Ja	Nein	Ja

Koeder, K.W. (1992)	Funktionen und Verwendung der Kostenrechnung	61 Industrieunternehmen[1]	Schriftliche Befragung	Deskriptive Statistik	Nein	Nein	Nein
Schehl, M. (1994)	Gestaltung/Einflußfaktoren der Kostenrechnung und -strukturen	61 Industrieunternehmen[1]	Schriftliche Befragung	Deskriptive Statistik, KA	Nein	Nein	Nein
Hauer, G. (1994)	Gestaltung der Kostenrechnung bzw. Kennzahlensysteme	200 Industrieunternehmen[1]	Schriftliche Befragung	Deskriptive Statistik	Nein	Nein	Nein
Funke, S. (1995)	Kostenstrukturen	48 Industrieunternehmen[1]	Schriftliche Befragung	Deskriptive Statistik	Nein	Nein	Nein
Lange, J.U./Schauer, B.D. (1996)	Gestaltung und Nutzung der Kostenrechnung	337 Industrieunternehmen[1]	Schriftliche Befragung	Deskriptive Statistik	Nein	Nein	Nein
Währisch, M. (1998)	Gestaltung der Kostenrechnung und -strukturen	153 Industrieunternehmen[1]	Schriftliche Befragung	Deskriptive Statistik, KA, CA	Ja	Teilweise	Nein

[1] Regionale Beschränkung bzw. keine Repräsentativität der Untersuchung

KA - Korrelations- bzw. Kontingenzanalyse, CA - Clusteranalyse.

Tabelle 2.1: Empirische Studien zur mittelständischen Kostenrechnung im deutschsprachigen Raum (1980-1998)

Situative Faktoren werden in einer Reihe von Arbeiten in die Analyse einbezogen. Die Einflüsse von internen und externen Kontextfaktoren werden insbesondere bei Becker (1984), Kosmider (1993) und Währisch (1998) umfassend untersucht. Sie geben Hinweise auf die einzubeziehenden Faktoren und sollen im Rahmen der Formulierung der Forschungshypothesen wieder aufgegriffen werden. Häufig erfolgt eine Differenzierung der untersuchten Zusammenhänge nach Branche und Größe der betrachteten Unternehmen.[1] Dabei läßt sich über die Stärke der Kontextfaktoren allerdings i.d.R. keine Angabe machen, da das verwendete statistische Instrumentarium für solche Aussagen nicht ausreicht.[2]

Organisatorische oder persönliche Merkmale finden sich vergleichsweise selten in den Studien. Becker (1984) nimmt die Merkmale der Geschäftsführung – funktionaler Hintergrund und Zusammensetzung der Geschäftsleitung – mit auf. Leider wurde dieser Ansatz in den folgenden Studien nicht mehr aufgegriffen, so daß sich die Erkenntnisse auf diesen Einzelbefund beschränken. Kosmider (1993) bezieht die Organisationsstruktur (funktional und divisional) mit ein, ähnlich Währisch (1998).

Eine *Trennung zwischen Gestaltung und Nutzung* der Kostenrechnung findet sich in keiner der genannten Arbeiten. Die zugrundeliegende Hypothese, daß eine entsprechende Gestaltung der Kostenrechnung auch eine entsprechende Nutzung nach sich zieht, vernachlässigt wesentliche Erkenntnisse des Behavioral Accounting. Aus den Studien können daher keine Ergebnisse für die tatsächliche Nutzung der Kostenrechnung im deutschen Mittelstand abgeleitet werden.

Für das Verhältnis des *Unternehmenserfolgs* zum Einsatz der Kostenrechnung ermitteln einige Untersuchungen durchweg positive Assoziationen. Sowohl die Untersuchung von Becker (1984) als auch die Untersuchung von Kosmider (1993) kommen auf Basis umfangreicher empirischer Studien zu dem Ergebnis, daß die Verwendung von Kostenrechnungsinstrumenten einen positiven Zusammenhang mit dem Unternehmenserfolg aufweist. Die Ergebnisse geben daher eine erste Indikation für die erfolgsfördernde Rolle der Kostenrechnung im Mittelstand und sollen in Kapitel 5 der vorliegenden Untersuchung diskutiert werden.

Die *Unternehmensstrategie* wird in keiner der betrachteten Studien berücksichtigt. Auch finden sich keine Differenzierungen hinsichtlich der Zielfunktionen der Unternehmen, die als Strategiesurrogat gewertet werden könnten, z.B. Profitabilitäts-, Innovations-, Marktanteils- oder Kundenzufriedenheitsziele.

---

[1] Vgl. Becker, H.P., 1984; Kind, H., 1986; Kosmider, A., 1993; Lange, J.U./Schauer, B.D., 1996; Währisch, M., 1998.

[2] Vgl. Tabelle 2.1.

Unter *methodischen* Gesichtspunkten dominiert eine vorwiegend quantitative fragebogengestützte Erhebungsmethodik unter weitgehender Beschränkung auf Verfahren der deskriptiven Statistik[1] und einfachen Dependenzanalyse.[2] Modernere Methoden der multivariaten Analyse werden kaum angewandt.[3] Über die Kausalität der untersuchten Beziehungen kann daher vielfach keine statistisch gesicherte Aussage gemacht werden. Inwieweit sich normative Aussagen aus dieser empirischen Grundlagen ableiten lassen, soll dahingestellt bleiben.

Der wissenschaftliche Erkenntnisgewinn der Untersuchungen wird durch den Verzicht auf Repräsentativität zugunsten regionaler oder situativer Einschränkungen der betrachteten Grundgesamtheit weiter gemindert.[4] Die Ergebnisse sind aufgrund der methodischen Einschränkungen daher i.d.R. weder vergleichbar noch zu einem konsistenten Gesamtbild integrierbar.

Zusammenfassend läßt sich festhalten, daß der Stand des Wissens über die Gestaltung und insbesondere über die *Einflußfaktoren*, die *Nutzung* und den *Erfolg* der Kostenrechnung in bezug auf die vorliegenden Forschungsfragen nicht als zufriedenstellend gelten kann. Für den Einfluß situativer Faktoren finden sich allerdings zahlreiche Hinweise und empirische Ergebnisse, ebenso wie für die positiven Erfolgswirkungen eines Einsatzes der Kostenrechnung.

2.3 Forschungsansatz und Methodik der Untersuchung

Der Wahl der Forschungsmethodik und des methodischen Vorgehens kommt angesichts der skizzierten Kritikpunkte an den bisherigen Forschungsbemühungen besondere Bedeutung zu.[9] Das hier geschilderte Vorgehen soll daher auch Ansatzpunkte für weiterführende empirische Forschungsaktivitäten liefern. Zur Beurteilung der Ergebnisse von Forschungsprozessen ist ein Verständnis zugrundeliegender Wissenschaftsauffassung zu gewinnen. Sie bestimmt im wesentlichen die Methodik und die Interpretation der Ergebnisse, so daß zunächst eine wissenschaftstheoretische Einordnung der Arbeit erfolgt. Darauf aufbauend

[1] Vgl. Lachnitt, L./Dey, G., 1989; Kosmider, A., 1991; Wieber, R., 1991; Lange, J.-U./Schauer, B.D., 1996, Buxmann, P./König, W., 1997.

[2] Vgl. u.a. Becker, H.P., 1984; Kosmider, A., 1993.

[3] Vgl. Küpper, H.-U., 1993, S. 606.

[4] Vgl. Tabelle 2.1.

[5] Vgl. Lachnitt, L./Dey, G., 1989; Kosmider, A., 1991; Wieber, R., 1991; Lange, J.-U./Schauer, B.D., 1996, Buxmann, P./König, W., 1997.

[6] Vgl. u.a. Becker, H.P., 1984; Kosmider, A., 1993.

[7] Vgl. Küpper, H.-U., 1993, S. 606.

[8] Vgl. Tabelle 2.1.

[9] Vgl. Abschnitt 2.2.4.2.

werden der Ablauf der Datenerhebung und die resultierende Datengrundlage sowie die verwendeten Methoden zur Überprüfung der Güte der Konzeptualisierung und Operationalisierung der Konstrukte beschrieben. Das Kapitel schließt mit einer Darstellung der verwendeten Methoden der Dependenzanalyse.

2.3.1 Wissenschaftstheoretische Einordnung der Arbeit

Gegenstand der Wissenschaftstheorie sind die wissenschaftlichen Einzeldisziplinen, zu denen auch die Wirtschaftswissenschaften gezählt werden. Wissenschaftstheoretische Überlegungen beziehen sich auf die Wissenschaftsziele, die wissenschaftstheoretischen Grundkonzeptionen sowie insbesondere auf die Verfahrensweisen bzw. Forschungsstrategien der Wissenschaft. Sie entwickeln einerseits Anforderungen – im Sinne einer Heuristik – an wissenschaftliches Problemlösungsverhalten und versuchen andererseits die Wissenschaftspraxis kritisch zu durchleuchten.[1]

2.3.1.1 Wissenschaftsziele

Wissenschaftsziele umschreiben den Zweckbezug wissenschaftlicher Forschungsbemühungen, der als Unterscheidungskriterium für die Wissenschaftsziele herangezogen werden kann. Grundsätzlich unterscheidet die Wissenschaftstheorie ein theoretisches und ein pragmatisches Wissenschaftsziel.[2] Weiter differenziert lassen sich insgesamt vier Ziele unterscheiden:[3]

- Das *deskriptive Wissenschaftsziel* umfaßt die Beschreibung der Realität mit dem Ziel, zugrundeliegende Sachverhalte zu erkennen und sie in möglichst exakte Begriffe zu fassen. Die resultierenden Aussagen sind empirischer, faktischer und deskriptiver Art und definieren oder systematisieren Wahrnehmungen.[4]
- Das *theoretische Wissenschaftsziel* besteht in der geistigen Durchdringung der Realität zum Zwecke der Gewinnung von allgemeingültigen Orientierungen und Einsichten.[5] Dabei werden die oben genannten Begriffe zur Bildung von theoretischen Aussagen herangezogen. Ergebnis sind damit nomologische Hypothesen über reale Zusammenhänge. Eine systematisch geordnete Menge solcher Aussagen wird als Theorie bezeichnet. Theoretische bzw. explikative Aussagen als Ergebnis eines Forschungsprozesses basieren auf diesen Theorien und prognostizieren die Ausprägung der in einer Theorie eingeschlossenen Variablen.[6]

---

[1] Vgl. Raffeé, H./Abel, B., 1979, S. 1f.
[2] Vgl. Chmielewicz, K., 1994, S. 169f.
[3] Vgl. Chmielewicz, K., 1994, S. 9.
[4] Vgl. Grochla, E., 1978, S. 69; Fritz, W., 1992, S. 60; Chmielewicz, K., 1994, S. 10.
[5] Vgl. Schweitzer, M., 1978, S. 6f.; Hamprecht, M., 1996, S. 11.
[6] Vgl. Grochla, E., 1978, S. 70; Fritz, W., 1992, S. 60.

- Das *pragmatische Wissenschaftsziel* orientiert sich an der Zielsetzung der Gestaltung der Realität. Ergebnis sind zweckbezogene Aussagen, die als eine Orientierungshilfe zur Lösung praktischer Probleme herangezogen werden können. Das Ziel besteht also in der Nutzbarmachung der Realitätserkenntnis für die Realitätsgestaltung. Ergebnis sind instrumentelle bzw. praxeologische (finale, teleologische) Aussagen,[1] die der betrieblichen Praxis Hilfestellung bei der Lösung ihrer Probleme bieten können.[2]
- Ein *normatives Wissenschaftsziel* integriert Werturteile in betriebswirtschaftliche Aussagesysteme.[3] Damit beziehen sich normative Aussagen auf ein Idealbild, eine als richtig und erstrebenswert anerkannte Realität, an der sich Handlungsträger ausrichten sollten.

Die vorliegende Arbeit orientiert sich primär an einem pragmatischen Wissenschaftsziel, enthält allerdings auch deskriptive und theoretische Zielvorstellungen. Den Handlungsträgern in der Wirtschaft sollen konkrete Handlungsanweisungen zur Gestaltung und Nutzung der Kostenrechnung in mittelständischen Unternehmen gegeben werden. Damit fließen auch normative Elemente in die Aussagen ein.

2.3.1.2 Wissenschaftstheoretische Grundkonzeptionen

Wissenschaftstheoretische Konzeptionen thematisieren die Rolle menschlicher Erkenntnis und Erfahrung im Forschungsprozeß und stellen keine unanfechtbaren Entwürfe dar. Sie unterliegen damit zahlreichen Methodenkontroversen.[4]

Die Diskussion um die Frage, wie wissenschaftliche Erkenntnis zu gestalten ist, wird durch die Auseinandersetzung mit den klassischen Erkenntnistheorien bestimmt.[5] Die Betriebswirtschaftslehre wird dabei von zwei zentralen Positionen beherrscht, die jeweils unterschiedliche Wege des Erkenntnisfortschritts verfolgen: dem Konstruktivismus und dem Kritischen Rationalismus.[6] Der *Konstruktivismus* soll an dieser Stelle nicht weiter behandelt werden, da ihm in bezug auf die vorliegenden Fragestellungen und resultierenden Forschungsbemühungen vergleichsweise geringe Bedeutung zukommt.[7]

Der *Kritische Rationalismus* wurde im wesentlichen von Popper (1934, 1963)[8] geprägt und stellt eine wesentliche Grundlage der positivistischen Wissenschaftstheorie dar. Er sieht jede

---

1 Vgl. Chmielewicz, K., 1994, S. 11.
2 Vgl. Grochla, E., 1978, S. 55; Fritz, W., 1992, S. 60.
3 Vgl. Schweitzer, M., 1978, S. 7-9; Chmielewicz, K., 1994, S. 14.
4 Vgl. Raffeé, H./Abel, B., 1979, S. 3.
5 Vgl. Kern, M., 1979, S. 11f.
6 Vgl. Raffeé, H./Abel, B., 1979, S. 4.
7 Vgl. Gerum, E., 1979, S. 205ff.; Raffée, H./Abel, B., 1979, S. 3ff.
8 Vgl. Popper, K., 1934; Popper, K., 1963.

Aussage, jede vermeintliche Wahrheit und jedes Verfahren zur Erkenntnisgewinnung als fallibel an, d.h., sie können einer kritischen Prüfung zum Opfer fallen. Die theoretische Unmöglichkeit, auf induktivem Wege zu gesicherten Erkenntnissen zu kommen, impliziert, daß eine Verifizierung von Aussagen nicht möglich ist.

Empirische Erkenntnisse können damit eine Theorie niemals bestätigen, sondern ausschließlich widerlegen. An die Stelle des Verifikationsprinzips tritt im Kritischen Rationalismus das Falsifikationsprinzip. Erkenntnisfortschritt erfolgt über einen iterativen Prozeß der Erarbeitung von (vorläufigen) Theorien[1] und deren Konfrontation mit neuen Erfahrungstatbeständen oder Theorien. Empirische Überprüfungen von Theorien (bzw. abgeleiteten Hypothesen) können diese Theorien nicht bestätigen, sondern nur ablehnen. Die Humesche Frage[2] wird damit eindeutig verneint.[3] Damit ist das Ziel jeglichen Forschungsbemühens nicht die Bestätigung, sondern die Falsifikation von Theorien oder Aussagen.[4]

Dem Kritischen Rationalismus wird ein wesentlicher, bisweilen sogar dominierender Einfluß auf die wissenschaftstheoretische Orientierung der Betriebswirtschaftslehre zugestanden.[5] Dieser Befund trifft im besonderen auf den Aspekt seiner erfahrungswissenschaftlichen Methodologie zu,[6] da empirischen Untersuchungen häufig eine mangelnde deduktive Orientierung vorgeworfen wird.[7] In der Tat ist die stringente Übertragung der Forderungen des Kritischen Rationalismus durch die starke naturwissenschaftliche Orientierung[8] auf die Realität betriebswirtschaftlicher Forschung schwierig.[9] Deduktion setzt eine ausreichende theoretische Durchdringung des Theoriegebietes voraus, die – wie die vorangegangenen Ausführungen über den Stand der Forschung zum internen Rechnungswesen gezeigt haben – nur in Teilbereichen der Betriebswirtschaftslehre vorausgesetzt werden kann. Teilweise war von einem „unrealistischen theoretischen Anspruch“[10] die Rede. In einer Metaanalyse zeigt Martin (1989), daß ein Großteil empirischer Arbeiten der Betriebswirtschaftslehre auf Ad-

---

1 Vgl. Meyer, W., 1979a, S. 40; Meyer,W., 1979b, S. 50.

2 "Kann man für das menschliche Wissen, insbesondere auch für naturwissenschaftliche Theorien und die in ihnen enthaltenen Naturgesetze, zwingende positive Begründungen liefern?", zitiert nach Meyer, W., 1979a, S. 30.

3 Vgl. Meyer, W., 1979a, S. 30.

4 Vgl. Meyer, W., 1979a, S. 37.

5 Vgl. Kern, M., 1979, S. 11; Albach, H., 1993, S. 9; Homburg, C., 1995, S. 55.

6 Vgl. Meyer, W., 1979a, S. 29.

7 Vgl. stellvertretend Schanz, G., 1975a, S. 323.

8 Schon der Wiener Kreis bestand überwiegend aus Naturwissenschaftlern und Mathematikern. Vgl. den Hinweis bei Hunt, S.D., 1991, S. 268.

9 Vgl. Homburg, C., 1995, S. 57.

10 Vgl. Witte, E., 1977, S. 272.

hoc-Hypothesen beruht, die nicht in einem Theoriegebäude verankert sind, sondern sich auf Zusammenhänge zwischen direkt beobachtbaren Sachverhalten konzentrieren.[1]

Die vorliegende Arbeit orientiert sich aus den genannten Gründen stärker an den Leitlinien eines *wissenschaftlichen Empirismus* (scientific realism).[2] Basierend auf der Tradition des Kritischen Rationalismus werden etwas realitätsnähere Heuristiken aufgestellt, die dem Gang und der Zielsetzung der Untersuchung besser entsprechen. Die Zielsetzung des wissenschaftlichen Empirismus besteht in der möglichst realitätsnahen (wahren) Abbildung und Erklärung der realen Welt unabhängig von der subjektiven Wahrnehmung.[3] Eine induktive Schlußweise ergänzt (bzw. ersetzt bei einigen Autoren[4]) die deduktive Methode der Erkenntnisgewinnung. Damit geht eine deutlich veränderte Bedeutung der Konfrontation der Hypothesen oder Theorien mit der empirischen Realität einher. Während der Kritische Rationalismus sich der Wahrheit über den Umweg der Ausschaltung des Falschen nähert,[5] orientiert sich der wissenschaftliche Realismus an einer Bejahung der Humeschen Frage.[6] Schlußfolgerungen über Induktion werden explizit akzeptiert. Hypothesen lassen sich also „bestätigen", was auch dem Sprachgebrauch zahlreicher empirischer Arbeiten entspricht. Das Prinzip der schrittweisen zunehmenden Bestätigung[7] ersetzt dabei das Verifikationsprinzip. Erkenntnisfortschritt entsteht durch einen kumulativen Prozeß, der allerdings nicht zu sicheren Aussagen (Wahrheiten) gelangen kann, da er auf induktiven Schlußfolgerungen basiert. Grundsätzlich behält der Fallibilismus auch im wissenschaftlichen Realismus seine Gültigkeit. Damit müssen alle Theorien einer konsequenten kritischen Beurteilung unterzogen werden.

2.3.1.3 Wissenschaftliche Forschungsstrategien

Das Wissenschaftsziel dieser Arbeit und die wissenschaftlich-rationale Grundposition sollten idealtypisch durch eine entsprechende Forschungsstrategie begleitet werden. Grundlegend ist die Unterscheidung von *Forschungsstrategien* in sachlich-analytische, empirische und formalanalytische Forschung nach Grochla (1976):[8]

- *Sachlich-analytische Forschung* orientiert sich an der Durchleuchtung komplexer Zusammenhänge und der Erarbeitung von Handlungsgrundlagen. Die Grundlage bil-

1 Vgl. Martin, A., 1989, S. 184.
2 Vgl. Hunt, S.D., 1991, S. 379f.
3 Vgl. Leplin, J, 1996, S. 31.
4 Vgl. etwa Hunt, S.D., 1990, S. 9.
5 Vgl. Kern, M., 1979, S. 26.
6 Vgl. Homburg, C., 1995, S. 59.
7 Vgl. Carnap, R., 1953, S. 48.
8 Vgl. Grochla, E., 1976, S. 637.

den dabei häufig Plausibilitätsüberlegungen mit einem spekulativen Element, um einen informativen Bezugsrahmen zur erstellen.

- *Empirische Forschung* zielt auf die systematische Erfahrungsgewinnung durch die Anwendung bestimmter statistischer Methoden. Dabei werden in der Regel deskriptive oder explanatorische Aussagen über die Realität anhand der gewonnenen Erfahrungen überprüft.
- *Formal-analytische Forschung* verwendet abstrakte Beschreibungen von Problemstrukturen. Damit wird eine möglichst rationale Lösung gedanklicher Entscheidungsprobleme durch die Bildung verbaler oder formal-analytischer Modelle angestrebt.

Wesentlich für das Verständnis der Forschungsstrategien ist ihre komplementäre Anwendung. Bei der Bearbeitung eines Forschungsfeldes lassen sich dabei verschiedene Forschungsstrategien miteinander kombinieren.

Die im ersten Kapitel skizzierten Forschungsfragen erfordern zu einem geringen Teil deskriptive Aussagen. Die Zielsetzung der Untersuchung besteht in der Generierung von explikativen bzw. explanatorischen und von instrumentellen, praxeologischen Aussagen. Im Rahmen dieser Untersuchung wird daher eine sachlich-analytische Forschungsstrategie in Verbindung mit einer empirisch-quantitativen Vorgehensweise verfolgt. Durch eine sachlich-analytische Vorgehensweise wird – allerdings unter Berücksichtigung der Durchdringung der jeweiligen Teilgebiete der Betriebswirtschaft – ein Versuch unternommen, eine stärkere theoretische Basis zu schaffen und die wissenschaftstheoretisch unzureichende Vorgehensweise eines theorielosen Empirismus zu überwinden.[1]

2.3.2 Grundlagen der empirischen Untersuchung

Zielsetzung der Arbeit ist es, Ansätze zur Gestaltung und Nutzung der Kostenrechnung in kleinen und mittelgroßen Unternehmen auf Basis repräsentativer Daten zu bieten. Diesem Anliegen muß mit entsprechenden Bemühungen bei der Auswahl der Zielpersonen, der Bestimmung der Grundgesamtheit und der Wahl einer adäquaten Datenerhebungsmethode Rechnung getragen werden.

2.3.2.1 Datengrundlage

Vor der Durchführung der Datenerhebung ist eine grundsätzliche Entscheidung zwischen einer branchenspezifischen und einer branchenübergreifenden Betrachtung zu treffen. In zahlreichen empirischen Untersuchungen wurde ein Einfluß der Branche auf die Gestaltung

[1] Schanz (1975) spricht vom vielzitierten "Dataismus". Vgl. Schanz, G., 1975b, S. 58.

der Kostenrechnung festgestellt.[1] Das Forschungsziel dieser Arbeit besteht allerdings in der Generierung von Aussagen über eine bestimmte Größenklasse von Unternehmen mit spezifischen Charakteristika, die branchenübergreifend vorzufinden sind.[2] Dabei liegt der Schwerpunkt weniger auf der Gestaltung von Kostenrechnungssystemen als auf der Untersuchung ihrer Nutzung und Erfolgswirkungen. Insofern ist eine branchenübergreifende Betrachtung vorzuziehen.

Allerdings wurde die Untersuchung aus verschiedenen Gründen auf den Wirtschaftsbereich des verarbeitenden Gewerbes eingeschränkt. Zum einen liegt dort im Gegensatz zum Dienstleistungssektor eine erhebliche Erfahrung mit dem Einsatz kostenrechnerischer Methoden vor, zum anderen kann damit konsequent auf bisherige Forschungsergebnisse zurückgegriffen werden. Zu den berücksichtigten Branchen nach der Klassifikation des Statistischen Bundesamtes zählen: Chemische Industrie, Elektrotechnik, Ernährungsgewerbe, Maschinenbau und Straßenfahrzeugbau. Diese fünf Branchen repräsentieren ca. 50 % des Umsatzes des gesamten verarbeitenden Gewerbes in Deutschland.[3] Der Begriff der Untersuchungseinheit wurde wie folgt gefaßt:

> Organisatorische Einheiten, die weitgehend eigenständig eine Produkt-Markt-Kombination bearbeiten und von einer (oder mehreren Personen) mit gesamthafter Führungsverantwortung geführt werden.

Die Abgrenzung kleiner und mittelgroßer Unternehmen erfolgte für den vorliegenden Zweck eindimensional über die Zahl der Mitarbeiter. Auf Basis der Ergebnisse der qualitativen Vorstudie erschien dies ausreichend, da weder der Rechtsform noch anderen soziodemographischen Merkmalen überragender Einfluß auf die untersuchten Zusammenhänge zugesprochen werden kann.

Die vorliegende Untersuchung möchte einen Beitrag zur Gestaltung und Nutzung der Kostenrechnung in mittelständischen Unternehmen leisten. Sie muß dort anknüpfen, wo eine Problemstellung in der Praxis erwartet werden kann und ein Lösungsinteresse auch unter ökonomischen Gesichtspunkten besteht. Auf Basis der qualitativen Vorstudie kann davon ausgegangen werden, daß bei einer Mitarbeiterzahl von weniger als 50 Mitarbeitern kein Kostenrechnungssystem im Sinne dieser Untersuchung vorliegt, so daß diese Unternehmen von der Untersuchung ausgenommen wurden.[1] Unternehmen über 500 Mitarbeiter zählen bereits nicht mehr zum Mittelstand. Die Obergrenze wurde bei 1000 Mitarbeitern gezogen,

---

[1] Vgl. Becker, H.P., 1984; Kosmider, A., 1993.

[2] Vgl. Abschnitt 1.1.

[3] Vgl. Statistisches Bundesamt, 1998.

um zum einen die Vorteile einer Beschäftigung mit mittelständischen Unternehmen zu realisieren und zum anderen eine ausreichende Abgrenzung zur „Koblenzer Studie“ zu haben.[2] Der Schwerpunkt der Untersuchung liegt auf Unternehmen bis 500 Mitarbeitern und orientiert sich damit an einer klassischen Mittelstandsdefinition. Unternehmen zwischen 500 und 1000 Mitarbeitern finden sich entsprechend ihrer Verteilung in der Grundgesamtheit nur zu 10 % in der Stichprobe.

Der Schwerpunkt der Untersuchung liegt auf der Einschätzung der Kostenrechnung durch die Verantwortlichen der Geschäftsführung, so daß als Zielpersonen für die Befragung angesichts der Führungscharakteristika der Untersuchungseinheiten[3] nur Mitglieder der Geschäftsleitung in Frage kommen. In vielen Befragungen muß hingegen davon ausgegangen werden, daß sie sich angesichts der Themenstellung in der Regel an Kostenrechnungs- bzw. Controlling-Verantwortliche richten. Eine Ausnahme bildet die Untersuchung von Aust (1999), die ein triadisches Untersuchungsdesign unter Einbeziehung des Marketing Managers, des General Managers und des Kostenrechnungsverantwortlichen aufweist.[4]

Aus der Darstellung der Untersuchungsinhalte läßt sich direkt die Notwendigkeit einer primärstatistischen Erhebung[5] ableiten, da zu den diskutierten Fragestellungen kein sekundärstatistisches Material verfügbar ist. Nur im Rahmen des Identifikationsprozesses der Untersuchungseinheiten wurde auf sekundärstatistisches Material zurückgegriffen, zum einen auf Veröffentlichungen des Statistischen Bundesamtes zur Struktur der Grundgesamtheit, zum anderen auf Datenbanken eines Adreßanbieters, um verschiedene Zusatzinformationen wie Größen- oder Branchenangaben oder die Konzernzugehörigkeit potentieller Kontaktunternehmen vorab zu ermitteln.

Aufgrund der angestrebten Repräsentativität und der formalen Anforderungen der verwendeten Methoden zur Sicherung der Reliabilität und Validität wurde ein hoher Stichprobenumfang angestrebt, der sich unter Kosten- und Zeitaspekten nur über eine schriftliche Befragung

---

1 Andere Untersuchungen sehen diese Grenze sogar bei 100 Mitarbeitern. Vgl. u.a. Währisch, M., 1998, S. 61.

2 Vgl. Abschnitt 1.1.

3 Vgl. Abschnitt 2.1.3.

4 Vgl. Aust, R., 1999 und Abschnitt 1.1.

5 Vgl. Churchill, G.A., 1991, S. 247; Nieschlag, R./Dichtl, E./Hörschgen, H., 1997, S. 681; Meffert, H., 1998, S. 148.

unter Verwendung eines standardisierten Fragebogens erzielen läßt.[1] Eine schriftliche Befragung ist einer mündlichen Befragung unter mehreren Voraussetzungen vorzuziehen:[2]

- Hohe Systematisierung der Fragen,
- relativ homogene, aber regional verstreute Zielgruppe,
- geringe Erreichbarkeit der Zielpersonen,
- hohes Interesse an der Fragestellung.

Der indirekte Kontakt stellt erhöhte Anforderungen an Aufbau, Länge und Selbsterklärungsfähigkeit des Fragebogens.[3] Die Anforderung der Vergleichbarkeit (Homogenität) auf der Ebene der Zielpersonen ist daher für eine zielgruppengerechte Ansprache als kritisch zu betrachten. Aus der qualitativen Vorstudie sowie Studien zur Führung in mittelständischen Unternehmen[4] läßt sich ein heterogenes Spektrum an soziodemographischen Merkmalen für die Geschäftsführung ableiten. Diesem Umstand wurde soweit wie möglich bei der sprachlichen Gestaltung des Fragebogens Rechnung getragen.

Eine schriftliche Befragung ist aber auch mit Nachteilen behaftet, die im Rahmen der Vorbereitung und Durchführung der Untersuchung nach Möglichkeit ausgeschaltet bzw. minimiert wurden.[5] Dazu zählen im wesentlichen ein zu geringer Rücklauf und Mißverständnisse beim Ausfüllen des Fragebogens.[6]

2.3.2.2 Ablauf der empirischen Untersuchung

Um eine möglichst hohe Akzeptanz des Fragebogens bei den Zielpersonen zu erreichen, wurde sowohl auf die einschlägigen Empfehlungen zur Konzeption empirischer Studien[7] als auch auf die Erfahrungen des Lehrstuhls für Controlling und Logistik der WHU Koblenz mit der jüngst durchgeführten „Koblenzer Studie“[8] zurückgegriffen. Dabei erfolgte die Durchführung der empirischen Erhebung in einem aufwendigen, mehrstufigen Verfahren, um mögliche Fehlerquellen bereits im Vorfeld zu erkennen und zu beseitigen. Das Vorgehen läßt sich in fünf Teilschritte gliedern:

---

1 Vgl. Aaker, D.A./Day, G.S., 1983, S. 152; Churchill, G.A., 1991, S. 341; Meffert, H., 1998, S. 150.

2 Vgl. Aaker, D.A./Day, G.S., 1983, S. 161; Berekhoven, L./Eckert, W./Ellenrieder, P, 1996, S. 114; Diamantopoulos, A./Schlegelmilch, B.B., 1996, S. 505.

3 Vgl. Müller-Böling, D., 1992, Sp. 1498.

4 Vgl. Abschnitt 4.2.1.1.1.

5 Vgl. Churchill, G.A., 1991, S. 341.

6 Vgl. Diamantopoulos, A./Schlegelmilch, B.B., 1996, S. 505.

7 Vgl. Goodstadt, M.S. et al., 1977, S. 395; Forsgren, R.A., 1989, S. 66; Diamantopoulos, A./Schlegelmilch, B.B, 1996, S. 505.

8 Vgl. Homburg, C. et al., 1998; Aust, R., 1999.

Abb. 2.2: Ablauf der empirischen Untersuchung

2.3.2.2.1 Literaturgestützte Bestandsaufnahme

Ein ausreichendes theoretisches Vorverständnis des Themengebietes wird gerade für die Beschäftigung mit dem internen Rechnungswesen als wesentliche Voraussetzung für eine erfolgreiche empirische Untersuchung gesehen.[1] In der literaturgestützten Bestandsaufnahme wurde versucht, die Schwachpunkte empirischer und insbesondere kontingenztheoretischer Arbeiten zu identifizieren und in der Untersuchung soweit wie möglich abzuschwächen. Für jede der Fragestellungen dieser Untersuchung wurden die entsprechenden Forschungsergebnisse zusammengetragen und die wesentlichen Forschungsdefizite identifiziert. Aus der Ordnung und Gewichtung dieser Fragestellung ergeben sich die *Forschungsfragen*.[2] Zusammenfassend werden diese in einem *Forschungsmodell*,[3] das die wesentlichen Untersuchungsinhalte ordnet, dargestellt und über konkrete *Forschungshypothesen* miteinander in Beziehung gesetzt. Bei der Erarbeitung der zu erhebenden Phänomene und Merkmale, der *Konzeptualisierung*, und der Entwicklung von spezifischen Meßvorschriften für die Merkmalsausprägungen, der *Operationalisierung*, wurden die Ergebnisse bestehender Forschungsbemühungen und – im Falle empirischer Studien – deren Umsetzung in Meßinstrumente berücksichtigt. Das methodische Vorgehen wird in Abschnitt 2.3.3 geschildert. Die Forschungshypothesen werden in den jeweiligen Kapiteln 3, 4 und 5 ausführlich theoretisch fundiert und hergeleitet sowie die Konzeptualisierung/Operationalisierung der Forschungsinhalte jeweils anschließend erläutert.

2.3.2.2.2 Qualitative Vorphase – Adaption des Fragebogens

Die qualitative Vorphase dient der Verfeinerung und Diskussion der geplanten Forschungsfragen mit Experten aus Wissenschaft und unternehmerischer Praxis. Auf Basis des vorläufigen Forschungsmodells und der Forschungsfragen wurden teilstrukturierte Interviews mit Geschäftsführern von acht Unternehmen verschiedener Branchen aus der angestrebten Grundgesamtheit geführt. Bei der Auswahl wurde auf eine höchstmögliche Heterogenität

---

[1] Vgl. Lukka, K./Kasanen, E., 1995, S. 82.

[2] Vgl. Abschnitt 1.2.

[3] Vgl. Abschnitt 2.2.3.2.

geachtet. Da sich von diesen acht Unternehmen im weiteren Verlauf fünf nicht an der Untersuchung beteiligten, kann zumindest von einer Positivauslese in bezug auf die Untersuchungsinhalte nicht gesprochen werden. Unter *Positivauslese* versteht man das Phänomen, daß auf eine Befragung vorwiegend Unternehmen antworten, die ein erhebliches Interesse an der Fragestellung besitzen. Von einer inhaltlichen Repräsentativität kann dann nicht mehr ausgegangen werden. Gerade in deskriptiven Untersuchungen zum internen Rechnungswesen werden also Unternehmen abgebildet, die bereits eine ausgebaute Kostenrechnung besitzen.[1]

Darüber hinaus wurden insgesamt fünf Interviews mit mittelständisch orientierten Unternehmensberatern (bzw. einem Steuerberater) sowie akademischen Experten mit dem Schwerpunkt (mittelständische) Kostenrechnung geführt, um die neuesten Ergebnisse aus Forschung und Praxis einfließen zu lassen. Diese qualitative Vorphase trug erheblich zum Verständnis der Determinanten der Gestaltung und Nutzung der Kostenrechnung in mittelständischen Unternehmen bei. Die Ergebnisse finden ihren Niederschlag im Aufbau des Forschungsmodells und in der Formulierung der Forschungshypothesen und werden in den folgenden Kapiteln jeweils gesondert diskutiert. Für die Durchführung der empirischen Studie ergaben sich aus den Interviews drei zentrale Anforderungen an die Konzeption des Fragebogens:

- Überwindung eines latenten Desinteresses an kostenrechnerischen Fragestellungen bei den Zielpersonen in der Geschäftsleitung,
- Berücksichtigung des heterogenen Wissensstandes der Zielpersonen hinsichtlich der Gestaltung der eigenen Kostenrechnung,
- Berücksichtigung des äußerst heterogenen sozialen und fachlichen Hintergrunds der Zielpersonen.

Die Untersuchung war Bestandteil des Gesamtprojektes „Erfolgreich entscheiden in mittelgroßen Unternehmen", dessen Titel sich auch im Anschreiben und im Fragebogen wiederfand. Dadurch konnte der erste Punkt, die Vorbehalte gegenüber der Beschäftigung mit kostenrechnerischen Fragestellungen, ausgeschaltet werden. Das Problem der Positivauslese konnte damit zumindest teilweise umgangen werden.

Die Befragung des zentralen Handlungsträgers in mittelständischen Unternehmen stellte angesichts der Konkurrenz durch die hohe Zahl an Befragungen im Mittelstand und der begrenzten zeitlichen Ressourcen der Geschäftsleitung eine besondere Herausforderung dar. Das Angebot einer individuellen Auswertung der Projektergebnisse und eine überschaubare Länge des Fragebogens wurden als wichtigste Erfolgsfaktoren bei der Ansprache der Geschäftsleitung identifiziert. Diese Aussagen decken sich weitgehend mit den Vorgaben aus der

[1] Vgl. Horváth et al., 1985, S. 139ff; Kind, H., 1996, S. 14; Währisch, M., 1998, S. 62.

einschlägigen Literatur.[1] Zur Sensibilisierung einer der bedeutendsten Branchen der Grundgesamtheit, des Maschinenbaus, wurde ein Artikel in den *Maschinenbau-Nachrichten* veröffentlicht, der die Zielsetzung und den Ablauf der Studie erläuterte.[2] Über diesen Artikel konnten 20 Unternehmen für die Teilnahme direkt gewonnen werden.

Die Länge des Fragebogens wurde auf 8½ DIN-A4-Seiten beschränkt, um den Zeitaufwand für das Ausfüllen unter der als kritisch beurteilten Höhe von 15-20 Minuten zu halten. Die Problematik der heterogenen Wissensbasis der Geschäftsleitung wurde durch die Konzeption des Fragebogens und insbesondere die formale Umsetzung durch ein zusätzliches, beidseitig bedrucktes und farblich abgesetztes Einlegeblatt zur Beantwortung für die teilweise sehr detaillierten Fragen zur Gestaltung der Kostenrechnung berücksichtigt. So konnte durch die Weitergabe des separaten Blatts auf das Wissen der Kostenrechnungs- bzw. Controlling-Verantwortlichen zurückgegriffen werden, ohne die Einschätzung der Kostenrechnung durch die Geschäftsleitung gleichzeitig offenzulegen.

Die sprachliche Gestaltung des Fragebogens ist für die Akzeptanz und insbesondere die *inhaltliche Validität* der Ergebnisse von besonderer Bedeutung. In anderen Untersuchungen mit einer vergleichbaren Zielgruppe wird diesem Aspekt häufig nur eine geringe Bedeutung beigemessen, so daß die Ergebnisse aufgrund der semantischen Ambiguitäten nicht vergleichbar sind und offenbleibt, ob sie als valide betrachtet werden können. Dies ist um so bedenklicher, als in allen bisherigen deutschen Untersuchungen zur Kostenrechnung – mit Ausnahme der Untersuchung von Aust (1999) – auf die Berechnung und den Ausweis der in referierten Zeitschriften üblichen Gütemaße verzichtet wird.[3]

Kommunikation besteht bei Unterstellung eines einfachen Sender-Empfänger-Modells in der Codierung, Übermittlung und Decodierung von Informationen mit den Mitteln der Sprache.[4] Eine Decodierung kann beim Empfänger u.U. nicht oder nur unvollständig durchgeführt werden, wenn Unterschiede im Verständnis der Wortbedeutung (Semantik) bestehen. In Untersuchungen, die sich an Zielpersonen mit einem vorwiegend akademischen und fachlich eng abgegrenzten Hintergrund wenden, wird daher zumeist auf die entsprechende *Fachsprache* zurückgegriffen. Eine Fachsprache zeichnet sich durch überregionale Standardisierung, Exaktheit und Ökonomie der Informationsvermittlung sowie ein hohes gesellschaftliches Prestige aus.[5] Die konsequente Verwendung einer Fachsprache minimiert damit das Problem

[1] Vgl. Forsgren, R.A., 1989, S. 66; Diamantopoulos, A./Schlegelmilch, B.B., 1996, S. 505.
[2] Vgl. o.V., 1998, S. 23.
[3] Vgl. Abschnitt 2.2.4.
[4] Vgl. Allhoff, D.W./Allhoff, W., 1996, S. 23.
[5] Vgl. Bußmann, H., 1990, S. 235-236.

semantischer Mißverständnisse über eine hohe Präzision und geringe Werturteilsgeladenheit.[1] Allerdings macht der letzte Punkt eine Fachsprache potentiell zu einer *Gruppensprache*.[2] Eine Gruppensprache ist im Gegensatz zu einer reinen Fachsprache sozial gebunden und hat oft einen hohen emotionalen Gehalt, so daß die Verwender solcher Gruppensprachen häufig das Gefühl einer Gruppenidentität haben und eventuell sogar Sprachbarrieren schaffen.[3] Durch die Verwendung einer Gruppensprache wird beim Empfänger üblicherweise ein positiver „Signaleffekt" im Sinne eines Qualitätsindikators bzw. eines Zugehörigkeitsgefühls erzielt. Dies gilt insbesondere, wenn keine Dissonanzen zu anderen Signalen auftreten, also im vorliegenden Fall etwa dem akademischen Hintergrund, der Reputation der befragenden Organisation oder den Befragungsinhalten.

Wie in Abschnitt 2.1.3 geschildert, muß davon ausgegangen werden, daß der fachliche Hintergrund der Zielpersonen erheblich variiert, da sowohl technisch orientierte als auch kaufmännische Ausbildungen bzw. u.U. auch keine formale Ausbildung gleichberechtigt nebeneinander vorzufinden sind. Die Verwendung einer Fachsprache wies aus diesem Grund in der qualitativen Vorphase zwei erhebliche Nachteile auf:

- Der Gebrauch fachsprachlicher Ausdrücke und der Verweis auf akademische Titel wurden – anders als bei der Befragung von Großunternehmen – als distanzierend empfunden. Die Fachsprache wurde offenbar als eine Gruppensprache interpretiert, die auf den Befragten ausschließend wirkte.
- Darüber hinaus wurde ein Antwortverhalten provoziert, das in erkennbarem Gegensatz zu den betrieblichen Gegebenheiten stand und sich offenbar an einem „akademisch" erwünschten Antwortverhalten orientierte.

Gerade der letzte Aspekt der Präjudizierung eines bestimmten Antwortverhaltens ist als besonders kritisch für den Erfolg einer schriftlichen Befragung einzustufen. Zwar gelten diese Ausführungen nur für einen kleinen Teil der erhobenen Konstrukte, doch wurde bei der Gestaltung des Fragebogens nichtsdestotrotz großer Wert auf eine einfache und klare Sprache unter Vermeidung fachsprachlicher Idiomatik gelegt. Einzig auf dem gesonderten Einlegeblatt „Gestaltung der Kostenrechnung" wurde weitgehend auf die übliche Fachsprache zurückgegriffen, da hier eine Vertrautheit der Zielpersonen mit den entsprechenden Fachtermini unterstellt werden konnte. Die sprachlichen Adaptionen betreffen auch die bereits in anderen empirischen Untersuchungen getesteten Meßskalen, so daß sich geringfügige Abweichungen zu den ursprünglichen Indikatoren ergeben können.

---

[1] Vgl. Chmielewicz, K., 1994, S. 53.

[2] Vgl. Wells, C.J., 1990, S.401.

[3] Vgl. Wells, C.J., 1990, S.401. Im Extremfall entstehen Kunstsprachen, die eine fachübergreifende Kommunikation unmöglich machen. Vgl. dazu Chmielewicz, K., 1994, S. 55.

2.3.2.2.3 Pre-Test des Fragebogens

Nach der ausführlichen Erarbeitung des Meßinstruments wurde der Fragebogen noch einmal einem formalen Pre-Test unterzogen,[1] wobei der Schwerpunkt eher auf der Überprüfung der formalen Gestaltung und des benötigten Zeitaufwandes lag. Auf Basis eines vorläufigen Fragebogens wurde mit fünf Unternehmen, die nicht an der qualitativen Vorphase teilgenommen hatten, ein solcher Test durchgeführt. Nach Versand des Fragebogens und Ausfüllen durch die Zielperson wurde der Fragebogen in einem persönlichen oder telefonischen Gespräch auf etwaige Verständnisschwierigkeiten, Vollständigkeit und Eindeutigkeit der verwendeten Indikatoren hin untersucht. In dieser Phase ergaben sich nur noch kleinere Änderungen in der Bezeichnung einzelner Indikatoren. Angesichts dieser Ergebnisse, des Rückgriffs auf bewährte Skalen und der aufwendigen qualitativen Vorphase wurde auf einen ausführlicheren Pre-Test verzichtet.

2.3.2.2.4 Datenerhebung

Im Vorfeld der Datenerhebung wurden die Angebote verschiedener professioneller Adreßanbieter analysiert und hinsichtlich ihrer Eignung für diese Untersuchung geprüft. Im September 1998 wurde ein Datensatz mit folgenden Datenfeldern je Unternehmen erworben: Adresse, Telefaxnummer und genaue Titel- und Funktionsbezeichnung der als Geschäftsführer eingetragenen Person(en) sowie Angaben über die Branche, die Konzernzugehörigkeit und die Mitarbeiterzahl.

In der *ersten Phase* der Datenerhebung wurden im Oktober 1998 ein personalisiertes und von einem Universitätsprofessor unterzeichnetes Anschreiben und der Fragebogen an 3000 Industrieunternehmen des verarbeitenden Gewerbes versandt. Im Anschreiben wurden die Zielsetzung und der Nutzen für die teilnehmenden Unternehmen erläutert. Um einen über den üblichen Rahmen hinausgehenden Anreiz zur Rücksendung des Fragebogens zu bieten, wurde den Teilnehmern ein aufwendiger *individualisierter* Benchmarking-Bericht zugesagt. Die Teilnehmer konnten außerdem zwei Bände aus der Reihe „Advanced Controlling" des Lehrstuhls für Controlling und Logistik der Wissenschaftlichen Hochschule für Unternehmensführung (WHU) - Otto-Beisheim-Schule, Koblenz, wählen. Als besonderer Anreiz wurde darüber hinaus die Teilnahme an einer Präsentation und Diskussion der Projektergebnisse gemeinsam mit anderen Teilnehmern an der WHU angeboten.

Ende Oktober 1998 lag die Rücklaufquote bei 7 %, dies entspricht 183 Fragebögen. Sieben Unternehmen, die den Abschnitt zur Gestaltung der Kostenrechnung nicht oder nur unvollständig ausgefüllt hatten, wurden per Fax gebeten, dies nachzuholen. Anfang November 1998 wurde eine *Nachfaßaktion* durchgeführt, bei der der Fragebogen an alle Unternehmen, die bisher nicht geantwortet hatten, erneut versandt wurde. Im Anschreiben wurde auf die erste Phase der Datenerhebung explizit Bezug genommen. Im Dezember 1998 wurde die Datenerhebung abgeschlossen. Die Rücklaufquote lag bei Beendigung der Datenerhebung bei 17 %, was 501 Fragebögen entspricht. Die Höhe der Rücklaufquote ist im Vergleich zu Untersuchungen, die sich an Fachverantwortliche oder Zielpersonen mit einer Vertretungsmöglichkeit richten, und angesichts der hohen zeitlichen Belastung der Geschäftsleitung mittelständischer Unternehmen als zufriedenstellend zu bezeichnen.[2]

Von den erhaltenen Fragebögen mußten acht wegen einer zu hohen Zahl an nicht beantworteten Fragen ausgeschlossen werden. Die verbleibenden 493 Fragebögen wurden im Verfahren der *Doppel-Blind-Eingabe* durch ein Drittunternehmen erfaßt. Dabei werden die Fragebögen durch zwei verschiedene Personen unabhängig voneinander elektronisch erfaßt und die Eingaben anschließend miteinander verglichen. Alle Abweichungen werden auf Basis des Originalfragebogens korrigiert. Der resultierende Datensatz entspricht damit den tatsächlichen Antworten.

Im Januar 1999 wurden die bestellten Bände aus der Reihe „Advanced Controlling" an 424 Unternehmen und auf Basis der ersten deskriptiven statistischen Analysen parallel ein aufwendiger Benchmarking-Bericht an 314 Unternehmen verschickt. Im Benchmarking-Bericht wurden die Angaben des Unternehmens mit den Durchschnittswerten der gesamten Stichprobe, der Branche und der Größenklasse verglichen. Zusätzlich wurde die Prozentzahl der Unternehmen mit geringeren Werten ausgewiesen, um so die unterschiedlichen Standardabweichungen einzelner Werte anschaulich zu kommunizieren. Darüber hinaus wurden Ergebnisse von allgemeinem Interesse wie etwa die Entscheidungszwecke der Kostenrechnung oder die Verbreitung von Kostenrechnungsmethoden dargestellt. Diese wurden im Juli 1999 ebenfalls publiziert.[3] Die Datenerhebung ist damit abgeschlossen.

2.3.2.2.5 Qualitative Nachphase

Im April 1999 wurden die Ergebnisse auf einem Kongreß zur mittelständischen Kostenrechnung mit Kostenrechnungsverantwortlichen diskutiert und im wesentlichen bestätigt. Dadurch wurde es ermöglicht, die auf Basis der statistischen Analysen gewonnenen Erkenntnisse noch einmal an den Erfahrungen der Teilnehmer zu spiegeln. Dieses Vorgehen ist gerade für

---

[1] Vgl. Aaker, D.A./Day, D.S., 1983, S. 193f.; Bagozzi, R.P., 1994, S. 42f.

[2] Vgl. auch die Übersicht bei Währisch, M., 1998, S. 12.

[3] Vgl. Frank, S./Reitmeyer, T., 1999.

explorative Fragestellungen, wie sie teilweise im Bereich des Zusammenhangs zwischen Führungsstruktur und Kostenrechnung vorliegen, als empfehlenswert einzustufen.[1]

2.3.2.3 Charakteristika der Stichprobe

Die effektive Stichprobe setzt sich damit aus 493 Datensätzen mittelständischer Unternehmen zusammen. Die Branchen- und Größenklassenverteilung ist in Abbildung 2.3 dargestellt.

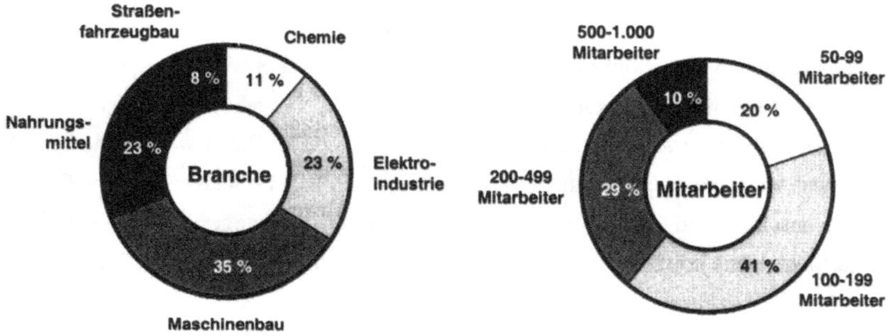

Abb. 2.3: Übersicht über die Merkmale der Stichprobe

90 % der Unternehmen entsprechen damit einer klassischen Mittelstandsdefinition bis 500 Mitarbeiter. Der Schwerpunkt liegt auf kleineren Unternehmen mit bis zu 199 Mitarbeitern. Die Branchenverteilung zeigt mit 35 % ein gewisses Übergewicht der Branche Maschinenbau, allerdings wurden die Unternehmen auch gemäß ihrer tatsächlichen Verteilung in der Grundgesamtheit angeschrieben. Damit stellt sich die Frage nach der Repräsentativität der Stichprobe. Gerade in vorwiegend deskriptiv orientierten Studien zur Kostenrechnung wird diesem Sachverhalt wenig Aufmerksamkeit geschenkt bzw. gleich auf Repräsentativität verzichtet,[1] so daß in einigen Fällen von einer erheblichen Verzerrung der Aussagen ausgegangen werden muß. Da solche (nicht-repräsentativen) Aussagen nachhaltig das Bild mittelständischer Kostenrechnung geprägt haben, mögen sie zu einigen der in Abschnitt 1.1 skizzierten Forschungsdefizite beigetragen haben.

Die *Repräsentativität* der vorliegenden Stichprobe wurde über zwei Analysen geprüft:

- Im *ersten Schritt* werden die Unternehmen der Stichprobe mit denen der Grundgesamtheit hinsichtlich der Merkmale Größenklasse und Branche verglichen. Damit wird der sogenannte *response-bias* ermittelt, also die Abweichung der Charakteristika der Stich-

---

[1] Vgl. Simons, R., 1987; Langfield-Smith, K., 1997.

probe von der Grundgesamtheit. Da die Datenbank bereits in der Klassifikation des Statistischen Bundesamtes aufbereitet wurde, waren keine Transformationen oder Umkodierungen nötig, um die notwendigen χ^2-Tests durchzuführen. Die Nullhypothese, daß die Verteilungen sich einander in bezug auf die Größenklasse entsprechen, kann auf einem 5%-Signifikanzniveau abgelehnt werden. Auch die Nullhypothese, daß die Verteilungen über die Branchen sich entsprechen, kann auf einem 5%-Signifikanzniveau abgelehnt werden. Damit kann festgehalten werden, daß grundsätzliche Bedenken an der Repräsentativität der Stichprobe nicht gegeben sind.

- In einem *zweiten Schritt* wurde die wesentlich schwieriger abzuschätzende inhaltliche Repräsentativität der Stichprobe überprüft. Damit wird ein *non-response-bias* in bezug auf die untersuchten Faktoren überprüft, d.h., ob sich die teilnehmenden Unternehmen signifikant in den untersuchten Sachverhalten von den nicht teilnehmenden Unternehmen unterscheiden. In den obigen Ausführungen wurde diese Problematik unter dem Stichwort der *Positivauslese* skizziert. Es existieren einige Methoden zur Abschätzung dieses Sachverhaltes, wenn auch ihre Rezeption in der empirischen Forschungspraxis häufig zu wünschen übrigläßt: Basierend auf den Ausführungen von Armstrong/Overton (1977) wird angenommen, daß Unternehmen, die erst sehr spät auf mehrmalige Aufforderung geantwortet haben, tendenziell den Unternehmen entsprechen, die sich nicht beteiligt haben.[2] Daher werden in einem analogen methodischen Vorgehen wie im vorhergehenden Schritt die Antworten der Unternehmen, die zuerst geantwortet haben, mit denen, die sehr spät geantwortet haben, verglichen. Die Stichprobe wird dabei auf Basis des Rücklaufdatums gedrittelt, und die Angaben des ersten wurden denen des dritten Drittels gegenübergestellt. Als zentrale Vergleichsgrößen werden für die vorliegende Untersuchung die internen Kontextfaktoren, die Ergebnisqualität und die Rolle der Kostenrechnung herangezogen. Anhand des t-Tests können auf dem 5%-Signifikanzniveau für alle Faktoren keine Unterschiede hinsichtlich der Mittelwerte festgestellt werden.

Folgt man den Annahmen der hier eingesetzten Methoden, kann aufgrund der positiven Ergebnisse der beiden Analysen die Repräsentativität der Stichprobe damit in ausreichendem Maße als gesichert gelten.

---

1 Vgl. Abschnitt 2.2.4.1.

2 Vgl. ausführlich Armstrong, S./Overton, T., 1977.

2.3.3 Methodisches Vorgehen

Im Rahmen der Auswertung von Daten müssen die Güte der Messung überprüft und die Wirkungszusammenhänge bzw. Abhängigkeitsbeziehungen untersucht werden. Diesem Aspekt kommt in traditionellen Studien zum internen Rechnungswesen häufig nur ein äußerst geringer bzw. kein Stellenwert zu.[1] Daher soll im folgenden an die extensiven methodischen Erfahrungen der Psychologie/Psychometrie und insbesondere der Marketingforschung in der Problematik der Messung komplexer Konstrukte angeknüpft werden.[2] Dabei kann aufgrund der Ähnlichkeit zahlreicher Untersuchungsinhalte und Konstrukte in wesentlichen Teilen auf ein bewährtes Instrumentarium zurückgegriffen werden.

Die Entwicklung von Meßinstrumenten für theoretische Konstrukte und die Forderung nach einer Gütebeurteilung stützen sich im wesentlichen auf ein Paradigma, das entscheidend durch Churchill (1979) geprägt wurde.[3] Die folgenden Darstellungen beschränken sich auf das zum Verständnis der Erläuterungen der Konstrukte notwendige Minimum. Für weitergehende Ausführungen sei auf die entsprechende Literatur verwiesen.[4]

2.3.3.1 Gütebeurteilung der Messung

Im Rahmen der Arbeit werden verschiedene Sachverhalte untersucht, die einer direkten Beobachtung nicht zugänglich sind und daher auch nicht unmittelbar gemessen werden können. Bei diesen Phänomenen (bzw. ihrer abstrakten Widerspiegelung) handelt es sich um Konstrukte oder latente Variablen.[5] Die Identifikation der Indikatoren, welche die relevanten Aspekte bzw. Facetten eines Konstrukts widerspiegeln, wird als *Konzeptualisierung* bezeichnet. Die anschließende Entwicklung einer Meßskala – die *Operationalisierung* – legt Indikatoren als direkt meßbare Ersatzgrößen und Meß- und Auswertungsvorschriften als Hinweise, wie die Indikatoren erfaßt werden sollen, fest.[1]

Bei der Gütebeurteilung muß geklärt werden, inwieweit diese Indikatoren tatsächlich die Eigenschaften des Konstruktes wiedergeben und wie fehlerbehaftet die Messung ist. Im Rahmen dieser Beurteilung werden die Reliabilität (Zuverlässigkeit) und die Validität (Gültigkeit) der Skalen überprüft. Unter *Reliabilität* wird der Grad der formalen Genauigkeit

1 Vgl. Küpper, H.-U., 1993, S. 603.
2 Vgl. Homburg, C., 1995, S. 63.
3 Vgl. Churchill, G.A., 1979.
4 Vgl. u.a. Aaker, D.A./Day, G.S., 1983; Churchill, G.A., 1991; Homburg, C./Giering, A., 1996; Nieschlag, R./Dichtl, E./Hörschgen, H., 1997; Homburg, C./Giering, A., 1998, sowie die im folgenden zitierte Literatur.
5 Vgl. Bagozzi, R.P./Phillips, F.W., 1982, S. 465; Homburg, C./Giering, A., 1996, S. 114.

einer Messung verstanden, also die Frage nach der Präzision und Stabilität des Meßinstruments. Die einzelnen Indikatoren stellen dann eine reliable Messung des zugrundeliegenden Faktors dar, wenn ein wesentlicher Anteil ihrer Varianz durch die Assoziation mit dem Faktor erklärt wird.[2] Eine hohe Reliabilität indiziert damit, daß ein Meßverfahren unter der Voraussetzung konstanter Meßbedingungen zu reproduzierbaren Ergebnissen führt und zu konsistenten, von Zufallsgrößen unbeeinflußten Ergebnissen.[3]

Eine hohe *Validität* umschreibt hingegen die konzeptionelle Richtigkeit einer Messung,[4] also das Ausmaß, in dem ein Meßinstrument das mißt, was es zu messen vorgibt. Ein valides Meßinstrument liegt erst dann vor, wenn die Messung frei von zufälligen und systematischen Fehlern ist. Reliabilität stellt damit eine notwendige, aber keine hinreichende Bedingung für eine valide Messung dar, da diese zusätzlich die Abwesenheit von systematischen Fehlern erfordert.[5] Es lassen sich mehrere Validitätsbegriffe unterscheiden, von denen die drei folgenden relevant sind:[6]

- Die *Inhaltsvalidität* bezieht sich auf die semantische Übereinstimmung von einem Konstrukt und seinem Meßinstrument, also den Grad, zu dem ein Meßmodell den inhaltlichen Bereich eines Konstrukts abbildet.
- Die *Konvergenzvalidität* beschreibt die Stärke der Assoziation zwischen Indikatorvariablen, die demselben Faktor zugeordnet sind, d.h. das Ausmaß, in dem mehrere Versuche, den gleichen Faktor zu messen, in Übereinstimmung sind.[7]
- Die *Diskriminanzvalidität* umfaßt das Ausmaß, in dem sich Messungen verschiedener Konstrukte voneinander unterscheiden, d.h. zwei Konstrukte gut voneinander abgrenzbar sind.

Die Reliabilität und Validität von Meßskalen können nun anhand verschiedener Kriterien beurteilt werden. In der quantitativen Analyse werden dabei Verfahren der ersten Generation, die im wesentlichen der Psychometrie entstammen, und der zweiten Generation, die auf der konfirmatorischen Faktorenanalyse basieren und unter zahlreichen Gesichtspunkten leistungsstärker sind, eingesetzt.[8] Im einzelnen kommen in dieser Untersuchung von den Verfahren der

---

1 Vgl. Churchill, G.A., 1979, S. 67; Müller-Böling, D., 1992, Sp. 1502; Homburg, C., 1995, S. 13; Homburg, C./Giering, A., 1998, S. 5.

2 Vgl. Peter, J.P., 1979, S. 6f.; Churchill, G.A., 1991, S. 495; Homburg, C., 1995, S. 65.

3 Vgl. Backhaus, K. et al., 1996, S. 394; Nieschlag, R./Dichtl, E./Hörschgen, H., 1997, S. 722f.

4 Vgl. Homburg, C./Giering, A., 1996, S. 6.

5 Vgl. Churchill, G.A., 1979, S. 65; Churchill, G.A., 1991, S. 488.

6 Vgl. Bagozzi, R./Yi, Y./Phillips, L.W., 1991, S. 421.

7 Vgl. Bagozzi, R.P./Phillips, F.W., 1982, S. 469.

8 Vgl. Homburg, C./Giering, A., 1996, S. 8ff.

ersten Generation die exploratorische Faktorenanalyse, das Cronbachsche Alpha und die Item-to-Total-Korrelation zur Anwendung.

Mit Hilfe der *exploratorischen Faktorenanalyse* wird eine Gruppe von Indikatoren auf die ihr zugrunde liegende Faktorenstruktur untersucht und eine Zuordnung der Indikatoren zu den einzelnen Faktoren vorgenommen.[1] Die so erhaltene Zuordnung der Indikatoren zu Faktoren liefert erste Anhaltspunkte im Hinblick auf Konvergenz- und Diskriminanzvalidität. Werden alle Indikatoren einem Faktor zugeordnet, so kann von einer ausreichenden Konvergenz- und Diskriminanzvalidität ausgegangen werden. Dabei wird ein Wert von 0,4 für die Faktorladung gefordert.[2] Die durch einen Faktor erklärte Varianz sollte dabei über 0,5 liegen, d.h., der durch einen Faktor erklärte Anteil der Gesamtvarianz der ihm zugeordneten Indikatoren sollte mindestens 50 % betragen.[3]

Das *Cronbachsche Alpha* ist ein Maß für die Reliabilität einer Gruppe von Indikatoren, die einen Faktor messen,[4] und zählt zu den am weitesten verbreiteten Maßgrößen zur Überprüfung der Reliabilität. Sein Wertebereich erstreckt sich von Null bis Eins, wobei hohe Werte auf eine hohe Reliabilität bzw. interne Konsistenz deuten. Hinsichtlich eines akzeptablen Mindestwertes finden sich in der Literatur unterschiedliche Empfehlungen. Im allgemeinen wird als Untergrenze ein Wert von 0,7 genannt,[5] allerdings soll in dieser Untersuchung aufgrund des explorativen Charakters einiger Konstrukte für diese der Wert von 0,6 gelten.[6] Da das Cronbachsche Alpha eine Funktion der Anzahl der zugrundeliegenden Indikatoren ist, wird in der Untersuchung das um die Indikatorzahl korrigierte Cronbachsche Alpha verwendet.[7]

Die *(korrigierte) Item-to-Total-Korrelation* überprüft den Zusammenhang eines Indikators mit dem Meßinstrument. Dabei wird die Korrelation eines Indikators und der Summe aller dem Faktor zugeordneten Indikatoren ermittelt.[8] Hohe Korrelationen sind wünschenswert, da sie auf die Bedeutung des Indikators für die Skala hinweisen. Indikatoren, die eine niedrige

[1] Vgl. Churchill, G.A., 1979, S. 69; Aaker, D.A./Day, G.S., 1983, S. 480f.; Gerbing, D.W./Anderson, J.C., 1988, S. 188-190; Homburg, C., 1995, S. 80.

[2] Vgl. Homburg, C./Giering, A., 1996, S. 8.

[3] Vgl. Homburg, C./Giering, A., 1996, S. 12.

[4] Vgl. Cronbach, L.J., 1951; Churchill, G.A., 1979, S. 68; Gerbing, D.W./Anderson, J.C., 1988, S. 190; Homburg, C., 1995, S. 80.

[5] Vgl. Nunnally, J.C., 1978, S. 245.

[6] Vgl. Malhotra, N., 1993, S. 308 und den Hinweis bei Homburg, C., 1995, S. 81.

[7] Vgl. Malhotra, N., 1993, S. 308.

[8] Vgl. Gerbing, D.W./Anderson, J.C., 1988, S. 188.

Korrelation aufweisen, können daher unter formalen Gesichtspunkten eliminiert werden,[1] da die Skala offensichtlich auch ohne diesen Indikator aussagefähig ist.

Die genannten Kriterien der ersten Generation werden in neueren Arbeiten aufgrund zweier entscheidender Schwächen kritisiert:[2] Sie basieren auf relativ restriktiven Annahmen bezüglich der Einflüsse von Meßfehlern (Reliabilität) und bieten keine Möglichkeit, die Beurteilung von Validitätsaspekten über interferenzstatistische Tests abzusichern, da die Methoden im wesentlichen auf Faustregeln basieren.[3] Bezüglich dieser Schwachstellen erweisen sich die Methoden der zweiten Generation als überlegen: Auf Basis der konfirmatorischen Faktorenanalyse wird eine Beziehung zwischen Indikatoren und Faktor a priori unterstellt, d.h., jeder Indikator wird einem Faktor zugeordnet. Das Modell wird dann an die vorliegenden Daten angepaßt, d.h., die Modellparameter werden so geschätzt, daß das Modell die Kovarianzstruktur der Indikatoren möglichst gut reproduziert.

Anpassungsmaße lassen sich in globale und lokale Anpassungsmaße unterscheiden.[4] Globale Anpassungsmaße vergleichen die empirische Kovarianzmatrix mit der durch die Modellschätzung reproduzierten Matrix. In den folgenden Untersuchungsschritten werden dabei nur globale Anpassungsmaße mit Vergleichsstandards berücksichtigt, da relative Anpassungsmaße nur dem Vergleich alternativer Modelle untereinander dienen. Lokale Anpassungsmaße betrachten lediglich Teile des Modells. Sie lassen sich danach unterscheiden, ob sie das Meßmodell oder das Strukturgleichungsmodell untersuchen.

Dabei wurden in der vorliegenden Untersuchung die folgenden lokalen Anpassungsmaße eingesetzt:

- Indikatorreliabilität,
- Faktorreliabilität,
- durchschnittlich erfaßte Varianz des Faktors,
- Signifikanztest der Faktorladungen.

Die Verfahren werden im folgenden kurz skizziert und die jeweiligen Anspruchsniveaus begründet. Für eine vertiefte Darstellung sei wiederum auf die bereits genannte Literatur verwiesen.

[1] Vgl. Churchill, G.A., 1979, S. 68.
[2] Vgl. u.a. Bagozzi, R.P./Yi, Y./Phillips, L.W., 1991, S. 428f.; Anderson, J.C./Gerbing, D.W., 1993.
[3] Vgl. Homburg, C., 1995, S. 81.
[4] Vgl. Homburg, C./Baumgartner, H., 1995, S. 165ff.

Die *Indikatorreliabilität* gibt für einen einzelnen Indikator an, welcher Anteil seiner Varianz durch den zugehörigen Faktor erklärt wird. Der verbleibende Teil der Varianz wird durch Meßfehler erklärt. Der Wertebereich erstreckt sich von Null bis Eins, wobei die Empfehlungen für den Wert erheblich schwanken. In dieser Untersuchung soll der üblicherweise geforderte Wert von 0,4 zugrunde gelegt werden.[1]

Die *Faktorreliabilität* und die *durchschnittlich erfaßte Varianz* geben an, wie gut der Faktor durch die zugrundeliegenden Indikatoren gemessen wird. Die Faktorreliabilität bezieht sich darauf, wie gut ein Faktor durch die Gesamtheit der Indikatorvariablen gemessen wird. Beide Maße nehmen Werte zwischen Null und Eins an. In Anlehnung an Bagozzi/Yi/Phillips (1988) sollen in dieser Untersuchung für Faktorreliabilitäten mindestens 0,6 und für die durchschnittlich erfaßte Varianz mindestens 0,5 gefordert werden.[2] Beide Kriterien erlauben eine Einschätzung der Konvergenzvalidität eines Meßinstruments.

Zur Beurteilung der Konvergenzvalidität werden zusätzlich die Faktorladungen daraufhin überprüft, ob sie signifikant von Null verschieden sind.[3] Ein enger Zusammenhang zwischen dem Indikator und dem Faktor wird dann als gegeben angenommen, wenn sich dieses Ergebnis auf Basis eines t-Tests der Nullhypothese, daß die Faktorladungen nicht signifikant von Null verschieden sind, ergibt. Dies ist für das 5%-Niveau (bei einem einseitigen t-Test) bei einem Wert des Quotienten aus geschätzter Faktorladung und dem Standardfehler dieser Schätzung von mindestens 1,645 der Fall.[4]

Neben diesen lokalen Anpassungsmaßen sollen noch fünf globale Anpassungsmaße zur Beurteilung des gesamten Meßmodells herangezogen werden:

- Root Mean Squared Error of Approximation (RMSEA),
- Goodness-of-fit-Index (GFI),
- Adjusted Goodness-of-fit-Index (AGFI),
- Comparative-Fit-Index (CFI),
- χ^2-Test in Relation zu den Freiheitsgraden.

Der RMSEA ist ein interferenzstatistisch überprüfbares Stand-alone-Anpassungsmaß. Er prüft die Güte der Approximation des Modells an die Daten, wobei ein Modell als gut bezeichnet wird, wenn es Werte kleiner 0,05 aufweist; Werte bis 0,08 gelten als akzeptabel.[5]

---

1 Vgl. Fritz, W., 1992, S. 132; Homburg, C., 1995, S. 83; Homburg, C./Giering, A., 1996, S. 10.
2 Vgl. Bagozzi, R.P./Yi, Y./Phillips, L.W., 1991, S. 82.
3 Vgl. Bagozzi, R.P./Yi, Y./Phillips, L.W., 1991, S. 434.
4 Vgl. Homburg, C., 1995, S. 84.
5 Vgl. Homburg, C./Baumgartner, H., 1995, S. 166.

Die folgenden deskriptiven Anpassungsmaße ermöglichen keine Beurteilung auf Basis eines interferenzstatistischen Tests, so daß (wiederum) Faustregeln bei der Beurteilung zum Einsatz kommen. Der GFI mißt die Diskrepanz zwischen der empirischen Kovarianzmatrix und der durch das Modell generierten Matrix. Der GFI nimmt einen Idealwert von Eins an, gefordert wird in der Regel ein Wert von 0,9.[1] Dieser Wert gilt auch für den AGFI. Der AGFI korrigiert den Wert des GFI um die Anzahl der Indikatoren und Freiheitsgrade des Modells.

Der CFI errechnet, in welchem Ausmaß sich die Anpassungsgüte zwischen dem Basismodell und dem untersuchten Modell verbessert, wobei für das Basismodell eine Unabhängigkeit der Indikatoren angenommen wird. Eine hohe Anpassungsgüte wird bei einem CFI von mindestens 0,9 angenommen. Als letzte Größe wurde der Quotient aus der χ^2-Teststatistik und den Freiheitsgraden berechnet. Der häufig verwendete χ^2-Test ermöglicht zwar ebenfalls eine interferenzstatistische Überprüfung des gesamten Modells. Mit zunehmender Stichprobengröße steigt aber die Wahrscheinlichkeit der Ablehnung eines Modells.[2] Der Quotient aus χ^2-Teststatistik und den Freiheitsgraden zählt zu den deskriptiven Anpassungsmaßen und berücksichtigt auch die Parameterzahl.[3] Der anzustrebende Wert liegt bei ≤ 5, Homburg/Baumgartner (1995) fordern einen Wert $\leq 2{,}5$.[4]

Diese Prüfschritte werden im folgenden ausnahmslos für alle Konstrukte durchgeführt, sofern die Anwendungsvoraussetzungen gegeben sind. Damit orientiert sich die Untersuchung an methodischen Ansprüchen, die weit über das in der deutschen (und teilweise auch internationalen) Forschung zum internen Rechnungswesen bisher übliche Maß hinausgehen.

2.3.3.2 Dependenzanalysen

Nach der Überprüfung des Zusammenhangs zwischen den Indikatoren und ihren Faktoren werden nun die Beziehungen zwischen den Faktoren mit Hilfe dependenzanalytischer Verfahren überprüft. Drazin/van de Ven (1985) und Macy/Arunachalam (1995) kommen zu dem Ergebnis, daß zahlreiche Arbeiten mit kontingenztheoretischem Bezug unzureichende statistische Verfahren zur Analyse von Dependenzbeziehungen verwenden.[5] Sie empfehlen die Verwendung multivariater Analysemethoden, insbesondere der moderierten Regressionsanalyse, zur Untersuchung entsprechender Zusammenhänge. Gerade im deutschsprachigen Raum wird dem methodischen Aspekt zu wenig Bedeutung beigemessen. Keine der in

---

1 Vgl. auch für die folgenden Werte Homburg, C./Baumgartner, H., 1995, S. 168-172, insbesondere S. 172.

2 Vgl. Homburg, C./Baumgartner, H., 1995, S. 168.

3 Vgl. Homburg, C./Baumgartner, H., 1995, S. 172.

4 Vgl. Homburg, C./Baumgartner, H., 1995, S. 168.

5 Vgl. Drazin, R./van de Ven, A.H., 1985; Macy, G./Arunachalam, V., 1995, S. 78-80.

Abschnitt 2.2.4.1 genannten Untersuchungen verwendet statistische Verfahren, die über Korrelations- oder Kontingenzanalysen hinausgehen.[1]

In der vorliegenden Arbeit kommen die Verfahren der *Regressionsanalyse* und der *Varianzanalyse* zur Anwendung. Ausschlaggebend für die Entscheidung für diese Verfahren war das Ziel, eine methodische Stringenz über die gesamte Arbeit aufrechtzuerhalten. In der ersten Forschungsfrage wäre beispielsweise auch die Anwendung kausalanalytischer Verfahren denkbar gewesen, doch sind diese anerkanntermaßen für die Betrachtung moderierter oder nichtlinearer Beziehungen, wie sie in einigen Forschungsfragen untersucht werden, nicht geeignet.[2] In Kapitel 5 wird der Einfluß einer nominal skalierten Variable auf verschiedene metrisch skalierte Variablen untersucht. Das für diese Problemstellung geeignete Verfahren ist die Varianzanalyse. In allen anderen Forschungsfragen wird der Einfluß metrisch skalierter Variablen auf ebenfalls metrisch skalierte Variablen untersucht, so daß für diese Fragestellungen die (multiple) Regressionsanalyse verwendet wird.

2.3.3.2.1 Regressionsanalyse

Die in vielen Untersuchungen verwendete Korrelationsanalyse liefert Maßgrößen dafür, ob überhaupt ein Zusammenhang zwischen Variablen gegeben ist, ohne daß die Richtung des Zusammenhangs vermutet werden kann.[3] Die Regressionsanalyse geht deutlich darüber hinaus, da sie eine eindeutige Richtung des Zusammenhangs – im Sinne einer Je-desto-Beziehung – zwischen Variablen unterstellt, die nicht umkehrbar ist. Mit Hilfe der Regressionsanalyse wird also der Einfluß einer metrisch skalierten (unabhängigen) *exogenen* Variable auf eine (abhängige) *endogene* Variable untersucht. Wird der Einfluß mehrerer exogener Variablen auf eine endogene Variable untersucht, spricht man von einer multiplen Regressionsanalyse. Dabei können grundsätzlich sowohl lineare als auch nichtlineare Modelle eingesetzt werden. Nichtlineare Regressionsfunktionen können beispielsweise durch konkave, logarithmische oder logistische Verläufe dargestellt werden.[4]

Das Vorgehen im Rahmen der Regressionsanalyse erfolgt grundsätzlich in drei Schritten:[5]

- Formulierung des Modells,
- Schätzung der Regressionsfunktion,
- Prüfung der Regressionsfunktion.

---

1 Eine Ausnahme bildet Währisch (1998), der eine Clusteranalyse durchführt. Für Dependenzanalysen beschränkt er sich aber auch auf Kontingenzanalysen. Vgl. Währisch, M., 1998, S. 64ff.

2 Vgl. Homburg, C., 1995, S. 137.

3 Vgl. Backhaus, K. et al., 1996, S. 3.

4 Vgl. Wonnacott, T.H./Wonnacott, R.J., 1990, S. 120ff.

5 Vgl. Backhaus et al., 1996, S. 8.

Die Formulierung des Modells und der vermuteten Ursache-Wirkungs-Beziehungen (Forschungshypothesen) erfolgt ausschließlich auf Basis fachlicher Vorüberlegungen. Bei der Modellformulierung im Rahmen der vorliegenden Untersuchung wurden sowohl theoretische und empirische Forschungsergebnisse als auch sachlogische Überlegungen auf Basis der qualitativen Vorstudie berücksichtigt.

In einem zweiten Schritt wird eine Regressionsfunktion geschätzt.[1] Um die Variation von y möglichst vollständig auf die Variationen der exogenen Variablen zurückzuführen, werden die Parameter b_0 und b_i so bestimmt, daß die quadrierten Residuen minimiert werden. Dieses Minimierungsproblem wird mit der Methode der kleinsten Quadrate gelöst. Für jede exogene Variable erhält man einen Regressionskoeffizienten. Der Regressionskoeffizient gibt an, um welchen Wert sich die endogene Variable Y erhöht, wenn die zugehörige exogene Variable um eine Einheit erhöht wird. Je größer der Wert von b_i, desto stärker sein Einfluß auf die endogene Variable. Da der Betrag des Regressionskoeffizienten von der zugrundeliegenden Skala abhängt und sich so einem direkten Vergleich mit den anderen Regressionskoeffizienten der Regressionsfunktion entzieht, wird er mit Hilfe der Standardabweichung normiert. Über eine Transformation erhält man für jede Variable einen standardisierten Regressionskoeffizienten.[2] Dieser wird auch als Beta-Koeffizient bezeichnet. Die Schätzung der Regressionsfunktion ist damit abgeschlossen.

In einem dritten Schritt werden abschließend die Funktion als Ganzes und die einzelnen Regressionskoeffizienten überprüft. Zum einen soll festgestellt werden, ob eine befriedigende Erklärung der Zusammenhänge in der Stichprobe vorliegt, zum anderen, ob die geschätzte Regressionsfunktion eine ausreichende Schätzfunktion für den „wahren" Zusammenhang in der Grundgesamtheit darstellt.[3]

Als Güteindikator der Schätzung wird das Bestimmtheitsmaß r^2 ermittelt. Es gibt den Anteil der erklärten Summe der Abweichungsquadrate an der zu erklärenden Summe der Abweichungsquadrate an.[4] Das Bestimmtheitsmaß kann damit prinzipiell alle Werte zwischen Null und Eins annehmen, wobei ein hoher Erklärungsanteil als wünschenswert gilt. Das Bestimmtheitsmaß steigt ceteris paribus mit der Zahl exogener Variablen bzw. sinkender Stichprobengröße. Über die Berechnung eines korrigierten Bestimmtheitsmaßes werden diese Effekte berücksichtigt. Liegt ein niedriger Wert für das korrigierte Bestimmtheitsmaß vor, so können grundsätzlich zwei Gründe dafür verantwortlich sein: Die gewählten exogenen Variablen

---

1 Vgl. Berry, W./Feldman, S., 1985, S. 10.

2 Vgl. Cohen, J./Cohen, P., 1975, S. 96; Backhaus, K. et al., 1996, S. 19.

3 Vgl. Backhaus, K. et al., 1996, S. 20.

4 Vgl. auch im folgenden Lewis-Beck, M.S., 1980, S. 52f.; Achen, C.H., 1982, S. 58; Berry, W.D./Feldman, S., 1985, S. 15; Backhaus, K. et al., 1996, S. 23ff.

können schlechte Prädiktoren von Y sein, oder sie sind nicht ausreichend für eine Erfassung der Variation von Y. Daher lassen sich auch keine Grenz- oder Mindestwerte für r^2 angeben, oder mit Jain (1994): „There is no such value of r^2 that can be considered as 'good' for all situations.“[1]

Nach der Ermittlung des erklärten Anteils der Varianz wird mit Hilfe eines F-Tests überprüft, ob die Nullhypothese $b_1, b_2, \ldots, b_i = 0$ verworfen werden kann, also ob das gesamte Set an exogenen Variablen keinen signifikanten Einfluß auf die endogene Variable hat.[2] Kann die Nullhypothese abgelehnt werden, bedeutet das, daß die Regressionsfunktion als Ganzes bei der gegebenen Sicherheitswahrscheinlichkeit nicht verworfen werden kann. Im Falle eines positiven Ergebnisses werden daraufhin die einzelnen Regressionskoeffizienten mit Hilfe eines t-Tests auf ihre Signifikanz überprüft. Erst wenn auch der Regressionskoeffizient mit einer entsprechenden Sicherheitswahrscheinlichkeit nicht verworfen werden kann, lassen sich seine Größe und sein Vorzeichen interpretieren.

Die Anwendung der Regressionsanalyse setzt die Erfüllung einer Reihe von Bedingungen voraus, die die verwendeten Daten betreffen:[3] Die Verteilung der Fehlervariable sollte rein zufällig sein, da das Kleinste-Quadrat-Schätzer-Modell voraussetzt, daß die Fehlervariable einer Regressionsfunktion den Erwartungswert Null hat. Die Beziehung zwischen exogener und endogener Variable sollte linear sein, und die Variablen sollten additiv miteinander verknüpft sein. Diese Voraussetzungen sind in allen verwendeten Modellen gegeben, nur bei der Überprüfung nichtlinearer Zusammenhänge wird die Annahme der Linearität aufgegeben.

Drei wesentliche Bedingungen sind bezüglich des Zusammenhangs der Daten untereinander zu berücksichtigen:

- Es darf keine *Autokorrelation* vorliegen. Autokorrelation tritt auf, wenn die Residuen verschiedener Beobachtungen untereinander korreliert sind, ein Problem, das insbesondere die Analyse von Zeitreihen betrifft.
- Es darf keine *Multikollinearität* vorliegen. Multikollinearität liegt vor, wenn die exogenen Variablen erheblich miteinander korreliert sind, d.h. sich eine Variable als Linearkombination einer oder mehrerer anderer Variablen darstellen läßt. Dieses Problem tritt allerdings in jeder empirischen Untersuchung mehr oder weniger ausgeprägt auf.[4]

---

[1] Jain, D., 1994, S. 168.

[2] Vgl. Backhaus, K. et al., 1996, S. 25ff.

[3] Vgl. Lewis-Beck, M.S., 1980, S. 26ff.; Berry, W.D./Feldman, S., 1985, S. 18; Backhaus, K., 1996, S. 31ff.

[4] Vgl. Mason, C.H./Perreault, W.D., 1991, S. 268.

- Es darf keine *Heteroskedastizität* vorliegen. Heteroskedastizität tritt auf, wenn die Varianz der Residuen nicht konstant ist, d.h. vom Betrag oder der Reihenfolge der Beobachtungen der exogenen Variablen abhängt.

Werden diese Bedingungen nicht überprüft, können Verzerrungen der Schätzung der Regressionsfunktion nicht ausgeschlossen werden. Die Effizienz der Schätzung wird dadurch erheblich beeinflußt. Keines der in dieser Arbeit verwendeten Modelle weist bezüglich der genannten Bedingungen nennenswerte Probleme auf. Dem Problem der Multikollinearität wurde besondere Beachtung geschenkt.

Nach der Darstellung der multiplen Regressionsanalyse sollen im folgenden noch einige methodische Ergänzungen geschildert werden, die in der vorliegenden Arbeit verwendet wurden.

Kontrollvariablen dienen der exakteren Aussage über den untersuchten Haupteffekt. Häufig existieren auch andere Einflüsse auf die untersuchte endogene Variable, die sonst als Einfluß der untersuchten exogenen Variablen interpretiert werden würden. Um Verzerrungen zu vermeiden, werden diese Variablen mit in die Regressionsfunktion aufgenommen, ihr Einfluß aber nicht gesondert interpretiert. So wurde beispielsweise bei der Betrachtung der Einflußgrößen des Unternehmenserfolges die Unternehmensgröße und die Branche mit aufgenommen, so daß sich unabhängig von diesen Faktoren der Haupteffekt isoliert untersuchen läßt.

Die *moderierte Regressionsanalyse* gehört sicherlich zu den in der empirischen betriebswirtschaftlichen Forschung seltener angewendeten multivariaten Verfahren.[1] Unter Moderatoren werden Variablen verstanden, die Struktur, Form oder Richtung der Beziehung zwischen einer (oder mehreren) exogenen Variablen und einer endogenen Variablen beeinflussen. Die Beziehung – also die Regressionsparameter – zwischen diesen Variablen ist dann eine Funktion der moderierenden Variable. Die Moderation wird über die Integration eines multiplikativen Interaktionsterms in die Regressionsgleichung geprüft, so daß die Gleichung die folgende Form erhält:[1]

$$y = b_0 + b_1 x_1 + b_2 x_1 x_2 + e$$

Der Wert der Variablen x_1 wird dabei mit dem zugehörigen Wert des potentiellen Moderators x_2 multipliziert. Ist der Regressionskoeffizient b_2 signifikant von Null verschieden, kann mit der entsprechenden Sicherheitswahrscheinlichkeit davon ausgegangen werden, daß eine Moderation mit dem entsprechenden Vorzeichen vorliegt. Dabei handelt es sich immer um eine *ergänzende* Analyse, da bei Integration eines Interaktionsterms keiner der Regressions-

[1] Vgl. Homburg, C., 1995, S. 137.

koeffizienten bis auf den des Interaktionsterms interpretierbar ist. Es muß also in jedem Fall ein Basismodell zur Bestimmung der unmoderierten Effekte berechnet werden.[1]

Im Rahmen einer *Subgroup Analysis (Analyse von Teilstichproben)* werden Regressionsanalysen mit Teilstichproben durchgeführt.[2] Im Fall nominalskalierter Variablen wird für jede Merkmalsausprägung eine Gruppe gebildet. Die Variable „Unternehmensstrategie" wurde auf diese Weise zur Bildung von Untergruppen herangezogen. Für jede Teilstichprobe wird dann eine Regressionsanalyse durchgeführt. Im Gegensatz zur oben geschilderten Bildung von multiplikativen Interaktionstermen kann so auch die Form und Stärke der Moderation der Beziehung analysiert und insbesondere für die Untergruppen miteinander verglichen werden.

2.3.3.2.2 Varianzanalyse

Die Varianzanalyse wird vergleichsweise häufig eingesetzt, so daß die folgenden Ausführungen sich auf das notwendige Minimum beschränken. Die Varianzanalyse untersucht die Wirkung einer (oder mehrerer) unabhängiger Variablen auf eine (oder mehrere) abhängige Variablen, wobei an die unabhängigen Variablen nur die Anforderung der Nominalskalierung gestellt wird.[3] Dabei liegt eine Vermutung über die Wirkungsrichtung der Variablen zugrunde. Die Ausprägungen der unabhängigen Variablen unterteilen die Stichprobe in eine gleiche Anzahl an Gruppen, so daß ein gruppierter Datenbestand vorliegt. Mit Hilfe der Varianzanalyse wird untersucht, ob sich zwischen diesen Gruppen signifikante Unterschiede hinsichtlich der abhängigen Variablen ergeben.[4]

Nach dem Prinzip der Streuungszerlegung läßt sich die Differenz der beobachteten Werte zum Gesamtmittelwert der Stichprobe in eine erklärte und eine nichterklärte Streuung zerlegen. Die *erklärte Streuung* umfaßt die Abweichung des Mittelwertes der einzelnen Gruppen vom Mittelwert der gesamten Stichprobe, die sich auf die Variation der unabhängigen Variablen zurückführen läßt. Sie errechnet sich aus der Differenz zwischen dem Mittelwert einer Gruppe und dem Mittelwert der gesamten Stichprobe und gilt als eine gute Schätzung der erklärten Abweichung.[5] Die *nichterklärte Streuung* umfaßt die Abweichung der beobachteten Werte vom Mittelwert der Gruppe, also die Streuung innerhalb der Gruppe. Sie ergibt sich aus der Differenz zwischen den Beobachtungswerten und dem Mittelwert der Gruppe. Da sich die

---

1 Vgl. Jaccard, J./Turrisi, R./Wan, C.K., 1990, S. 21.
2 Vgl. Sharma, S./Durand, R.M./Gur-Arie, O., 1981, S. 294.
3 Vgl. Backhaus, K. et al., 1996, S. 56.
4 Vgl. Berekoven, L./Eckert, W./Ellenrieder, P., 1996, S. 214.
5 Vgl. Berekoven, L./Eckert, W./Ellenrieder, P., 1996, S. 216.

(positiven und negativen) Abweichungen gegenseitig aufheben würden, zieht man ihre Quadrate für die weiteren Berechnungen heran.

Im nächsten Schritt wird die Summe der quadrierten Abweichungen zwischen den Gruppen und innerhalb der Gruppen berechnet. Je größer dabei die erklärte Abweichung gegenüber der unerklärten Abweichung ist, desto stärker kann ein Zusammenhang zwischen der abhängigen und der unabhängigen Variablen unterstellt werden.

Mit Hilfe eines F-Tests wird die statistische Signifikanz des Verhältnisses dieser Varianzen untereinander geprüft. Für die weitere Berechnung werden diese Summen durch die zugehörige Zahl der Freiheitsgrade dividiert, so daß man die *mittleren quadratischen Abweichungen* erhält. Die Zahl der Freiheitsgrade für die gesamte Stichprobe ergibt sich aus n-1, wobei n der Stichprobenumfang ist.[1] Die Zahl der Freiheitsgrade für die erklärte Abweichung beträgt bei z Gruppen z-1 und damit für die unerklärte Abweichung n-z.

Die Nullhypothese, daß keine Unterschiede bezüglich der untersuchten unabhängigen Variable in der Wirkung auf die abhängige Variable bestehen,[2] wird mit Hilfe eines F-Tests überprüft. Der empirische F-Wert errechnet sich aus dem Verhältnis der berechneten mittleren quadratischen Abweichungen zwischen den Gruppen zu den mittleren quadratischen Abweichungen innerhalb der Gruppen. Die Nullhypothese kann bei entsprechender Sicherheitswahrscheinlichkeit abgelehnt werden, wenn der empirische F-Wert größer als der theoretische F-Wert ist. Die Varianzanalyse überprüft somit, ob zwischen der abhängigen und der unabhängigen Variablen ein signifikanter Zusammenhang besteht. Darüber hinausgehende Aussagen, wie das Ausmaß des Zusammenhangs, können nicht getroffen werden.

---

1 Vgl. Backhaus, K. et al., 1996, S. 64; Berekoven, L./Eckert, W./Ellenrieder, P., 1996, S. 217.

2 Vgl. Backhaus, K. et al., 1996, S. 65.

3 Kontext und Gestaltung der Kostenrechnung im mittelständischen Umfeld

Grundlegende *Forschungshypothese* des ersten Abschnitts der Untersuchung ist die Vermutung, daß die Merkmale der Kostenrechnung von Kontextfaktoren abhängig sind. Die erste Forschungsfrage widmet sich den Determinanten der Gestaltung einer mittelstandsspezifischen Kostenrechnung.

Ausgangspunkt dieses Untersuchungsschrittes sind die empirischen Befunde zur Gestaltung und Verwendung der Kostenrechnung im Mittelstand. Eine Diskussion der Effizienzbedingungen der Kostenrechnung erfordert darauf aufbauend die Auswahl und Definition der verwendeten Konstrukte. Auf Basis einer Analyse der bisherigen konzeptionellen und empirischen Forschungsbemühungen werden die Begriffe definiert, die postulierten Zusammenhänge in Forschungshypothesen überführt und anschließend empirisch überprüft. Eine Diskussion der Ergebnisse schließt das Kapitel ab.

3.1 Die Realität des mittelständischen Rechnungswesens

Eine wissenschaftstheoretisch wenig anspruchsvolle Aufgabe besteht in der Beschreibung des internen Rechnungswesens. Sie bildet allerdings eine wichtige Basis für die Entwicklung einer Realtheorie des internen Rechnungswesens.[1] Da für die folgenden Ausführungen ebenfalls ein Grundverständnis des realisierten internen Rechnungswesens in mittelständischen Unternehmen notwendig ist, soll kurz auf die wesentlichen Ergebnisse eines Teils dieser Untersuchung im Vergleich zu anderen empirischen deskriptiven Untersuchungen eingegangen werden.

3.1.1 Stand und Probleme des mittelständischen Rechnungswesens

Die Problematik des mittelständischen Rechnungswesens wurde im deutschsprachigen Raum vermutlich zuerst von Simon (1966)[2] aufgegriffen.[3] Er beschreibt die unzureichenden Verhältnisse des internen Rechnungswesens in kleinen und mittleren Betrieben. Diese (geringe) Einschätzung mittelständischer Kostenrechnung wurde in den folgenden Jahrzehnten durch zahlreiche empirische Untersuchungen bis in die jüngste Zeit in ähnlicher Form

[1] Vgl. Küpper, H.-U., 1993, S. 608.
[2] Vgl. Simon, G., 1966, S. 14.
[3] Vgl. den Hinweis bei Kahle, E., 1993, Sp. 1406.

bestätigt.[1] Das Rechnungswesen gilt als zentraler Schwachpunkt mittelständischer Unternehmen.[2] Kostenrechnung führen heute die meisten mittelständischen Unternehmen in der einen oder anderen Form durch. Allerdings scheint sie so weit verbreitet wie unterschiedlich zu sein, da ihr Ausbaugrad von sporadischen Rechnungen auf Basis der Daten der Finanzbuchhaltung bis zur ausgebauten Grenzplankostenrechnung reicht.[3]

Die Vergleichbarkeit der vorliegenden Studien ist durch die unterschiedliche Wahl der Grundgesamtheit, die Art der Fragestellungen und die terminologische Unschärfe der verwendeten Begriffe erheblich eingeschränkt.[4] In der qualitativen Vorstudie bestätigte sich, daß faktische Unterschiede in den Unternehmen zusätzlich durch die semantische Unvereinbarkeit der Begriffswelten überlagert werden. Aufgrund der in den letzten zwanzig Jahren erheblich gestiegenen DV-Verfügbarkeit für mittelständische Unternehmen lassen sich beispielsweise *Zeitvergleiche* über die Durchdringung mit Kostenrechnung oder über die eingesetzten Methoden nur schwer treffen. Die Ergebnisse sollten daher vor dem Stand der Kostenrechnung in größeren Unternehmen zum jeweiligen Erhebungszeitpunkt interpretiert werden. Darüber hinaus sollen in den folgenden Ausführungen Untersuchungen vor 1980 keine Berücksichtigung finden.[5]

Als Ursachen für einen möglichen Verzicht auf eine Kostenrechnung in mittelständischen Unternehmen lassen sich unterschiedliche Gründe anführen:[6]

- Bei den vorherrschenden Betriebsgrößen ist das Unternehmen überschaubar, und die Geschäftsleitung kann das Geschehen auch ohne Rückgriff auf Kostenrechnungsinformationen und/oder Planungs- und Kontrollmechanismen überwachen. Die Geschäftsleitung besitzt ausreichende Branchen- und Marktkenntnisse und Kontakte zu Kunden und Lieferanten, um wichtige Informationen zu erhalten.
- Die Kosten zur Einführung einer Kostenrechnung und/oder der entsprechenden DV erscheinen zu hoch. In Gewinnzeiten besteht geringe Einsicht in die Notwendigkeit der Einführung/des Ausbaus einer Kostenrechnung. Außerdem verfügen nur wenige Unternehmen über das aus ihrer Sicht zur Einführung und zum Betrieb notwendige qualifizierte Personal.
- Daten der Finanzbuchhaltung sind für die erforderlichen Aufgaben der Unternehmensführung ausreichend.

---

1 Vgl. stellvertretend Becker, H.P., 1984; Kind, H., 1986; Lachnitt, L./Dey, G., 1989; Kosmider, A., 1991; Lange, J.-U./Schauer, B.D., 1996.

2 Vgl. Lanz, R., 1989, S. 33f.

3 Vgl. Lange, J.-U./Schauer, B.D., 1996, S. 202.

4 Vgl. Küpper, H.-U., 1993, S. 614.

5 Zu einem ähnlichen Vorgehen vgl. Küpper, H.-U., 1993, S. 603; Währisch, M., 1998, S. 11.

6 Vgl. Becker, H.P., 1984, S. 83ff.; Kind, H., 1986, S. 29.

Darüber hinaus wird häufig betont, daß zur Beschäftigung mit dem Ausbau des internen Rechnungswesens ein Minimum – im Sinne einer kritischen Masse – an Wissen erforderlich ist, da sonst das Fehlen oder die mangelnde Leistungsfähigkeit des bestehenden Systems unbemerkt bleibt.[1] Ohne die Einwände gegen die Verwendung einer Kostenrechnung an dieser Stelle zu vertiefen, sollen der Stand der realisierten Systeme sowie die Verwendung der Kostenrechnungsinformationen vergleichend dargestellt werden.

3.1.2 Methoden der Kosten- und Erlösrechnung

Die folgenden empirischen Ergebnisse sind nur als Anhaltspunkt für die Gestaltung der Kostenrechnung zu verstehen, da sich sowohl innerhalb der betrachteten Untersuchungen als auch zwischen den Untersuchungen erhebliche Widersprüche ergeben. So berechnen beispielsweise zahlreiche Unternehmen Deckungsbeiträge, ohne Teilkosten zu erheben.[2] Die Ergebnisse der vorliegenden Untersuchung finden sich in der Abbildung 3.1. Sie werden kurz den wesentlichen Untersuchungen im deutschen Sprachraum gegenübergestellt, die über einen vergleichbaren Aufbau verfügen.

Kostengrößen lassen sich nach ihrem Sachumfang in Voll- und Teilkosten und nach ihrem Zeitbezug in Ist-, Normal- und Plankosten unterscheiden. Eine *Vollkostenrechnung* führen die meisten mittelständischen Unternehmen durch. In der vorliegenden Untersuchung gaben fast 85 % der Unternehmen an, diese Kostenrechnung in irgendeiner Form einzusetzen, allerdings nur ca. 58 % auf monatlicher Basis. In den annähernd vergleichbaren Befragungen von Becker (1984)[3], Kind (1986)[4], Lange/Schauer (1996)[5] sowie Homburg/Karlshaus (1999)[6] ergeben sich ähnliche Werte. In der Erfolgsrechnung verwenden beispielsweise bis zu 80 % der Unternehmen in den genannten Untersuchungen die Vollkostenrechnung.

[1] Vgl. stellvertretend Wiebe, R., 1991, S. 99.
[2] Für einen Überblick vgl. Währisch, M., 1998, S. 20f.
[3] Vgl. Becker, H.P., 1984, S. 123ff.
[4] Vgl. Kind, H., 1986, S. 36.
[5] Vgl. Lange, J.-U./Schauer, B.D., 1996, S. 206.
[6] Vgl. Homburg, C./Karlshaus, J.T., 1999, S. 75.

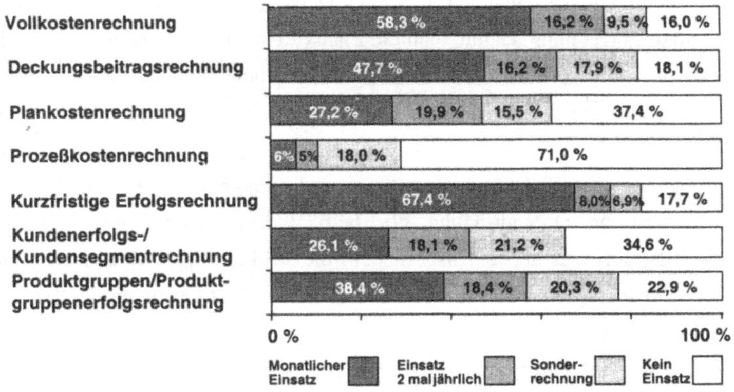

Abb. 3.1: Anwendung der Kosten- und Erlösrechnungsmethoden

Eine Teilkostenrechnung bzw. *Deckungsbeitragsrechnung* weist ebenfalls einen hohen Verbreitungsgrad in mittelständischen Unternehmen auf. Nur knapp ein Fünftel der befragten Unternehmen nutzt diese Form der Kostenverrechnung bzw. Ergebnisermittlung nicht. Das Ergebnis ist dabei konsistent mit den Ergebnissen von Becker (1984)[1] und Kosmider (1991),[2] allerdings ermitteln beispielsweise Lange/Schauer (1996)[3] deutlich höhere Werte der Nichtnutzung von knapp 40 %, während Homburg/Karlshaus (1999)[4] einen vergleichsweise hohen Wert von 92 % der Nutzung ermitteln. Dies läßt sich eventuell auf das bereits angesprochene Phänomen der Positivauslese der Stichprobe zurückführen.

Eine *Plankostenrechnung* findet sich nur in 62,6 % der befragten Betriebe. Über die Hälfte der Unternehmen wendet sie nicht regelmäßig an. Diese Ergebnisse bezüglich der grundsätzlichen Anwendung einer Plankostenrechnung sind wiederum vergleichbar mit den Untersuchungsergebnissen von Becker (1984)[5] und Lange/Schauer (1996)[6]. Kosmider (1991)[7] ermittelt einen leicht höheren Anteil der Nutzung einer Kostenplanung, Homburg/Karlshaus (1999)[8] ermitteln einen hohen Anteil von 75,6 % der Nutzung, allerdings nur 45 % davon regelmäßig.

1 Vgl. Becker, H.P., 1984, S. 135.
2 Vgl. Kosmider, A., 1991, S. 24.
3 Vgl. Lange, J.-U./Schauer, B.D., 1996, S. 207.
4 Vgl. Homburg, C./Karlshaus, J.T., 1999, S. 75.
5 Vgl. Becker, H.P., 1984, S. 124.f.
6 Vgl. Lange, J.-U./Schauer, B.D., 1996, S. 208.
7 Vgl. Kosmider, A., 1991, S. 24.
8 Vgl. Homburg, C./Karlshaus, J.T., 1999, S. 75.

Ein Einsatz als Sonderrechnung entspricht allerdings nicht dem (kurzfristigen) periodischen Charakter der Plankostenrechnung. Damit kann die Plankostenrechnung unabhängig von ihrer weiteren Ausgestaltung ihren primären Zweck der Wirtschaftlichkeitskontrolle – geschweige denn einer detaillierteren Analyse der Kostenabweichungen – in zwei Dritteln der Unternehmen nicht erfüllen und so keine koordinierende Leistung erbringen. Angesichts der zeitlichen Stabilität der Ergebnisse über 15 Jahre stellt sich erneut die Frage nach den Gründen für die geringe kostenrechnerische Durchdringung des betrieblichen Geschehens. Neben dem Erhebungs- und Pflegeaufwand dürften insbesondere die strukturellen Rahmenbedingungen für diesen Befund ausschlaggebend sein. Aber selbst in den Unternehmen, in denen eine Plankostenrechnung realisiert wird, wird sie nur in etwa der Hälfte der Unternehmen monatlich durchgeführt.[1] Die Plankostenrechnung ist angesichts dieses Befundes kaum in der Lage, einen wesentlichen Beitrag zur Verhaltensbeeinflussung zu liefern, da sie Kontrollinformationen erst mit erheblicher Verspätung zur Verfügung stellt.

Ergänzend sei hier noch das Ergebnis für den Einsatz der *Prozeßkostenrechnung* genannt. Nur knapp 11 % der Unternehmen verwenden regelmäßig eine Prozeßkostenrechnung, immerhin fast 19 % darüber hinaus als Sonderrechnung. In 70 % der Unternehmen hat sich eine prozeßorientierte Betrachtung der Kosten damit noch nicht durchgesetzt. Diese Werte werden durch die Untersuchung von Homburg/Karlshaus (1999)[2] bestätigt. Allerdings weisen Untersuchungen auch in Großunternehmen regelmäßig auf Einsatz- (nicht Bekanntheits-) defizite hin.[3]

Abschließend soll noch die Verwendung einer *kurzfristigen Erfolgsrechnung* betrachtet werden, die häufig als ein wesentlicher Bestandteil des mittelständischen Controllings angesehen wird. Fast 68 % der befragten Unternehmen wenden dieses Instrument an, weitere 15 % zumindest in größeren Abständen. Diese Ergebnisse sind mit der Erhebung von Becker (1984)[4] vergleichbar. Angesichts des zeitlichen Abstandes von 15 Jahren ist dieser Befund allerdings ernüchternd, muß doch für die anderen Unternehmen unterstellt werden, daß sie zur Erfolgsermittlung im wesentlichen auf die Daten der Finanzbuchhaltung mit den bekannten Defiziten zurückgreifen. Weitere Differenzierungen der Erlösrechnung wie die Kundenerfolgs- bzw. Produktergebnisrechnung sind zumindest als fallweise Rechnungen relativ verbreitet.

[1] Vgl. Becker, H.P., 1984, S. 113; Kind, H., 1986, S. 65; ähnlich für Großunternehmen: Küpper, H.-U./Winckler, B./Zhang, S., 1990, S. 441.

[2] Vgl. Homburg, C./Karlshaus, J.T., 1999, S. 75.

[3] Vgl. Franz, K.-P./Kajüter, P., 1997, S. 491.

[4] Vgl. Becker, H.P., 1984, S. 120.

Als Ergebnis dieses Abschnitts bleibt festzuhalten, daß man ungeachtet der Probleme der Vergleichbarkeit zwischen den Studien ohne besondere Übertreibung von einem Stillstand der Kostenrechnungsgestaltung und vermutlich auch -nutzung im Mittelstand sprechen kann. Die Anwendung der Instrumente der Kostenrechnung nimmt zwar mit der Betriebsgröße grundsätzlich zu, ist aber in der Gesamtheit als unbefriedigend einzustufen. Die Vollkosten- und Deckungsbeitragsrechnung sowie die kurzfristige Erfolgsrechnung zählen zum Standard derjenigen Unternehmen, die Kostenrechnung betreiben. Dabei ist zu beachten, daß die Umsetzung der Konzepte in die Praxis häufig mit erheblichen Abweichungen zu den normativen Vorstellungen der Betriebswirtschaftslehre behaftet ist,[1] also die realisierten Systeme nicht den betriebswirtschaftlichen Vorstellungen entsprechen müssen. Eine Plankostenrechnung findet sich dagegen nur sehr eingeschränkt und ist häufig mit erheblichen Anwendungsdefiziten behaftet, die eine sachgerechte Anwendung erschweren.[2]

Die Empfehlungen zum Auf- und Ausbau der Kostenrechnung knüpfen daher auch regelmäßig an diese Defizite an. Insbesondere der Ausbau der Plankostenrechnung, die verstärkte Nutzung der Deckungsbeitragsrechnung sowie die Einführung einer umfassenden Teilkosten- und Grenzplankostenrechnung gehören zu diesen Empfehlungen.[3]

3.1.3 DV-Unterstützung der Kostenrechnung

An dieser Stelle soll noch kurz auf die verwendete DV-Unterstützung der Kostenrechnung eingegangen werden, da sich in der vorliegenden Untersuchung ein relativ heterogenes Bild ergibt.[4] In mittelständischen Unternehmen sind Standard-Softwareanwendungen und selbsterstellte Software etwa gleich häufig anzutreffen. Die Frage nach der eingesetzten Software erbrachte einen Anteil von 21 % an mittelständischen Unternehmen, die Standardkostenrechnungssoftware der Firma SAP[5] einsetzen. Dabei ist der Befund im wesentlichen betriebsgrößenunabhängig, lediglich die kleinsten Unternehmen mit weniger als 100 Mitarbeitern sind unterrepräsentiert. Im Bereich der Unternehmen mit 200 Mitarbeitern oder mehr erhöht sich der Anteil auf 27 %, bei mehr als 500 Mitarbeitern auf rund 50 %. Die Mehrheit der Unternehmen, die keine Standardkostenrechnungssoftware nutzen, verwendet für die Kostenrechnung Finanzbuchhaltungssoftware (58 %). Die meisten Unternehmen (75 %) ergänzen ihre Kostenrechnung darüber hinaus um Module auf Basis von Tabellenkalkulationssoftware oder nutzen diese gar ausschließlich im Sinne einer selbsterstellten Software. Die Erfahrungen aus

1 Vgl. Weber, J., 1993b, S. 267; Lange, J.-U./Schauer, B.D., 1996, S. 208.
2 Vgl. Becker, H.P., 1984, S. 124f.; Kosmider, A., 1993, S. 116.
3 Vgl. stellvertretend Amman, H., 1989, S. 164.
4 Vgl. auch Frank, S./Reitmeyer, T., 1999.
5 Bzw. Software der Firma Baan.

der qualitativen Vorstudie und Hinweise aus der Literatur[1] stützen die Vermutung, daß es sich bei den selbsterstellten Programmen nicht immer um betriebswirtschaftlich abgesichertes Wissen handelt.

3.1.4 Verwendung von Kostenrechnungsinformationen

Den Ausgangspunkt einer Analyse des Informationsbedarfs der Unternehmensführung stellen regelmäßig die in der Realität auftretenden *Entscheidungsprobleme* und die zu ihrer Lösung eingesetzten Verfahren und Modelle dar. Die Aufgaben der Kostenrechnung werden in empirischen Untersuchungen daher häufig in Planungs-, Kontroll- und Dokumentationsaufgaben unterschieden, auch wenn sich dabei nicht unerhebliche Zuordnungsprobleme ergeben. Die Preiskalkulation kann beispielsweise Bestandteil der Planung oder – im Rahmen der Vor- und Nachkalkulation – Bestandteil der Kontrolle sein. Im folgenden soll daher eine funktionale Gliederung gewählt werden, da diese im Rahmen der qualitativen Vorstudie am ehesten der Sprachwelt von mittelständischen Führungskräften entsprach und auch in den meisten anderen Untersuchungen verwendet wird.

Im *Produktionsbereich* werden hauptsächlich Make-or-Buy-Entscheidungen, also die Bestimmung der eigenen Wertschöpfungstiefe durch die Wahl zwischen Eigenfertigung und Fremdbezug, durch Kostenrechnungsinformationen unterstützt. Daneben ist die Bestimmung des Produktionsprogramms und die Wahl des Fertigungsverfahrens eine wesentliche Aufgabe im mittelständischen Umfeld, die sich durch die geeignete Bereitstellung von Kostenrechnungsinformationen unterstützen läßt. In einer erweiterten Begriffsauffassung gehören dazu auch Kennzahlen der Leistungsrechnung, die zur laufenden Überwachung des betrieblichen Geschehens dienen.

Im *Absatzbereich* stellt die Preiskalkulation sowohl langfristiger Vollkostenansätze als auch kurzfristiger Teilkostenansätze den Schwerpunkt der Kostenrechnung dar. Methodische Mängel lassen sich in diesem Bereich aber selbst bei größeren Unternehmen konstatieren.[2] Im *Beschaffungsbereich* kann die Kostenrechnung die Auswahl der Lieferanten und die Festlegung der Lieferantenstruktur gezielt unterstützen, wobei der Schwerpunkt sicherlich auf einer fallweisen Unterstützung liegt. Im *Personalbereich* lassen sich Vergütungssysteme bzw. einzelne Vergütungen mit Hilfe der Kostenrechnung festlegen. Gesamtbetrieblich kann die Kostenrechnung Investitionsentscheidungen über Kostenvergleichsrechnungen (z.B. Betriebskosten) oder über Datenzulieferung für Investitionsrechnungen erleichtern. Bei der Abgren-

---

1 Vgl. Henning, M., 1991, S. 7.

2 Küpper, H.-U./Winckler, B./Zhang, S., 1990, S. 452.

zung der Kostenrechnung wurde bereits auf die enge Verbindung der beiden Verfahren im mittelständischen Umfeld hingewiesen.

Abbildung 3.2 gibt einen Überblick über die Bedeutung der verschiedenen Rechenzwecke auf einer Skala von 0-100.[1] Die empirischen Ergebnisse dieser Studie bestätigen im wesentlichen die konzeptionellen Überlegungen zum Verhältnis zwischen Entscheidungs- und Verhaltensbezug in mittelständischen Unternehmen.[2] In der vorliegenden Untersuchung dominieren entscheidungsorientierte Zwecke der Kostenrechnung: Preisentscheidungen, Investitions- und Desinvestitionsentscheidungen sowie die Wahl zwischen Eigenfertigung und Fremdbezug bilden den Schwerpunkt des Einsatzes der Kostenrechnung in den befragten Unternehmen. Rechenzwecke mit einem starken Verhaltensbezug wie die Kontrolle und Veränderung der Organisation oder die Vergütung weisen einen deutlich geringeren Verbreitungsgrad auf.

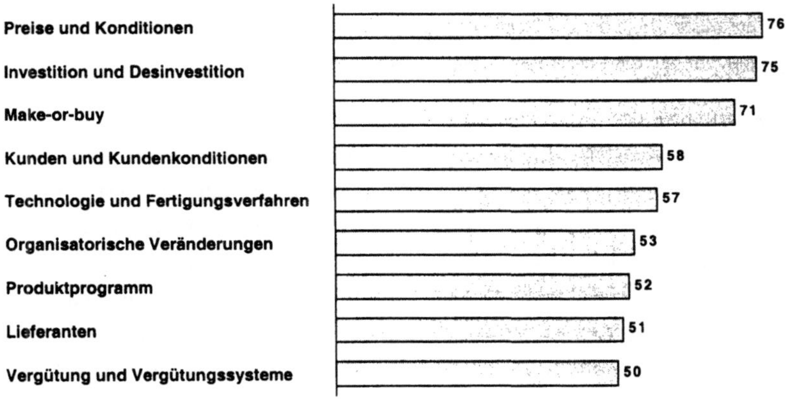

Abb. 3.2: Nutzung der Kostenrechnungsinformationen für Entscheidungen

Die Ergebnisse der vorliegenden Untersuchung bestätigen in weiten Teilen die Ergebnisse von Homburg/Karlshaus (1999)[3] sowie anderer Untersuchungen, die allerdings nicht immer die Intensität der Verwendung für verschiedene Entscheidungen differenzieren.[4] Becker (1984) ermittelt als wichtigste Zwecke die (Vollkosten-)Preisberechnung, die Wahl zwischen Eigenfertigung und Fremdbezug sowie Investitionsgüterentscheidungen.[5] Kind (1986)[6]

[1] Die Werte der ursprünglich verwendeten 7-Punkt-Likert-Skala wurden dabei zur leichteren Interpretation über $y = (x-1)*(100/6)$ auf eine Skala von 0-100 transformiert.

[2] Vgl. Abschnitt 2.2.2.3.1.

[3] Vgl. Homburg, C./Karlshaus, J.T., 1999, S. 78.

[4] Vgl. Währisch, M., 1998, S. 40.

[5] Vgl. Becker, H.P., 1984, S. 137ff.

[6] Vgl. Kind, H., 1986, S. 76ff.

identifiziert die Bestimmung der Preisuntergrenze, die Verfahrenswahl und die Break-even-Analyse als wichtigste gesamtbetriebliche Einsatzgebiete. Lange/Schauer (1996)[1] ermitteln als dominierenden Zweck der Kostenrechnung die Preiskalkulation, gefolgt von der Wirtschaftlichkeitskontrolle in den Kostenstellen, der Bewertung von Halb- und Fertigfabrikaten sowie der Ermittlung des Betriebserfolgs.[2] Die Ergebnisse spiegeln das in der mittelständischen Unternehmenspraxis vorherrschende Denken in Voll- und Ist-Kostenkategorien wider.[3]

Bei den *gesamtbetrieblichen Entscheidungen* ist die hohe Anzahl der Nennungen der kostenrechnungsbasierten Investitionsentscheidungen auffällig. In einer empirischen Untersuchung bestätigen Küpper et al. (1990)[4] diese erhebliche Verbreitung von Kostenvergleichsverfahren für Ersatz- bzw. Rationalisierungsinvestitionen. Für Erweiterungsinvestitionen ist die Anwendung naturgemäß deutlich geringer. Allerdings nimmt die Anwendung statischer Verfahren zumindest in Großunternehmen in den vergangenen Jahren stetig ab.[5] Vermutlich wurden an dieser Stelle bei der Beantwortung auch dynamische Verfahren einbezogen, für die die Kostenrechnung die Eingangsinformationen bereitstellt.

Die Untersuchung der *Verbreitung der Kostenrechnungsinformationen* in den befragten Unternehmen kennzeichnet die Kostenrechnungsinformationen noch deutlicher als Führungsinformationen. In 78 % aller Unternehmen stehen die Informationen der gesamten Geschäftsleitung zur Verfügung, in 59 % der Unternehmen allen Führungskräften, wobei in kleinen Betrieben beide Adressatenkreise identisch sein dürften. Nur in 27 % der Unternehmen werden Kostenrechnungsinformationen allen interessierten Mitarbeitern zur Verfügung gestellt, d.h., auch auf Anfrage werden Kostenrechnungsinformationen in zwei Dritteln der befragten Unternehmen den Mitarbeitern nicht zur Verfügung gestellt. Dies läßt sich durch die Zurückhaltung mittelständischer Unternehmer bei der Offenlegung der finanziellen Verhältnisse erklären, senkt aber auch die Möglichkeiten zur Verhaltenssteuerung über Kosten.

1 Angesichts des Verbreitungsgrads und der Intensität der Plankostenrechnung sind diese Ergebnisse allerdings nicht konsistent.

2 Vgl. Lange, J.-U./Schauer, B.D., 1996, S. 204f.

3 Vgl. Keller, R., 1989, S. 5.

4 Vgl. Küpper, H.-U./Winckler, B./Zhang, S., 1990, S. 445.

5 Vgl. Währisch, M., 1998, S. 41.

3.1.5 Erkenntnisbeitrag für die vorliegende Untersuchung

Zusammenfassend lassen sich also an dieser Stelle drei Punkte festhalten:

1. Es ist festzustellen, daß sich der Ausbaugrad und die Verwendung der Kostenrechnung im mittelständischen Unternehmen nur geringfügig verändert haben. Die Kostenrechnung mittelständischer Unternehmen ist durch eine erhebliche Heterogenität gekennzeichnet, die sich sowohl auf die verwendeten Methoden als auch auf die eingesetzte DV bezieht.

2. Die Verwendung der Kostenrechnung ist im wesentlichen entscheidungsorientiert. Weder angesichts der Zahl der eingesetzten Plankostenrechnungen noch des Anwendungs- und Ausbaugrades ist sie dazu angetan, eine Verhaltensbeeinflussung in der Breite der betrachteten Unternehmen sinnvoll zu unterstützen.

3. Die Gestaltung des Rechnungswesens in der Realität vollzieht sich üblicherweise in einem Wechselspiel zwischen konzeptionell-theoretischer Entwicklung, wissenschaftlicher Analyse, Praxisberatung und konkreter Anwendung.[1] Einige der Ergebnisse stehen in deutlichem Widerspruch zu wissenschaftlichen Vorschlägen, so daß die Funktionsweise des beschriebenen Wechselspiels als eingeschränkt gelten kann. Daß der Transfer in die Praxis als gelungen bezeichnet werden kann, mag man angesichts des beschriebenen Befunds bezweifeln.

Auf Basis dieser Ergebnisse liegt die Vermutung nahe, die Ursachen für die heterogene Ausgestaltung der Kostenrechnung in den unterschiedlichen Kontextfaktoren zu suchen. Dieser ersten Forschungsfrage soll im folgenden Abschnitt nachgegangen werden.

3.2 Kontext und Gestaltung der Kostenrechnung

3.2.1 Grundlagen und Bezugspunkte in der Literatur

Der unternehmensinterne und -externe Kontext bestimmt grundsätzlich die Gestaltung der Kostenrechnung, so „daß Kostenrechnung als ein ständig an die Umweltänderungen anzupassendes Informationsinstrument zu verstehen ist“.[2] Inwieweit diese These für die mittelständische Kostenrechnung zutrifft, soll im ersten empirischen Untersuchungsschritt analysiert werden. Im folgenden werden die Faktoren ausgewählt und beschrieben, die auf Basis theoretischer und empirischer Ergebnisse sowie der qualitativen Vorstudie geeignet erschei-

[1] Vgl. Küpper, H.-U., 1993, S. 614.
[2] Vgl. Weber, J., 1992b, S. 450.

nen, die Kontextabhängigkeit der Kostenrechnung empirisch zu überprüfen. Wie in Abbildung 3.3 dargestellt, werden dazu die Variablengruppen *externe* und *interne* Faktoren, die *Gestaltung der Kostenrechnung* und *persönliche bzw. organisatorische Merkmale* konkretisiert.

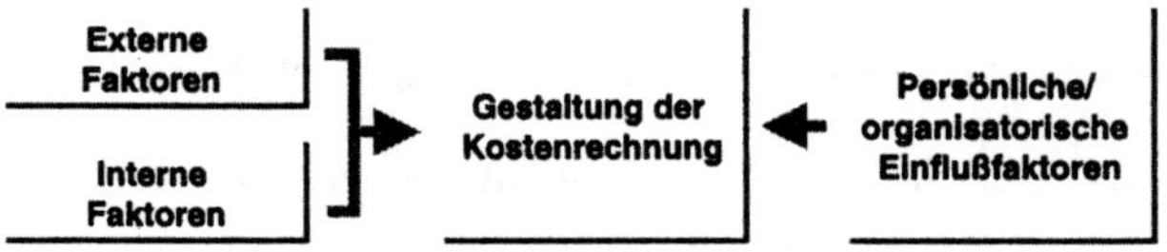

Abb. 3.3: Ausschnitt des Bezugsrahmens zur Untersuchung der Kontextabhängigkeit der Kostenrechnung

3.2.2 Konzeptualisierung und Operationalisierung der Konstrukte

Zu externen Faktoren zählen Merkmale, die außerhalb des Einflußbereichs der Organisation liegen, zu internen Faktoren zählen Variablen, die selbst Bestandteil des Unternehmens oder ihm zuzuordnen sind. Wesentliche Grundlage für die Auswahlentscheidung ist aufgrund der begrenzten konzeptionellen und uneindeutigen empirischen Ergebnisse die qualitative Vorstudie. Im Anschluß werden die Merkmale der Kostenrechnung konzeptualisiert und operationalisiert.

3.2.2.1 Externe Kontextfaktoren der Kostenrechnung

3.2.2.1.1 Konzeptualisierung der Konstrukte

Die Einbeziehung externer Kontextfaktoren in die Untersuchung des Management Accounting wird seit den frühesten Arbeiten gefordert.[1] Obwohl der Begriff der *Umwelt* je nach Forschungsrichtung und -ziel in spezifischen Definitionen variiert,[2] läßt er sich doch allgemein als Phänomen außerhalb der Organisation kennzeichnen, das einen potentiellen oder tatsächlichen Einfluß auf die Organisation hat.[3] Entsprechend der Variationsbreite der Definitionen existieren auch zahlreiche Versuche der Konzeptualisierung und Operationalisierung.

---

1 Vgl. Waterhouse, J.H./Tiessen, P., 1978, S. 72; Chandler, A.D./Daems, H., 1979, S. 18; Hopwood, A.G., 1987, S. 222.

2 Für einen Überblick vgl. Dess, G.G./Beard, D.W., 1984 und die dort zitierte Literatur.

3 Vgl. Macy, G./Arunachalam, V., 1995, S. 67.

In einer großen Zahl von Arbeiten zu Kontextfaktoren von Informationssystemen wird der Begriff *Umweltunsicherheit* als bedeutender Einflußfaktor herausgestellt.[1] Er findet sich in unterschiedlicher Form in Dynamik- und Turbulenzmaßen der Umwelt.[2] Die von Duncan (1972)[3] eingeführten Begriffe der Heterogenität und Variabilität der Umwelt sehen zahlreiche Autoren darüber hinaus als wesentliche Maße zur Beschreibung der Umwelt an.[4] Die verwendeten Konzeptualisierungen lassen sich als „degree of similarity or differentiation within the environment"[5] kennzeichnen. Die Operationalisierung erfolgt zumeist über die subjektiven Wahrnehmungen der Befragten. Daneben gibt es aber auch Versuche, die Umweltunsicherheit über objektive Maße abzubilden.[6]

Die *Wettbewerbssituation* wird fast gleichberechtigt mit dem Begriff der Umweltunsicherheit in konzeptionellen Arbeiten[7] oder empirischen Studien verwendet.[8] Dabei erfolgt die Konzeptualisierung äußerst unterschiedlich. Zum einen wird unter der Wettbewerbssituation ein komplexitätsähnliches Konstrukt verstanden, das damit nur eine weitere Facette des Begriffs der Umweltunsicherheit abbildet. Zum anderen kann die Wettbewerbssituation als ein Phänomen gekennzeichnet werden, das die Notwendigkeit zur Verwendung eines Informationssystems potentiell erhöht. Dabei liegt die Überlegung zugrunde, daß die Bedeutung von Informationssystemen bei einem erhöhten Wettbewerbsdruck zunimmt. Gerade der letzte

---

1 Vgl. Khandwalla, P.N., 1973; Macintosh, N.B., 1981; Gordon, L.A./Narayanan, V.K., 1984; Govindarajan, V., 1984; Chenhall, R.H./Morris, D., 1986; Merchant, K.A./Simons, R., 1986; Brownell, P., 1987; Jaworski, B.J., 1988; Welge, M.K., 1988; Merchant, K.A., 1990; Raymond, L., 1990; Gul, F.A., 1991; Amshoff, B.. 1993; Mia, L., 1993; Gul, F.A./Chia, Y.M., 1994; Mia, L./Chenhall, R.H., 1994; Govindarajan, V./Shank, J.K., 1995; Macy, G./Arunachalam, V., 1995; Otley, D.T./Broadbent, J./Berry, A., 1995; Chong, V.K., 1996; Fisher, C., 1996; Chapman, C.S., 1997; Chong, V.K./Chong, K.M., 1997.

2 Vgl. Khandwalla, P.N., 1975; Lucas, H.C., 1975; Gordon, L.A./Miller, D., 1976; Hayes, D.C., 1977; Waterhouse, J.H./Tiessen, P., 1978; Otley, D.T., 1980; Ewusi-Mensah, K., 1981; Uebele, H., 1981; Ein-Dor, P./Segev, E., 1982; Becker, H.P., 1984; Gordon, L.A./Narayanan, V.K., 1984; Jones, C.S., 1985a; Otley, D.T., 1985; Grinyer, P.H./Al-Bazzaz, S./Yasai-Ardekani, M., 1986; Brownell, P., 1987a; Brownell, P., 1987b; Ruekert, R.W./Walker, O.C., 1987; Simons, R., 1987; Jaworski, B.J., 1988; Welge, M.K., 1988; Amshoff, B., 1993; Niedermayer, R., 1994; Schehl, M., 1994; Macy, G./Arunachalam, V., 1995; Weber, J., 1995b; Weber, J., 1996b; Horváth, P./Gleich, R./Seidenschwarz, W., 1998.

3 Vgl. Duncan, R.B., 1972, S. 314.

4 Vgl. Gordon, L.A./Miller, D., 1976; Hayes, D.C., 1977; Waterhouse, J.H./Tiessen, P., 1978; Otley, D.T., 1980; Ewusi-Mensah, K., 1981; Macintosh, N.B., 1981; Uebele, H., 1981; Otley, D.T., 1985; Welge, M.K., 1988; Amshoff, B., 1993; Niedermayer, R., 1994; Macy, G./Arunachalam, V., 1995.

5 Vgl. Hall, R.H., 1987, S. 226.

6 Vgl. Dess, G.G./Beard, D.W., 1984; Dess, G.G./Rasheed, J.W., 1991; Sharfman, M.P./Dean, J.W., 1991a und 1991b.

7 Baldus, T., 1969; Gordon, L.A./Miller, D., 1976; Otley, D.T., 1980; Layer, M., 1985; Brink, H.-P., 1992; Macy, G./Arunachalam, V., 1995; Weber, J., 1996b; Brignall, S., 1997.

8 Vgl. Lucas, H.C., 1975b; Dickson, G.W./Senn, J.A./Chervany, N.L., 1977; Jones, C.S., 1985a; Jaworski, B.J., 1988; Amshoff, B., 1993; Horváth, P./Gleich, R./Seidenschwarz, W., 1998.

Punkt scheint für mittelständische Unternehmen eine erhebliche Bedeutung zu haben.[1] In der qualitativen Vorphase wurde wiederholt ein erhöhter Wettbewerb, insbesondere ein Kostenwettbewerb, als Katalysator für eine Beschäftigung mit der Kostenrechnung sowie ihrer Anpassung genannt.

Ansätze, die sich auf die *allgemeinen Rahmenbedingungen* wie die gesamtwirtschaftliche Lage oder die spezifischen Rechtsnormen in ihrem Einfluß auf Informationssysteme beziehen, haben sich hingegen nicht durchgesetzt.[2] Da schon der kausale Zusammenhang nicht eindeutig formulierbar scheint, ist es wenig überraschend, daß keine empirischen Ergebnisse vorweisbar sind.

Die Umwelt besteht aus einer Vielzahl an rechtlichen, finanziellen, sozialen und politischen Merkmalen. Da die Abbildung aller Dimensionen für das System Umwelt einer vollständigen Beschreibung der erfahrbaren und potentiell zu berücksichtigenden Umwelt gleichkommt, stellt sich das Problem einer geeigneten Auswahl. Für die folgenden Ausführungen wurde eine systemtheoretische Sichtweise gewählt.[3] Die Systemtheorie beschreibt Systeme mit Hilfe verschiedener Dimensionen vollständig. Über die Auswahl und Definition dieser Dimensionen herrscht weitgehend Einigkeit, wobei dem Begriffspaar Komplexität und Dynamik eine besondere Bedeutung zukommt. *Komplexität* kann zunächst als quantitativ beschreibbares Phänomen aufgefaßt werden, wie es für systemtheoretische Arbeiten traditionell üblich ist.[4] Die Anzahl der *Elemente* und ihrer *Relationen* bestimmt dabei die Komplexität des Systems, die damit intersubjektiv nachvollziehbar wird. Elemente und Relationen können jeweils zusätzlich über die Dimensionen *Vielzahl*, *Veränderlichkeit* und *Vielfalt* näher gekennzeichnet werden, so daß zur objektiven Systembeschreibung insgesamt sechs Dimensionen zur Verfügung stehen.[5] Neben dieser objektiven Komplexität werden in weiterführenden Ansätzen darüber hinaus die kognitiven Beschränkungen des Betrachters berücksichtigt.

Für mittelständische Unternehmen scheint es angesichts der beschränkten Größe, der häufig regionalen Begrenzung des Einzugsgebiets (und damit der Bezugspunkte zur Umwelt) und der Fokussierung auf eine begrenzte Zahl von Kunden plausibel, dem Absatzmarkt eine überragende Bedeutung im Vergleich zu anderen Komponenten zuzugestehen. In Anlehnung an die systemtheoretischen Überlegungen und eine Reihe bedeutender früher Konzeptualisierungen

---

1 Vgl. Henning, M., 1991, S. 17.

2 Vgl. u.a. Ein-Dor, P./Segev, E., 1978; Szyperski, N./Müller-Böling, D., 1980; Schweikart, J.A., 1986; Brink, H.-P., 1992; Amshoff, B., 1993.

3 Vgl. Abschnitt 2.2.1.4.

4 Vgl. Bronner, R., 1992, Sp. 1122.

5 Vgl. Reiss, M., 1993, S. 57-59; Hamprecht, M., 1996, S. 59-60.

der Umwelt[1] sowie der Untersuchung von Aust (1999)[2] wurden zwei Dimensionen – *Komplexität und Dynamik des Absatzmarktes* – zur Beschreibung der Umwelt ausgewählt. Angesichts der hohen Zahl möglicher Parameter und der resultierenden Probleme einer praktikablen und schlüssigen Operationalisierung sollen an dieser Stelle nur die Anzahl und Unterschiedlichkeit der Faktoren als beschreibende Parameter für den Absatzmarkt herangezogen werden:

> Unter *externer Komplexität* wird die Anzahl und Verschiedenartigkeit absatzmarktbezogener Faktoren verstanden, die in der Entscheidungsfindung des Unternehmens berücksichtigt werden müssen.[3]

Ob Dynamik eine eigenständige Dimension eines Systems darstellt, ist umstritten.[4] Luhmann (1980)[5] betont, daß Dynamik in „anspruchsvolleren" Definitionen des Begriffs Komplexität als Zeitdimension mit berücksichtigt werden sollte. Folgt man den oben skizzierten sechs Dimensionen, kann Dynamik allerdings keinen neuen Systemzustand, sondern nur die Änderungsrate eines bereits vollständig beschriebenen Systems darstellen.[6] Hier wird der Auffassung gefolgt, daß Dynamik eine eigenständige Dimension eines Systems darstellt. Diese Sichtweise erleichtert zum einen die schlüssige Konzeptualisierung und Operationalisierung des Konstrukts, zum anderen wird so bei der Interpretation der Ergebnisse eine Bezugnahme auf zahlreiche konzeptionelle Arbeiten erleichtert, die dieser Unterteilung folgen.[7] Daher wird die Dynamik der Umwelt analog der Komplexität folgendermaßen konzeptualisiert:

> Unter *externer Dynamik* wird das Ausmaß und die Häufigkeit der Veränderungen der absatzmarktbezogenen Faktoren verstanden.[8]

3.2.2.1.2 Operationalisierung der Konstrukte

Die *Komplexität des Absatzmarktes* wurde über vier Indikatoren operationalisiert.[1] Dabei wurden je zwei Indikatoren zur Messung der Kunden- und der Wettbewerbsperspektive verwendet. Die erzielten Werte können insgesamt als akzeptabel angesehen werden, auch wenn die Indikatorreliabilitäten nicht den geforderten Wert von 0,4 erzielen. Die Werte für den Faktor sind zufriedenstellend, wenn auch einige der Werte (u.a. die durchschnittlich

---

1 Vgl. Duncan, R.B., 1972; Kieser, A., 1974; Downey, H.K./Hellriegel, D./Slocum, J.W., 1975; Dess, G.C./Beard, D.W., 1984.

2 Vgl. Aust, R., 1999.

3 Vgl. Aust, R., 1999.

4 Für eine solche Sicht vgl. Bronner, R., 1992, Sp. 1122.

5 Vgl. Luhmann, N., 1980, Sp. 1065.

6 Vgl. Hamprecht, M., 1996, S. 59.

7 Vgl. Weber, J., 1992a; Weber, J., 1995b; Aust, R., 1999.

8 Vgl. Duncan, R.B., 1972, S. 315; Kieser, A., 1974, S. 302; Aust, R., 1999.

erfaßte Varianz und die Faktorreliabilität) nicht den geforderten Grenzwerten entsprechen. Unter inhaltlichen Gesichtspunkten soll der Faktor in dieser Form dennoch einbezogen werden.

Komplexität des Absatzmarktes

Informationen zu einzelnen Indikatoren des Faktors	Item-to Total-Korrelation	Indikator-reliabilität	t-Wert der Faktor-ladung
Die Zahl unserer Markt- oder Kundensegmente ist sehr hoch.	0,43	0,26	7,52
Unsere Kunden stellen sehr unterschiedliche Anforderungen.	0,47	0,29	7,55
Die Zahl unserer Wettbewerber ist sehr hoch.	0,41	0,20	6,63
Unsere Wettbewerber verhalten sich am Markt sehr unterschiedlich.	0,42	0,22	8,98

Informationen zum Faktor			
Cronbachsches Alpha:	0,66	Goodness-of-Fit-Index (GFI):	0,96
Erklärte Varianz:	49 %	Adjusted GFI:	0,79
Durchschnittlich erfaßte Varianz:	0,24	Comparative-Fit-Index (CFI):	0,84
Faktorreliabilität:	0,65	RMSEA:	0,22
		χ^2-Wert/df.:	23,56

Tabelle 3.1: Informationen zum Faktor „Komplexität des Absatzmarktes"

Die *Dynamik des Absatzmarktes* wurde analog als die Veränderung der Elemente und Relationen des Absatzmarktes operationalisiert. Die Werte für die Indikatoren sind zufriedenstellend, allerdings genügte das Item „Veränderungen der Anforderungen der Kunden" nicht den Anforderungen an die Grenzwerte. Durch seine Elimination konnte aber die Aussagefähigkeit des Faktors erheblich erhöht werden.[2] Unter inhaltlichen Gesichtspunkten scheint die Beziehung zwischen den Kunden- und Wettbewerbsmerkmalen des Absatzmarktes nicht so eng, wie sie aufgrund der Vorstudie zu erwarten waren. Mittelständische Unternehmer trennen in ihrer Wahrnehmung offenbar sehr differenziert zwischen den Kunden- und Wettbewerbsmerkmalen des Absatzmarktes. Dieser wird daher nicht pauschal als komplex verstanden, sondern vermutlich aufgrund der intimen Kenntnis der wichtigsten Abnehmer und Wettbewerber differenziert betrachtet. In Großunternehmen war dieses Phänomen bei vergleichbarer Operationalisierung so nicht zu beobachten.[3] Die Werte für den gesamten Faktor können aber gerade noch als zufriedenstellend gelten.

---

[1] Zur Erläuterung der verwendeten Gütemaße vgl. Abschnitt 2.3.3.1.

[2] Vgl. Abschnitt 2.3.3.1.

[3] Vgl. Aust, R., 1999.

Dynamik des Absatzmarktes			
Informationen zu einzelnen Indikatoren des Faktors	Item-to Total-Korrelation	Indikator-reliabilität	t-Wert der Faktor-ladung
Veränderungen der Zahl der Anbieter	0,43	0,20	7,59
Veränderungen der Marktanteile der Wettbewerber	0,56	0,31	8,62
Veränderungen des Verhaltens unserer Wettbewerber am Markt	0,47	0,25	7,76

Informationen zum Faktor			
Cronbachsches Alpha:	0,68	Goodness-of-Fit-Index (GFI):	-[1)]
Erklärte Varianz:	61 %	Adjusted GFI:	-[1)]
Durchschnittlich erfaßte Varianz:	0,25	Comparative-Fit-Index (CFI):	-[1)]
Faktorreliabilität:	0,68	RMSEA:	-[1)]
		χ^2-Wert/df.:	-[1)]

[1)] Zur Berechnung sind mindestens vier Items erforderlich.

Tabelle 3.2: Informationen zum Faktor „Dynamik des Absatzmarktes“

3.2.2.2 Interne Kontextfaktoren der Kostenrechnung

3.2.2.2.1 Konzeptualisierung der Konstrukte

In konzeptionellen und empirischen Arbeiten wird dem internen Kontext generell die höchste Bedeutung für die Gestaltung von Informationssystemen zugebilligt.[1] Dies ist angesichts der Abbildungsaufgabe innerbetrieblicher Sachverhalte durch Informationssysteme nicht weiter verwunderlich. Aus der großen Zahl an verwendeten Variablen[2] sollen nun diejenigen diskutiert werden, denen in bezug auf die vorliegenden Untersuchungseinheiten eine besondere Bedeutung zukommt.

Im Rahmen der Diskussion der Ergebnisse des Kontingenzansatzes der Organisationstheorie[3] wurden bereits die Einflüsse der verwendeten *Technologie* und der *Unternehmensgröße* als bedeutend herausgestellt.

Das Leistungsprogramm mittelständischer Unternehmen ist durch die Sorten- bzw. Serienfertigung mit wenigen Produkten gekennzeichnet. Ein-Produkt-Unternehmen verfügen einerseits über geringere Anforderungen im Bereich der Steuerung der Produktion und des Absatzprogrammes, ihnen fehlt aber andererseits die Möglichkeit zur horizontalen Risikodiversifizie-

---

1 Vgl. Hopwood, A.G., 1978, S. 11; Cheney, P.H./Dickson, G.W., 1982, S. 171; Dent, J.F., 1986, S. 154; Hopwood, A.G., 1987, S. 222; Aust, R., 1999.

2 Für einen Überblick vgl. Aust, R., 1999.

3 Vgl. Abschnitt 2.2.1.1.

rung über mehrere Produktlinien. In jüngster Zeit läßt sich eine zunehmende Differenzierung konstatieren, welche die bestehende Überschaubarkeit mittelständischer Unternehmen reduziert.[1] Auch in vertikaler Sicht sind die häufig in Kleinserien-, Auftrags- oder Einzelfertigung tätigen Unternehmen durch ihre Spezialisierung gekennzeichnet. Die monostrukturelle Ausrichtung mittelständischer Unternehmen und die daraus resultierende Anfälligkeit erfordern in besonderem Maße eine kostenrechnerische Durchdringung von Produktion und Absatz, insbesondere bei dem Versuch, diese durch horizontale oder vertikale Diversifikation zu durchbrechen.

Der verwendete *Fertigungstyp* oder die *Produktionstechnologie* haben grundsätzlich direkten Einfluß auf die Bezugsobjekte der Kostenrechnung. Sie determinieren in großen Teilen die Kostenstruktur und damit die Abbildungsnotwendigkeiten durch die Kostenrechnung. Diesem Einfluß wird auch im deutschsprachigen Raum traditionell eine große Aufmerksamkeit zuteil.[2] Ebenfalls einen hohen Einfluß haben die Merkmale der *Organisationsstruktur*. Der Grad an Zentralisierung, Spezialisierung, Differenzierung, Formalisierung bzw. Standardisierung wurde regelmäßig in Untersuchungen zur Gestaltung von Informationssystemen verwendet.[3] Dabei ist die Organisation sowohl von externen oder anderen internen Faktoren abhängig als auch Determinante für die Gestaltung von Informationssystemen. Den Ansätzen zur Untersuchung der Bedeutung der *Interdependenzen zwischen verschiedenen Geschäftseinheiten* und ihrem Einfluß auf die Gestaltung und Nutzung kommt angesichts der betrachteten Unternehmensgröße keine Bedeutung zu.[4] Die Arbeiten zum *Zielbezug* von Organisationen und ihrem Einfluß auf die Wahl, Gestaltung und Nutzung von Informationssystemen werden in Kapitel 5 gesondert diskutiert. Grundsätzlich sind dazu Variablen wie die Unternehmensziele, die Unternehmenskultur und insbesondere die intendierte oder verfolgte Wettbewerbsstrategie zu zählen.

Die *Unternehmensgröße* hat sich in vielen Untersuchungen als bedeutender interner Kontextfaktor erwiesen. Dies gilt sowohl für frühe kontingenztheoretische Arbeiten[5] als auch für Studien zum Einfluß auf Informationssysteme.[6] Die große Bedeutung läßt sich allerdings häufig auf eine undifferenzierte und eindimensionale Betrachtung des Phänomens zurückfüh-

---

1 Vgl. Kosmider, A., 1993, S. 50.

2 Vgl. Becker, H.P., 1984; Welge, M.K., 1988; Brink, H.-P., 1992; Amshoff, B., 1993; Schehl, M., 1994; Währisch, M., 1998.

3 Vgl. u.à. Merchant, K.A., 1981; Jones, C.S., 1985; Kieser, A./Kubicek, H., 1992; Küpper, H.-U., 1993; Kosmider, A., 1993; Macy, G./Arunachalam, V., 1995.

4 Vgl. Otley, D.T., 1980; Chenhall, R.H./Morris, D., 1986; Macintosh, N.B./Daft, R.L., 1987; Govindarajan, V./Fisher, J., 1990.

5 Vgl. Abschnitt 2.2.1.1.

6 Vgl. Becker, H.P., 1984; Gremillion, L.L., 1984; Merchant, K.A., 1984; Jones, C.S., 1985; Raymond, L., 1985; Merchant, K.A./Simons, R., 1986; Welge, M.K., 1988.

ren, die im Hinblick auf die vorliegenden Forschungsfragen unbefriedigend ist: Unternehmensgröße ist per se kein Einflußfaktor, da mit ihr eine Reihe von sich überlagernden und u.U. gegenseitig aufhebenden Faktoren assoziiert wurden.[1] Es sind daher die derivativen Wirkungen der Unternehmensgröße, die eine hohe Korrelation zur Größe aufweisen, nicht die Größe an sich, die Einfluß auf die Gestaltung und Nutzung von Informationssystemen hat. Zum besseren Verständnis scheint es angebracht, die wesentlichen Wirkungen der Unternehmensgröße auf Informationssysteme und insbesondere auf die mittelständische Kostenrechnung etwas ausführlicher zu analysieren. Bezüglich der Auswirkungen der Unternehmensgröße kann man zwei Arten von Effekten unterscheiden:

- Die *direkten* und *indirekten* Abbildungserfordernisse durch das Informationssystem verändern sich mit der Unternehmensgröße.
- Die Möglichkeiten zur *Ressourcenbereitstellung* in Form von Personal und DV wachsen mit der Unternehmensgröße.

Unter *direkten* Wirkungen ist im Hinblick auf die Kostenrechnung zunächst die Veränderung der Zahl der Bezugsobjekte, also der Produkte, Kunden oder Organisationseinheiten, zu verstehen. Die Bildung von Kostenstellen orientiert sich üblicherweise an Verantwortungsbereichen, die wiederum in direkter Abhängigkeit von der Mitarbeiterzahl gebildet werden.[2] Ebenso steigt grundsätzlich die Komplexität des Produktprogramms und der Produktionsabläufe durch das Wachstum des Unternehmens. Diese direkten Wirkungen werden zu großen Teilen bereits über die im folgenden noch zu erläuternden und wesentlich direkteren Konstrukte *interne Komplexität*, *interne Dynamik* sowie die *Zahl der Kostenarten, -stellen und -träger* abgebildet. Der Unternehmensgröße kommt damit in bezug auf diese Größen eher der Charakter einer Kontrollgröße zu.

Eine zunehmende Unternehmensgröße führt auch zu neuen Möglichkeiten der *Bereitstellung von Ressourcen* für die Kostenrechnung oder das Controlling. Erst ab einer gewissen Unternehmensgröße rechtfertigt sich der Einsatz einer institutionalisierten Controller- oder Kostenrechnerstelle. Damit ist nicht nur eine höhere Aufmerksamkeit für die Kostenrechnung, sondern in der Regel auch eine höhere Professionalisierung verbunden, die sich durchaus positiv auf die Sophistizierung der Informationssysteme auswirken kann. Darüber hinaus werden finanzielle Ressourcen zur Bewältigung der häufig sprungfixen Kosten von aufwendigen DV-Systemen und des notwendigen Aufwands der Einführung solcher Systeme bereitgestellt. Da die Kosten von Informationssystemen häufig unbekannt sind, läßt sich dieser Teil der Kontextfaktoren für die Kostenrechnung gut über die Unternehmensgröße abbilden.

1 Vgl. ähnlich Homburg, C., 1995, S. 186ff.

2 Vgl. Schweitzer, M./Küpper, H.-U., 1995, S. 129; Weber, J., 1997a, S. 63.

Andere demographische Merkmale von Unternehmen werden gerade im deutschsprachigen Raum gern als Kontextfaktor herangezogen. Dazu zählen die Branche,[1] das Alter des Unternehmens,[2] die Konzernzugehörigkeit[3] und gerade für mittelständische Unternehmen die Unterscheidung in inhaber- oder fremdgeführte Unternehmen.[4] Neben der Unternehmensgröße sollen im folgenden wiederum die beiden Begriffe der Dynamik und Komplexität in der Konzeptualisierung/Operationalisierung von Aust (1999) verwendet werden. Damit wird ein Rückgriff auf bestehende konzeptionelle Arbeiten erleichtert.[5]

Unter dem Begriff *interne Komplexität* lassen sich, wie skizziert, grundsätzlich alle möglichen Bezugsobjekte der Kostenrechnung subsumieren. Im vorliegenden Kontext scheint allerdings eine Beschränkung auf die Produktionstechnologie und das Produktprogramm geeignet. Eine produktbezogene Kostenrechnung bildet den größten gemeinsamen Teiler der betrachteten mittelständischen Kostenrechnungen, da nur ein Bruchteil der betrachteten Unternehmen über Kostenrechnungen verfügt, die andere Bezugsobjekte in den Vordergrund stellen.[6] Der Komplexität des Produktionsprozesses kommt dabei eine zentrale Bedeutung zu, da die Kostenrechnung in der Regel die wertmäßige Abbildung dieses Prozesses anstrebt. Das Produktprogramm bildet über die Zahl und Unterschiedlichkeit der Produkte die zweite Dimension der für die Kostenrechnung relevanten Kontextfaktoren.

> Unter *interner Komplexität* werden die Komplexität des Produktionsprozesses und die Komplexität des Produktionsprogramms verstanden.

Die *interne Dynamik* betrifft die Veränderungen relevanter Bezugsobjekte der Kostenrechnung. Aus den systemtheoretischen Überlegungen bedeutet dies zunächst eine Veränderung der Bezugsobjekte und ihrer Beziehungen untereinander. Hinsichtlich der Bezugsobjekte der Kostenrechnung sind dies die Veränderungen des Produktprogramms, der Wertschöpfungstiefe oder der Fertigungsabläufe. Eine Beschränkung auf die Bezugsgrößen der internen Komplexität vernachlässigt allerdings eine Reihe anderer Kontextfaktoren. Eine Veränderung der Organisationsstruktur beeinflußt beispielsweise nicht die produktbezogenen Bezugsobjekte, wohl aber die Auswertungsdimensionen und -hierarchie sowie die Verdichtungsalgorithmen eines Kostenrechnungssystems. Diese sollen also ebenso im Begriff der internen Dynamik berücksichtigt werden.

---

1 Vgl. Becker, H.P., 1984; Kosmider, A., 1993; Niedermayer, R., 1994; Sinkula, J.M., 1990 und 1994; Macy, G./Arunachalam, V., 1995.

2 Vgl. Kosmider, A., 1993; Niedermayer, R., 1994; Sinkula, J.M., 1994; Macy, G./Arunachalam, V., 1995.

3 Vgl. Gaydoul, P., 1980; Uebele, H., 1981; Becker, H.P., 1984; Kosmider, A., 1993.

4 Vgl. Becker, H.P., 1984; Kosmider, A., 1991.

5 Vgl. u.a. Waterhouse, J.H./Tiessen, P., 1978; Weber, J., 1995b; Macy, G./Arunachalam, V., 1995.

6 Vgl. Abschnit 3.1.2.

Unter *interner Dynamik* werden die Veränderungen der internen Bezugsobjekte der Kostenrechnung verstanden.

3.2.2.2.2 Operationalisierung der Konstrukte

Aus den zahlreichen Möglichkeiten, die *Unternehmensgröße* abzubilden,[1] wurde für die vorliegende Fragestellung die Zahl der Mitarbeiter ausgewählt. Unabhängig von der Abgrenzung der Grundgesamtheit über die Zahl der Mitarbeiter ist die Wahl dieses Kriteriums auch unter aussage- und erhebungsbezogenen Aspekten an dieser Stelle geeignet. Die Einrichtung von Kostenstellen orientiert sich häufig an den Mitarbeitern zugeordneten Verantwortungsbereichen.[2] Die Daten wurden in vier Kategorien aus sekundärstatistischen Quellen, die bei der Abgrenzung der Stichprobe verwendet wurden, erhoben. Die relative zeitliche Invarianz dieser Variable kann dabei zumindest bei der Verwendung von Größenklassen, mit denen gewisse Merkmale assoziiert werden, unterstellt werden, so daß der Rückgriff auf sekundärstatistisches Material an dieser Stelle gerechtfertigt ist. Die verwendeten Größenklassen sind: 50-99 Mitarbeiter, 100-199 Mitarbeiter, 200-499 Mitarbeiter und 500-1000 Mitarbeiter. Die Unternehmensgröße wird also nur über einen Indikator erfaßt, so daß sich keine Gütemaße angeben lassen.

Die interne Komplexität umfaßt die Merkmale des Produktionsprozesses und des Produktprogramms. Die *Komplexität des Produktionsprozesses* wird über drei Indikatoren abgebildet. Die Werte in Tabelle 3.3 können als gut bezeichnet werden. Sie erreichen bis auf die durchschnittlich erfaßte Varianz die geforderten Gütekriterien. Die *Komplexität des Produktionsprogramms* wird über zwei Indikatoren (Zahl und Unterschiedlichkeit der Produkte/Varianten) abgebildet. Das Cronbachsche Alpha der beiden Indikatoren beträgt 0,6.

Die *interne Dynamik* umfaßt die Veränderungen im Unternehmen, die einen potentiellen Einfluß auf die Kostenrechnung haben. Die vier Indikatoren bilden die Änderungen der Produktions- oder Wertschöpfungsstruktur ab. Die Werte für den Faktor bewegen sich fast ausnahmslos über den geforderten Gütemaßen. Die Werte der Indikatoren geben aus inhaltlichen Gesichtspunkten keinen Anlaß, die Faktorstruktur zu verändern, sind aber unter formalen Gesichtspunkten gerade für den ersten Indikator nicht besonders zufriedenstellend. Die Beziehungen zwischen der Veränderung der Bezugsobjekte Produktprogramm und Produktionsprozeß sind nicht so eng wie angenommen, was auf Produktvariationen auf Basis einer einheitlichen Produktplattform schließen läßt.

---

[1] Vgl. Abschnitt 2.1.1.1.

[2] Vgl. Schweitzer, M./Küpper, H.-U., 1995, S. 129; Weber, J., 1997a, S. 63.

Komplexität des Produktionsprozesses			
Informationen zu einzelnen Indikatoren des Faktors	Item-to Total-Korrelation	Indikator-reliabilität	t-Wert der Faktor-ladung
Die Produkte werden aus einer Vielzahl von Einzelteilen erstellt.	0,68	0,46	13,27
Die Zahl der Produktionsstufen ist sehr hoch.	0,68	0,44	13,31
Die Einzelteile der Produkte unterscheiden sich bei ihrer Herstellung, ihrem Einbau und ihrer Weiterverarbeitung stark.	0,68	0,38	14,60

Informationen zum Faktor			
Cronbachsches Alpha:	0,80	Goodness-of-Fit-Index (GFI):	-[1]
Erklärte Varianz:	71 %	Adjusted GFI:	-[1]
Durchschnittlich erfaßte Varianz:	0,43	Comparative-Fit-Index (CFI):	-[1]
Faktorreliabilität:	0,80	RMSEA:	-[1]
		χ^2-Wert/df.:	-[1]

[1] Zur Berechnung sind mindestens vier Items erforderlich.

Tabelle 3.3: Informationen zum Faktor „Komplexität des Produktionsprozesses“

Interne Dynamik			
Informationen zu einzelnen Indikatoren des Faktors	Item-to Total-Korrelation	Indikator-reliabilität	t-Wert der Faktor-ladung
Veränderungen/Aktualisierungen der angebotenen Produkte/Varianten	0,33	0,11	6,44
Veränderungen der Wertschöpfungstiefe (Eigenfertigung oder Fremdbezug)	0,48	0,24	8,47
Veränderungen der Fertigungsabläufe	0,55	0,32	8,35
Veränderungen der Organisationsstruktur	0,41	0,20	9,36

Informationen zum Faktor			
Cronbachsches Alpha:	0,66	Goodness-of-Fit-Index (GFI):	1,00
Erklärte Varianz:	50 %	Adjusted GFI:	0,98
Durchschnittlich erfaßte Varianz:	0,22	Comparative-Fit-Index (CFI):	1,00
Faktorreliabilität:	0,67	RMSEA:	0,04
		χ^2-Wert/df.:	1,74

Tabelle 3.4: Informationen zum Faktor „Interne Dynamik“

3.2.2.3 Merkmale der Kostenrechnung

3.2.2.3.1 Konzeptualisierung der Konstrukte

Bei der Abbildung der Kostenrechnung wird wiederum auf die beiden Merkmale Komplexität und Dynamik Bezug genommen. Unter diese beiden Dimensionen lassen sich auch die meisten Ansätze der Operationalisierung der Kostenrechnung in anderen Arbeiten subsumieren.[1]

Die *Komplexität der Kostenrechnung* läßt sich je nach verwendetem Komplexitätsverständnis auf unterschiedliche Arten abbilden. Wie gezeigt, kann Komplexität durch objektive und subjektive Dimensionen gleichermaßen abgebildet werden.[2] Üblicherweise wird die Kostenrechnung mit den Systemparametern Kostenarten, Kostenstellen und Kostenträgern beschrieben.[3] Von einer hohen Ausprägung dieser Dimensionen wird auf eine hohe Abbildungstiefe der betrieblichen Abläufe geschlossen. Über die zu ihrer Verdichtung notwendigen Algorithmen läßt sich so auf die objektive Komplexität schließen. Andere Versuche umfassen die eingesetzten *Methoden* und *Zwecke* der Kostenrechnung, die *Entwicklungsstufe* der Kostenrechnung[4] oder die eingesetzten *Ressourcen*.[5]

Diese gerade im deutschsprachigen Raum häufig zu beobachtende Operationalisierung über objektive Merkmale des Systems ist allerdings kritisch zu hinterfragen, da die Bedeutung des Wissens des Betrachters über die systemkonstituierenden Elemente und ihre Beziehungen untereinander für die Einschätzung der Komplexität nicht berücksichtigt wird. Gerade dies ist aber eine der zentralen Forderungen verhaltens- und systemtheoretischer Ansätze.[6] Die mangelnde Transparenz der Kostenrechnung ist ein entscheidender Kritikpunkt an bestehenden Standard-Softwaresystemen.[7] Komplexität ist damit ein Phänomen, das aus dem Zusammenspiel objektiver Systemmerkmale und deren geistigen Erfassung durch den Betrachter entsteht. Steigt die Komplexität der Kostenrechnung an, so sinkt die Nachvollziehbarkeit durch den Kostenrechnungs „kunden".[8]

---

1 Vgl. Aust, R., 1999.

2 Vgl. Abschnitt 3.2.2.1.1.

3 Vgl. Becker, H.P., 1984; Kosmider, A., 1993; Weber, J., 1993b; Lange, J.-U./Schauer, B.D., 1996; Währisch, M., 1998.

4 Vgl. u.a. Becker, H.P., 1984; Grinyer, P.H./Al-Bazzaz, S./Yasai-Ardekani, M., 1986; Amshoff, B., 1993.

5 Für einen Überblick vgl. Aust, R., 1999.

6 Vgl. March, J.G./Simon, H.A., 1958, S. 55; Bronner, K., 1992, Sp. 1122.

7 Vgl. Weber, J., 1989, S. 33.

8 Vgl. Weber, J., 1996a, S. 929f.

Daher wurde bei der Konzeptualisierung des Konstruktes das folgende Komplexitätsverständnis nach Bleicher (1991) zugrunde gelegt: „Unter Komplexität wird (...) die Möglichkeit der geistigen Erfassung und Beherrschung eines Systems verstanden.“[1] Komplexität der Kostenrechnung ist damit ein wertneutraler Begriff, der nicht als Erfolgsgröße verstanden werden soll, sondern vielmehr eine Voraussetzung für den Erfolg der Kostenrechnung darstellt.[2] Im weitesten Sinne folgt eine Reihe von Untersuchungen auch ohne expliziten Bezug auf die Systemtheorie dieser Konzeptualisierung.[3]

> Unter *Komplexität der Kostenrechnung* wird die geistige Erfassung und Nachvollziehbarkeit der Funktion und Ergebnisse der Kostenrechnung verstanden.

Damit wird den kapazitativen und kognitiven Restriktionen des Informationsempfängers Rechnung getragen, was angesichts des heterogenen sozialen und akademischen Hintergrundes der Befragten von besonderer Bedeutung ist. Neben diesen Restriktionen ist der Begriff des *relevanten Wissens* von Bedeutung für die Einschätzung der Komplexität.[4] Die Diskussion um die Akzeptanz und Nutzung der Kostenrechnung in mittelständischen Unternehmen legt den Schluß nahe, daß die Einschätzung der Merkmale der Kostenrechnung erheblich vom *Kenntnisstand des Anwenders (User-Know-how)* bzw. seiner Informationsverarbeitungsfähigkeit abhängt.[5] „Zwischen dem, was Kostendaten ‚eigentlich‘ aussagen, und dem, wie die Empfänger der Daten diese verstehen und interpretieren, besteht potentiell ein erheblicher Unterschied.“[6] Viele Phänomene werden gerade deshalb als komplex empfunden, weil nicht genügend Informationen über sie vorhanden sind oder keine ausreichenden Kenntnisse aufgrund von Vieldeutigkeit verfügbar sind.[7] Die Kostenrechnung muß sich daher auch an der Interpretationskapazität des Empfängers ausrichten.[8] Damit wird der Einfluß des unterschiedlichen Wissensstandes auf die Untersuchungsergebnisse minimiert.

Unter Wissen wird allgemein die abstrakte Repräsentation von Erfahrung und Erlerntem verstanden, die es erleichtert, Kausalitäten der Systemelemente und -relationen nachzuvollziehen. Vor dem Hintergrund der betrachteten Fragestellung erscheint es nicht sinnvoll, das Wissen über die Kostenrechnung objektiv abzufragen. Zum einen definiert sich der Begriff des relevanten Wissens aus den Spezifika des Systems und der Kontextfaktoren, zum anderen ist eine sinnvolle Einschränkung auf das, was als ausreichender Wissensstand bezeichnet

[1] Vgl. Bleicher, K., 1991, S. 30.
[2] Dazu auch Abschnitt 2.2.3.2.
[3] Vgl. Bruns, W.J./Waterhouse, J.H., 1975; O'Reilly, C.A., 1982; Raymond, L., 1985 und 1990.
[4] Vgl. Hamprecht, M., 1996, S. 61.
[5] Vgl. Weber, J., 1996a, S. 933.
[6] Vgl. Weber, J., 1989, S. 42.
[7] Vgl. Malik, F., 1984, S. 257.
[8] Vgl. Weber, J., 1991a, S. 449.

werden kann, schlichtweg unmöglich. Daher soll der *Kenntnisstand des Anwenders*, d.h. der Geschäftsleitung, über eine Selbsteinschätzung erfolgen und wie folgt definiert werden:

> Unter *Kenntnisstand des Anwenders (User-Know-how)* wird die Selbsteinschätzung des Anwenders bezüglich der Nachvollziehbarkeit der Verrechnungsmethoden, Wertansätze und Informationen der Kostenrechnung verstanden.

Die *Dynamik der Kostenrechnung* umschreibt die Anpassungsintensität und -häufigkeit des Kostenrechnungssystems an Veränderungen des Leistungssystems und damit der Bezugsobjekte. Unter der Dynamik wird dabei die Anpassung innerhalb bestehender Systemstrukturen verstanden, nicht jedoch grundlegende strukturelle Überarbeitung oder Neukonzeptionen der Kostenrechnung. Empirische Ergebnisse weisen auf die geringe Geschwindigkeit der strukturellen Anpassungsprozesse der betrieblichen Informationssysteme hin.[1] Sie sind damit kein Merkmal, das von den bisher beschriebenen Kontextfaktoren kurzfristig beeinflußt wird.

> Unter der *Dynamik der Kostenrechnung* wird die Anpassung der Kostenrechnung an die Veränderungen der Bezugsobjekte verstanden.

3.2.2.3.2 Operationalisierung der Konstrukte

Fünf Indikatoren über Komplexität und Nachvollziehbarkeit der Elemente, Relationen, Wertansätze und Ergebnisse der Kostenrechnung dienen der Abbildung der *Komplexität der Kostenrechnung*. Die Werte für die einzelnen Indikatoren und die Werte für die Gütekriterien der ersten Generation sind alle im Bereich der geforderten Werte bzw. liegen deutlich darüber. Die Gütekriterien der zweiten Generation sind nicht so eindeutig, geben aber keinen Anlaß, die Konzeptualisierung des Faktors in Frage zu stellen.

Der *Kenntnisstand des Benutzers (User-Know-how)* wurde über vier Indikatoren operationalisiert, die eine Selbsteinschätzung des Wissens über die Einsatzmöglichkeiten und -begrenzungen der Kostenrechnung abbilden. Die erzielten Werte können als gut bezeichnet werden. Die Gütekriterien für die Indikatoren und die Kriterien der ersten Generation für das Gesamtmodell werden ausnahmslos übertroffen.

---

[1] Vgl. Emory, J.R./Ness, J.A., 1991, S. 45.

Komplexität der Kostenrechnung

Informationen zu einzelnen Indikatoren des Faktors	Item-to Total-Korrelation	Indikator-reliabilität	t-Wert der Faktor-ladung
Die Zahl der Kostenstellen und -träger ist sehr hoch.	0,46	0,28	7,43
Die Verrechnungsbeziehungen in der Kostenrechnung sind kompliziert.	0,64	0,41	12,57
Häufig ist nicht klar, warum bestimmte Wertansätze verwendet wurden.	0,60	0,60	17,11
Häufig ist nicht klar, wie bestimmte Ergebnisse zustande kommen.	0,57	0,58	16,45
Unsere Kostenrechnung empfinde ich als komplex.	0,52	0,32	8,98

Informationen zum Faktor

Cronbachsches Alpha:	0,78	Goodness-of-Fit-Index (GFI):	0,85
Erklärte Varianz:	54 %	Adjusted GFI:	0,56
Durchschnittlich erfaßte Varianz:	0,44	Comparative-Fit-Index (CFI):	0,79
Faktorreliabilität:	0,75	RMSEA:	0,27
		χ^2-Wert/df.:	35,4

Tabelle 3.5: Informationen zum Faktor „Komplexität der Kostenrechnung"

Kenntnisstand des Benutzers (User-Know-how)

Informationen zu einzelnen Indikatoren des Faktors	Item-to Total-Korrelation	Indikator-reliabilität	t-Wert der Faktor-ladung
Der Nutzen der Kostenrechnung läßt sich leicht beurteilen.	0,56	0,36	13,64
Ich weiß genau, bei welchen Problemen die Kostenrechnung sinnvoll ist.	0,72	0,57	19,24
Ich kann gut einschätzen, was mir die Kostenrechnung wert ist.	0,77	0,61	19,79
Ich weiß genau, für welche Fragestellungen die Informationen aus der Kostenrechnung nützlich sind.	0,70	0,57	22,49

Informationen zum Faktor

Cronbachsches Alpha:	0,84	Goodness-of-Fit-Index (GFI):	0,97
Erklärte Varianz:	70 %	Adjusted GFI:	0,85
Durchschnittlich erfaßte Varianz:	0,53	Comparative-Fit-Index (CFI):	0,97
Faktorreliabilität:	0,84	RMSEA:	0,17
		χ^2-Wert/df.:	14,89

Tabelle 3.6: Informationen zum Faktor „Kenntnisstand des Benutzers (User-Know-how)"

Die *Dynamik der Kostenrechnung* bezieht sich auf die Anpassung der Kostenrechnung an die veränderten Unternehmensverhältnisse. Alle Indikatoren wurden negativ formuliert, um eine Zustimmung zu diesem für den Kostenrechnungsverantwortlichen kritischen Gebiet zu erleichtern. Die Werte sind als akzeptabel zu bezeichnen, was auf einen hohen Zusammenhang zwischen den betrachteten Facetten dieses Konstruktes schließen läßt. Der erste Indikator wurde unter inhaltlichen Gesichtspunkten beibehalten, obwohl die Elimination zu einer geringfügigen Verbesserung der Aussagekraft beitragen könnte.

Dynamik der Kostenrechnung

Informationen zu einzelnen Indikatoren des Faktors	Item-to Total-Korrelation	Indikator-reliabilität	t-Wert der Faktor-ladung
Im laufenden Kostenrechnungssystem ändert sich nur sehr wenig.	0,35	0,15	6,54
Anpassungen der Verrechnungssätze führen wir nur selten durch.	0,59	0,39	11,33
Verrechnungsbeziehungen werden nicht dauernd an veränderte Prozesse oder Produkte angepaßt.	0,62	0,47	11,48
Anpassungen der Kostenrechnung können im Tagesgeschäft häufiger unterbleiben.	0,54	0,35	12,38

Informationen zum Faktor

Cronbachsches Alpha:	0,73	Goodness-of-Fit-Index (GFI):	0,97
Erklärte Varianz:	56 %	Adjusted GFI:	0,86
Durchschnittlich erfaßte Varianz:	0,34	Comparative-Fit-Index (CFI):	0,94
Faktorreliabilität:	0,75	RMSEA:	0,17
		χ^2-Wert/df.:	13,24

Tabelle 3.7: Informationen zum Faktor „Dynamik der Kostenrechnung"

Die *Merkmale der Kostenrechnung* werden über die jeweilige Zahl an Kostenarten, -stellen und -trägern abgebildet. Die Werte wurden jeweils als absolute Zahlen erfragt. Diese Angaben wurden auf dem separaten Beiblatt gemacht, das i.d.R. durch den Kostenrechnungsverantwortlichen ausgefüllt wurde.

3.2.3 Formulierung der Hypothesen

Im Rahmen des ersten Untersuchungsschritts sollen die Merkmale der Kostenrechnung zu ihren Kontextfaktoren in Beziehung gesetzt werden. Die Abbildung 3.4 führt noch einmal alle im folgenden diskutierten Konstrukte und Beziehungen auf.

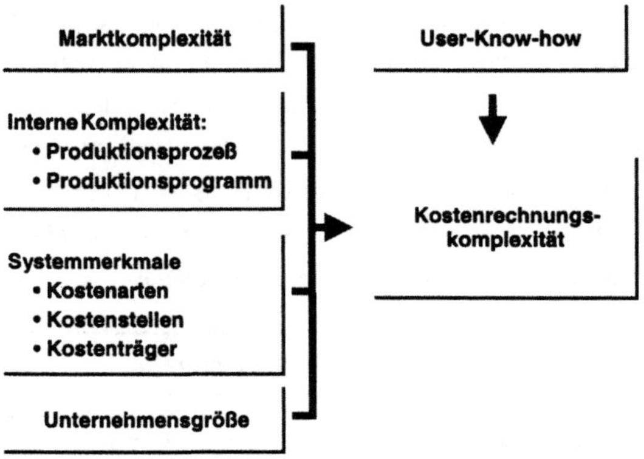

Abb. 3.4: Forschungsmodell zur Überprüfung der Einflußgrößen auf die Kostenrechnungskomplexität

Im Rahmen der Konzeptualisierung wurde bereits auf einige potentielle Zusammenhänge Bezug genommen. In diesem Abschnitt sollen die über theoretische und bisherige empirische Ergebnisse begründeten Zusammenhänge in Forschungshypothesen überführt werden. Diese werden anschließend im Rahmen der eigenen empirischen Erhebung überprüft. Dabei sollen zunächst die Beziehungen zwischen den Komplexitätsmerkmalen der Kostenrechnung und ihren Kontextfaktoren, anschließend die Beziehung zwischen Dynamikmerkmalen und den entsprechenden Kontextfaktoren analysiert werden.

In der Konzeptualisierung wurde bereits ein positiver Zusammenhang zwischen einer erhöhten *externen (Umwelt-)Komplexität* und der Komplexität der Kostenrechnung angedeutet. Die bisherigen empirischen Ergebnisse bestätigen diese Überlegungen. Gordon/Narayanan (1984)[1] ermitteln eine signifikant positive Beziehung zwischen der externen Komplexität bzw. Umweltunsicherheit und Systemmerkmalen. In anderen Untersuchungen wird die erfolgsfördernde Kongruenz – im Sinne einer höheren Zufriedenheit mit der Kostenrechnung – zwischen der Umweltunsicherheit und der Differenzierung der Kostenrechnung bestätigt.[2] Dabei liegt die Überlegung zugrunde, daß eine höhere Zahl an Bezugsobjekten die Zahl der abzubildenden Elemente für die Kostenrechnung erhöht. Je höher die Zahl an verschiedenen Kundensegmenten ist, desto größer wird beispielsweise der Bedarf an einer Kundensegmentrechnung, die neue Auswertungshierarchien mit einem entsprechenden Bedarf

1 Vgl. Gordon, L.A./Narayanan, V.K., 1984.
2 Vgl. Chenhall, R.H., 1986; Gul, F.A., 1991; Gul, F.A., 1994; Chong, V.K./Chong, K.M., 1997.

an Kostenstellen und Kostenträgern nach sich zieht. Diese direkten Effekte erhöhen die *objektive* Komplexität der Kostenrechnung.

H1: Die Marktkomplexität beeinflußt die Kostenrechnungskomplexität positiv.

Eine analoge Argumentation läßt sich für die Auswirkungen der *internen Komplexität* anführen. Jede Erhöhung der Zahl der internen Bezugsobjekte zieht entsprechend eine erhöhte Abbildungsnotwendigkeit durch die Kostenrechnung nach sich. Steigende Programmkomplexität führt zu einer steigenden Detaillierung der Produktplanung und -kontrolle.[1] Entwickelt sich das Wissen über das System nicht in gleichem Umfang weiter, steigt die wahrgenommene Komplexität der Kostenrechnung. Kostenrechnungswissen muß aber angesichts der Charakteristika mittelständischer Führungskräfte als Engpaßwissen gelten, das sich nicht in gleichem Maße wie die objektiven Charakteristika des Kostenrechnungssystems erhöhen läßt. Der Einfluß der internen Umwelt auf die Gestaltung der Kostenrechnung ist unstrittig. Sowohl konzeptionelle Arbeiten[2] als auch empirische Ergebnisse sprechen für einen solchen Zusammenhang.[3] Daher soll die folgende Forschungshypothese gelten:

H2: Die Komplexität des Produktprogramms beeinflußt die Kostenrechnungskomplexität positiv.

H3: Die Komplexität des Produktionsprozesses beeinflußt die Kostenrechnungskomplexität positiv.

Die objektive Komplexität der Kostenrechnung wird im wesentlichen über wenige *Parameter der Kostenrechnung* beeinflußt. Je größer die Zahl an Kostenarten, -stellen und -trägern ist, desto höher wird die objektive Komplexität der Kostenrechnung. Diese Überlegungen führen zur folgenden Forschungshypothese:

H4: Die Parameter der Kostenrechnung
- Kostenarten,
- Kostenstellen,
- Kostenträger,
beeinflussen die Komplexität der Kostenrechnung positiv.

Der Einfluß der *Unternehmensgröße* wird in zahlreichen Beiträgen als wesentlicher Einflußfaktor herausgestellt.[4] Die konzeptionellen und empirischen Ergebnisse bezüglich des

1 Vgl. Weber, J., 1996a, S. 929.
2 Vgl. Kosiol, E., 1964, S. 107.
3 Vgl. Becker, H.P., 1984; Weber, J., 1995b; Weber, J., 1996b; Aust, R., 1999.
4 Vgl. u.a. Bruns, W./Waterhouse, J.H., 1978; Gremillion, L.L., 1984; Macy, G./Arunachalam, V., 1995.

Einflusses auf die Komplexität der Kostenrechnung können als relativ eindeutig gelten.[1] Neben der Zunahme an Bezugsobjekten der Kostenrechnung können durch die zunehmende Größe auch Art und Unterschiedlichkeit der Relationen dieser Bezugsobjekte untereinander zunehmen. So können bei zunehmender funktionaler Trennung beispielsweise Verrechnungspreise zwischen verschiedenen Organisationseinheiten notwendig werden, obwohl die Zahl an Bezugsobjekten konstant geblieben ist. Dieses Phänomen wird durch die Zunahme der Zahl an Organisationsmitgliedern und die damit verbundene Steigerung des Bedarfs an Kommunikation noch verstärkt.[2] Eine zunehmende Unternehmensgröße geht außerdem mit einer höheren Möglichkeit und Notwendigkeit zur DV-mäßigen Durchdringung des betrieblichen Geschehens einher. Da Hard- und Software-Investitionen häufig sprungfixe Kosten sind, lohnt sich die Investition erst ab einer bestimmten Betriebsgröße – ein Phänomen, das insbesondere für mittelständische Unternehmen gilt. Die Komplexität der Kostenrechnung nimmt in diesem Fall mit Einführung des Systems zu. Eine Untersuchung über die Verwendung von SAP-Systemen belegt, daß diese erst ab einer bestimmten Unternehmensgröße sinnvoll eingeführt werden können.[3] Dies führt zu folgender Forschungshypothese:

H5: Die Unternehmensgröße beeinflußt die Komplexität der Kostenrechnung positiv.

Die Komplexität betrifft das Ausmaß der Nachvollziehbarkeit des Kostenrechnungssystems für den Anwender, das sowohl eine Funktion der objektiven Komplexität als auch der kognitiven und kapazitativen Restriktionen des Befragten ist. Diese Nachvollziehbarkeit sinkt bei einer Erhöhung der objektiven Komplexität der Kostenrechnung ceteris paribus nur dann, wenn das Niveau an relevantem Wissen über das System konstant gehalten wird. Wie bereits bei der Konzeptualisierung begründet, soll folgende Forschungshypothese gelten:

H6: Der Kenntnisstand des Anwenders (User-Know-how) beeinflußt die Kostenrechnungskomplexität negativ.

Nach der Betrachtung der Einflußfaktoren auf die Komplexität der Kostenrechnung sollen nun entsprechende Überlegungen unter systemtheoretischen Aspekten auch für das Verhältnis der Dynamik der Umfeld- und Kostenrechnungsmerkmale zueinander angestellt werden. Abbildung 3.5 führt die Beziehungen noch einmal auf. Dabei liegen positive empirische Ergebnisse nur für die interne Dynamik vor.[4]

---

1 Vgl. Ein-Dor, P./Segev, E., 1978; Raymond, L., 1990; Küpper, H.-U., 1993; Li, E.Y., 1997b.

2 Vgl. Gremillion, L.L., 1984, S. 6.

3 Vgl. Buxmann, P./König, W., 1997, S. 336f.

4 Vgl. Aust, R., 1999.

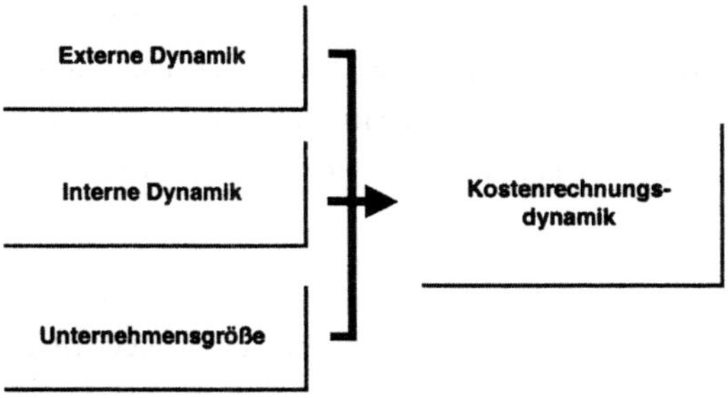

Abb. 3.5: Forschungsmodell zur Untersuchung der Einflußgrößen auf die Kostenrechnungsdynamik

Die *externe Dynamik* wirkt sich dabei über eine Veränderung der Bezugsobjekte oder ihrer Relationen auf die Dynamik der Kostenrechnung aus. Die Kostenrechnung sollte dabei die Veränderungen in ihrer wertmäßigen Abbildung nachvollziehen. Je stärker sich die externen Bezugsobjekte der Kostenrechnung verändern, desto größer wird die Diskrepanz zwischen der ursprünglichen Abbildung und den objektiven Abbildungserfordernissen. Eine entsprechende Anpassung der Kostenrechnung führt dazu, daß die externe Dynamik die Dynamik der Kostenrechnung positiv beeinflußt:

H7: Die externe Dynamik beeinflußt die Dynamik der Kostenrechnung positiv.

Analog gilt dies auch für die Veränderung der internen Bezugsobjekte, die über die *interne Dynamik* abgebildet wird. „Ein höherer Veränderungsgrad organisatorischer Strukturen bedeutet einen entsprechenden Veränderungsgrad der Kostenrechnung."[1] Da dieser Einfluß unmittelbar auf die Gestaltung der Kostenrechnung wirkt, steht zu vermuten, daß die interne Dynamik einen stärkeren Einfluß auf die Kostenrechnung hat als die externe Dynamik. Dies führt zu folgender Forschungshypothese:

H8: Die interne Dynamik beeinflußt die Dynamik der Kostenrechnung positiv.

Das Verhältnis der *Unternehmensgröße* zur Dynamik der Kostenrechnung läßt sich unter verschiedenen Aspekten mit unterschiedlichen Ergebnissen argumentativ verbinden. Einerseits wirkt sich die Unternehmensgröße über eine Zunahme der Bezugsobjekte *negativ* auf die Anpassungsmöglichkeiten der Kostenrechnung bzw. des Informationssystems aus. Ein hoher Veränderungsgrad der anzupassenden Elemente und Relationen erhöht den Aufwand zur

[1] Vgl. Weber, J., 1995b, S. 575.

Systemanpassung dergestalt, daß die laufende Kostenrechnung über ein ungünstiges Verhältnis zwischen Gültigkeitsdauer und Anpassungsaufwand unwirtschaftlich wird.[1] Damit kommt es unter Umständen zur Verfestigung bestehender Strukturen und zur „Betonierung" von einmal als richtig erkannten Abbildungsstrukturen. Dieses Phänomen gilt in erster Linie in Großunternehmen.[2]

Für den Mittelstand läßt sich andererseits ein völlig anderer Zusammenhang postulieren. Bei Unternehmensgrößen bis 500 Mitarbeitern führt eine Zunahme der Unternehmensgröße nicht zu einer Verfestigung von (i.d.R. nichtexistenten) Strukturen, sondern schafft die personellen und technischen Voraussetzungen (Ressourcen) zum Aufbau und zur Anpassung der Kostenrechnung. Das legt den Schluß nahe, daß die sprungfixen Aufwände für die DV-Unterstützung der Kostenrechnung und die Möglichkeit zur Institutionalisierung der Kostenrechner-/Controllerstellen erst die laufende Pflege des Systems ermöglichen. Welcher Einfluß in der Summe überwiegt, soll an dieser Stelle offenbleiben, so daß eine offene Forschungshypothese formuliert wird:

H9: Die Unternehmensgröße beeinflußt die Dynamik der Kostenrechnung.

3.2.4 Überprüfung der Hypothesen

Die Forschungshypothesen wurden mit zwei Regressionsanalysen getrennt für die Einflüsse auf die Komplexität und die Dynamik der Kostenrechnung als endogene Variablen überprüft. Exogene Variablen sind dabei für die Komplexität der Kostenrechnung die in den Forschungshypothesen genannten sechs Kontextfaktoren zur Beschreibung der externen und internen Komplexität sowie die Merkmale der Kostenrechnung. Tabelle 3.8 faßt die Ergebnisse der Regressionsanalyse zusammen.

Auffällig ist zunächst der Erklärungsgehalt des Modells von 12,5 %. Demnach ist die Variation der Komplexität der Kostenrechnung auf eine Reihe anderer, nicht betrachteter Faktoren zurückzuführen. Ziel dieses Modells ist es allerdings nicht, einen möglichst hohen Erklärungsgehalt zu erzielen, sondern spezifischer den Nachweis von Variationen durch die Kontextfaktoren zu erbringen.[3] Trotz dieses Befundes wird die Hypothese, daß keine (lineare) Beziehung zwischen exogenen und endogenen Variablen besteht, auf Basis des F-Tests deutlich auf dem 1%-Niveau abgelehnt. Multikollinearität kann angesichts der Unterschiedlichkeit der verwendeten Konstrukte und der Konstruktmessung als kontrollierbar angesehen

[1] Vgl. Weber, J., ebd.
[2] Vgl. Weber, J., 1997, S. 296.
[3] Vgl. Kiedaisch, I., 1997, S. 147.

werden. Inhaltlich ergibt sich aufgrund der betrachteten Konstrukte für die Dynamik- und Komplexitätsmaße eine solche Vermutung. Gemäß den Empfehlungen von Mason/Perreault (1991)[1] wurden die bivariaten Korrelationen zwischen allen Konstrukten überprüft. Sie liegen alle deutlich unter dem als kritisch angesehenen Schwellenwert von 0,8.

Endogene Variable / **Exogene Variablen**	**Effekt auf die Kostenrechnungskomplexität**[1)2)]
H1: Externe Komplexität	0,156***
H2: Komplexität des Produktionsprozesses	0,095*
H3: Komplexität des Produktprogramms	0,118*
H4: Kostenarten	0,107**
Kostenstellen	0,102*
Kostenträger	-0,017
H5: Unternehmensgröße	0,056
H6: User-Know-how	-0,134***
Erklärungsgehalt des Modells[3)]	12,5 %***

1) Die angegebenen Werte sind standardisierte Regressionskoeffizienten (Beta-Koeffizienten).
2) *: Signifikanz auf dem 10%-Niveau
**: Signifikanz auf dem 5%-Niveau
***: Signifikanz auf dem 1%-Niveau
3) Erklärungsgehalt durch quadrierte multiple Korrelation gemessen.

Tabelle 3.8: Einflüsse der Kontextfaktoren auf die Komplexität der Kostenrechnung: Ergebnisse der Regressionsanalyse

Unter den exogenen Variablen zeigen sieben von acht Variablen die in den Hypothesen *H1* bis *H6* unterstellten Vorzeichen. Den stärksten Einfluß auf die Komplexität der Kostenrechnung üben die externe und interne Komplexität sowie der Kenntnisstand des Anwenders aus. Sie bestätigen damit die Hypothesen *H1*, *H2*, *H3* und *H6*. Die Anzahl der Kostenarten und die der Kostenstellen haben in etwa gleich hohe Bedeutung für die Komplexität der Kostenrechnung, was die Hypothese *H4* teilweise bestätigt. Der Einfluß der Kostenträger und der Einfluß der Unternehmensgröße (*H5*) können dagegen nicht bestätigt werden. Die empirischen Ergebnisse sind damit dennoch in der Summe als Beleg für die Kontextabhängigkeit der Kostenrechnung zu werten.

1 Vgl. Mason, C.H./Perreault, W.D., 1991, S. 270.
2 Vgl. Kiedaisch, I., 1997, S. 147.
3 Vgl. Mason, C.H./Perreault, W.D., 1991, S. 270.

Aust (1999)[1] stellt in einer ähnlichen Untersuchung *keinen* Zusammenhang zwischen der externen Umweltkomplexität und der Systemkomplexität fest. Dies ist vermutlich auf zwei Ursachen zurückzuführen:

- Verwendung einer anderen Konzeptualisierung und Operationalisierung des Konstrukts *Komplexität*.[2]
- In der vorliegenden Untersuchung wurde die Leitung der *Geschäftsführung* sowohl zur Einschätzung der Umweltmerkmale als auch zur Einschätzung der Komplexität der Kostenrechnung befragt. Aust (1999)[3] befragte zu beiden Merkmalen die *Kostenrechnungsverantwortlichen*, da ihre Einschätzung für die Gestaltung des Systems ausschlaggebend ist. Dies ist vermutlich in einem Großunternehmenskontext plausibel, nicht jedoch mit den institutionellen Besonderheiten des Mittelstands vereinbar:[4] Der autonome Gestaltungsspielraum der Kostenrechnungsverantwortlichen muß dort als äußerst gering bezeichnet werden.[5]

Der Effekt der Unternehmensgröße bzw. des Unternehmenswachstums wurden bereits thematisiert und soll noch einmal differenziert betrachtet werden. Die Unternehmensgröße hat keine direkten Wirkungen auf die Komplexität der Kostenrechnung, sondern nur ihre derivativen Effekte haben eine positive Assoziation zur Komplexität der Kostenrechnung.

Zur detaillierteren Überprüfung dieses Effektes wurden fünf weitere bivariate Regressionsanalysen mit der Unternehmensgröße als exogener Variable und den Parametern der Kostenrechnung sowie den internen Komplexitätsmaßen als endogenen Variablen durchgeführt. Die Ergebnisse finden sich in Tabelle 3.9.

Die Effekte für die Kostenrechnungsparameter und die interne Dynamik sind signifikant und belegen damit den differenzierten Einfluß der Unternehmensgröße auf die betrachteten Parameter. Die interne Komplexität – Produktionsprozeß und Produktionsprogramm – wird nicht über die Unternehmensgröße beeinflußt. Dieses Ergebnis verdeutlicht die Notwendigkeit der differenzierten Betrachtung des Phänomens der Unternehmensgröße, da über einen monokausalen Erklärungsansatz wesentliche Beziehungen verborgen bleiben.

---

1 Vgl. Aust, R., 1999.

2 Er rekurriert auf die Wahrnehmung der Zahl der Elemente und Relationen des Systems als komplex oder hoch, orientiert sich aber bei der Operationalisierung stark an den objektiven Merkmalen, die in der vorliegenden Untersuchung getrennt von der Wahrnehmung als objektive Systemmerkmale erhoben wurden.

3 Vgl. Aust, R., 1999.

4 Vgl. Weber, J., 1992a, S. 182.

5 Aus Sicht des Betreibers eines Kostenrechnungssystems ist darüber hinaus eine hohe Komplexität sicherlich seltener gegeben.

Endogene Variablen	Effekt der Unternehmensgröße[1)2)]
Komplexität des Produktionsprozesses	0,071
Komplexität des Produktionsprogramms	0,053
Interne Dynamik	0,097**
Kostenarten	0,138***
Kostenstellen	0,211***
Kostenträger	0,087*

1) Die angegebenen Werte sind standardisierte Regressionskoeffizienten (Beta-Koeffizienten).
2) *: Signifikanz auf dem 10%-Niveau
**: Signifikanz auf dem 5%-Niveau
***: Signifikanz auf dem 1%-Niveau

Tabelle 3.9: Einflüsse der Unternehmensgröße auf die Parameter der Kostenrechnung: Ergebnisse der Regressionsanalysen

Zusammen mit den Ergebnissen des vorherigen Untersuchungsschritts hat das resultierende Strukturmodell damit die in Abbildung 3.6 dargestellte Form. Allerdings verbleibt ein wesentlicher Teil der Varianz des Komplexitätsmaßes, der durch das bestehende Forschungsmodell nicht erklärt wird. Vermutlich sind zwei andere, explizit nicht berücksichtigte Faktoren dafür verantwortlich: Die Komplexität der Kostenrechnung hängt von der Art der Kommunikation und Aufbereitung der Informationen ab. Selbst ein im Grunde wenig komplexes System kann durch eine unzureichende Aufbereitung (etwa in Form von Listen) oder fehlende Möglichkeiten zur Veranschaulichung erheblich an Transparenz verlieren.[1] Fehlende Erläuterungen zur Rechenmethodik und unklare, über die Zeit variierende Wertansätze verstärken einen solchen Eindruck. In einer ergänzenden Analyse wurde der Einfluß verschiedener Systeme auf die Komplexitätswahrnehmung untersucht. Die Komplexität der Kostenrechnung ist *unabhängig* vom eingesetzten System (Tabellenkalkulation, SAP usw.).

1 Vgl. Weber, J., 1989, S. 43.

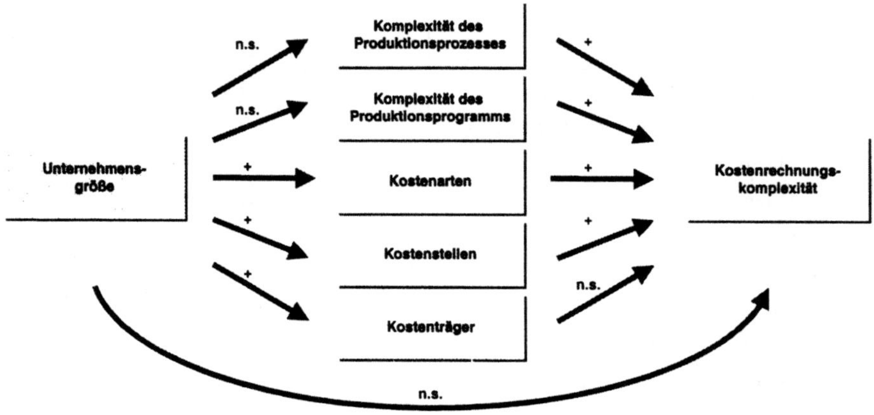

Abb. 3.6: Strukturmodell des Einflusses der Unternehmensgröße

Stärkeren Ausschlag für den in der Summe geringen Zusammenhang dürfte jedoch der *diskretionäre Spielraum* mittelständischer Unternehmen bei der Gestaltung der Kostenrechnung geben. Auch eine hohe interne oder externe Komplexität führt nicht zwangsläufig zu einer Anpassung des Systems, da es an einem funktionierenden Algorithmus zur Übersetzung in die Merkmale der Kostenrechnung fehlt. Die Schaffung einer Kongruenz zwischen Systemmerkmalen und Kontextfaktoren erfordert ein entsprechendes Bewußtsein über diese Zusammenhänge und ein entsprechendes Wissen zur Umsetzung im System. Der Bedeutung solcher Faktoren für die Anpassung der Kostenrechnung an Umweltmerkmale soll im Anschluß an die Überprüfung der Zusammenhänge zur Dynamik nachgegangen werden.

In einer zweiten Regressionsanalyse wurden exogene Variablen – die interne und externe Dynamik sowie die Unternehmensgröße – zur Dynamik der Kostenrechnung in Beziehung gesetzt. Tabelle 3.10 faßt die Ergebnisse zusammen.

Die Hypothese der Unabhängigkeit der Variablen voneinander kann auf dem 10%-Niveau zwar nicht verworfen werden, allerdings ist der Erklärungsgehalt des Modells äußerst gering. Für die externe Dynamik kann kein Effekt auf die Dynamik der Kostenrechnung festgestellt werden, so daß *H7* abgelehnt werden muß. Die Hypothese *H8* kann tendenziell bestätigt werden, auch *H9* ist signifikant positiv, doch sind die Einflüsse gering und nur auf dem 10%-Niveau signifikant. Dieses Ergebnis bestätigt damit den Zusammenhang, der sich bereits in bezug auf die Komplexität der Kostenrechnung angedeutet hat.

Endogene Variable / Exogene Variablen	Effekt auf die Kostenrechnungsdynamik[1)2)]
H7: Externe Dynamik	-0,49
H8: Interne Dynamik	0,093*
H9: Unternehmensgröße	0,088*
Erklärungsgehalt des Modells[3)]	2,9 %*

1) Die angegebenen Werte sind standardisierte Regressionskoeffizienten (Beta-Koeffizienten).
2) *: Signifikanz auf dem 10%-Niveau
**: Signifikanz auf dem 5%-Niveau
***: Signifikanz auf dem 1%-Niveau
3) Erklärungsgehalt durch quadrierte multiple Korrelation gemessen.

Tabelle 3.10: Einflüsse der Kontextfaktoren auf die Dynamik der Kostenrechnung: Ergebnisse der Regressionsanalyse

Aust (1999) stellt in seiner Untersuchung ebenfalls einen signifikanten Zusammenhang zwischen der internen Dynamik und der Systemdynamik fest. Da die Operationalisierung in diesem Fall ähnlich, wenn auch nicht identisch ist, sind die Ergebnisse vergleichbar und werden bestätigt. Der Erklärungsgehalt des vorliegenden Modells ist äußerst gering, so daß die Ergebnisse angesichts normativer Forderungen nach der Aktualität und Wirklichkeitstreue der Abbildung durch das Kostenrechnungssystem zu wünschen übriglassen. An der Berechtigung der Forschungshypothesen soll an dieser Stelle angesichts der ausführlichen Begründung nicht gezweifelt werden. Vielmehr bestätigt sich die Vermutung von Weber (1995b), daß „Standardsoftware den Beleg ihrer Anpaßbarkeit an dynamikkompensierende Führungs- und Ausführungsstrukturen noch lange nicht erbracht hat".[1]

Interessant ist an dieser Stelle, daß die Unternehmensgröße einen signifikant positiven Einfluß auf die Systemdynamik hat. Der indirekte Effekt der zunehmenden Ressourcenbereitstellung über die kritische Größe zum Betrieb einer Kostenrechnung überlagert damit offenbar alle anderen beschriebenen dynamiksenkenden Effekte.

1 Vgl. Weber, J., 1995b, S. 577.

3.2.5 Überprüfung des Einflusses des Managements auf die Kongruenz zwischen Umwelt und Kostenrechnung

3.2.5.1 Ausgangspunkt der ergänzenden Analyse

In einem dritten Schritt soll die *Moderation* der beschriebenen Effekte für die Komplexität der Kostenrechnung durch das Interesse des Managements für die Kostenrechnung (Management Attention) untersucht werden.

Alle Überlegungen zur Beeinflussung der Unternehmensstruktur durch externe oder interne Umweltvariablen unterstellen implizit, daß ein rationaler Algorithmus aus Problemidentifikation und -lösung existiert, der die Übersetzung dieser Anforderungen in die Unternehmensstruktur leistet. Theoretisch-konzeptionelle Ansätze unterstellen regelmäßig die Funktionsweise eines solchen Algorithmus, „assuming, that adminstrators will choose the activity system and technology that is most suited to the organization's environment".[1] Unter Bezug auf den Population-Ecology-Ansatz zeigt Aldrich (1979), daß für jede Organisation nur ein bestimmtes Spektrum an Freiheitsgraden bezüglich ihrer eigenen Aktionen besteht. Eine beliebige „Off-the-shelf"-Adaption ist daher nicht möglich, sondern ist immer durch die gegebenen Ressourcen der Organisation beschränkt. Handlungsträger dieses Mechanismus – und damit die notwendigen Ressourcen zur Schaffung dieser Kongruenz – können aber in mittelständischen Unternehmen nur die Geschäftsleitung (und/oder die Kostenrechnungsverantwortlichen) sein. Insofern ist davon auszugehen, daß ein höheres Interesse für die Belange der Kostenrechnung auf seiten des Managements auch das Bestreben nach einer hohen Kongruenz mit den Umweltmerkmalen unterstützt.

Dabei ist das Interesse für die Kostenrechnung mit dem Kenntnisstand des Benutzers[2] verwandt, aber nicht identisch. Der Kenntnisstand des Benutzers umschreibt eine Eigenschaft des Empfängers von Kostenrechnungsinformationen, die nicht in eine aktive Anteilnahme an der Gestaltung und Nutzung von Kostenrechnung mündet. Unter dem Interesse der Geschäftsleitung für die Kostenrechnung ist daher zunächst, unabhängig vom Kenntnisstand, die aktive Förderung der Kostenrechnung zu verstehen. Zusammenfassend wird darunter folgendes Konstrukt gefasst:

> Unter dem *Interesse der Geschäftsleitung (Management Attention)* für die Kostenrechnung wird das Interesse für Gestaltung und Verwendung der Kostenrechnung im Unternehmen verstanden.

[1] Vgl. Aldrich, H., 1979, S. 17.
[2] Vgl. Abschnitt 3.2.2.3.

Das Forschungsmodell hat damit folgenden Aufbau:

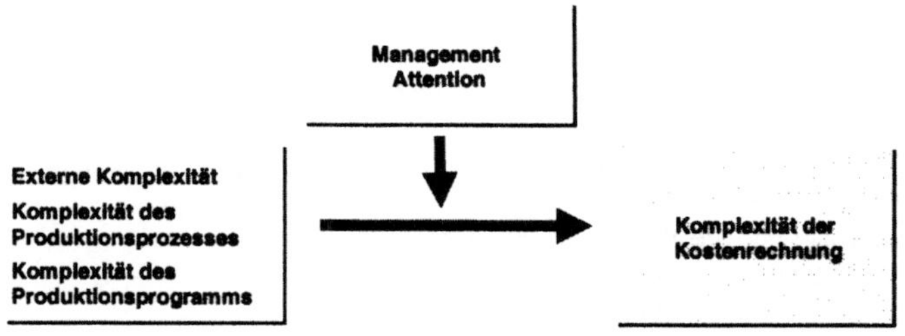

Abb. 3.7: Forschungsmodell zur Überprüfung der Moderation durch die Management Attention

3.2.5.2 Überprüfung der Hypothesen

Im Rahmen der Operationalisierung der *Management Attention* wurden die skizzierten Aspekte einer gesteigerten Aufmerksamkeit der Geschäftsleitung für die Kostenrechnung in Indikatoren übersetzt.

Dabei weist die Operationalisierung einen gewissen Bezug zur Operationalisierung des *User Involvement* in anderen Untersuchungen auf.[2] Unter diesem Begriff wird allgemein der Einbezug des Managements in die Entscheidungen über die Gestaltung der Kostenrechnung verstanden. Allerdings bezieht sich diese Auffassung auf den Typus des Großunternehmens, in dem verschiedene Abteilungen – idealtypisch auf einem internen Markt – Angebot und Nachfrage der gelieferten Informationen in Abstimmungsprozessen definieren. Eine Einbindung des Managements geht in diesen Fällen i.S.e. internen Dienstleistung regelmäßig vom Kostenrechnungsverantwortlichen aus. In mittelständischen Unternehmen hat die Geschäftsleitung eine so zentrale Rolle, daß die Aufmerksamkeit für die Kostenrechnung aus ihrer Sicht im Sinne einer aktiven, steuernden Rolle des Managements operationalisiert wird.

---

1 Vgl. Abschnitt 3.2.2.3.

2 Vgl. u.a. Franz, C.R./Robey, D., 1986.

Aufmerksamkeit des Managements für die Kostenrechnung (Management Attention)

Informationen zu einzelnen Indikatoren des Faktors	Item-to Total-Korrelation	Indikator-reliabilität	t-Wert der Faktor-ladung
Die Geschäftsleitung interessiert sich sehr für die Gestaltung der Kostenrechnung.	0,75	0,57	21,12
Die Geschäftsleitung bringt häufig ihre Vorstellungen bei der Veränderung der Kostenrechnung ein.	0,71	0,53	19,91
Die Geschäftsleitung fördert die Verwendung von Informationen der Kostenrechnung im Unternehmen.	0,70	0,51	19,25
Die Veränderung/Anpassung der Kostenrechnung wird von der Geschäftsleitung mit großer Aufmerksamkeit betrieben.	0,80	0,64	22,02

Informationen zum Faktor			
Cronbachsches Alpha:	0,88	Goodness-of-Fit-Index (GFI):	0,99
Erklärte Varianz:	74 %	Adjusted GFI:	0,96
Durchschnittlich erfaßte Varianz:	0,56	Comparative-Fit-Index (CFI):	0,99
Faktorreliabilität:	0,88	RMSEA:	0,08
		χ^2-Wert/df.:	3,98

Tabelle 3.11: Informationen zum Faktor „Aufmerksamkeit des Managements für die Kostenrechnung (Management Attention)“

Die Werte liegen ausnahmslos über den geforderten Gütekriterien, was auf die Qualität der Konzeptualisierung und Operationalisierung schließen läßt. Die oben skizzierten Überlegungen führen zur folgenden Forschungshypothese:

H10: Der Einfluß der Komplexitätsmerkmale der externen und internen Umwelt auf die Komplexität der Kostenrechnung wird durch das Interesse des Managements (Management Attention) für die Kostenrechnung positiv (verstärkend) moderiert.

Zur Überprüfung dieser Forschungshypothese wurden insgesamt drei *moderierte* Regressionsanalysen durchgeführt mit der Komplexität des Absatzmarktes, des Produktionsprozesses und des Produktionsprogramms als exogener und der Kostenrechnungskomplexität als endogener Variable.

[1] Vgl. u.a. Franz, C.R./Robey, D., 1986.

Exogene Variablen \ Endogene Variable	Effekt auf die Kostenrechnungskomplexität[1)2)]
Komplexität des Produktionsprozesses	0,083
Komplexität des Produktionsprogramms	0,043
Externe Komplexität	0,096

[1)] Die angegebenen Werte sind standardisierte Regressionskoeffizienten (Beta-Koeffizienten).
[2)] *: Signifikanz auf dem 10%-Niveau
**: Signifikanz auf dem 5%-Niveau
***: Signifikanz auf dem 1%-Niveau
[3)] Erklärungsgehalt durch quadrierte multiple Korrelation gemessen.

Tabelle 3.12: Moderation der Kontextabhängigkeit der Kostenrechnung durch die Management Attention: Ergebnisse der moderierten Regressionsanalyse

Die Ergebnisse finden sich in Tabelle 3.12. Keine der moderierten Regressionsanalysen erbrachte ein bestätigendes Ergebnis für die Hypothese *H10*. Damit muß an dieser Stelle eine Bedeutung der Aufmerksamkeit des Managements für die Gestaltung der Kostenrechnung in dieser direkten Form ausgeschlossen werden. Eine hohe Aufmerksamkeit für die Kostenrechnung ist damit kein Garant für eine entsprechende Gestaltung der Kostenrechnung.

3.2.6 Diskussion der Ergebnisse

Aus den vorherigen Analysen lassen sich einige Schlußfolgerungen für die aktuelle Gestaltung der Kostenrechnung in deutschen mittelständischen Unternehmen des verarbeitenden Gewerbes ableiten. Die deskriptiven Resultate ergaben bereits, daß die kostenrechnerische Durchdringung mittelständischer Unternehmen als eingeschränkt gelten kann. Die Ergebnisse der Regressionsanalysen belegen deutlich, daß die Gestaltung der Kostenrechnung im wesentlichen eigenzentriert erfolgt, d.h. die Gestaltungsparameter Komplexität und Dynamik nur eingeschränkt an die Kontextfaktoren angepaßt werden. Aus theoretischer Sicht müssen diese Ergebnisse zur Kontextabhängigkeit der Kostenrechnung angesichts der umfangreichen theoretischen und empirischen Begründung der Zusammenhänge als unbefriedigend gelten. Die häufig geforderten Merkmale der Realitätsnähe und Aktualität können insbesondere angesichts der Ergebnisse zur Kostenrechnungsdynamik nicht erfüllt werden.

Eine ergänzende Analyse zeigte, daß das in zahlreichen normativen Beiträgen geforderte Interesse der Geschäftsleitung (Management Attention) für die Kostenrechnung keinen Einfluß auf die Schaffung einer Kongruenz zwischen Umwelt und Kostenrechnungssystem hat. Die Existenz eines rationalen Algorithmus zur Übersetzung von Umweltmerkmalen in Systemmerkmale, die sowohl systemtheoretischen wie auch situativen Ansätzen zugrunde liegt, ist offenbar selbst unter günstigsten Voraussetzungen nicht in der postulierten Eindeutigkeit nachzuweisen. Vielmehr ist von einem Stillstand der innerbetrieblichen Systeme – im Sinne einer weitgehenden Unabhängigkeit – angesichts einer hohen Umweltkomplexität und -dynamik auszugehen.

Ob eine solche Anpassung an die erhöhte Umweltkomplexität und -dynamik zu fordern wäre, soll an dieser Stelle offenbleiben.[1] Die Komplexität der Kostenrechnung wird von den untersuchten Unternehmen auf einer Skala von 1 (geringe Komplexität) bis 7 (hohe Komplexität) mit einem geringen Mittelwert von 3,4 eingestuft. Für kleine Unternehmen (50-99 Mitarbeiter) beträgt der Wert sogar nur 3,0. Angesichts dieser Ergebnisse ist von einer zu geringen kostenrechnerischen Durchdringung des betrieblichen Geschehens auszugehen. Damit besteht gerade im Vergleich mit Großunternehmen[2] zunächst ein erheblicher Spielraum bei der kostenrechnerischen Durchdringung nach oben, wie er auch in normativen Arbeiten postuliert wird. Es bleibt in den folgenden Analyseschritten zu prüfen, ob mit einer Erhöhung der Komplexität der Kostenrechnung nicht ungewollte Sekundärwirkungen verbunden sind, die die Vorteile einer realitätsnäheren Abbildung u.U. konterkarieren. Die skizzierte Verbindung der Gestaltungsparameter Komplexität und Dynamik mit Erfolgsgrößen der Kostenrechnung im konzeptionellen Bezugsrahmen indiziert bereits potentielle Interdependenzen.

Diese vorläufige Interpretation der Ergebnisse weist auf eine wesentliche Folge für die Gestaltung der Kostenrechnung – nicht nur in mittelständischen Unternehmen – hin. Die Gestaltung der Kostenrechnung erweist sich als ein komplexes, interdependentes Problem mit einer mehrdimensionalen Zielfunktion. Eine tiefere kostenrechnerische Durchdringung des betrieblichen Geschehens wird von einem Absinken der Nachvollziehbarkeit der Kostenrechnung begleitet und, wie gezeigt, in erheblichem Umfang durch das relevante Wissen der Anwender beeinflußt. Normative Empfehlungen vernachlässigen regelmäßig diese Interdependenzen und resultierenden Restriktionen.

Ebenso bringt eine höhere Management Attention für die Gestaltung der Kostenrechnung zunächst keine Vorteile mit sich. Der Wirkungszusammenhang zwischen Kontext- und Gestaltungsfaktoren bleibt von einer höheren Aufmerksamkeit des Managements für die Kostenrechnung unbeeinflußt. Die Unternehmen schätzen dabei die Management Attention ihrer Geschäftsleitung durchweg hoch ein. Auf einer Skala von 1 bist 7 liegt der durchschnittliche Wert bei 5,5.[3] Insofern bleibt an dieser Stelle unklar, ob eine hohe Management

[1] Aust (1999) kommt in diesem Zusammenhang zu einem gegenteiligen Ergebnis, allerdings auf Basis einer wesentlich höheren Ausgangskomplexität der Systeme. Vgl. Aust, R., 1999, S. 178.

[2] Vgl. Aust, R., 1999.

[3] Bemerkenswerterweise ist der Wert für die kleinste Unternehmensklasse am höchsten (5,77), während er für die größte Unternehmensklasse nur bei 5,15 liegt.

Attention überhaupt mit positiven Wirkungen für die Kostenrechnung verbunden ist oder ob die geäußerte Zustimmung zur Kostenrechnung nicht vielmehr einer Orientierung an einem „akademisch" erwünschten Entscheidungs- und Führungsverhalten entspringt. Ihr Einfluß auf die Nutzung der Kostenrechnung wird daher in Kapitel 4 untersucht. Im folgenden Untersuchungsschritt sollen aber zunächst die Einflüsse der Gestaltungsparameter sowie weiterer organisatorischer und persönlicher Einflußfaktoren auf den Erfolg bzw. die Beurteilung der Kostenrechnung analysiert werden.

4 Erfolg und Nutzung der Kostenrechnung im Mittelstand

4.1 Erfolg der Kostenrechnung im Mittelstand

Im Rahmen der Behandlung der zweiten Forschungsfrage sollen zunächst verschiedene Begriffe des Erfolgs der Kostenrechnung diskutiert und spezifiziert werden. Darauf aufbauend werden mögliche Determinanten des Erfolgs der Kostenrechnung diskutiert, die Beziehungen in Forschungshypothesen überführt und empirisch überprüft.

4.1.1 Grundlagen des Erfolgs von Informationssystemen

Der Erfolg von Informationssystemen wird in der Betriebswirtschaftslehre in verschiedenen Fachrichtungen kontrovers diskutiert. Ein Konsens ist schon aufgrund der unterschiedlichen Erkenntnisobjekte und Forschungsprogramme der beteiligten Disziplinen nicht zu erwarten. Eine Auswahl muß sich also an einem Vergleich der Bemühungen verschiedener Forschungsrichtungen orientieren.

4.1.1.1 Erfolgsgrößen von Informationssystemen

Die Frage nach dem Erfolg einer Kostenrechnung wird gerade im Mittelstand von einer Diskussion um Aufwand und Nutzen derselben begleitet. Schon die zunächst vermeintlich einfachere Frage nach den Kosten der Kostenrechnung läßt sich nicht abschließend beantworten. Während sich die einmaligen Einführungskosten der Kostenrechnung u.U. noch quantifizieren lassen, können die meisten Kostenrechner oder Controller keine Angaben zu den laufenden Kosten der Kostenrechnung machen: Die Kostenrechnung ist offenbar kein Bezugsobjekt ihrer selbst. Weber (1992b)[1] unterscheidet in diesem Zusammenhang Systemkosten, Erfassungskosten, kostenrechnungsinterne Auswertungskosten sowie kostenrechnungsexterne Auswertungskosten. Die empirischen Ergebnisse zu diesem Thema sind begrenzt[2] und deuten auf Kosten im Promillebereich des Umsatzes hin.[3] Allerdings muß die

---

1 Vgl. Weber, J., 1992b, S. 473f.

2 Vgl. Weber, J., 1993b, S. 272-274; Weber, J./Weißenberger, B.E./Aust, R., 1997, S. 32.

3 Vgl. Weber, J./Weißenberger, B.E./Aust, R., 1997, S. 395; Aust, R., 1999.

Vergleichbarkeit dieser Kostenangaben über Unternehmensgrenzen hinweg als deutlich eingeschränkt gelten.[1]

Der Anspruch der Kostenrechnung, zur Steuerung betrieblicher Aktivitäten nach Wirtschaftlichkeitsgesichtspunkten durch eine wertmäßige Abbildung beizutragen, fordert die Frage nach der eigenen Wirtschaftlichkeit geradezu heraus. Kostenrechnung ist im Gegensatz zur externen Rechnungslegung ein fakultatives Informationssystem, das seine Berechtigung aus dem Nutzen der von ihm gelieferten Informationen für das Unternehmen und seine Entscheidungsträger ableiten muß.[2]

Wie gezeigt, kann die Kostenrechnung verschiedene Rollen innerhalb des Unternehmens wahrnehmen, die ihre Bedeutung und damit ihren Nutzen im organisatorischen Kontext kumulativ erhöhen.[3] Im Vergleich zu Großunternehmen besteht allerdings in mittelständischen Unternehmen aufgrund institutioneller Besonderheiten ein deutlich geringeres Potential an nutzenstiftenden, insbesondere verhaltenssteuernden Rollen. Die Wahl eines geeigneten Erfolgsmaßstabs muß sich also eng an den Gegebenheiten der Grundgesamtheit orientieren. Die Besonderheiten der Führungssituation stehen häufig aus konzeptionellen Überlegungen heraus einer Übertragbarkeit der existierenden Ansätze zur Messung des Erfolgs von Informationssystemen entgegen. Im folgenden sollen anhand einer eigenen Systematisierung ausgewählte Erfolgsbegriffe für Informationssysteme aus verschiedenen Forschungsrichtungen diskutiert werden.[4] Dabei beschränken sich die Überlegungen aus ersichtlichen Gründen auf Erfolgsbegriffe, die einer Quantifizierung und damit einer Operationalisierung im Rahmen eines Meßmodells zugänglich sind.

Erfolgsbegriffe lassen sich anhand ihrer Bezugsebene in systembezogene und organisations- bzw. individuumsbezogene Erfolgsgrößen unterscheiden. *Systembezogene* Erfolgsbegriffe knüpfen direkt an Charakteristika des Informationssystems oder seines Outputs (Informationen) an.[5] *Organisations- oder individuumsbezogene* Erfolgsgrößen orientieren sich an den Wirkungen von Kostenrechnungssystemen auf einzelne Organisationsmitglieder oder die Organisation als Ganzes. Als zweite Unterscheidung bietet sich eine Unterteilung in objektive und subjektive Erfolgsgrößen an. *Objektive* Erfolgsgrößen lassen sich dabei intersubjektiv nachvollziehbar erheben, während *subjektive* Größen die Einschätzung aus einer individuellen Sicht des Befragten abbilden. Folgt man dieser Unterscheidung, erhält man eine Vier-Felder-

1 Vgl. Weber, J./Aust, R., 1997, S. 29.

2 Vgl. Weber, J., 1989, S. 35; Weber, J., 1997, S. 296.

3 Vgl. auch Abschnitt 2.2.2.3.1.

4 Vgl. auch im folgenden Li, E.Y., 1997, andere Systematisierungen finden sich bei DeLone, W.H./McLean, E.R., 1992 und Aust, R., 1999.

5 Vgl. Li, E.Y., 1997, S. 15.

Matrix mit den genannten Unterscheidungen als Achsenbezeichnung. Tabelle 4.1 stellt diese Matrix dar und gibt einen Überblick über ausgewählte Erfolgsgrößen, die im folgenden unter besonderer Berücksichtigung der vorliegenden Forschungsfragen und der betrachteten Grundgesamtheit diskutiert werden sollen.

	Objektive Erfolgsgrößen	**Subjektive Erfolgsgrößen**
Systembezogene Merkmale	• Informationswert • Effektivität/Effizienz • Nutzungsintensität/ -häufigkeit • Fehlerraten/Antwortzeiten	• Zufriedenheitsurteile • Qualitätsurteile • Wahrgenommener Nutzen (Perceived usefulness)
Organisations- oder individuumsbezogene Merkmale	• Unternehmenserfolg im Wettbewerbsvergleich • Umsatz-/Kapitalrenditen • Effektivität der Organisation (Organizational effectiveness)	• Arbeitszufriedenheit (Job satisfaction) • Individuelle Leistung (Managerial/Task performance) • Entscheidungs-qualität (Decision-making performance)

Tabelle 4.1: Überblick über die Erfolgsmaßstäbe von Informationssystemen

Zu den *organisationsbezogenen* und *objektiven* Merkmalen zählt im wesentlichen der Unternehmenserfolg. Dabei liegt die Überlegung zugrunde, daß die Kostenrechnung über die Verbesserung der betrieblichen Entscheidungen und Verhaltensweisen der Organisationsmitglieder unmittelbar zum Unternehmenserfolg beitragen kann. Die Kennzeichnung der Kostenrechnung als Führungsinstrument legt diesen Schluß nahe.[1] Unternehmenserfolg läßt sich objektiv als absoluter Wert beispielsweise über den Erfolg der Geschäftseinheit,[2] die Umsatz- und Gewinnentwicklung,[3] sowie den Cash-flow oder über Relationszahlen – Umsatz- oder Kapitalrenditen – abbilden.[4] Darüber hinaus ist eine Messung der Organisationseffektivität (organizational effectiveness) durch eine Selbsteinschätzung möglich.[5]

1 Vgl. Weber, J., 1985, S. 23; Amshoff, B., 1993, S. 79.

2 Vgl. Lucas, H.C., 1973a; Driver, M.J./T.J., 1976; Hayes, D.C., 1977; Otley, D.T., 1980; Kosmider, A., 1991; Mia, L./Chenhall, R.H., 1994; Chong, V.K./Chong, K.M., 1996; Chenhall, R.H./Langfield-Smith, K., 1998; Gelderman, M., 1998.

3 Vgl. Becker, H.P., 1984.

4 Vgl. Becker, H.P., 1984; Simons, R., 1987; Li, M./Ye, L.R., 1999.

5 Vgl. Jaworski, B.J./Kohli, A.K., 1993.

In der wissenschaftlichen Diskussion wird regelmäßig die Auffassung vertreten, daß der Erfolgsbeitrag der Kostenrechnung im Verhältnis zu anderen Faktoren nur eine relativ geringe Rolle für den Unternehmenserfolg spielt und insbesondere schwer isolierbar sein dürfte.[1] Der Unternehmenserfolg bildet die Gesamtheit aller betrieblichen Aktivitäten ab und wird so durch zahlreiche Einflußgrößen bestimmt. Eine Messung über die genannten Größen wird daher als kritisch betrachtet.[2] In bezug auf mittelständische Unternehmen läßt sich aber auch argumentieren, daß gerade angesichts der hohen Bedeutung der Entscheidungen einzelner Handlungsträger[3] der Erfolgsbeitrag der Kostenrechnung durchaus auf Ebene des Unternehmenserfolgs meßbar sein kann. Dieser Zusammenhang wurde bereits bei der Herleitung der Bezugsrahmens angedeutet.[4] Wird das Entscheidungsverhalten der zentralen Handlungsträger positiv beeinflußt, können positive Wirkungen auf den Unternehmenserfolg nicht völlig ausgeschlossen werden. An dieser Stelle läßt sich festhalten, daß der Unternehmenserfolg vermutlich nur ein derivativer Maßstab für die Beurteilung des Erfolgs der Kostenrechnung sein kann. Ob sich durch den Einsatz von Kostenrechnung positive Wirkungen auf den Unternehmenserfolg ergeben, soll in Kapitel 5 ausführlich diskutiert werden.

Systembezogene und *objektive* Erfolgsgrößen knüpfen über metrische oder nicht-metrische Indikatoren an die Beurteilung des Informationssystems an. Eine Abbildung durch Indikatoren muß sich dabei definitionsgemäß immer auf den Ausschnitt der Realität beschränken,[5] der für den Erfolg des Informationssystems als wichtig erachtet wird. Dabei liegt die Überlegung zugrunde, daß sich eigenständige Zielsetzungen für die Kostenrechnung oder das Controlling ableiten lassen, die in einer Zweck-Mittel-Relation – damit in einem funktionalen Zusammenhang – zu hierarchisch übergeordneten Zielen des Unternehmens stehen. Die Erfolgskonzeption solcher Größen ist dabei sehr vielschichtig. Es werden beispielsweise der Informationswert,[6] die Effizienz[7] oder die Effektivität[8] des Informationssystems betrachtet.

Eine andere Gruppe von Variablen knüpft ohne direkten funktionalen Zielbezug an die Optimierung der Kostenrechnung hinsichtlich verschiedener Parameter an. Dazu zählen

---

1 Vgl. Küpper, H.-U., 1993, S. 626.

2 Vgl. Küpper, H.-U., 1993, S. 622; Gelderman, M., 1998, S.12; Aust, R., 1999, S.

3 Vgl. Abschnitt 2.1.3.2.

4 Vgl. Abschnitt 2.2.3.2.

5 Vgl. Weber, J., 1994, S. 364.

6 Vgl. Ackhoff, R.L., 1958; Feltham, G.A., 1968; Hirsch, R.E., 1968; Albach, H., 1969; Mock, T.J., 1971; Wild, J., 1971; Nieden, M. zur, 1972; Gallagher, C.A., 1974; Hilton, R.W., 1979; Hilton, R.W./Swieringa, R.J., 1981; Schauenberg, B., 1985; Conrath, D.W./Mignen, O.P., 1990; Ewusi-Mensah, K., 1981.

7 Vgl. Uebele, H., 1981; Huber, G., 1982; Ein-Dor, P. et al., 1984; Amshoff, B., 1993; Küpper, H.-U., 1995; Becker, W./Benz, K., 1997.

8 Vgl. Amshoff, B., 1993; Macy, G./Arunachalam, V., 1995.

insbesondere metrische Indikatoren mit einer sehr engen Orientierung an technischen Merkmalen des Systems wie die Antwortzeiten oder Fehlerraten.[1] Darüber hinaus beschreibt eine dritte Gruppe die Nutzungshäufigkeit oder -intensität über objektive Maße, wie das Aufrufen bestimmter Bildschirmmasken.[2] Allen diesen Größen ist ein enger Bezug zu Gestaltungsmerkmalen des Informationssystems gemein, so daß sie sich grundsätzlich besser eignen als übergeordnete Größen, die einer Multikausalität durch die Beeinflussung durch zahlreiche andere Faktoren ausgesetzt sind. Analog der Argumentation für die Vergleichbarkeit der Kostenwerte von Informationssystemen verlangt die Verwendung objektiver Größen nach einer relativ vergleichbaren Systembasis. Empirisch-induktive Untersuchungen im Bereich des Controllings in Großunternehmen beziehen sich beispielsweise regelmäßig auf einen Normaltypus eines größeren Unternehmens,[3] dessen Existenz jedoch für mittelständische Unternehmen in bezug auf die Kostenrechnung nicht sinnvoll unterstellt werden kann.[4]

Objektive Größen erlauben indes nur begrenzte Einblicke in den Erfolg des Informationssystems, denn auch ein dysfunktionales, wenig genutztes System kann über geringe Fehlerraten und gute Antwortzeiten verfügen. Je nach betrachteter Forschungsfrage haben diese Größen durchaus ihre Berechtigung,[5] allerdings darf die Sinnhaftigkeit solcher Erfolgsgrößen für die Messung des Erfolgs der Kostenrechnung bezweifelt werden: Die Aufstellung von Qualitäts- oder Erfolgsindikatoren setzt Hypothesen über den Zusammenhang mit dem Qualitätsempfinden des Empfängers voraus. Eine solche Heuristik ist aber weder allein aus Plausibilitätsüberlegungen noch aus theoretisch-konzeptionellen Ergebnissen in der Literatur ableitbar. Objektive Merkmale können offensichtlich kein alleiniger Maßstab für die Qualität einer Leistung sein, da aus Kundensicht die Relevanz und Vollständigkeit der herangezogenen Kriterien nicht bestätigt werden kann.

Die Verwendung der Nutzungshäufigkeit oder Nutzungsintensität unterstellt beispielsweise, daß eine hohe Ausprägung dieser Merkmale auch eine hohe Zufriedenheit mit dem System impliziert. Empirische Ergebnisse haben aber sowohl eine enge Verbindung als auch eine völlige Unabhängigkeit der Größen voneinander ermittelt.[1] Die Kausalität des Zusammenhangs zwischen Zufriedenheit und Nutzung läßt sich offensichtlich unter Betrachtung nur zweier Variablen nicht sinnvoll und eindeutig diskutieren. Abgesehen von den Schwierigkeiten einer objektiven Erhebung von Kostenrechnungsmerkmalen sind diese Größen auch unter konzeptionellen Gesichtspunkten nicht geeignet, den Erfolg der Kostenrechnung in geeigneter

1 Vgl. Brink, H.P., 1992, S. 174f.; Li, E.Y., 1997b.
2 Vgl. Gremillion, L.L., 1984; Kim, C./Suh, K./Lee, J., 1998.
3 Vgl. Amshoff, B., 1993, S. 26ff.
4 Vgl. Abschnitt 2.1.3.
5 Vgl. Weber, J./Hamprecht, M./Goeldel, H., 1995, S. 30.

Weise abzubilden.*Organisations- bzw. individuumsbezogene* und *subjektive* Erfolgsgrößen orientieren sich an den Wirkungen der Kostenrechnung auf einzelne Organisationsmitglieder oder die Organisation als Ganzes. In diesem Zusammenhang werden Größen wie die Zufriedenheit mit der Arbeit (J ob satisfaction)[2], die Wirkungen von Informationen auf Entscheidungen oder deren Veränderung (Decision-making-style)[3] sowie die Leistung der einzelnen Nutzer (Job/managerial performance)[4] verwendet. Ebenso zählen die subjektiven Größen zur Nutzung der Informationssysteme zu dieser Gruppe. Damit ist die Erfolgskonzeption dieser Größen den objektiven Größen der gleichen Bezugsebene sehr ähnlich. Die empirischen Untersuchungen zeigen keine eindeutigen Ergebnisse für diese Größen.[5]

Das Postulat der Entscheidungsorientierung impliziert eine Änderung im Entscheidungsverhalten. Gerade angesichts der beschränkten Zahl an Rollen, die eine Kostenrechnung in mittelständischen Unternehmen einnehmen kann, ist die Beeinflussung des Entscheidungsverhaltens von besonderem Interesse. Damit sind die Größen grundsätzlich geeignet, den Erfolg der Kostenrechnung abzubilden.

Systembezogene und *subjektive* Erfolgsgrößen bilden die Zufriedenheit mit einem System oder die subjektive Einschätzung der Qualität des Systems ab. Zufriedenheitsurteile orientieren sich an einem psychischen Soll-Ist-Vergleich über Konsumerlebnisse. *Zufriedenheit* wird als Funktion der Nichtbestätigung definiert, die aus der Diskrepanz zwischen vorherigen Erwartungen und Wahrnehmungen der Leistung resultiert.[6] Wahrgenommene *Qualität* ist ein abstraktes Werturteil, das aufgrund eines kognitiven Algorithmus von konkreten, beobachtbaren Reizen über relativ abstrakte, vom Konsumenten gewünschte Eigenschaften zu einer globalen Qualitätseinschätzung führt.[7] Damit abstrahieren qualitätsbezogene Erfolgsgrößen von konkreten Merkmalen und verfolgen eine breite Erfolgskonzeption, die auch alle Begleitumstände der Leistungserbringung umfaßt. Diese Einschätzung verändert sich dabei über die Zeit vergleichsweise langsam und verhält sich weniger volatil als transaktionsbezogene Konstrukte wie Zufriedenheit.[8] Allerdings wurde die Servicequalität in einigen Meßansätzen auch als algebraische Differenz zwischen Erwartungen und erfahrener Dienstleistung modelliert, so daß sie von der konzeptionellen Definition von Zufriedenheit kaum zu trennen ist.

---

1 Vgl. u.a. O'Reilly, C.A., 1982; Raymond, L., 1985 und 1990; Kim, C./Suh, K./Lee, J., 1998.

2 Vgl. O'Reilly, C.A., 1980; Anderson, J.C./O'Reilly, C.A., 1981; Brownell, P., 1987.

3 Vgl. u.a. Bronner, E./Witte, E./Wossidlo, P.R., 1972; Witte, E., 1972; O'Reilly, C.A., 1978; Brockhoff, K., 1986.

4 Vgl. u.a. Merchant, K.A., 1981 und 1984; Brownell, P., 1987; Chong, V.K., 1996.

5 Vgl. Aust, R., 1999.

6 Vgl. Oliver, R., 1980, S. 460.

7 Vgl. Hentschel, B., 1992, S. 47.

8 Vgl. Bolton, R.N./Drew, J.H., 1991, S. 7f.

Andererseits folgern Parasuraman/Zeithaml/Berry (1988): „Incidents of satisfaction over time result in perceptions of service quality."[1] Der Zusammenhang zwischen beiden Größen kann daher nicht als eindeutig bezeichnet werden.[2]

Kennzeichnet man die Leistungen der Kostenrechnung als interne Dienstleistung, wie dies mit internen Gemeinkostenbereichen häufig geschieht, läßt sich diese Übertragung der Meßansätze der Dienstleistungsqualität auf die Messung der Kostenrechnungsqualität begründen. Der Ansatz wurde beispielsweise konzeptionell auf Controller-Leistungen übertragen, die einen engen Bezug zur vorliegenden Fragestellung aufweisen.[3] Aust (1999) verwendet einen solchen Ansatz als rollenübergreifenden Erfolgsmaßstab der kostenrechnerischen Aktivitäten.[4] Die Anwendung eines solchen Ansatzes ist aus methodischer Sicht zu begrüßen, kann er doch auf eine breite empirische und konzeptionelle Basis zurückgreifen.

4.1.1.2 Vergleich und mittelstandsspezifische Auswahl der Erfolgsgrößen

Die ausführliche Darstellung bestehender Meßansätze hat die Vielfalt und Unterschiedlichkeit der Erfolgskonzeptionen verdeutlicht. Damit stellt sich die Frage nach der Auswahl eines geeigneten Erfolgsmaßstabes. Die Ergebnisqualität sowie eine noch nicht näher bestimmte Größe aus dem Bereich subjektiver und organisationsbezogener Größen wurden als grundsätzlich geeignet identifiziert, darüber hinaus wurde der Unternehmenserfolg als mögliche Größe gekennzeichnet.

Der größte Teil der empirischen Studien konzentriert sich auf einen einzigen Erfolgsmaßstab.[5] Die Auswahl der Erfolgsgröße erfolgt dabei häufig eher pragmatisch denn konzeptionell. Mehrere Erfolgsgrößen werden i.d.R. nur dann verwendet, wenn ein Vergleich zwischen verschiedenen Erfolgsgrößen untersucht wird. Dabei werden beispielsweise objektive und subjektive Größen miteinander verglichen. Ein in der Literatur sehr selten diskutiertes Problem ist die Beziehung verschiedener Erfolgsgrößen untereinander. Hier soll die Auffassung vertreten werden, daß die einzelnen Erfolgsgrößen nicht gleichberechtigt nebeneinanderstehen, sondern sich vielmehr in einen Zusammenhang bringen lassen. Diese Auffassung basiert auf zwei wesentlichen Annahmen:

---

1 Parasuraman, A./Zeithaml, V.A./Berry, L.L., 1988, S. 16.

2 Vgl. Parasuraman, A./Zeithaml, V.A./Berry, L.L., 1986 und 1988; Bolton, R.N./Drew, J.H., 1994, S. 177.

3 Vgl. Frank, S., 1995.

4 Vgl. Aust, R., 1999, S. 91.

5 Vgl. DeLone, W.H./McLean, E.R., 1992, S. 83.

1. Die „Produktion" kostenrechnerischer Produkte läßt sich über eine *Wertschöpfungskette* darstellen.

2. Für die Kostenrechnung lassen sich *Modal- und Finalziele* unterscheiden.

Durch einen Rückgriff auf ein klassisches Konzept der Ökonomie[1] läßt sich die Produktion kostenrechnerischer Produkte mit Hilfe einer einfachen *Wertschöpfungskette* beschreiben:[2] Aus den Grunddaten werden über festgelegte Algorithmen Kosten- und Erlösdaten errechnet, die sich zu Informationen verdichten lassen.[3] Diese Informationen werden dem Empfänger zur Verfügung gestellt und können von ihm auf der nächsten Stufe in Anspruch genommen werden. Aus der Nutzung der Daten in einer zunächst beliebigen Form, also beispielsweise zur Entscheidungsfindung, ergibt sich die folgende Wertschöpfungsstufe der Kostenrechnung. Über ein verbessertes Entscheidungsverhalten läßt sich dann abschließend ein höherer Unternehmenserfolg begründen.

Jedem dieser Wertschöpfungsschritte lassen sich Erfolgsgrößen zuordnen. Die Darstellung in Form einer Wertschöpfungskette unterstellt, daß die Erfolgsgrößen voneinander abhängig sind. Allerdings sind sie nicht notwendigerweise additiv oder kumulativ zu verstehen, vielmehr soll zunächst nur von einer begrifflichen Koexistenz ausgegangen werden. Das Konzept soll an dieser Stelle nicht überstrapaziert werden, bietet aber eine anschauliche Möglichkeit, die unterschiedlichen Erfolgsverständnisse bisheriger Untersuchungen einander gegenüberzustellen.

Unter einem *Modalziel* wird ein Ziel verstanden, über dessen Zusammenhang mit dem *Finalziel* eine Heuristik besteht. Seine Erreichung stellt aber nur die Erreichung des Finalziels sicher und stellt damit keine eigenständige Zielerreichung dar.[4] Folgt man dieser Unterscheidung, können systembezogene Größen und damit die interne Optimierung des Kostenrechnungssystems immer nur ein Modalziel sein. Die Qualität der Kostenrechnung bildet nur die Voraussetzung oder das *Modalziel* für den Erfolg oder Nutzen der Kostenrechnung und kann als Finalziel keine Bedeutung für die vorliegende Forschungsfrage erlangen. Die implizite Prämisse, daß eine hohe Qualität der Kostenrechnung auch einen Einfluß auf die Nutzung hat, ignoriert die Stellung der Kostenrechnung in ihrem organisatorischen Kontext und die Besonderheiten der mittelständischen Führungsorganisation. Aus dem gleichen Grund können damit alle anderen Versuche, den Nutzen der Kostenrechnung über Systemmerkmale abzubilden, als ungeeignet abgelehnt werden.

---

1 Vgl. Porter, M.E., 1986, S. 62.
2 Vgl. ähnlich Henning, M., 1991, S. 16.
3 Vgl. Weber, J., 1991a, S. 448.
4 Vgl. ähnlich Homburg, C., 1995, S. 157.

Finalziel der Kostenrechnung ist für mittelständische Unternehmen die Beeinflussung betrieblicher Entscheidungen unter Wirtschaftlichkeitsgesichtspunkten,[1] also die Rolle der Kostenrechnung im Entscheidungsprozeß. Je stärker die Kostenrechnung zur Entscheidungsfindung durch die Geschäftsführung herangezogen wird, desto höher ist ihre Akzeptanz und ihr Einfluß auf die Organisation.

Den Primäreffekt der betrieblichen Tätigkeit stellt grundsätzlich die *Gewinnerzielung* dar,[2] so daß diese als übergeordneter Maßstab allen betrieblichen Handelns gelten kann. Der Kostenrechnung kommt damit idealtypisch die Funktion der Unterstützung dieser Hauptaufgabe zu. Sie ist damit immer nur Neben- (Zusatz-, Sekundär-)Aufgabe, nicht Haupt- (Grund-, Primär-) Aufgabe des Unternehmens.[3] Der Unternehmenserfolg läßt sich also idealtypisch als ein der Nutzung übergeordnetes Ziel der Kostenrechnung verstehen. Unabhängig von den Problemen der Erfolgsfaktorenforschung bieten sich gerade mittelständische Unternehmen aufgrund der hohen Bedeutung der Entscheidungen einzelner für den Unternehmenserfolg für die Untersuchung dieses Zusammenhangs an.

Auch wenn die Frage der begrifflichen Koexistenz von Erfolgsgrößen selten in der Literatur diskutiert wird, finden sich doch Empfehlungen für ein solches Vorgehen. Macy/Arunachalam (1995) schlagen in diesem Zusammenhang die *kombinative* Verwendung mehrerer Erfolgsgrößen vor.[4] Dieser Empfehlung soll auf Basis der skizzierten Überlegungen gefolgt werden.

In der vorliegenden Untersuchung sollen daher im Rahmen der folgenden Forschungsfragen drei Erfolgsgrößen zum Einsatz kommen:

- Eingeschätzte *Qualität der Kostenrechnung*: Die Einschätzung verschiedener Qualitätsmerkmale durch die Geschäftsführung.
- *Rolle der Kostenrechnung im Entscheidungsprozeß:* Beitrag der Kostenrechnung im Rahmen der Entscheidungsfindung im Unternehmen.
- *Unternehmenserfolg im Wettbewerbsvergleich:* (Subjektiver) Erfolg des Unternehmens im Wettbewerbsvergleich hinsichtlich Umsatzrendite und persönlicher finanzieller Zielerreichung.

Abbildung 4.1 verdeutlicht noch einmal den Zusammenhang zwischen Objekten der Beurteilung, den zugrundeliegenden Wertschöpfungsaktivitäten und den zugehörigen Erfolgsgrößen:

---

[1] Für Großunternehmen wäre gänzlich anders zu argumentieren. Vgl. etwa Pfaff, D./Weber, J., 1998.

[2] Vgl. Gutenberg, E., 1983, S. 465.

[3] Vgl. Bohr, K./Schwab, H., 1984, S. 139.

[4] Vgl. Macy, G./Arunachalam, V., 1995, S. 80.

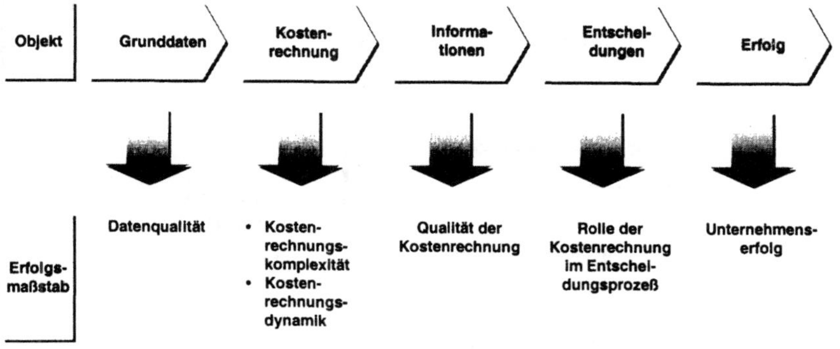

Abb. 4.1: Konzeptioneller Zusammenhang zwischen „Wertschöpfung" und Erfolgsgrößen der Kostenrechnung

An dieser Stelle sei noch einmal daran erinnert, daß der Bezugsrahmen durch diese Abbildung nur konkretisiert wird. Die Variablengruppen finden sich bereits in allgemeiner Form in Abbildung 2.1.

4.1.2 Konzeptualisierung und Operationalisierung der Konstrukte

Nachdem die grundsätzlichen Erfolgsbegriffe ausgewählt wurden, sollen die Determinanten der Qualität der Kostenrechnung konzeptualisiert und operationalisiert werden. Wie in Abbildung 4.1 angedeutet, umfaßt das Forschungsmodell die der Qualität vorgelagerten Größen Datenqualität, Kostenrechnungskomplexität und -dynamik. Aus dem Bereich der persönlichen bzw. organisatorischen Merkmale wird – wie noch zu begründen sein wird – dem Kenntnisstand des Anwenders eine zentrale Rolle für die Beurteilung der Kostenrechnung zugesprochen. Auch die Ergebnisse bezüglich der Komplexitätseinschätzung der Kostenrechnung in Kapitel 3 legen diesen Schluß nahe. Abbildung 4.2 faßt die beschriebenen Größen noch einmal zusammen:

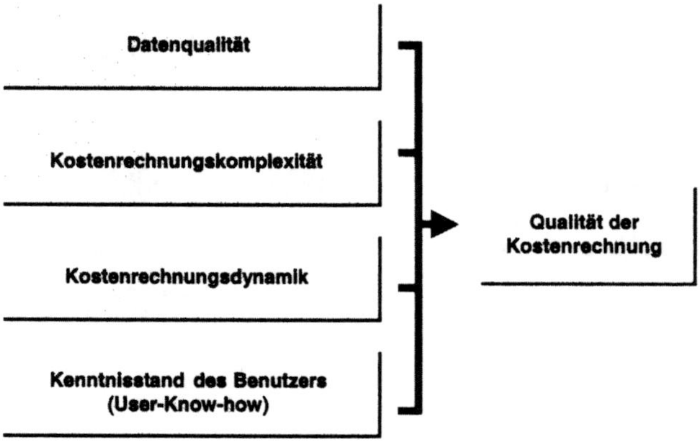

Abb. 4.2: Forschungsmodell zur Überprüfung der Einflußgrößen auf die Kostenrechnungsqualität

4.1.2.1 Qualität der Kostenrechnung

4.1.2.1.1 Konzeptualisierung des Konstrukts

Wie die Diskussion um die verschiedenen Erfolgsmaßstäbe der Kostenrechnung gezeigt hat, lassen sich grundsätzlich objektive und subjektive Größen unterscheiden. Diese Trennung läßt sich auch in der kontroversen Diskussion um Qualitätsbegriffe beobachten.[1] Qualität läßt sich entweder als wert- oder zweckfreier Begriff oder teleologischer, zweckgerichteter Begriff auffassen.[2] Die Kategorisierung von Garvin verdeutlicht die Vielschichtigkeit der unterschiedlichen Definitionsansätze:[3]

- Der *absolute, transzendente Qualitätsbegriff* („innate excellence") beschreibt die Güte einer Leistung als vortrefflich oder überragend. Diese Begriffsauffassung entzieht sich einer sinnvollen Operationalisierung.
- Der *produktorientierte Ansatz* definiert Qualität über die Summe der inhärenten Eigenschaften einer Leistung, also über objektiv ausdrückbare Merkmale. Durch die Abstraktion von der Subjektivität einer Beurteilung werden Qualitätsmessungen und damit -vergleiche leichter möglich, da unterstellt wird, daß alle Individuen ihrer Entscheidung die gleichen Qualitätsattribute zugrundelegen.

1 Vgl. Haller, S., 1993, S. 20 und die dort zitierten Quellen.
2 Vgl. Benkenstein, M., 1993, S. 1100.
3 Vgl. Garvin, D.A., 1988, S. 39f.

- Der *kundenorientierte Qualitätsbegriff* stellt die Wahrnehmung der Produkteigenschaften bzw. Leistungen in den Vordergrund und bezieht damit die unterschiedliche Zwecksetzung verschiedener Nachfrager mit ein.
- Der *herstellungsorientierte Qualitätsbegriff* definiert Qualität über die Einhaltung vorgegebener Qualitätsstandards durch den Anbieter, wobei sowohl objektive, produktorientierte als auch kundenorientierte Kriterien Eingang finden können.
- Der *wertorientierte Qualitätsbegriff* definiert Qualität als Ergebnis eines individuellen Beurteilungsprozesses durch den Kunden im Sinne eines Preis-Nutzen-Verhältnisses. Unter Preis können dabei sowohl monetäre Äquivalente als auch Transaktionskosten verstanden werden.

Stauss/Hentschel (1991)[1] schließen auf eine begriffliche Koexistenz des absoluten, des produktorientierten und des kundenorientierten Qualitätsbegriffes. Haller (1995)[2] entwickelt eine Hierarchie der Qualitätsbegriffe, wobei es sich eher um eine sachlogische Abfolge von Elementen der Qualitätsbeurteilung handelt als um eine stringente Über- oder Unterordnung. Dabei verbindet er den kundenorientierten, den herstellungsorientierten und den produktorientierten Qualitätsbegriff. Dieses Begriffsverständnis weist damit starken Bezug zum Konzept der Wertschöpfungskette der Kostenrechnung auf und verdeutlicht noch einmal die Plausibilität der begrifflichen Koexistenz und Interdependenz der Erfolgsgrößen.

Da objektive Indikatoren, wie bereits gezeigt, keinen geeigneten Erfolgsmaßstab darstellen, sollen im folgenden subjektive Ansätze zur Messung der Dienstleistungsqualität diskutiert werden. Unter subjektiven Ansätzen zur Beurteilung der Dienstleistungsqualität werden Ansätze verstanden, die sich in erster Linie auf die Nachfragersicht und einen kundenorientierten Qualitätsbegriff stützen.

Diese Ansätze lassen sich in zwei Gruppen unterteilen:[3] *Ereignisorientierte Ansätze* wie die Critical-Incident-Technik[4] und die sequentielle Ereignismethode[5] knüpfen an konkrete Kundenereignisse oder -erlebnisse an. Sie entstammen im wesentlichen der Konsumentenforschung. Im Mittelpunkt steht die Überlegung, daß über die Erfassung des Kontakts zwischen Dienstleister und Kunden Informationen über qualitätsrelevante Ereignisse gesammelt werden können. Eine konsensfähige Identifikation von kritischen Momenten oder Erlebnissen mit besonderer Relevanz für die Qualitätseinschätzung über mehrere Unternehmen hinweg ist angesichts der Heterogenität der Kostenrechnungsleistungen in mittelständischen Unterneh-

---

1 Vgl. Stauss, B./Hentschel, B., 1991, S. 239.
2 Vgl. Haller, S., 1995, S. 16.
3 Vgl. Bruhn, M., 1991, S. 36ff.
4 Vgl. Bitner, M.J./Booms, B.H./Tetreault, M.S., 1990.
5 Vgl. Stauss, B., 1991, S. 355f.

men nur schwer vorstellbar. *Merkmalsorientierte Ansätze* legen die Annahme zugrunde, daß sich ein Qualitätsurteil aus einer spezifischen Kombination von Einzeleindrücken über Qualitätsmerkmale (Attribute) zusammensetzt. Über eine Einschätzung dieser Qualitätsmerkmale durch den Leistungsempfänger ergibt sich über eine Aggregation ein Gesamtqualitätsurteil. Der bekannteste Ansatz zur Messung der Dienstleistungsqualität ist die SERVQUAL-Skala.[1]

Im folgenden soll daher ein multiattributiver Meßansatz in Anlehnung an die Konzeptualisierung von Donabedian (1980)[2] verwendet werden. Unter Bezugnahme auf den Produktionsprozeß von Dienstleistungen unterscheidet er eine Potential-, eine Prozeß- und eine Ergebnisdimension. Diese Trichotomie findet sich auch in produktionsprozeßorientierten Ansätzen zur Klassifizierung der Definitionsansätze von Dienstleistungen[3] und weist einen starken Bezug zum Faktorkombinationsprozeß auf. Die Form des allgemeinen Leistungserstellungsprozesses nach Gutenberg (1983)[4] läßt sich in einer erweiterten Form auch auf Dienstleistungen übertragen.[5] Die resultierende Struktur aus internen und externen Faktoren, dem Faktorkombinationsprozeß und den resultierenden Leistungsbündeln bildet damit den Produktionsprozeß für Informationen und Informationssysteme ab. Qualitätsdimensionen knüpfen nun an jede dieser Dimensionen an:

- Die *Potentialqualität* umfaßt die Strukturen und Potentiale des Dienstleistungsanbieters. Dazu zählen die relativ stabilen Charakteristika wie die Fähigkeiten des Kostenrechnungsverantwortlichen, die personelle und technische Ausstattung, die organisatorischen Voraussetzungen und die Zugangs- und Zugriffsmöglichkeiten für die Nachfrager.
- Die *Prozeßqualität* umfaßt alle interaktionsorientierten Aktivitäten während der Leistungserstellung, also im Rahmen der Kostenrechnung alle Aspekte während des Bereitstellungsprozesses von Kostenrechnungsinformationen.
- Die *Ergebnisqualität* umfaßt die Änderungen, die sich aus der Leistungserstellung ergeben, also die Leistungen und Produkte der Kostenrechnung. Aust (1999) unterscheidet für Kostenrechnungsinformationen die Breite und Tiefe des Informationsangebotes, die sprachliche und optische Aufbereitung der Informationen sowie Informationscharakteristika wie Realitätsnähe, Genauigkeit, Konsistenz, Plausibilität, Objektivität, Aktualität, Nachvollziehbarkeit, Fehlerfreiheit und Neuigkeitsgehalt.[6]

---

1 Vgl. Parasuraman, A./Berry, L.A./Zeithaml, V., 1985; Parasuraman, A./Berry, L.A./Zeithaml, V., 1988; Hentschel, B., 1990.

2 Vgl. Donabedian, A., 1980, S. 81ff.

3 Vgl. Corsten, H., 1988, S.17.

4 Vgl. Gutenberg, E., 1983.

5 Vgl. Maleri, R., 1994, S. 164.

6 Vgl. Aust, R., 1999, S. 108.

Die Einschätzung der Qualität der Kostenrechnung muß sich im Mittelstand allerdings auf eine Betrachtung der Ergebnisqualität beschränken, da institutionelle Besonderheiten einige Anwendungsvoraussetzungen vermissen lassen:[1] Eine Nicht-Identität von Erbringer (Produzent) und Nachfrager der Leistung kann gerade bei kleineren Betriebsgrößen nicht regelmäßig unterstellt werden. Eine institutionalisierte Stelle für Controlling findet sich nach der Untersuchung von Kosmider (1993)[2] bei Unternehmensgrößen bis 200 Beschäftigte in höchstens 30 % der Unternehmen. Wird aber die kostenrechnerische Tätigkeit in Personalunion mit der kaufmännischen Geschäftsleitung wahrgenommen, ist eine Trennung in Erbringer und Empfänger der Leistungen nicht mehr sinnvoll möglich. Selbst wenn diese institutionale Trennung gegeben ist, basiert die Anwendung des Meßansatzes auf der Unterstellung eines internen Marktes, d.h. dem Austausch von Leistungen zwischen zwei (idealtypisch gleichberechtigten) Marktpartnern. Die funktionale Trennung in Großunternehmen und die regelmäßig unterschiedliche hierarchische Zuordnung der Handlungsträger sind aber gerade für mittelständische Unternehmen nicht typisch. Vielmehr besteht aufgrund der zentralen Rolle der Geschäftsleitung die Möglichkeit zur direkten Ausübung von Macht auf die Erbringer der Leistung. Zusammenfassend können damit zwei zentrale Ergebnisdimensionen nicht mehr sinnvoll einbezogen werden:

- *Potentialqualität*: Die Bereitstellung von Ressourcen für die Belange der Kostenrechnung unterliegt der direkten Verantwortung der Geschäftsleitung, beispielsweise über die Personalauswahl oder die Genehmigung der DV-Investitionen. Eine Beurteilung kommt somit einer Selbstbeurteilung gleich.
- *Prozeßqualität*: Die Art und Weise der Bereitstellung der Informationen ist kein exogenes Merkmal des Produktionsprozesses, sondern kann ad hoc durch entsprechende Anweisungen der Geschäftsleitung geändert werden.

Diese konzeptionellen Überlegungen wurden durch die Ergebnisse der qualitativen Vorstudie bestätigt. Die zunächst beabsichtigte Anwendung des Meßansatzes stieß auf erhebliches Unverständnis bei den Befragten. Die Befragten erkannten hier keine Dimensionen, die autonom oder in ausreichender Autonomie durch den Kostenrechnungsverantwortlichen gestaltet werden konnten. Darüber hinaus stehen sie auch nicht im Mittelpunkt des Interesses dieser Untersuchung. Als grundsätzlich geeigneter Ansatzpunkt zur Beurteilung der Leistungen der Kostenrechnung verbleibt damit die Ergebnisqualität.

Die im Rahmen dieser Untersuchung im Vordergrund stehende Entscheidungsorientierung der Kostenrechnung wird durch die Ergebnisqualität ausreichend abgedeckt:[3] Soll die Kosten-

[1] Vgl. Abschnitt 2.1.3.2.
[2] Vgl. Kosmider, A., 1993, S. 137.
[3] Vgl. Aust, R., 1999.

rechnung die Entscheidungen der Handlungsträger unterstützen, so müssen die Informationen bezüglich der Darstellung der Handlungsalternativen exakt, widerspruchsfrei und realitätsnah sein.[1] Um in den Entscheidungsprozeß überhaupt aufgenommen zu werden, müssen die Kostenrechnungsinformationen den Bedürfnissen und Vorstellungen der Entscheidungsträger entsprechen.[2] Notwendig ist darüber hinaus ein hohes Maß an Aktualität und Neuigkeit, da die Kostenrechnungsinformationen nur dann eine entsprechende Aufmerksamkeit erfahren.[3]

An dieser Stelle sei noch einmal daran erinnert, daß Dimensionen wie die Plausibilität und Nachvollziehbarkeit bereits in der Komplexität der Kostenrechnung abgebildet wurden. Auf Basis einer Skala von 13 Items aus der Untersuchung von Aust (1999)[4] wurden aufgrund der Ergebnisse der qualitativen Vorstudie mittelstandsspezifische Dimensionen der Ergebnisqualität unter Berücksichtigung der erzielten Reliabilitäts- und Validitätsmaße ausgewählt. Diese Auswahl entspricht in etwa der Unterteilung von Weber (1992b)[5] in die Dimensionen Aktualität, Genauigkeit, Differenzierung und Zweckadäquanz der Informationsqualität. Ergebnisqualität wird damit wie folgt konzeptualisiert:

> Unter *Qualität der Kostenrechnung* werden die Merkmale Bedürfnisadäquanz, Umfang und Detaillierung der Informationen, Realitätsnähe sowie Aktualität und Neuigkeitsgehalt der Informationen der Kostenrechnung verstanden.

4.1.2.1.2 Operationalisierung des Konstrukts

Bei der Umsetzung der *Qualität der Kostenrechnung* in eine Meßskala wurden die bereits empirisch erarbeiteten Dimensionen der Ergebnisqualität jeweils in Indikatoren umgesetzt. Die Gütekriterien werden in allen Dimensionen deutlich übertroffen, so daß davon ausgegangen werden kann, daß die beschriebenen Facetten der Qualität der Kostenrechnung einen deutlichen Zusammenhang untereinander aufweisen. In der Summe ist die Operationalisierung als gut zu bezeichnen.

[1] Vgl. Ewert, R./Wagenhofer, A., 1997, S. 7.
[2] Vgl. Weber, J., 1991a, S. 449.
[3] Vgl. Coenenberg, A.G., 1995, S. 2080.
[4] Vgl. Aust, R., 1999, S. 109.
[5] Vgl. Weber, J., 1992b, S. 176-177.

Qualität der Kostenrechnung			
Informationen zu einzelnen Indikatoren des Faktors	Item-to-Total-Korrelation	Indikator-reliabilität	t-Wert der Faktor-ladung
Das Informationsangebot der Kostenrechnung entspricht meinen Vorstellungen und Bedürfnissen.	0,83	0,72	20,18
Umfang und Detaillierung der Berichte und Analysen der Kostenrechnung erfüllen meine Informationsbedürfnisse.	0,83	0,72	20,20
Die Informationen der Kostenrechnung bilden die tatsächlichen Verhältnisse wirklichkeitsgetreu ab.	0,71	0,51	21,83

Informationen zum Faktor			
Cronbachsches Alpha:	0,89	Goodness-of-Fit-Index (GFI):	-[1)]
Erklärte Varianz:	82 %	Adjusted GFI:	-[1)]
Durchschnittlich erfaßte Varianz:	0,65	Comparative-Fit-Index (CFI):	-[1)]
Faktorreliabilität:	0,90	RMSEA:	-[1)]
		χ^2-Wert/df.:	-[1)]

[1)] Zur Berechnung sind mindestens vier Items erforderlich.

Tabelle 4.2: Informationen zum Faktor „Qualität der Kostenrechnung“

4.1.2.2 Determinanten der Qualität der Kostenrechnung

4.1.2.2.1 Konzeptualisierung der Konstrukte

Mit der Systemkomplexität und -dynamik des Kostenrechnungssystems werden zwei Dimensionen bezeichnet, die das System vollständig beschreiben und damit potentiell hohen Einfluß auf die Qualitätseinschätzung haben. Sie werden in der bereits konzeptualisierten Form in das Modell aufgenommen.

Das Kostenrechnungssystem greift in erheblichem Umfang auf die *Leistungsrechnung* zurück, die den Mengen- und Werteverzehr im Unternehmen erfaßt. Die Leistungsrechnung stellt also das Grundgerüst einer funktionierenden Kostenrechnung dar.[1] Die Konzeptualisierung der Ergebnisqualität der Kostenrechnung stützt sich in hohem Maß auf Qualitätsdimensionen, die sich auf dieses Grundgerüst beziehen. Eine hohe Datenqualität stellt damit eine notwendige, wenn auch sicherlich keine hinreichende Bedingung für eine hohe Ergebnisqualität dar. Die fehlende Datenverfügbarkeit wird in Arbeiten zur mittelständischen Kostenrechnung problematisiert.[2] Diese Überlegungen legen den Schluß nahe, die Datenqualität als separate Größe

1 Vgl. Weber, J., 1985, S. 30.

2 Vgl. stellvertretend Henning, M., 1992, S. 17.

mit in das Forschungsmodell aufzunehmen. Dabei soll wiederum ein kundenorientierter Qualitätsbegriff zur Anwendung kommen:

> Unter *Datenqualität* wird die Qualität des Mengengerüstes und der Datenerfassung der Leistungsrechnung verstanden.

Zahlreiche Studien, die sich mit der Qualitätseinschätzung aus Anwendersicht beschäftigen, berücksichtigen persönliche Merkmale der Informationsempfänger. Neben demographischen Merkmalen, wie dem Alter[1] und der Erfahrung in der Position,[2] werden auch psychologische Merkmale wie der Führungs-[3] und Entscheidungsstil[4] erfaßt. Die Qualifikation, die Funktion und die hierarchische Position werden darüber hinaus als potentielle Einflußfaktoren auf die Qualitätseinschätzung bzw. Beurteilung von Informationssystemen angesehen.[5] In diesem Untersuchungsschritt soll wiederum der *Kenntnisstand des Anwenders* zur Anwendung kommen. Im Rahmen der qualitativen Vorstudie wurde deutlich, daß die Qualitätseinschätzung erheblich von der Einschätzung der Möglichkeiten der Kostenrechnung zur Unterstützung der Entscheidungsfindung abhängt. Damit die Qualitätseinschätzung nicht zu großen Teilen vom Wissensstand abhängt und somit eine Verzerrung der Messung nach sich ziehen würde, wird der Kenntnisstand des Anwenders (User-Know-how) in der bereits konzeptualisierten Form mit in das Forschungsmodell aufgenommen.[6] Das Forschungsmodell ist damit für die vorliegende Fragestellung vollständig spezifiziert, so daß im folgenden Abschnitt die Operationalisierungen der einzelnen Konstrukte erläutert werden sollen.

4.1.2.2.2 Operationalisierung der Konstrukte

Szyperski (1981)[7] unterteilt die Kriterien für die Beurteilung von rechnungstechnischen Informationen in Umfang und Präzision der Informationen, informative Qualität der vorgeschalteten Zuordnungsgeneratoren, Qualität der Abbildung im System der rechnungstechnischen Sprache und logische Konsistenz, Operationalität und richtige Anwendung der rechnungstechnischen Kalküle sowie den Grad der Verzerrung. Die Dimensionen des Begriffs der informativen Qualität der vorgeschalteten Zuordnungsgeneratoren bezieht er auf verschieden Datenarten. Von diesen sollen an dieser Stelle nur die bei der Datenerfassung mit Hilfe

---

1 Vgl. u.a. Merchant, K., 1984; Chenhall, R./Morris, D., 1986; Schweikart, J., 1986.

2 Vgl. u.a. Merchant, K., 1981; Merchant, K., 1984; Gupta, A./Govindarajan, V., 1986; Chenhall, R./Morris, D., 1986; Cohen, J./Paquette, L., 1991; Küpper, H.-U., 1993.

3 Vgl. Gordon, L./Narayanan, V., 1984; Govindarajan, V., 1984; Brownell, P., 1987a und 1987b; Küpper, H.-U., 1993.

4 Vgl. Otley, D.T., 1980; Macintosh, N., 1981; Macy, G./Arunachalam, V., 1995.

5 Vgl. u.a. Becker, H.P., 1984; Chenhall, R./Morris, D., 1986; Schweikart, J., 1986; Merchant, K., 1990; Amshoff, B., 1993; Chenhall, R./Langfield-Smith, K., 1998.

6 Vgl. Abschnitt 3.2.2.3.1.

7 Vgl. Szyperski, N., 1981, Sp. 1432.

direkter Meßmethoden gewonnenen rechnungstechnischen Ausgangsinformationen betrachtet werden. Die *Qualität der Daten* läßt sich damit vollständig über zwei Indikatoren abbilden:

- Qualität der laufenden Daten (z.B. Verbrauchsmengen)
- Qualität der Mengenstrukturen (z.B. Stücklisten)

Dabei ist davon auszugehen, daß die Angaben über diese Indikatoren vom Kostenrechnungsverantwortlichen gemacht wurden, da sich die Frage auf dem separaten Beiblatt des Fragebogens befand.[1] Damit ist sichergestellt, daß diese Qualitätseinschätzung deutlich von einer Erhebung der Potentialqualität getrennt ist.[2] Das Cronbachsche Alpha der beiden Indikatoren beträgt 0,80 und deutet damit – wie konzeptualisiert – auf einen engen Zusammenhang der beiden Dimensionen hin. Dies verdeutlicht noch einmal die Plausibilität der Operationalisierung.[3] Der *Kenntnisstand des Anwenders* wurde bereits in Abschnitt 3.2.2.3.2 operationalisiert und wird unverändert übernommen.

4.1.3 Formulierung der Hypothesen

Im Rahmen der Konzeptualisierung wurden bereits mögliche Zusammenhänge mit der Qualität der Kostenrechnung angedeutet. Diese sollen nun in Forschungshypothesen überführt werden. Mit den Parametern Systemkomplexität und -dynamik stehen dem Kostenrechner zwei Systemparameter zur Verfügung, die wesentlich für die Qualitätseinschätzung der Kostenrechnung sind. Je komplexer das Kostenrechnungssystem, desto weniger steht zu erwarten, daß die Qualitätseinschätzung positiv ist. Aufgrund der geringen Nachvollziehbarkeit können die Kostenrechnungsinformationen Entscheidungen nicht in geeigneter Weise unterstützen. Je anpassungsfähiger (dynamischer) die Kostenrechnung hingegen ist, desto stärker kann sie die Anforderungen hinsichtlich Realitätsnähe und Aktualität erfüllen. Diese Überlegungen führen zu folgenden Forschungshypothesen:

H11: Die Komplexität der Kostenrechnung beeinflußt die Qualität der Kostenrechnung negativ.

H12: Die Dynamik der Kostenrechnung beeinflußt die Qualität der Kostenrechnung positiv.

Die Datenqualität bildet eine zweite bedeutende Voraussetzung für die Qualität der Kostenrechnung hinsichtlich Realitätsnähe und Glaubwürdigkeit der Informationen. Die Qualitäts-

---

1 Vgl. Abschnitt 2.3.2.2.

2 Vgl. Abschnitt 4.1.1.2.

3 Da es sich nur um zwei Indikatoren handelt, sind keine weiterführenden Angaben über die Reliabilitäts- oder Validitätsmaße möglich.

einschätzung der Kostenrechnung durch die Geschäftsleitung hängt auch davon ab, wie glaubwürdig und realitätsnah die gelieferten Informationen sind. In Großunternehmen ist es (vermutlich) unmöglich, die Datenqualität der Zuliefersysteme der Kostenrechnung zu beurteilen. Die persönliche und funktionale Distanz zwischen Kostenrechnung, Produktion und Geschäftsleitung verhindert dies. In mittelständischen Unternehmen besteht hingegen die Chance, daß der Prozeß der Einführung einer Kostenrechnung den Beteiligten noch präsent ist. Der Unternehmer als zentraler Handlungsträger kennt unter Umständen noch wesentliche Teile des Produktions- und Verwaltungsbetriebes und ihre informatorische Repräsentation im betrieblichen Informationssystem. Unabhängig von Inhalt und Art der Informationen oder der formalen Aufbereitung ist die Datengrundlage in mittelständischen Unternehmen ein bedeutender Faktor bei der Beurteilung des Systems.[1] Die Nachvollziehbarkeit und die Transparenz schaffen eine hohe Akzeptanz der Zahlen. Diese verstärkt den Nutzungsgrad der bereitgestellten Informationen und verbessert damit unmittelbar die Effizienz der Kostenrechnung.[2] Daher soll folgende Forschungshypothese gelten:

H13: Die Datenqualität beeinflußt die Qualität der Kostenrechnung positiv.

Abschließend sei noch die Rolle des Kenntnisstands des Benutzers (User-Know-how) diskutiert. Ein höherer Kenntnisstand hinsichtlich der Anwendungsmöglichkeiten und Beschränkungen der Kostenrechnung führt bei einer gegebenen Systemqualität zu einer veränderten Qualitätseinschätzung. Im Rahmen des skizzierten Confirmation/ Disconfirmation-Paradigma hat der Kenntnisstand entscheidenden Einfluß auf die Bildung der Erwartungshaltung gegenüber der Kostenrechnung. Er beeinflußt die Definition des Soll-Zustands des Systems. Die Qualitätseinschätzung der Kostenrechnung ergibt sich dann aus der Abweichung bzw. der algebraischen Differenz zwischen erhaltener Qualität und erwarteter Leistung.

Der Kenntnisstand des Benutzers umfaßt aber noch einen zweiten Aspekt, der es erheblich erschwert, die Richtung der Beeinflussung der Qualitätseinschätzung eindeutig zu bestimmen. Je größer das Wissen über die Kostenrechnung ist, desto stärker fallen einerseits die Defizite eines realisierten Systems ins Gewicht. Andererseits kann erst mit einem bestimmten Wissen über die Kostenrechnung ein realisiertes System sinnvoll genutzt werden. Erst über eine Beschäftigung mit dem System „lernt man es schätzen". Ein höherer Kenntnisstand kann also die Qualitätseinschätzung durchaus positiv oder negativ beeinflussen. Daher soll eine ungerichtete Forschungshypothese formuliert werden:

---

1 Vgl. auch Szyperski, N., 1981, Sp. 1432.

2 Vgl. Weber, J., 1995b, S. 579.

H14: Der Kenntnisstand des Benutzers (User-Know-how) beeinflußt die Qualität der Kostenrechnung.

4.1.4 Überprüfung der Hypothesen

Zur Überprüfung der Forschungshypothesen wurde eine Regressionsanalyse mit der Qualität der Kostenrechnung als endogener Variable und den beschriebenen Faktoren als exogenen Variablen durchgeführt.

Endogene Variable / Exogene Variable	**Effekt auf die Qualität der Kostenrechnung**[1)2)]
H11: Komplexität der Kostenrechnung	- 0,127***
H12: Dynamik der Kostenrechnung	- 0,072*
H13: Datenqualität	0,229***
H14: Kenntnisstand des Benutzers	0,348***
Erklärungsgehalt des Modells[3)]	24,6 %***

1) Die angegebenen Werte sind standardisierte Regressionskoeffizienten (Beta-Koeffizienten).
2) *: Signifikanz auf dem 10%-Niveau
**: Signifikanz auf dem 5%-Niveau
***: Signifikanz auf dem 1%-Niveau
3) Erklärungsgehalt durch quadrierte multiple Korrelation gemessen.

Tabelle 4.3: Einflüsse auf die Qualität der Kostenrechnung: Ergebnisse der Regressionsanalyse

Die Nullhypothese, daß kein Zusammenhang zwischen den exogenen Variablen und der endogenen Variablen besteht, kann auf Basis des F-Tests auf dem 1%-Niveau verworfen werden. Drei der Regressionskoeffizienten sind auf dem 1%-Niveau signifikant, der verbleibende ist auf dem 10%-Niveau signifikant. Damit kann das Ergebnis auch angesichts des Erklärungsgehaltes als zufriedenstellend bezeichnet werden.

Die Hypothesen *H11* und *H13* weisen die in der Forschungshypothese postulierten Vorzeichen auf. Die Forschungshypothese *H12* hinsichtlich des Einflusses der Dynamik der Kostenrechnung kann hingegen nicht bestätigt werden. Die offen formulierte Forschungshypothese *H14* deutet hingegen auf einen deutlich positiven Zusammenhang zwischen Kenntnisstand und Qualitätseinschätzung hin.

An dieser Stelle soll noch einmal darauf verwiesen werden, daß hier explizit eine große Zahl von Einflußgrößen, die außerhalb der eigentlichen Systemparameter (formale Aufbereitung usw.) liegen, nicht berücksichtigt wird. Darüber hinaus werden in anderen Untersuchungen im

Zusammenhang mit der Bewertung der Qualität von Informationssystemen weitere Parameter genannt, welche die Interaktion zwischen Kostenrechnern und Nachfragern beschreiben.[1]

4.1.5 Diskussion der Ergebnisse

Die Forschungshypothese *H11* bestätigt die in praxisorientierten Darstellungen häufig geforderte Nachvollziehbarkeit und Verständlichkeit der Kostenrechnungsinformationen. Diese Aussagen beziehen sich aber in der Regel nur auf die Darstellung und die Plausibilität der Verknüpfungsalgorithmen. Gemeinsam mit der bestätigten Forschungshypothese *H13* hinsichtlich der Qualität der Daten der Vorsysteme der Kostenrechnung deuten die Ergebnisse aber auf einen wesentlich weiterreichenden Zusammenhang hin, der so bisher in Untersuchungen nicht zu finden ist: Mittelständische Unternehmen zeichnen sich durch eine vergleichsweise gute Überschaubarkeit aus.[2] Angesichts der häufig anzutreffenden Intimität der Unternehmer mit den betrieblichen Abläufen ist auf Basis der bis hierher gewonnenen Erkenntnisse davon auszugehen, daß auch über die Möglichkeiten zur Abbildung dieser betrieblichen Abläufe in der Geschäftsleitung Transparenz besteht. Es sei an dieser Stelle noch einmal darauf hingewiesen, daß die Frage nach der Qualität der erhobenen Mengenstrukturen und Verbrauchsmengen in der Regel vom Kostenrechnungsverantwortlichen und nicht von der befragten Geschäftsleitung beantwortet wurde. Die hohe Transparenz über die Datenqualität reduziert den Spielraum für verhaltensorientierte Steuerungsmaßnahmen mit Hilfe der Kostenrechnung. Ebenso sind der opportunistischen Ausnutzung der Kostenrechnung Grenzen gesetzt.

Damit unterscheiden sich mittelständische Unternehmen erheblich von Großunternehmen, in denen die Datenbasis und die Verdichtungsalgorithmen der Kostenrechnung vom Nutzer nicht überprüft werden können. An dieses Faktum knüpfen ja gerade auch Überlegungen zur Verhaltenssteuerung mit Hilfe der Kostenrechnung an. Dabei werden die „wahren"[3] Werte den Beteiligten nicht preisgegeben, sondern in Antizipation eines bestimmten Verhaltens veränderte Werte zur Verfügung gestellt.[4] Für den mittelständischen Kontext ist diese Art der Nutzung von Kostenrechnungsinformationen von vergleichsweise geringer Bedeutung,[1] bereitet es doch den meisten Betrieben schon Probleme, überhaupt nur *eine* Kostengröße zu ermitteln. Eine Parallelrechnung steht daher i.d.R. außerhalb ihrer Möglichkeiten.

1 Vgl. Aust, R., 1999.

2 Vgl. auch Abschnitt 2.1.3.2.

3 „Richtige" oder „falsche" Werte gibt es in diesem Sinne nicht, sondern nur (letztendlich willkürliche) Konventionen über das, was man als realitätsnah und damit als „wahr" annimmt. Vgl. ähnlich Ewert, R./Wagenhofer, A., 1997, S. 12.

4 Vgl. Ewert, R./Wagenhofer, A., 1997, S. 11.

Dieser Teil der Untersuchung hat erhebliche Implikationen für das Verständnis der Erfolgsfaktoren der Kostenrechnung: Die Bedeutung der Datenqualität wird in konzeptionellen Arbeiten als Einsatzvoraussetzung zwar am Rande thematisiert, ihre empirische Bedeutung für die Akzeptanz der Kostenrechnung wurde bisher aber nur vermutet. Die Transparenz über die Datenqualität und ihr Einfluß auf die Akzeptanz des Systems sind in dieser Form empirisch noch nicht belegt worden. Die Problematik der Datenverfügbarkeit, Genauigkeit und Aktualität als Determinante des Erfolgs der Kostenrechnung gibt Anstöße zur stärkeren Orientierung der Forschungsbemühungen an der mittelständischen Unternehmensrealität. Zum einen sind die Daten in der idealtypisch angestrebten Form i.d.R. nicht verfügbar, zum anderen besteht eine erhebliche Transparenz über die Abweichungen von idealtypischen Datenanforderungen. Als Ergebnis wären die Datenanforderungen konsequenterweise zu senken.

Der Einfluß der Dynamik der Kostenrechnung auf die Qualitätseinschätzung ist dagegen nicht nachweisbar. Die Anpassungshäufigkeit der Kostenrechnung hat also keinen (bzw. sogar einen leicht negativen) Einfluß auf die Qualität der Kostenrechnung. Offensichtlich hat die einmalige Abbildung der betrieblichen Strukturen im Zuge einer Einführung oder großen Adaption von Kostenrechnungssystemen einen wesentlich nachhaltigeren Eindruck auf die Qualitätseinschätzung als die laufende Anpassung.

Die Bestätigung der Forschungshypothese *H14* mit der größten Bedeutung für die Qualitätseinschätzung der Kostenrechnung hat neben einem besseren Verständnis der Determinanten der Rolle und Akzeptanz der Kostenrechnung auch direkte Implikationen für die Praxis. Je höher der Kenntnisstand des Anwenders ist, desto realistischer beurteilt er seine Anforderungen an die Kostenrechnung, und desto eher wird er in die Lage versetzt, den Beitrag der Kostenrechnung richtig einzuschätzen. Die Komplexität der Kostenrechnung erweist sich in diesem Zusammenhang als „zweischneidiges Schwert". Eine Erhöhung der objektiven Komplexität erhöht die Realitätsnähe des Informationssystems, senkt aber bei unverändertem Kenntnisstand des Anwenders die Nachvollziehbarkeit und damit die Akzeptanz des Systems. Eine entsprechende Schulung der Anwender führt im Hinblick auf die Qualitätseinschätzung nicht zu ausufernden Anforderungen, sondern – zumindest im betrachteten niedrigen Wertebereich – zu einer höheren Qualitätseinschätzung. Vermutlich ist für den positiven Effekt an dieser Stelle aber nicht nur eine positive Wissensdifferenz ausschlaggebend, sondern auch der Referenzpunkt. Bei einem niedrigen Wissensniveau führt die Zunahme – wie im vorliegenden Fall – zu einem positiven Effekt auf die Qualitätseinschätzung. Ab einem gewissen Stand des

---

[1] Vgl. Abschnitt 2.2.2.3.1.

Wissens fallen die Defizite des Systems angesichts idealtypischer Vorstellungen des Anwenders stärker ins Gewicht, und die Qualitätseinschätzung verschlechtert sich. Allerdings kann über diesen (nicht-linearen bzw. logarithmischen) Zusammenhang nur spekuliert werden, da er sich auf Basis der vorliegenden Daten nicht belegen läßt.

Schon an dieser Stelle bestätigt sich, daß die Einbeziehung von persönlichen und organisatorischen Merkmalen erheblich zum Verständnis der Kostenrechnung und ihrer organisatorischen Determinanten beiträgt. Zwar können die grundsätzlichen Zusammenhänge zwischen Gestaltungsparametern und Qualitätseinschätzung bestätigt werden, doch spielen die in den bisherigen Forschungsbemühungen zuwenig beachteten „weichen" Faktoren eine ebenso große Rolle. Der positive Einfluß des Kenntnisstands des Anwenders bestätigt die Empfehlung von Aust (1999)[1], daß Kostenrechner für eine serviceorientierte Kostenrechnung mehr Ressourcen auf die Gestaltung der Kundenbeziehung – in diesem Fall die Schulung des Anwenders – als auf die Systemgestaltung verwenden sollten. Die Aufgabe des Kostenrechners darf sich also nicht in einer passiven Rolle erschöpfen, sondern er ist vielmehr aufgerufen, aktiv in die Bildung von Erwartungshaltungen gegenüber dem Informationssystem einzugreifen.

In der Summe zeigte sich auf Basis der theoretischen und empirischen Ergebnisse, daß die Konzentration des Forschungsinteresses auf die Systemgestaltung nur einen geringen Teil der Determinanten des Erfolgs von Informationssystemen ausmacht. Eine hohe Qualitätseinschätzung der Kostenrechnung stellt, wie bereits mehrfach erwähnt, nur eine Vorbedingung für die Nutzung der Kostenrechnung dar und ist keineswegs mit ihr gleichzusetzen. Im folgenden Abschnitt sollen daher die Determinanten der entscheidungsorientierten Nutzung der Kostenrechnung untersucht werden, die im wesentlichen außerhalb des Einflußbereichs des Kostenrechners liegen.

4.2 Entscheidungsorientierte Nutzung der Kostenrechnung

In diesem Abschnitt werden die Einflußfaktoren auf die entscheidungsorientierte Nutzung der Kostenrechnung untersucht und damit die horizontale Beziehungskette des Bezugsrahmens weiterverfolgt.[2] Dabei sollen zuerst die Besonderheiten von Entscheidungen und der Entscheidungssituation in mittelständischen Unternehmen dargestellt werden, um auf dieser Basis den Begriff der entscheidungsorientierten Nutzung näher zu spezifizieren. Aus den bereits

[1] Vgl. Aust, R., 1999, S. 211ff.

[2] Vgl. Abschnitt 2.2.3.2.

dargestellten Rahmenbedingungen der Kostenrechnung[1] werden dann die möglichen Determinanten dieser Nutzung bestimmt und die Zusammenhänge in Forschungshypothesen überführt. Dabei ist insbesondere die Bedeutung der Qualitätseinschätzung im Verhältnis zu anderen Faktoren von Interesse.

4.2.1 Grundlagen der entscheidungsorientierten Nutzung der Kostenrechnung im Mittelstand

4.2.1.1 Rahmenbedingungen entscheidungsorientierter Nutzung im Mittelstand

Die Kostenrechnung kann die reflexive Willensbildung unterstützen. Inwieweit sie dabei diesen Einfluß auf die Entscheidungsfindung geltend machen kann, hängt in erheblichem Umfang von der *Führungssituation* ab, auf welche die Kostenrechnung trifft.[2] Unter der Führungssituation sollen in diesem Zusammenhang alle Parameter verstanden werden, welche die Rolle der Kostenrechnung im Entscheidungsprozeß positiv oder negativ beeinflussen können.

4.2.1.1.1 Charakteristika der Entscheider

Der funktionalen Sichtweise der Unternehmensführung[3] werden in der betriebswirtschaftlichen Literatur zwei Dimensionen zugesprochen. Die *personenbezogene* Betrachtung der Führung konzentriert sich auf verhaltenswissenschaftliche Aspekte der in Unternehmen auftretenden Interaktionsprozesse zwischen Individuen und Gruppen. Führungsstile, -modelle und -techniken sowie die Themen Motivation und Identifikation bilden den Schwerpunkt ihrer Betrachtung. Die *sachbezogene* Dimension der Unternehmensführung beschäftigt sich mit der formalen Struktur von Entscheidungsprozessen und den konkreten Inhalten der Führungsaufgaben und wurde bereits in Abschnitt 2.2.2.3.2 erläutert.

Die persönlichen Merkmale des Unternehmers bzw. der Geschäftsleitung erhalten durch ihre zentrale Rolle in der Entscheidungsfindung ein besonderes Gewicht. Neben dem *Erfahrungswissen* und den natürlichen Persönlichkeitsmerkmalen ist die *formale Ausbildung* für die Qualifikation von besonderer Bedeutung. Empirisch sieht Becker (1984) ihre hohe Bedeutung für das Unternehmen aufgrund der stark unterschiedlichen Geschäftsentwicklung von Unternehmen mit ähnlicher Größe, vergleichbaren Produkten und regionalem Schwerpunkt bestätigt.[4] Krüger (1984)[1] führt die unterschiedliche Entwicklung mittelständischer Unter-

[1] Vgl. Abschnitt 2.1.3.
[2] Vgl. Weber, J., 1992a, S. 961.
[3] Vgl. Abschnitt 2.1.3.1.
[4] Vgl. Becker, H.P., 1984, S. 51.

nehmen im wesentlichen auf die Eigenschaften des Unternehmers zurück. Neben einer minimalen Anwendung betriebswirtschaftlicher Instrumente lassen sich unterschiedliche Erfolgssituationen von Unternehmen einer Branche und eines regional abgegrenzten Gebietes durch die Persönlichkeits- und damit Verhaltensmerkmale des Unternehmers erklären. Krämer/Biehl (1983)[2] und Pohl/Rehkugler (1989)[3] gelangen zu ähnlichen Resultaten.

Die formale Ausbildung mittelständischer Unternehmer wird in der Literatur regelmäßig als unzureichend bezeichnet.[4] Dieses Bild ist allerdings im Hinblick auf die vorliegende Fragestellung zu differenzieren. Albach/Freund (1989) ermitteln in einer repräsentativen empirischen Erhebung einen Anteil von Führungskräften der ersten und zweiten Ebene mit akademischer Ausbildung von 73 % in Nicht-Familienunternehmen und einen Anteil von immerhin 56 % in Familienunternehmen.[5] Die formale Ausbildung kann daher in der Breite nicht als unzureichend angesehen werden, denn unabhängig von der gewählten Fachrichtung vermittelt jede Ausbildung ein gewisses Maß an kritischem Denk- und Abstraktionsvermögen, Problembewußtsein sowie Grundfähigkeiten zur Verarbeitung von Informationen und zur Generierung von Wissen. Das Wissen mittelständischer Führungskräfte ist also nicht grundsätzlich auf lokales und individuelles Erfahrungswissen beschränkt.

Die Geringschätzung des mittelständischen Wissens bezieht sich stärker auf die betriebswirtschaftliche Ausbildung der Führungskräfte. Gerade hier werden die wesentlichen Schwächen mittelständischer Unternehmer gesehen, da sie häufig über „lückenhaftes betriebswirtschaftliches Wissen und geringe Unternehmensführungskenntnisse“[6] verfügen. Darüber hinaus verhindert ein geringer Wissensstand das Erkennen von (betriebswirtschaftlichen) Problemen bzw. von potentiellen Lösungen bereits identifizierter Probleme. Damit lassen sich erhebliche Hürden für den entscheidungsbezogenen Einsatz der Kostenrechnung identifizieren.

Merkmale der Führungssituation sind unter personenbezogenen Gesichtspunkten weiterhin einerseits ein autoritär-patriarchalischer Führungsstil, andererseits der Aspekt der engen persönlichen Beziehungen in mittelständischen Unternehmen. Die Klarheit und Eindeutigkeit der Führungssituation, die der Suche nach Identifikation mit der Führungsfigur entspricht, wird dabei durch die Orientierung der Unternehmensführung an den Mitarbeitern kompen-

---

1 Vgl. Krüger, R., 1984, S. 692.
2 Vgl. Krämer, W./Biehl, W., 1983.
3 Vgl. Pohl, H.J./Rehkugler, H., 1989.
4 Vgl. u.a. Becker, H.P., 1984, S. 52; Pfohl, H.-C./Kellerwessel, P., 1990, S. 18; Kosmider, A., 1993, S. 52.
5 Vgl. Albach, H./Freund, W., 1989, S. 42.
6 Vgl. Kosmider, A., 1993, S.41.

siert. Thürbach/Hutter (1978)[1] ermitteln in einer empirischen Untersuchung in diesem Zusammenhang, daß die Unternehmensführung wichtige Entscheidungen regelmäßig mit den betroffenen Mitarbeitern abstimmt. Dieses Ergebnis darf angesichts der skizzierten Befunde in Frage gestellt werden, da es den mittelständischen Gegebenheiten widerspricht. Unter Abstimmung von Entscheidungen mit den betroffenen Mitarbeitern ist wohl eher eine reine Informationsweitergabe zu verstehen.

4.2.1.1.2 Informationsverhalten

Das Informationsverhalten im Rahmen von Entscheidungsprozessen in mittelständischen Unternehmen wird in Arbeiten zum internen Rechnungswesen regelmäßig thematisiert.[2] Unter Informationsverhalten wird „das auf Information gerichtete Tun und Unterlassen von Menschen“[3] verstanden. Damit ist es der Phase der Willensbildung zuzuordnen.[4] Das Informationsverhalten gliedert sich in die Informationsbeschaffung und die Informationsverarbeitung.[5]

Die *Informationsbeschaffung* kann dabei ein aktiver Suchprozeß, der aus einem Informationsbedarf und seiner problem- und versorgeradäquaten Artikulation resultiert, eine passive Entgegennahme von Informationen oder eine beliebige Kombination dieser beiden Ausprägungen sein. Endpunkt des Prozesses ist dabei idealtypisch eine mentale oder externe Speicherung von Informationen oder deren Ausfilterung.

Interne Informationen sind aufgrund der geringen Zahl an Führungskräften und der resultierenden geringen Zahl an notwendigen Informationsbeziehungen gut verfügbar, wenn auch unterstellt werden muß, daß die Menge an verarbeiteten Informationen dadurch verringert wird. Den Vorteilen bei der informellen Diffusion von Informationen im Unternehmen stehen die beschränkten Möglichkeiten zur Aufnahme von externen Informationen entgegen. Externe Informationen können durch mittelständische Unternehmen nur in geringem Umfang beschafft werden und die erhältlichen häufig genug nicht zu den eigenen Entscheidungsproblemen in Bezug gesetzt werden.[6] Vielmehr ist eine ungerichtete Aufnahme von Informationen zu beobachten. Durch den direkten Kontakt der Führungskräfte zum Markt und den Kunden fließen dabei Informationen direkt einer oder wenigen Führungskräften zu. Die geringe Zahl

---

1 Vgl. Thürbach, R.-P./Hutter, E., 1976, S. 58ff. Dafür spricht auch, daß nur die Selbsteinschätzung der Unternehmer ermittelt wurde.

2 Vgl. Bussiek, J., 1981, S. 11; Kellerwessel, P., 1984, S. 89; Gaulhofer, M., 1988, S. 68; Wiebe, R., 1991, S. 96ff.; Kosmider, A., 1993, S. 46; Stadelmann, M., 1996, S. 64.

3 Vgl. Witte, E., 1984, Sp. 1916.

4 Vgl. Abschnitt 2.2.2.3.2.

5 Vgl. auch zum folgenden Gemünden, H.G., 1992, Sp. 1010.

6 Vgl. Kosmider, A., 1993, S. 47.

an Führungskräften wirkt sich daher auch unter anderen Aspekten ungünstig auf die *Informationsverarbeitungsfähigkeit* aus:

- Die intensive Einbindung der Führungskräfte in das betriebliche Geschehen und die Beschäftigung mit Routineentscheidungen verhindern eine sinnvolle Vorverdichtung und Selektion der Informationen, so daß auch die Beschaffung von Information zu den Aufgaben von Führungskräften gehört.
- Die Informationsverarbeitungskapazität wird durch die geringe Zahl an Führungskräften erheblich beschränkt.[1] Je stärker darüber hinaus wichtige Informationsaktivitäten zentralisiert sind, desto größer ist die Belastung der einzelnen Führungskraft.[2]

Grundsätzlich ergeben sich damit aus der personenbezogenen Perspektive nicht unbedingt vorteilhafte Bedingungen für die Nutzung eines institutionalisierten Systems wie der Kostenrechnung.

4.2.1.2 Empirische Ergebnisse zur entscheidungsorientierten Nutzung der Kostenrechnung im Mittelstand

Raymond/Magnenat-Thalmann (1982)[3] gelangen empirisch zu dem Ergebnis, daß Kostenrechnungsinformationen in den von ihnen untersuchten Unternehmen auf der operativen Ebene zwar genutzt werden, aber die Entscheidungen der Geschäftsleitung vom Einsatz eines MIS – unabhängig von den eingesetzten Systemen und den Einstellungen der Manager gegenüber den Systemen – in keiner Weise beeinflußt wurden.

Becker (1984)[4] untersucht in diesem Zusammenhang die Verwendung der Kostenrechnung für verschiedene dispositive Aufgaben. Er kommt zu dem Ergebnis, daß einerseits die Ergebnisse den Anschein erwecken, daß Kosten- und Leistungsrechnung in erheblichem Umfang in die betriebliche Entscheidungsfindung eingehen und nicht als Selbstzweck geführt werden, daß aber andererseits die informatorische Basis für solche Entscheidungen in keiner Weise gegeben ist.[5] Dieser Befund legt den Schluß nahe, daß Entscheidungen entweder auf einer falschen Informationsbasis getroffen werden – was in vielen Fällen allerdings faktisch unmöglich ist[6] – oder aber die genannten Einsatzzwecke eher Wunschdenken als betriebliche Realität sind, da sie der Einschätzung des Kostenrechnungsverantwortlichen entspringen.

---

1 Vgl. Bussiek, J., 1981, S. 11.
2 Vgl. Kellerwessel, P., 1984, S. 93.
3 Vgl. Raymond, L./Magnenat-Thalmann, N., 1982, S. 25.
4 Vgl. Becker, H.P., 1984, S. 139.
5 Vgl. Becker, H.P., 1984, S. 146.
6 Beispiele für die Verwendung einer Deckungsbeitragsrechnung ohne Ermittlung von Teilkosten finden sich auch bei Kosmider, A., 1991, S. 29; Weber, J., 1992a, S. 958; Lange, J.-U./Schauer, B.D., 1996.

Hamer (1988)[1] kommt in einer empirischen Untersuchung zu dem Ergebnis, daß das Entscheidungsverhalten mittelständischer Unternehmer sich nicht an objektiv-ökonomischen Maßstäben orientiert, wie es von der herrschenden Lehre (angeblich) gefordert wird.[2] Vielmehr entscheiden Unternehmer nach „subjektiv-ökonomischen" Kriterien, die sich an einer Vielzahl von Wert- und Zielvorstellungen orientieren können und über einen reinen Kosten-Nutzen-Vergleich hinausgehen.[3] Zumindest die Rolle der Kostenrechnung für unternehmerische Entscheidungen kann angesichts dieser Ergebnisse kritisch diskutiert werden, da zahlreiche andere Parameter, wie die steuerliche Akzeptanz, die Schwierigkeiten durch die Bürokratie, negative politische Erwartungen und fehlende Anerkennung der unternehmerischen Leistung, ausschlaggebend für die Investitionsentscheidungen gerade kleinerer Unternehmen sind.[4] Eine Investitionsrechnung bzw. die Nutzung des Rechnungswesens wird dabei durch Schätzung und/oder den Einbezug externer Steuer-/Unternehmensberater dominiert.

Holmes/Nicholls (1988)[5] gelangen auf Basis empirischer Ergebnisse zu dem Schluß, daß die Nutzung der Informationen im wesentlichen von der Größe des Unternehmens und dem Kenntnisstand des Anwenders abhängt. Eine explizite Trennung zwischen Gestaltungsmerkmalen und Nutzung nehmen sie nicht vor.

In der *qualitativen Vorstudie* fanden sich zwei Unternehmen mit einem ausgebauten SAP-System R/3. In beiden Fällen berichteten die Kostenrechnungsverantwortlichen, daß die Entscheidungsfindung für die Anschaffung von Investitionsgütern und Entscheidungen über das Produktprogramm im wesentlichen aus der persönlichen Absprache des technischen Geschäftsführers und des jeweiligen Betriebsleiters resultierte. Kostenrechnungsinformationen spielten bei diesen Entscheidungen keine Rolle.[6] Ohne an dieser Stelle kasuistische (anekdotische) Erfahrungen verallgemeinern zu wollen, zeigt dieser Befund doch, daß es u.U. sehr schwierig sein kann, aus der bloßen Existenz eines Systems auf die Nutzung und Rolle der Kostenrechnung zu schließen. An dieser Stelle läßt sich festhalten, daß die Befunde zum Einsatz der Kostenrechnung in mittelständischen Unternehmen nicht als eindeutig bezeichnet werden können.

---

1 Vgl. Hamer, E., 1988, S. 46f.

2 Hamer bezieht sich auf Gutenberg, E., 1983, S. 131ff. Diese *unzutreffende* Einschätzung der Ausführungen Gutenbergs soll an dieser Stelle nicht weiter diskutiert werden.

3 Vgl. Hamer, E., 1988, S. 53.

4 Vgl. Hamer, E., 1988, S. 72f.

5 Vgl. Holmes, S./Nicholls, D., 1988.

6 Dieser Eindruck wurde im Rahmen eines Seminars mit mittelständischen Kostenrechnern noch einmal nachdrücklich bestätigt.

Robl (1976)[1] kommt in einer vergleichenden Untersuchung der Einschätzung zentraler Problembereiche mittelständischer Unternehmen zu dem Ergebnis, daß knapp die Hälfte der befragten Kammern und Verbände das Rechnungswesen als zentrales Problem ansehen, während dies nur bei jedem zehnten der befragten Unternehmer der Fall ist. Die divergierende Fremd- und Selbsteinschätzung der Bedeutung der Kostenrechnung zeigt, daß „eine Analyse der Gründe für den unzulänglichen Gebrauch von Kostenrechnungsinformationen (...) bei den Unternehmen selbst – genauer: bei der *Unternehmensleitung* – beginnen"[2] muß. Der folgende Untersuchungsschritt soll einen Beitrag zum besseren Verständnis dieser Fragestellung leisten.

4.2.2 Konzeptualisierung und Operationalisierung der Konstrukte

4.2.2.1 Entscheidungsorientierte Nutzung

4.2.2.1.1 Betrachtete Entscheidungen

Im Vordergrund dieser Untersuchung stehen *Führungsentscheidungen*. Zum einen kann bei diesen erwartet werden, daß die Phasen des Entscheidungsprozesses durchlaufen werden, zum anderen werden diese auf jeden Fall durch die Geschäftsleitung entschieden. Führungshandlungen lassen sich in funktionaler Sicht von anderen Entscheidungen im Unternehmen mit Gutenberg (1962) definitorisch abgrenzen: „Echte" Führungsentscheidungen sind demnach Entscheidungen, die eine existenzrelevante Bedeutung für den Bestand eines Unternehmens besitzen und im Interesse des Unternehmens nicht delegiert werden dürfen.[3] Gutenberg unterscheidet fünf globale Aufgaben bzw. Funktionen der Unternehmensführung:[4] Festlegung der Unternehmenspolitik auf weite Sicht, Koordinierung der großen betrieblichen Teilbereiche, Beseitigung von Störungen im laufenden Betriebsprozeß, geschäftliche Maßnahmen von außergewöhnlicher betrieblicher Bedeutsamkeit und Besetzung der Führungsstellen im Unternehmen. Zu den Führungsentscheidungen zählen damit auch die klassischen Einsatzgebiete der Kostenrechnung, etwa Produktprogrammentscheidungen, Make-or-Buy-Entscheidungen sowie Betriebskostenvergleiche für größere Investitionen oder Standortentscheidungen.

---

1 Vgl. Robl, K., 1976, S. 22f.

2 Vgl. Becker, H.P., 1984, S. 15 (Hervorhebung im Original).

3 Vgl. auch zum folgenden Gutenberg, E., 1962, S. 60f.

4 Vgl. Gutenberg, E., ebd.

Führungsentscheidungen besitzen aus mehreren Gründen für mittelständische Unternehmen eine größere Bedeutung als für Großunternehmen:[1] Entscheidungsprobleme und deren Lösung können für das Unternehmen existentielle Bedeutung erlangen. Die Möglichkeiten zur Kompensation von resultierenden Verlusten sind hingegen durch die begrenzten finanziellen Mittel beschränkt.[2] Daher sind sie kaum in der Lage, sich aus dem Zyklus aus fehlenden finanziellen Mitteln, geringen Investitionen und fortgesetzten Verlusten zu befreien. Vielen Entscheidungen haftet damit der Charakter der Irreversibilität an.

Der Anteil an Führungsentscheidungen ist daher aufgrund der potentiell größeren Bedeutung jeder Entscheidung in mittelständischen Unternehmen höher als in Großunternehmen und bietet somit ideale Untersuchungsvoraussetzungen für die vorliegende Fragestellung. Es darf allerdings nicht verkannt werden, daß die Priorisierung von Entscheidungsproblemen einer hochgradig subjektiven Einschätzung unterliegt, die in besonderem Maß durch die Dringlichkeit von Problemen getrieben wird. Es läßt sich eine Tendenz zur Überlagerung wichtiger, existenzsichernder Entscheidungen durch dringliche Entscheidungen diagnostizieren, da langfristige Entscheidungen zunächst ohne unmittelbare Konsequenzen für das betriebliche Geschehen zu sein scheinen.[3]

4.2.2.1.2 Konzeptualisierung des Konstrukts

Im Rahmen der Entscheidungsfindung liegt die Rolle der Kostenrechnung in der direkten, entscheidungs- und handlungsnahen Nutzung ihrer Informationen, also der Förderung der reflexiven Willensbildung über eine gezielte informatorische Unterstützung. Die Akzeptanz durch die internen Empfänger wird durch den Umfang bestimmt, in dem die verfügbaren Informationen auch problemgemäß verwendet werden.[4] Ein Erfolg der Kostenrechnung ist in dieser Hinsicht also nur dann gegeben, wenn sie tatsächlich einen Beitrag im Rahmen der Entscheidungsfindung liefert und infolge ihrer Nutzung Entscheidungen getroffen werden.[5] Pfaff/Weber/Weißenberger (1999)[6] betonen in diesem Zusammenhang: „Von einer entscheidungsorientierten Kostenrechnung würde man dann sprechen, wenn in den Entscheidungskalkül des Handlungsträgers Kosteninformationen dieses Systems einfließen.“

Eine Rolle im Entscheidungsprozeß kann ihr nur dann zugesprochen werden, wenn ohne ihren Beitrag nach Einschätzung der Beteiligten der Willensbildungsprozeß anders verlaufen wäre.

---

1 Vgl. Kellerwessel, P., 1982, S. 143.
2 Vgl. Albach, H., 1983, S. 14.
3 Vgl. Kellerwessel, P., 1982, S. 148.
4 Vgl. Riebel, P., 1992, S. 251.
5 Vgl. Larcker, D.F./Lessig, V.P., 1980, S. 121.
6 Vgl. Pfaff, D./Weber, J./Weißenberger, B., 1999, S. 140.

Der Prozeß der Willensbildung und insbesondere das Informationsverhalten innerhalb dieses Prozesses sollen Kostenrechnungsinformationen explizit einbeziehen, so daß sich festhalten läßt:

> Unter der *entscheidungsorientierten Nutzung der Kostenrechnung* soll ihr Beitrag im Rahmen des Willensbildungsprozesses von Individuen (und/oder Gruppen) bei wichtigen Entscheidungen für das Unternehmen verstanden werden.

4.2.2.1.3 Operationalisierung des Konstrukts

Bei der Operationalisierung wurde eine eigene Umsetzung in Anlehnung an Indikatoren von Aust (1999)[1] gewählt. Dabei wurde bei der Formulierung der einzelnen Indikatoren besonderer Wert darauf gelegt, daß die tatsächliche Einbeziehung der Kostenrechnung in den Entscheidungsprozeß erfragt wurde. Gerade Erhebungen im Zusammenhang mit den Anwendungsgebieten der Kostenrechnung gelingt es häufig nicht, die Bedeutung der Kostenrechnung in Relation zu anderen Informationsquellen zu ermitteln, da nur nach dem Einsatz von Kostenrechnung gefragt wird.[2] Damit bleibt unklar, ob und wie Kostenrechnungsinformationen überhaupt Eingang in den Entscheidungsprozeß gefunden haben.

Die operationalisierten Aspekte der Nutzung der Kostenrechnung umfassen sowohl Aspekte des „attention-directing" als auch der direkten Einbeziehung und Veränderung von Entscheidungskalkülen.[3]

Die erzielten Werte können insgesamt als akzeptabel bezeichnet werden. Der letzte Indikator weist eine geringe Indikatorreliabilität auf. Seine Elimination verbessert die Meßskala nur geringfügig, so daß er im Hinblick auf die Inhaltsvalidität beibehalten werden soll. Die Anpassungsmaße der ersten Generation können als gut bezeichnet werden, und die Werte für die Gütekriterien der zweiten Generation bewegen sich größtenteils (bis auf AGFI, RMSEA, χ^2-Test und die durchschnittlich erfaßte Varianz) in den geforderten Größenordnungen. Die Operationalisierung ist damit abgeschlossen.

---

[1] Vgl. Aust, R., 1999, S. 103.

[2] Vgl. u.a. Becker, H.P., 1984; Kosmider, A., 1993; Lange, J.-U./Schauer, B.D., 1996.

[3] Vgl. Abschnitt 2.2.2.3.2.

Entscheidungsorientierte Nutzung der Kostenrechnung

Informationen zu einzelnen Indikatoren des Faktors	Item-to-Total-Korrelation	Indikator-reliabilität	t-Wert der Faktor-ladung
Die Informationen der Kostenrechnung spielen eine wichtige Rolle bei Entscheidungen.	0,60	0,56	7,95
Die Kostenrechnung hilft uns bei der Entscheidungsfindung.	0,61	0,57	7,94
Die Informationen der Kostenrechnung lenken unsere Aufmerksamkeit auf Aspekte dieser Entscheidungen, die wir sonst nicht beachten würden.	0,56	0,32	7,01
Ohne die Kostenrechnung würden diese Entscheidungen zumeist anders ausfallen.	0,43	0,22	8,44

Informationen zum Faktor

Cronbachsches Alpha:	0,76	Goodness-of-Fit-Index (GFI):	0,95
Erklärte Varianz:	59 %	Adjusted GFI:	0,74
Durchschnittlich erfaßte Varianz:	0,42	Comparative-Fit-Index (CFI):	0,91
Faktorreliabilität:	0,77	RMSEA:	0,24
		χ^2-Wert/df.:	28,29

Tabelle 4.4: Informationen zum Faktor „Entscheidungsorientierte Nutzung der Kostenrechnung"

4.2.2.2 Determinanten der entscheidungsorientierten Nutzung der Kostenrechnung

4.2.2.2.1 Auswahl und Konzeptualisierung der Konstrukte

Zur Beantwortung der Frage nach den Determinanten der Nutzung sind zwei Variablengruppen zu unterscheiden. Zunächst ist davon auszugehen, daß die *Ergebnisqualität* der Kostenrechnung, wie sie im vorherigen Abschnitt bereits konzeptualisiert und operationalisiert wurde, einen wesentlichen Einfluß auf die *potentielle* Nutzung der Kostenrechnung hat. An dieser Stelle sei daran erinnert, daß die Kostenrechnungsqualität auch die Merkmale Relevanz und Adäquanz der Kostenrechnungsinformationen umfaßt und damit aus Sicht der Empfänger bereits entscheidungsrelevante Anforderungen erfüllt. Erst wenn diese Qualität der Kostenrechnung durch die Unternehmensführung akzeptiert und anerkannt ist, besteht für die Kostenrechnung eine Chance auf Beeinflussung der Willensbildung.

Die zweite Gruppe umfaßt die unternehmensinternen Kontextfaktoren der Kostenrechnung, die bestimmend für die *tatsächliche* Nutzung der Kostenrechnung sind, denn trotz einer funktionierenden und wirtschaftlichen Kostenrechnung kann deren Nutzung ausbleiben.[1]

[1] Vgl. ähnlich Henning, M., 1991, S. 11.

Mittelstandsorientierte Darstellungen weisen aus diesen Gründen häufig auf die institutionellen Voraussetzungen hin, die für Einführung und Nutzung der Kostenrechnung notwendig sind. Der folgende Untersuchungsschritt soll die wesentlichen genannten Rahmenbedingungen empirisch überprüfen:

- *Einsatz der Geschäftsleitung* für die Kostenrechnung.[1]
- Einsatz von *Fach- und Machtpromotoren* zur Einführung und Durchsetzung der Kostenrechnung.[2]
- *Plankoordination* als Voraussetzung für den Einsatz der Kostenrechnung.[3]
- *Wettbewerbsdruck* zur Förderung der Verwendung von Kostenrechnungsinformationen.[4]

Im Rahmen der Erarbeitung der Forschungshypothesen werden die Zusammenhänge spezifiziert. Abbildung 4.3 verdeutlicht noch einmal zusammenfassend das zugrundeliegende Forschungsmodell:

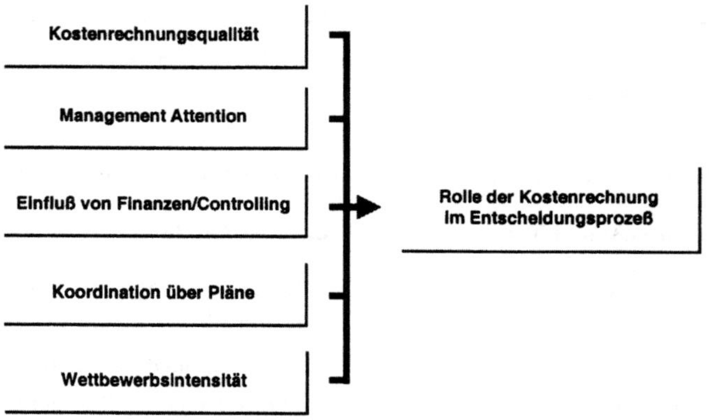

Abb. 4.3: Forschungsmodell zur Überprüfung der Einflußgrößen auf die Nutzung der Kostenrechnung im Entscheidungsprozeß

Der Einsatz oder das *Interesse der Geschäftsleitung* für die Kostenrechnung bzw. die Beschäftigung der Geschäftsleitung mit der Kostenrechnung gilt als entscheidender Erfolgsfaktor

1 Vgl. Winkler, W.M., 1986; Henning, M., 1991; Weber, J., 1992a; Kosmider, A., 1993.
2 Vgl. Kosmider, A., 1993, S. 188.
3 Vgl. Weber, J., 1992a, S. 962; Weber, J., 1995b, S. 573.
4 Vgl. Khandwalla, P.N., 1972; Cunningham, G.M., 1992, S. 88.

für die Einführung von Kostenrechnung. Dieses Interesse (oder Management Attention) für die Kostenrechnung umfaßt dabei mehrere Aspekte, nämlich das Interesse für die Gestaltung und das Einbringen eigener Vorstellungen zur Gestaltung der Kostenrechnung sowie die Förderung der Verwendung von Kostenrechnungsinformationen. Informationen müssen zugänglich gemacht werden, und ihr Einbezug in Planung und Kontrolle der Führungskräfte sollte sichergestellt werden. Alle diese Einstellungen bzw. Handlungen der Unternehmensleitung dokumentieren eine Haltung gegenüber der Kostenrechnung, welche deren Bedeutung im Unternehmen entscheidend beeinflußt. Sie wird daher in das Forschungsmodell in der bereits konzeptualisierten und operationalisierten Form aufgenommen.[1]

Witte (1973)[2] belegt im Rahmen einer empirischen Untersuchung, daß erfolgreiche Innovationen durch die Aktivität von *Promotoren* gefördert werden. Auch im Zuge der Veränderung von Organisationen wird häufig auf die Bedeutung von Fach- und Machtpromotoren hingewiesen.[3] Machtpromotoren fördern Veränderungen durch ihre formale oder persönliche Autorität im Unternehmen, während Fachpromotoren diese Veränderungen durch ihr Expertenwissen fördern. Eine analoge Überlegung kann auf die Nutzung der Kostenrechnung – sei es im Rahmen ihrer Einführung oder im laufenden Betrieb – angewendet werden. Die Verwendung der Kostenrechnung muß angesichts der Charakteristika der Handlungsträger und der Führungssituation aktiv gefördert werden. Insbesondere eine ausreichende Einflußnahme der Funktionalbereiche Finanz- und Rechnungswesen im Sinne eines (Macht- und) Fachpromotors ist an dieser Stelle von Bedeutung.[4] Idealtypisch kommt diese Aufgabe dem kaufmännischen Geschäftsführer zu, da er beide Promotorenrollen in Personalunion übernehmen kann.

Darüber hinaus ist die Unterscheidung von formaler und personaler Autorität bzw. Macht bedeutsam. Unter formaler Autorität wird in Anlehnung an Max Weber (1972) die formale Autoritätsstruktur verstanden, die legitime Herrschaft repräsentiert.[5] Von der formalen Autorität ist die personale Autorität zu unterscheiden, die auf Gewohnheit und Sitte (traditionelle Herrschaft) oder Gabe und Ausstrahlung (charismatische Herrschaft) beruht. Im vorliegenden Fall ist die Verteilung der Macht zwischen verschiedenen Funktionsbereichen i.S.e. dominanten Koalition von Interesse. Unter der *dominanten Koalition* wird dabei diejenige Gruppe von Personen verstanden, die den größten Einfluß auf das Unternehmen hat. Sie kann sich dabei auf formale, aber auch insbesondere auf personale Autorität stützen. Sie

1 Vgl. Abschnitt 3.2.5.
2 Vgl. Witte, E., 1973.
3 Vgl. Witte, E., 1973; Brose, P./Corsten, H., 1981; Kosmider, A., 1993, S. 188.
4 Vgl. Daum, E., 1998, S. 156.
5 Vgl. Dorow, W., 1992, Sp. 2569f.

ist überdurchschnittlich in den Entscheidungsprozeß einbezogen und nimmt maßgeblichen Anteil an der Mittelallokation im Unternehmen.[1] Die Zusammensetzung dieser Gruppe ist für die Problemwahrnehmung und -lösung entscheidend und beeinflußt die Art der verwendeten Informationen bzw. die Informationssuchaktivitäten im Rahmen der Willensbildung.

Ein großer Einfluß des Funktionalbereiches Produktion/F&E fördert tendenziell eine Entscheidungsfindung, die sich an Notwendigkeiten in den genannten Bereichen orientiert und daher vergleichsweise nur einen geringen Bedarf an Kostenrechnungsinformationen hat. Es kann unterstellt werden, daß die jeweiligen Betriebs- oder Forschungsleiter in ihrer Argumentation tendenziell eher über Auslastungs-, Kapazitäts- oder Verfahrenstypfragen gehen als über Kostenrechnungsinformationen. Gleiches gilt, wenn auch in abgeschwächter Form, für den Bereich Marketing/Vertrieb. Empirisch finden sich Hinweise auf einen Zusammenhang zwischen der Zusammensetzung der Unternehmensleitung und der Verwendung der Kostenrechnung.[2] Allerdings werden weder die Art der Verwendung noch die tatsächliche Besetzung und Machtverteilung in der Unternehmensleitung konkretisiert.

Die Bedeutung des Funktionalbereiches Finanzen und Controlling hat einen Einfluß auf die Nutzung der Kostenrechnung. Kosmider (1993)[3] skizziert sogar eine übergroße Ausweitung der „Controllermacht" mit negativen Konsequenzen für die mittelständischen Spezifika des Unternehmens.

> Unter *Einfluß der Funktionalbereiche* wird der Einfluß der Bereiche Produktion/Logistik, Marketing/Vertrieb und Finanzen/Controlling auf betriebliche Entscheidungen verstanden.

Der Planungsqualität und -disziplin mittelständischer Unternehmen wird generell eine geringe Güte attestiert.[4] Empirische Ergebnisse deuten damit auf eine Bestätigung der These von Kirsch (1983)[5] hin, wonach das in Großunternehmen praktizierte und in der wissenschaftlichen Diskussion angebotene Planungsinstrumentarium für die Zwecke mittelständischer Unternehmen nicht oder nur äußerst bedingt geeignet ist. Der Planungshorizont eines wesentlichen Teils der Unternehmen beschränkt sich auf ein Jahr, wobei die Qualität der Datengrundlage für die Planung von den Betrieben als unzureichend eingestuft wird.[6]

[1] Vgl. Miles, R.E./Snow, C.C., 1986, S. 30.
[2] Vgl. Becker, H.P., 1984, S. 94f.
[3] Vgl. Kosmider, A., 1993, S. 83.
[4] Vgl. Kirschbaum, G./Najoks, W., 1989, Sp. 828; ein umfassender Überblick findet sich bei Gramss, R.J., 1990, S. 16ff.
[5] Vgl. Kirsch, W., 1983, S. 399.
[6] Vgl. IHK Koblenz, 1978, S. 17.

Beispielsweise kam die Untersuchung der IHK Koblenz bereits 1978 zu dem Ergebnis, daß in vielen Fällen die Pläne der einzelnen Funktionsbereiche nicht aufeinander abgestimmt waren. Eine Planung der Gewinne muß als weitgehend unbekannt gelten bzw. ist teilweise „verpönt".[2]

Ein Großteil dieses Befundes läßt sich auf das Fehlen eines institutionalisierten Planungssystems und einer entsprechenden Planungskultur zurückführen. Vielmehr orientiert sich die „Planung" mittelständischer Unternehmen an Chancen und Risiken der aktuellen Situation, also etwa Fragen der Zusammensetzung des Produktprogramms, der Produktgruppen oder der Preisgestaltung.[3] Dabei tragen die Überschaubarkeit und die hohe Flexibilität mittelständischer Unternehmen zum Gelingen dieses auf Intuition und Improvisation basierenden Ansatzes bei. Wesentliche Anwendungsvoraussetzungen für eine Koordination über Pläne sind damit nicht gegeben, so daß sie als alleinige oder überwiegende Koordinationsform nur bedingt geeignet ist.

Kirsch (1983) sieht die Bedingungen für eine funktionierende Koordination über Pläne erst nach Überschreiten der „Schwelle zur Übersichtlichkeit" gegeben.[4] Jenseits dieser Schwelle verliert die intuitiv-improvisatorische Planung so deutlich an Effizienz, daß Bedarf an einer institutionalisierten Planung besteht. Der Übergang auf einen systematischen, zielgerichteten und methodischen Gestaltungsprozeß in Form schriftlicher Pläne gestaltet sich in diesen Fällen schwierig, da Planung von mittelständischen Unternehmen häufig als Vorausschau über die zukünftige Entwicklung verstanden wird.

Die Lerneffekte der Planung, also die didaktische Natur des Planungsprozesses über eine Beschäftigung mit den eigenen Zielen und den einsetzbaren Ressourcen, werden dabei häufig übersehen. Planung soll die betrieblichen Interdependenzen deutlich machen und eine koordinierende Funktion ausüben. Pläne sind als mit allen Beteiligten abgestimmte und eindeutige Vorgaben zu verstehen.[5] Die Etablierung bestehender Plankonzepte unter Anwendung des Inversions- oder Umkehrprinzips der Planung kollidiert dabei mit der betrieblichen Alltagserfahrung des Unternehmers: Während der Unternehmer über seine Erfahrung an ein chronologisches Vorgehen gewöhnt ist und ein extrapolierendes Vorgehen präferiert, gehen Planungsansätze i.d.R. *idealtypisch* von einer Retropolation aus, also der Definition eines gewünschten Zielzustands und der Ableitung notwendiger Maßnahmen. Dieser Gegensatz begünstigt die geringe Planungsdisziplin und führt zu einer zunehmenden Erosion des Plans

---

1 Vgl. IHK Koblenz, 1978.
2 Vgl. IHK Koblenz, 1978, S. 8.
3 Vgl. Kirschbaum, G./Najoks, W., 1989, Sp. 831.
4 Vgl. Kirsch, W., 1983, S. 401.
5 Vgl. Kosmider, A., 1993, S. 25.

über die Zeit. Eine vorausschauende Koordination auf Basis einer operativen Planung wird dabei über eine unterjährige und fallweise Steuerung über persönliche Weisung ergänzt.[1]

Die Koordinationsmechanismen Planung und Regeln/Programme zählen zu den vorausschauenden Koordinationsmechanismen bzw. zur Koordination aufgrund von „Erwartungsbildung".[2] Globalziele der Organisation erfahren dabei in einem schrittweisen Prozeß eine zunehmende Konkretisierung, bis ausführungsreife, aufeinander abgestimmte Aktivitäten vorliegen.[3] Die Koordination über Selbstabstimmung und über persönliche Weisung zählt zu den Koordinationsmechnanismen, die sowohl der Vorauskoordination als auch der Koordination über Rückkopplungsinformationen dienen. Aufgrund dieser unterschiedlichen zeitlichen und sachlichen Bezugsebenen ist es durchaus denkbar, daß beide Koordinationsmechanismen gleichzeitig Anwendung finden.[4] Diese Form der Koordination entspricht auch den institutionellen und insbesondere den persönlichen Rahmenbedingungen der Führungssituation. Beide Koordinationsmechanismen können sich daher überlagern und im ungünstigen Fall auch gegenseitig behindern. Eine regelmäßig von den Plandaten abweichende Maßgabe über hierarchische Koordination mindert den koordinierenden Wert einer Planung oder führt sie u.U. ad absurdum. Dieses Spannungsfeld der Koordinationsinstrumente ist auf die Notwendigkeit einer Planung wegen des Versagens der Koordination über persönliche Weisung angesichts von Komplexität und Dynamik und den gleichzeitigen Versuch der Beibehaltung persönlicher Weisungen zurückzuführen. Zum anderen dürften hier auch soziologische Aspekte der integrations- und identitätsstiftenden Rolle des Unternehmers und das Bedürfnis eines fortwährenden Informationsaustausches eine Rolle spielen.

Feiland (1986)[5] bestätigt diesen Zusammenhang für mittelständische Unternehmen im Rahmen von Tiefeninterviews: Trotz eines hohen Ausbaugrades des Planungssystems wird eine personengebundene Orientierung beibehalten. Gramss (1990)[6] kommt empirisch zu dem Ergebnis, daß höhere externe Unsicherheit mit stärkerer Nutzung von personenbezogenen Koordinationsmechanismen einhergeht.

Zusammenfassend läßt sich festhalten, daß eine scharfe Trennung der beiden Koordinationsmechanismen im mittelständischen Kontext offenbar nur schwer möglich ist. Die an das Vorhandensein einer Planung gekoppelten Empfehlungen zur Einrichtung eines Controllings oder auch nur einer funktionierenden Plankostenrechnung können angesichts der eben

1 Vgl. ähnlich Kayser, G., 1990, S. 91.
2 Vgl. Kirsch, W., 1971, S. 72.
3 Vgl. Kieser, A./Kubicek, H., 1992, S. 114.
4 Vgl. Abschnitt 2.1.3.2.
5 Vgl. Feiland, F.-M., 1986, S. 138f.
6 Vgl. Gramss, R.J., 1990, S. 164.

gemachten Aussagen zumindest kritisch hinterfragt bzw. ihre Bedeutung im folgenden Forschungsmodell untersucht werden.

Die Primärkoordination über Pläne läßt sich argumentativ in verschiedener Hinsicht mit der Nutzung der Kostenrechnung in Verbindung bringen. Sie bildet die Voraussetzung für die Anwendung zahlreicher Controllinginstrumente.[1] Eine Koordination über Pläne erhöht den Bedarf an laufender Kostenrechnung.[2] Die Ergebniskontrolle über eine klassische Abweichungsanalyse erfordert beispielsweise in hohem Maße Kostenrechnungsdaten. Die Koordination über Pläne wurde in dieser Untersuchung über die Existenz und die Verbindlichkeit der Pläne im Unternehmen gemessen. Insbesondere wurde die Überlagerung durch persönliche Weisung bei der Wahl der Indikatoren berücksichtigt und somit den mittelstandsspezifischen Gegebenheiten in besonderer Weise Rechnung getragen.

> Unter *Koordination über Pläne* wird die Existenz und Verbindlichkeit von Plänen für die Führungskräfte im Unternehmen verstanden.

Die Beschäftigung mit sekundären Bereichen der Unternehmensführung tritt erst in Situationen eines erhöhten *Wettbewerbsdrucks* auf bzw. unter dem Eindruck erheblicher Veränderungen exogener Variablen, welche die Bedeutung der sekundären Systeme für den Geschäftserfolg steigern.[3] Mittelständische Unternehmen entwickeln sich tendenziell evolutorisch und unternehmen in den seltensten Fällen aus eigenem Antrieb Anstrengungen zur Weiterentwicklung der Kostenrechnung oder des Controllings. Die unternehmerischen Instrumente werden vielmehr in einem adaptiven Prozeß an die jeweils gestiegenen Anforderungen angepaßt. Albach/Bock/Warnke (1985) sprechen von „krisenhaften Entwicklungen“, die Änderungsprozesse in mittelständischen Unternehmen induzieren.[4]

Gemeinhin kann man davon ausgehen, daß eine größere Bedeutung der Kosten für den Geschäftserfolg auch eine entsprechende Gestaltung und insbesondere Nutzung des Kostenrechnungssystems nach sich zieht.[5] Ein höherer Wettbewerbsdruck bzw. eine höhere Wettbewerbsintensität führen zu einem gestiegenen Bedarf an Transparenz über die eigene Situation und einer stärker an betriebswirtschaftlichen Aspekten ausgerichteten Entscheidungsfindung. Dies gilt insbesondere für einen ausgeprägten Kostenwettbewerb. Dabei liegt folgendes Verständnis zugrunde:

---

1 Vgl. Gramss, R.J., 1990, S. 87.
2 Vgl. Weber, J., 1995b, S. 573.
3 Vgl. Weber, J., 1996a, S. 928.
4 Vgl. Albach, H./Bock, K./Warnke, T., 1985, S. 49.
5 Vgl. Brink, H.P., 1992; Macy, G./Arunachalam, V., 1995; Weber, J., 1996b; Brignall, S., 1997.

Unter *Wettbewerbsintensität* wird die wahrgenommene Intensität des Wettbewerbs in der betrachteten Branche – insbesondere der Kostenwettbewerb – verstanden.

4.2.2.2.2 Operationalisierung der Konstrukte

Die Operationalisierung der *Kostenrechnungsqualität* wurde bereits im vorherigen Kapitel erläutert. Das Konstrukt findet unverändert Eingang in diesen Untersuchungsschritt.

Der *Einfluß des Funktionalbereiches Finanzen/Controlling* wurde über ein relativ einfaches, aber in der qualitativen Vorphase sehr aussagekräftiges Verfahren erhoben. Die Mitglieder der Geschäftsleitung wurden gebeten, 100 (Prozent-)Punkte auf drei grobe Funktionalbereiche zu verteilen, die in allen in der Vorstudie betrachteten Unternehmen identifiziert werden konnten:[1] Produktion/F&E, Marketing/Vertrieb und Finanzen/Controlling. Dabei wurde nach der Einschätzung gefragt, welchen Einfluß diese Funktionalbereiche auf Entscheidungen im Unternehmen haben.

Bei der Operationalisierung der *Koordination über Pläne* wurde eine eigene Konzeptualisierung und Operationalisierung gewählt. Dieses Vorgehen ist insofern erklärungsbedürftig, als es in der Literatur im Rahmen der Abbildung der Organisationsstruktur Vorschläge zur Operationalisierung der Koordination über Pläne gibt, die einen starken Bezug zur verwendeten Unterscheidung in Anlehnung an Kieser/Kubicek (1992)[2] aufweisen. Die bestehenden Vorschläge orientieren sich in der Regel an der Situation von Großunternehmen. Aber auch in anderen Untersuchungen finden sich Abweichungen zu dem von Kieser (1973)[3] vorgeschlagenen Vorgehen. Homburg (1995)[1] operationalisiert das Ausmaß der Koordination über Pläne unter Bezug auf Kieser (1973) über drei Indikatoren. Der erste Indikator umfaßt die Existenz von Plänen für neun Funktionalbereiche des Unternehmens, wobei sich der Wert des Indikators aus der Anzahl der positiven Antworten ergibt. Die beiden anderen Indikatoren beziehen sich auf die Zustimmung zu der Aussage, daß im jeweiligen Unternehmen ein sehr detailliertes Planungssystem existiert bzw. viel Zeit auf Planungsaktivitäten verwendet wird. Allerdings lassen sich im vorliegenden Fall über die drei genannten Bereiche hinaus keine weiteren Funktionalbereiche identifizieren, so daß die Bildung eines analogen Index verworfen wurde. Wie bereits erläutert, indiziert die Frage nach der Existenz eines Planungssystems – analog der Existenz eines Kostenrechnungssystems – nicht dessen Nutzung. Die beiden anderen

[1] Die geringe Strukturierung der Organisation und die Funktionshäufung bei einzelnen Entscheidungsträgern legen den Schluß nahe, die Funktionsbereiche möglichst zu verwandten Gruppen zusammenzufassen.

[2] Vgl. Kieser, A./Kubicek, H., 1992, S. 180.

[3] Vgl. Kieser, A., 1973.

Indikatoren werden darüber hinaus nicht dem besonderen Verhältnis von Plankoordination und persönlicher Weisung gerecht.

Die Existenz von Plänen für verschiedene Funktionalbereiche wurde daher durch die Frage nach der Existenz von Plänen für Führungskräfte ersetzt. Die weiteren Indikatoren fragen nach den klassischen Merkmalen der Planung wie Schriftlichkeit und Verbindlichkeit der Pläne. Durch den letzten Indikator wurde das besondere Verhältnis zwischen persönlicher Weisung und der Koordination über Pläne noch einmal thematisiert.

Die erzielten Werte können als gut bezeichnet werden, da sowohl die Gütekriterien der ersten als auch die der zweiten Generation deutlich übertroffen werden bzw. die höchstmöglichen Ausprägungen annehmen. Einzig die Werte des letzten Indikators lassen zu wünschen übrig. Dies ist darauf zurückzuführen, daß es sich um ein „Reverse-coded Item", also einen negativ formulierten Indikator handelt. Zur gleichgerichteten Beantwortung mit den anderen Indikatoren muß in entgegengesetzter Richtung geantwortet werden, was vermutlich von einer Reihe der Befragten übersehen wurde. Unter inhaltlichen Aspekten wird der Indikator daher dennoch beibehalten.

Koordination über Pläne

Informationen zu einzelnen Indikatoren des Faktors	Item-to-Total-Korrelation	Indikator-reliabilität	t-Wert der Faktor-ladung
Wir haben eine jährliche Planung, die wir auch einhalten.	0,69	0,59	7,95
Über unsere Planung geben wir die wesentlichen Aufgaben für das Jahr vor.	0,74	0,63	7,94
Für unsere Führungskräfte gibt es schriftliche Pläne, aus denen sich die Aufgaben ergeben.	0,53	0,33	7,33
Bei meinen Entscheidungen hat die ursprüngliche Planung nur eine geringe Bedeutung.[1)]	0,34	0,12	8,18

Informationen zum Faktor			
Cronbachsches Alpha:	0,77	Goodness-of-Fit-Index (GFI):	1,00
Erklärte Varianz:	60 %	Adjusted GFI:	1,00
Durchschnittlich erfaßte Varianz:	0,42	Comparative-Fit-Index (CFI):	1,00
Faktorreliabilität:	0,78	RMSEA:	0,00
		χ^2-Wert/df.:	0,10

1) Reverse-coded Item

Tabelle 4.5: Informationen zum Faktor „Koordination über Pläne"

1 Vgl. Homburg, C., 1995, S. 179.

Wettbewerbsintensität

Informationen zu einzelnen Indikatoren des Faktors	Item-to-Total-Korrelation	Indikator-reliabilität	t-Wert der Faktor-ladung
Der Wettbewerb in unserer Branche ist vernichtend.	0,59	0,35	13,72
Viele Wettbewerber bieten zu sehr geringen Margen an.	0,69	0,52	15,26
Der Margendruck in der Branche ist sehr hoch.	0,70	0,52	17,33

Informationen zum Faktor

Cronbachsches Alpha:	0,81	Goodness-of-Fit-Index (GFI):	-[1]
Erklärte Varianz:	73 %	Adjusted GFI:	-[1]
Durchschnittlich erfaßte Varianz:	0,46	Comparative-Fit-Index (CFI):	-[1]
Faktorreliabilität:	0,80	RMSEA:	-[1]
		χ^2-Wert/df.:	-[1]

[1] Zur Berechnung sind mindestens vier Items erforderlich.

Tabelle 4.6: Informationen zum Faktor „Wettbewerbsintensität (Kostenwettbewerb)“

Die *Wettbewerbsintensität* wurde ursprünglich über vier Indikatoren operationalisiert. Dabei wurde dem Aspekt des Kostenwettbewerbs ein besonderer Stellenwert eingeräumt. Die Formulierungen der Items wurden im Laufe der qualitativen Vorstudie und des Pre-Tests mehrfach angepaßt, da sich die Mittelwerte bei der Beantwortung der Fragen unabhängig von der betrachteten Branche oder Größenklasse häufig in sehr hohen Bereichen bewegten, die Wettbewerbsintensität also als hoch wahrgenommen wurde. Der letzte Indikator „Unsere Wettbewerber sind ziemlich schwach“ mußte aufgrund seines geringen Zusammenhangs mit den anderen Faktoren eliminiert werden, da nahezu alle Befragten die höchstmögliche Ablehnung zu diesem Indikator angaben.

Die Werte der drei verbliebenen Indikatoren sind als gut zu bezeichnen, und auch die Werte für den Faktor liegen deutlich über den geforderten Mindestwerten. Damit ist die Konzeptualisierung und Operationalisierung der relevanten Konstrukte abgeschlossen. Im folgenden sollen nun die skizzierten Überlegungen in Forschungshypothesen überführt und anschließend empirisch überprüft werden.

4.2.3 Formulierung der Hypothesen

In zahlreichen Studien wird eine Beziehung zwischen Merkmalen des internen Rechnungswesens und der Nutzung der Informationen hergestellt.[1] Die dabei gefundenen Zusammenhänge können allerdings nicht als eindeutig gelten. In einigen Untersuchungen läßt sich aus einer Zufriedenheit mit den Merkmalen eine höhere Nutzung ableiten, in anderen Untersuchungen sind die beiden Größen unabhängig voneinander. Wie bereits begründet wurde, wird in dieser Untersuchung davon ausgegangen, daß die Kostenrechnungsqualität eine Vorstufe zur Nutzung der Kostenrechnung ist. Mittelständische Führungskräfte sind in besonderem Maße auf Informationen angewiesen und gleichzeitig einer erheblichen Zeitbelastung ausgesetzt. Erst wenn die Kostenrechnung aus Sicht des Managements nützliche und hilfreiche Informationen liefert, kann sie die Entscheidungen im Unternehmen beeinflussen. Diese Überlegungen führen zur folgenden Forschungshypothese:

H15: Die Kostenrechnungsqualität beeinflußt die Nutzung der Kostenrechnung positiv.

Die *Aufmerksamkeit des Managements* für die Kostenrechnung (Management Attention) stellt eine erhebliche Rahmenbedingung für die Kostenrechnung dar. Denn selbst wenn die Qualität der Kostenrechnung bei einem (oder mehreren) Entscheidungsträgern auf positive Resonanz stößt, ist dies zunächst noch keine Aussage über die Rolle, die die Kostenrechnung in der Entscheidungsfindung spielt. Denkbar ist durchaus eine Zufriedenheit mit der bestehenden Kostenrechnung, die zu einem nicht unerheblichen Maß von Indifferenz gegenüber der Kostenrechnung resultiert. Da die Kostenrechnung in diesem Fall kein Objekt von Managemententscheidungen ist, wird auch die kritische Auseinandersetzung mit ihren Möglichkeiten und Grenzen auf ein Minimum beschränkt werden, so daß die Qualitätseinschätzung ein unzutreffendes Bild wiedergibt. Ein solches Phänomen ist allerdings vorwiegend auf den Mittelstand beschränkt, da in Großunternehmen durch eine erhebliche Formalisierung der Entscheidungsprozesse (z.B. Investitionsanträge) und die verhaltenssteuernde Funktion der Kostenrechnung (u.a. Budgets) eine Beschäftigung mit der Kostenrechnung in vielen Fällen für Entscheidungsträger unumgänglich ist.

Je stärker das Management in seiner Breite die Verwendung der Kostenrechnung im Unternehmen – auch in Relation zu anderen Informationskanälen – fördert und echten Anteil an der Veränderung und Gestaltung (der Systeme und) der Informationen nimmt, desto größer wird die Rolle der Kostenrechnung auch in der eigenen Entscheidungsfindung sein. Damit soll folgende Forschungshypothese gelten:

---

[1] Vgl. den Überblick bei DeLone, W.H./McLean, E.R., 1992, S. 86.

H16: Die Aufmerksamkeit der Managements für die Kostenrechnung (Management Attention) beeinflußt die Nutzung der Kostenrechnung positiv.

Aus der Diskussion um die Bedeutung der Funktionalbereiche läßt sich ihre Bedeutung für die Rolle der Kostenrechnung ableiten. Je stärker der *Einfluß des Bereiches Finanzen/Controlling* auf Entscheidungen im Unternehmen ist, um so wichtiger ist die Rolle der Kostenrechnung im Rahmen der Entscheidungsfindung.[1] Dies ist zum einen auf das Bestreben des Bereiches Finanzen/Controlling zurückzuführen, die Handlungsalternativen in der Sprache der Kostenrechnung auszudrücken und damit angesichts seiner Methodenhoheit gewissermaßen federführend tätig zu sein. Zum anderen werden kostenorientierte Aspekte von Entscheidungen stärker beachtet, die bei einer Dominanz anderer Bereiche nicht im Vordergrund stehen würden.

H17: Der Einfluß des Bereiches Finanzen/Controlling beeinflußt die Nutzung der Kostenrechnung positiv.

Bei der *Koordination über Pläne* werden abgestimmte Vorgehensweisen kommuniziert und koordiniert. Kostenrechnung fungiert in diesem Zusammenhang als Sprache. Je stärker ein Unternehmen über Pläne koordiniert wird, um so stärker ist die Notwendigkeit, ein Instrumentarium zur Verfügung zu stellen, das es erlaubt, Pläne zu kodifizieren und zu einem Gesamtplan zu verdichten. Neben der Leistungsrechnung ist die Kostenrechnung in mittelständischen Unternehmen das einzige Informationssystem, das für diese Aufgabe in Frage kommt.[2] Damit kommt der Kostenrechnung zum einen die vergangenheitsorientierte Aufzeichnungs- und Dokumentationsfunktion zu, zum anderen werden die Pläne über zukunftsorientierte Plan- und Prognosewerte erstellt. Beide Funktionen erhöhen die Bedeutung der Kostenrechnung im Unternehmen. Damit bildet sie wiederum einen Ausgangspunkt für eine neue Willensbildung, in der beispielsweise Maßnahmen zur Zielerreichung entschieden oder die Planwerte den neuen Realitäten angenähert werden. Sie macht also die Konsequenzen des Handelns deutlich und gilt als Richtschnur, an der sich die beteiligten Führungskräfte orientieren müssen. Da unter diesen Umständen der Formulierung der Pläne ebenfalls eingrößeres Gewicht beigemessen wird, wird Kosteninformationen im Rahmen der Entscheidungsfindung auch in bisher nicht beplanten Bereichen eine wesentlich größere Rolle zukommen. Damit sollen diese Ergebnisse in folgender Forschungshypothese zusammengefaßt werden:

H18: Die Koordination über Pläne beeinflußt die Nutzung der Kostenrechnung positiv.

---

1 Vgl. Becker, H.P., 1984, S. 54.

2 Vgl. Niedermayr, R., 1994, S. 269.

Abschließend soll noch der Einfluß des *Wettbewerbsdrucks* angesprochen werden. Wie bereits dargestellt,[1] erhöht ein intensiver Kostenwettbewerb die Nutzung der Kostenrechnung für Entscheidungen:

H19: Der Wettbewerbsdruck beeinflußt die Nutzung der Kostenrechnung positiv.

4.2.4 Überprüfung der Hypothesen

Die Hypothesen wurden im Rahmen einer multiplen Regressionsanalyse überprüft. Dabei bilden die Kostenrechnungsqualität, die Aufmerksamkeit des Managements, der Einfluß des Bereiches Finanzen/Controlling und die Koordination über Pläne die exogene Variable und die Nutzung der Kostenrechnung im Entscheidungsprozeß die endogene Variable. Die Ergebnisse finden sich in Tabelle 4.7.

Endogene Variable / **Exogene Variable**	**Effekt auf die Nutzung der Kostenrechnung**[1)2)]
H15: Kostenrechnungsqualität	0,145***
H16: Management Attention	0,337***
H17: Einfluß von Finanzen/Controlling	0,127***
H18: Koordination über Pläne	0,113***
H19: Wettbewerbsdruck	0,056
Erklärungsgehalt des Modells[3)]	23,7 %***

1) Die angegebenen Werte sind standardisierte Regressionskoeffizienten (Beta-Koeffizienten).
2) *: Signifikanz auf dem 10%-Niveau
**: Signifikanz auf dem 5%-Niveau
***: Signifikanz auf dem 1%-Niveau
3) Erklärungsgehalt durch quadrierte multiple Korrelation gemessen.

Tabelle 4.7: Einflüsse auf die Nutzung der Kostenrechnung im Entscheidungsprozeß: Ergebnisse der Regressionsanalyse

Zunächst kann die Nullhypothese, daß kein Zusammenhang zwischen den exogenen und endogenen Variablen besteht, verworfen werden. Der Zusammenhang ist auf dem 1%-Niveau signifikant und weist einen Erklärungsgehalt von 23,7 % auf. An dieser Stelle soll noch einmal darauf verwiesen werden, daß nur wenige, theoretisch begründbare Einflußgrößen untersucht wurden und es sich nicht um den Versuch einer vollständigen Abbildung aller Einflußgrößen handelt. Allerdings unterstellen normative Arbeiten an dieser Stelle implizit, daß die Akzeptanz der Kostenrechnung erheblich von der Qualität der Kostenrechnung in den

1 Vgl. Abschnitt 4.3.2.1.

Augen der Empfänger abhängt, also ungeachtet anderer Einflußgrößen nur durch die Qualität der Kostenrechnung bereits ein wesentlich höherer Erklärungsgehalt zu erwarten gewesen wäre. Darüber hinaus weisen bis auf den Wettbewerbsdruck alle betrachteten Variablen die in den Forschungshypothesen geforderten Vorzeichen auf und sind auf dem 1%-Niveau signifikant. Das Modell ist daher insofern als gut zu bezeichnen und bestätigt alle Forschungshypothesen, die im folgenden noch kurz einzeln diskutiert werden sollen.

4.2.5 Diskussion der Ergebnisse

Die Hypothese *H15* bezüglich des Einflusses der Kostenrechnungsqualität auf die Nutzung der Kostenrechnung wird bestätigt. Allerdings überrascht die relative Stärke des Effekts im Vergleich zu den anderen Einflußgrößen angesichts der Eindeutigkeit, mit der dieser Parameter als Indikator für die Nutzung und Akzeptanz der Kostenrechnung vertreten wird.[1] Der Qualität der Kostenrechnung kann auf Basis der vorliegenden Daten kein überragender Einfluß zugesprochen werden. Vielmehr zeigt sich, daß die anderen Größen einen ähnlich starken Einfluß haben. Es bestätigt sich an dieser Stelle, daß die Dienstleistungsqualität trotz der grundsätzlich erforderlichen Serviceorientierung nur eingeschränkt als Erfolgsmaßstab in mittelständischen Unternehmen anzusehen ist. Unbestritten bleibt, daß eine hohe Qualität der Kostenrechnung als eine wesentliche Voraussetzung für die Systemnutzung durch das Management gelten muß.

Die Hypothese *H16* wird ebenfalls in vollem Umfang bestätigt und verdeutlicht die Bedeutung der Unterstützung der Geschäftsleitung für die Nutzung der Kostenrechnung in mittelständischen Unternehmen. Der Effekt ist deutlich größer als der aller anderen betrachteten Einflußgrößen. Die Veränderung der Einstellungen gegenüber der Kostenrechnung und der fortwährende Einbezug der Geschäftsleitung in die Gestaltung der Kostenrechnung können damit als wesentliche laufende Anwendungsvoraussetzungen für eine entscheidungsorientierte Nutzung der Kostenrechnung gelten. Zur Wahrnehmung dieser Rolle muß in der Geschäftsleitung ein entsprechendes Wissen aufgebaut und die Relevanz der Kostenrechnung für Entscheidungszwecke vermittelt werden. Bereits der Einfluß des Kenntnisstands des Anwenders auf die Komplexität der Kostenrechnung verdeutlichte den positiven Effekt eines höheren Wissensstands in bezug auf die Beurteilung der Kostenrechnung.

Die Ergebnisse für die Hypothese *H18* bestätigen den Einfluß der Kostenrechnung als Koordinationsinstrument und „Sprache" innerhalb eines Unternehmens. Je stärker die Aktivitäten verschiedener Organisationsmitglieder über festgelegte Pläne koordiniert werden,

[1] Vgl. Aust, R., 1999.

desto bedeutender wird die Rolle der Kostenrechnung für die Planerstellung und -durchsetzung. Damit bestätigt sich eine wesentliche Anwendungsvoraussetzung der Kostenrechnung. Ihre Nutzung hängt davon ab, wie sehr sie die Sprach- und Erlebniswelt des Unternehmens beeinflußt, es ihr also gelingt, eine strukturierte Abbildung des Unternehmens darzustellen. Eine zunehmende Plankoordination stellt dazu einen wesentlichen Beitrag dar.

Das Resultat zu *H19* bestätigt die postulierte Interdependenz zwischen Bedeutung von Kostenrechnungsinformationen im organisatorischen Kontext und ihrer Nutzung durch die Organisationsmitglieder. Der dominanten Koalition im Unternehmen kann damit ein erheblicher Beitrag zur Akzeptanz der Kostenrechnung zugesprochen werden. Fach- und Machtpromotoren sind daher nicht nur für den Einführungsprozeß von hoher Bedeutung, sondern müssen dauerhaft installiert werden. Angesichts der Charakteristika mittelständischen Entscheidungs- und Informationsverhaltens scheint es plausibel, davon auszugehen, daß die Förderung der Kostenrechnung im Unternehmen ein permanenter Prozeß sein sollte. In bestehenden Strukturen kann diese Durchsetzung also nur durch eine Verbreiterung der Machtbasis der Kostenrechnung gelingen, langfristig damit angesichts mittelständischer Führungscharakteristika nur durch Austausch zentraler Mitglieder der Geschäftsleitung.

Die Nicht-Bestätigung von *H20* fügt sich in das Bild einer Kostenrechnung, die in ihrer Gestaltung und Nutzung weitgehend von externen Einflüssen unbeeindruckt bleibt. Entgegen allen postulierten Notwendigkeiten zur Einführung von Controlling bzw. einer Kostenrechnung führt ein erhöhter Kostenwettbewerb nicht zur Steigerung der Nutzung von Kostenrechnungsinformationen.

Kostenrechnung ist damit ein gesetztes System, dessen Funktionsweise im wesentlichen durch das Wollen bestimmt wird. Dieses Wollen ist eine (additive) Funktion organisatorischer Determinanten: Je stärker die Rahmenbedingungen die Rolle der Kostenrechnung begünstigen, desto stärker wird ihre Nutzung. Die Einflußfaktoren sind dabei – zumindest statistisch – weitgehend voneinander unabhängig. Das Bedürfnis dominierender Mitglieder nach dem Einsatz der Kostenrechnung überwiegt alle externen Bestimmungsgründe. Der Einsatz von Kostenrechnung ist damit an folgende wesentlichen Voraussetzungen geknüpft: hohe Entscheidungsrelevanz der Kostenrechnungsinformationen, verstärkte Koordination über Pläne und eine permanente Macht- und Einflußbasis in der Geschäftsleitung auf die Entscheidungsprozesse im Unternehmen. Gelten die Bedingungen nicht, kostet die Kostenrechnung nur unnötig Geld: Sie führt ein Eigenleben ohne Bezug zu der sie umgebenden Organisation.

Kostenrechner in mittelständischen Unternehmen sehen sich daher einer mehrdimensionalen Zielfunktion ausgesetzt. Zum einen müssen sie eine hohe Qualität ihrer Produkte sicherstellen.

Diese Forderung ist weder neu noch überraschend. Von ebenso hoher Bedeutung ist aber die Beeinflussung der Erwartungshaltung gegenüber der Kostenrechnung und ihren organisatorischen Rahmenbedingungen. Dem Kostenrechnungsverantwortlichen kommt damit nicht nur eine passive Rolle zu.[1] Diese zunächst abstrakten Forderungen sollen in Abschnitt 6.2 konkretisiert werden.

In der Summe zeigt sich an dieser Stelle die Gültigkeit der in Abbildung 2.1 und 4.1 unterstellten Wirkungsketten. Allerdings werden sie durch zahlreiche andere Determinanten überlagert. Welche Auswirkungen die verfolgte Unternehmensstrategie auf diese Parameter hat und ob auch der letzte Schritt hin zum Unternehmenserfolg nachvollzogen werden kann, soll im folgenden Kapitel untersucht werden.

1 Vgl. Weber, J., 1991a, S. 473.

5 Strategisches Umfeld und Erfolgsauswirkungen der Kostenrechnung

In diesem Kapitel soll die letzte Forschungsfrage in zwei Schritten beantwortet werden:

- Welchen Einfluß hat die verfolgte Wettbewerbsstrategie auf die Gestaltung und Nutzung der Kostenrechnung?
- Welchen Einfluß hat die Kostenrechnung in Abhängigkeit von der Wettbewerbsstrategie auf die letzte verbliebene Erfolgsgröße, den Unternehmenserfolg?

Der Abschnitt ist wie folgt gegliedert: Zunächst werden die theoretischen Grundlagen für das Verhältnis zwischen Kostenrechnung und Wettbewerbsstrategie geschaffen. Darauf aufbauend wird eine spezifisch mittelständische Abgrenzung der Wettbewerbsstrategie in Beziehung zu verschiedenen Merkmalen der Kostenrechnung gesetzt. Abschließend werden die Erfolgswirkungen der Gestaltung und Nutzung der Kostenrechnung in Abhängigkeit von der Wettbewerbsstrategie diskutiert und alle postulierten Beziehungen empirisch überprüft. Dabei ist die Fragestellung grundsätzlich betriebsgrößenunabhängiger Natur. In diesem Untersuchungsschritt werden daher eher die Vorteile mittelständischer Unternehmen im Hinblick auf die Eindeutigkeit und Abbildbarkeit der untersuchten Konstrukte und Beziehungen genutzt, als daß es sich um eine spezifisch mittelständische Fragestellung handelt.

5.1 Mittelstand und Wettbewerbsstrategie

Rekonstruiert man Führungsverhalten, so läßt sich feststellen, daß sich Führungskräfte nur relativ weniger zentraler Parameter zur Beeinflussung des Unternehmenserfolges bedienen.[1] Strategische Simplizität wird dabei durch verschiedene Parameter, beispielsweise durch den vergangenen Erfolg des Unternehmens, positiv beeinflußt.[2] Der Abstimmung zwischen den Führungsaktivitäten „Strategie“ und „Struktur“ kommt im Rahmen des Führungsverhaltens eine besondere Bedeutung zu. Die Diskussion um ihr Verhältnis stützt sich weitgehend auf die Frage, ob die Strategien mit den vorhandenen oder geplanten Strukturen vereinbar sind bzw. die Unternehmensstruktur die Umsetzung der Strategie ausreichend unterstützt.[3] Die Frage nach dem Verhältnis zwischen Strategie und Unternehmensstruktur geht auf die Arbeiten von Chandler zurück. Die Kernthese seiner Arbeit – die Unternehmensstruktur folgt der Unter-

1 Vgl. Müller-Stewens, G., 1992, Sp. 2345.
2 Vgl. Miller, D./Chen, M.-J., 1996, S. 421f.
3 Vgl. Sandler, G., 1989, Sp. 1886.

nehmensstrategie – prägte den Satz „Structure follows Strategy".[1] Die Diskussion orientiert sich dabei an den Ergebnissen der organisatorischen Kontingenzforschung.[2] Chandler gelangte bereits 1962 auf Basis vergleichender unternehmenshistorischer Fallstudien über 70 US-amerikanische Unternehmen zu dem Schluß, daß sich unterschiedliche Organisationsformen („Structure") auf verschiedene Formen des Wachstums („Strategy") zurückführen lassen. Die Implementierung neuer administrativer Strukturen wird dabei von der Art der Unternehmensentwicklung bestimmt. Diese setzt sich aus der Art des Wachstums – also etwa einem reinen Mengenwachstum, einer Diversifizierung oder einer geographischen Ausdehnung – und der Geschwindigkeit des Aufbaus der zugehörigen Ressourcen zusammen. Es läßt sich grundsätzlich ein Übergang von monolithischen über funktionale zu divisionalisierten Organisationsformen beobachten. In einem großangelegten Programm der Harvard Business School erweiterten in den siebziger Jahren u.a. Wrigley (1970)[3] und Rumelt (1974)[4] Chandlers Analysen mit ähnlichen Ergebnissen für die USA. Vergleichbare Studien wurden in Frankreich und Deutschland[5] sowie in Japan durchgeführt[6] und bestätigten grundsätzlich den postulierten Zusammenhang. Die Vollständigkeit der unterstellten Beziehungen und die Kausalität der Wirkungsrichtung sind allerdings bis heute umstritten.

Die *Unternehmensstrategie* wurde als Kontextvariable von Chandler in einer sehr weit gefaßten Definition in die Diskussion eingeführt. Strategie wird als „the determination of the basic long-term goals and objectives of an enterprise, and the adoption of courses of action and the allocation of resources necessary for carrying out these goals"[7] definiert. Er betrachtet Strategie als hochgradig kontextspezifisch und verzichtet auf deterministische oder normative Aussagen über den anzustrebenden Zusammenhang zwischen Strategie und Struktur. Chandler (1962) versteht unter Unternehmensstruktur das „(...) design of organizations (...) whether formally or informally defined",[8] und subsumiert damit auch alle administrativen Strukturen und Systeme unter diesen Begriff. Die Ausdehnung des Begriffs auf das Kostenrechnungssystem als Bestandteil der administrativen Organisationsstruktur liegt nahe und ist mit dieser Auffassung kompatibel.

1 Vgl. Chandler, A.D., 1962, S. 14.
2 Vgl. Müller-Stewens, G., 1992, Sp. 2344.
3 Vgl. Wrigley, L., 1970.
4 Vgl. Rumelt, R.P., 1974.
5 Vgl. Dyas, G.P./Thanheiser, H.T., 1976.
6 Vgl. Suzuki, Y., 1980.
7 Vgl. Chandler, A.D., 1962, S. 13.
8 Vgl. Chandler, A.D., 1962, S. 14.

5.1.1 Wettbewerbsstrategie und Strategietypologien

Im folgenden sollen zunächst der Begriff der Wettbewerbsstrategie und mögliche Typologien von Wettbewerbsstrategien dargestellt werden, um dann über eine Betrachtung mittelständischer Besonderheiten eine geeignete Auswahl zu treffen.

5.1.1.1 Begriff der Wettbewerbsstrategie

In der Literatur finden sich unterschiedliche Definitionen des Begriffs der Wettbewerbsstrategie.[1] Allgemein kann Strategie als „the match an organization makes between its internal and external resources and skills (...) and the opportunities and risks created by its external environment"[2] verstanden werden. In frühen Arbeiten läßt sich, wie bereits angedeutet, eine atomistische Sichtweise der Strategie konstatieren: Strategie ist hochgradig kontextspezifisch und für jedes Unternehmen in jedem Aspekt einzigartig.[3] Diese Auffassung wurde Anfang der achtziger Jahre zunehmend durch die Akzeptanz von Gemeinsamkeiten zwischen verschiedenen Unternehmen ersetzt.[4] Die Konkretisierung des Strategiebegriffs führte zu einer Generalisierbarkeit der Aussagen über Unternehmen hinweg und zur Entstehung zahlreicher Arbeiten mit vorrangig normativem Charakter. Im Vordergrund standen dabei Arbeiten, die die Verbindung zwischen der Strategie und der Umwelt betrachten.[5]

Die Untersuchung von Strategien kann auf unterschiedlichen organisatorischen Ebenen ansetzen. Strategien lassen sich nach ihrem Geltungsbereich in (Gesamt-) Unternehmensstrategien, Wettbewerbsstrategien und funktionale Strategien unterscheiden.[6] Die *Gesamtunternehmensstrategie* beschäftigt sich primär mit der Festlegung der Tätigkeitsfelder des Unternehmens auf bestimmte Domänen im Gesamtportfolio strategischer Geschäftsfelder.[7] Auf der Ebene der strategischen Geschäftsfelder bestimmt die *Wettbewerbsstrategie* die Art und Weise, wie die Unternehmung in den Wettbewerb treten soll. *Funktionale Strategien* orientieren sich an bestimmten Funktionsbereichen und legen deren Beitrag zur Erreichung der Unternehmens- bzw. Wettbewerbsstrategie fest.

---

1 Vgl. Homburg, C./Simon, H., 1995, Sp. 2754.
2 Hofer, C.W./Schendel, D., 1978, S. 12.
3 Vgl. Dess, G.D./Davis, P.S., 1984, S. 468.
4 Vgl. u.a. Miles, R.E./Snow, C.C., 1978 (im folgenden Bezugnahme auf die deutsche Übersetzung: Miles, R.E./Snow, C.C., 1986); Porter, M.E., 1980; Miller, D./Friesen, P.H., 1982.
5 Vgl. Grant, R.M., 1991, S. 114.
6 Vgl. Pearce, J.A./Robinson, R.B., 1991, S. 5.
7 Vgl. Corsten, H./Will, T., 1992, S. 185.

Die im folgenden betrachteten Wettbewerbsstrategien setzen dabei auf der Geschäftsbereichsebene an und konzentrieren sich auf die Schaffung und Erhaltung von Wettbewerbsvorteilen.[1] Unter einem Wettbewerbsvorteil wird eine im Konkurrenzvergleich überlegene Leistung verstanden,

- die ein Merkmal betreffen muß, das für den Kunden wichtig ist,
- die vom Kunden wahrgenommen wird und
- die eine gewisse Dauerhaftigkeit aufweist.[2]

Im folgenden soll die Betrachtung auf Wettbewerbsstrategien beschränkt werden. Zum einen sind mittelständische Unternehmen in der Regel nur in einem Produkt-/Markt-Bereich tätig, zum anderen sind angesichts der geringen Konfiguration keine Funktionalstrategien zu erwarten. Gabele/Moraw (1991)[3] weisen im Rahmen der umfangreichen STRATOS-Untersuchungen[4] ebenfalls auf die hohe Bedeutung der *Marktstrategie* für mittelständische Unternehmen hin und lehnen eine Übertragbarkeit weiterer Strategieunterscheidungen für andere organisatorische Ebenen auf mittelständische Unternehmen ab. Arbeiten zum internen Rechnungswesen bzw. zum Management Control System (MCS) ziehen ebenfalls regelmäßig die Wettbewerbsstrategie zur Untersuchung des Verhältnisses zur Kostenrechnung heran,[5] so daß auf die Forschungsergebnisse im Rahmen der Hypothesenformulierung und Ergebnisinterpretation zurückgegriffen werden kann.

Porter (1980)[6] begründet den Begriff der *generischen* Wettbewerbsstrategie. Darunter wird das auf dem höchsten Abstraktionsniveau erkennbare Muster des Verhaltens eines Unternehmens im Wettbewerb verstanden, das es ihm ermöglicht, langfristig Wettbewerbsvorteile zu schaffen bzw. zu verteidigen. Durch diese Betrachtungsweise werden normative Aussagen über das Wettbewerbsverhalten ermöglicht. Nichtsdestotrotz bleibt die konkrete Ausgestaltung der Wettbewerbsstrategie immer situativ, oder mit Porter (1980): „The essence of formulating competitive strategy is relating a company to its environment."[7] Jede Theorie zur Wettbewerbsstrategie ist damit per definitionem kontextbezogen.[8]

---

1 Vgl. Porter, M.E., 1980, S. 34.
2 Vgl. Homburg, C./Simon, H., 1995, Sp. 2754.
3 Vgl. Gabele, E./Moraw, D.J., 1991, S. 1014.
4 STRATOS ist ein Akronym für Strategic Orientation Of Small and Medium Sized Entreprises. Vgl. STRATOS, 1987.
5 Vgl. Langfield-Smith, K., 1997, S. 210.
6 Vgl. Porter, M.E., 1980, S. 34.
7 Vgl. Porter, M.E., 1980, S. 3.
8 Vgl. Ginsberg, A./Venkatraman, N., 1985, S. 421.

An dieser Stelle soll kurz auf die häufig vernachlässigte Unterscheidung zwischen Strategieformulierung und -implementierung eingegangen werden. Diese Unterscheidung ist deshalb von besonderer Bedeutung, weil sich der Aufbau und die Nutzung der administrativen Unterstützungsmaßnahmen unter Umständen nicht in der gleichen zeitlichen Ebene bewegen wie die Planung und Umsetzung der Strategie.

Mintzberg (1978)[1] betont den Unterschied zwischen intendierter und realisierter Strategie: *Intendierte Strategien* sind das Ergebnis eines formalen Planungs- und Erstellungsprozesses und bilden damit zunächst nur die beabsichtigte strategische Stoßrichtung ab. Weder müssen zu diesem Zeitpunkt die unterstützenden Systeme geplant oder umgesetzt sein, noch lassen sich aus dem Handeln der Organisation Rückschlüsse auf die verfolgte Strategie ziehen. Im Zuge der Realisierung von Strategien kann es dabei zu erheblichen Abweichungen der realisierten von der intendierten Strategie kommen. Die Umsetzung von strategischen Neuorientierungen kann – je nach Ausgangslage und Grad der Veränderung – mehrere Jahre umfassen. Gerade schriftliche Befragungen gehen ein hohes Risiko ein, eben die intendierte Strategie zu erheben, ohne daß sich entsprechende Zusammenhänge mit der Ausgestaltung der Organisation bereits herstellen lassen. Intendierte Strategien unterstellen eine mehr oder weniger formalisierte strategische Management- bzw. Planungsaktivität, die zur Formulierung der Strategie führt. Die Formalität des strategischen Managements variiert allerdings in Abhängigkeit von der Unternehmensgröße, dem Führungsstil und anderen Faktoren erheblich zwischen verschiedenen Unternehmen. Eine Zunahme der Formalität ist mit einer Zunahme an Kosten und Umfang der Planungsaktivitäten verbunden. Mittelständische Unternehmen verfolgen dabei vielmehr einen sogenannten „entrepreneurial mode“, der sich durch Informalität, Intuition und eine begrenzte Planungsaktivität auszeichnet.[2] Wesentlich ist dabei die starke Orientierung an den Vorstellungen einer oder weniger Führungskräfte.[3] Das Vorliegen einer intendierten Strategie ist damit für solche Unternehmen zweifelhaft. Mintzberg (1978)[4] hebt hervor, daß Strategien nicht das Ergebnis eines Planungsprozesses sein müssen, sondern auch das Resultat einer Folge von wichtigen und unwichtigen Entscheidungen sein können. Strategien entstehen auch aufgrund eines unsystematischen und eher intuitiven Vorgehens.[5] Dieser Strategietyp wird mit „emergent“ – sich herausbildend – bezeichnet. Strategien in mittelständischen Unternehmen entstehen eher auf diesem Wege und sind weniger das Ergebnis eines formalisierten Analyse- und Planungsprozesses. Empfehlungen, die sich auf das Ergebnis eines formalisierten Planungsprozesses, u.U. sogar eine mehrjährige schriftliche

---

1 Vgl. Mintzberg, H., 1978, S. 934ff.
2 Vgl. Pearce, J.A./Robinson, R.B., 1991, S. 7.
3 Vgl. Pearce, J.A./Robinson, R.B., 1991, S. 285.
4 Vgl. Mintzberg, H., 1978, S. 934ff; Dent, J.F., 1990, S. 5.
5 Vgl. Mintzberg, H., 1989, S. 52ff.; Kirsch, W., 1983, S. 402.

Planung für Teilbereiche des Unternehmens, stützen,[1] werden den Charakteristika mittelständischer Unternehmen daher nicht gerecht.[2]

Realisierte Strategien bezeichnen demnach die in den Unternehmen umgesetzten und nachhaltig verfolgten Strategien. Diese können, müssen aber nicht mit der intendierten Strategie identisch sein. „Die Art einer Unternehmensstrategie kann am besten aus dem Verhalten des Unternehmens abgeleitet werden (...)“[3] Dabei kann in der Regel davon ausgegangen werden, daß die Verfolgung der Strategie bereits von einer Unterstützung entsprechender administrativer Strukturen begleitet wird. Diese Unterscheidung der Strategietypen ist essentiell für die Bildung von Forschungshypothesen und wird im Rahmen der Konzeptualisierung und insbesondere der Operationalisierung der Wettbewerbsstrategie wieder aufgegriffen.[4]

5.1.1.2 Typologien von Wettbewerbsstrategien

Im Rahmen der Klassifizierung von Wettbewerbsstrategien läßt sich eine Reihe von Strategietypologien unterscheiden. Zwei Typologien, die besondere Aufmerksamkeit in Theorie und Praxis erfahren haben, sind Porters (1980)[5] Kostenführerschafts-, Differenzierungs- und Konzentrations- bzw. Fokusstrategie sowie die Unterscheidung in Prospector, Defender, Analyzer und Reactor nach Miles/Snow (1978).[6]

5.1.1.2.1 Wettbewerbsstrategien nach Porter

Porter unterscheidet drei erfolgversprechende generische Strategietypen: Kostenführerschafts-, Differenzierungs- und Konzentrationsstrategie. Unter der Strategie der *Kostenführerschaft* wird die Erzielung eines umfassenden relativen Kostenvorsprungs innerhalb einer Branche verstanden.[7] Der Wettbewerbsvorteil basiert im wesentlichen auf Größenvorteilen, einem günstigen Ressourcenzugang, hoher Kapazitätsauslastung und auf der Ausnutzung der Logik der Erfahrungskurve. Dabei sind die Merkmale des Leistungsangebotes grundsätzlich mit denen der Wettbewerber vergleichbar. Unter der *Differenzierungsstrategie* wird die Differenzierung des Leistungsangebotes zur Schaffung von in der Branche als einzigartig angesehenen Angebotsmerkmalen und/oder Zusatznutzen verstanden.[8] Dieser Wettbewerbsvorteil beinhal-

---

1 Für einen solchen Ansatz vgl. Haake, K., 1987, S. 69ff.
2 Vgl. Abschnitt 2.1.3.
3 Vgl. Miles, R.E./Snow, C.C., 1986, S. 16.
4 Vgl. Langfield-Smith, K., 1997, S. 227.
5 Vgl. Porter, M.E., 1980, S. 34.
6 Vgl. Miles, R.E./Snow, C.C., 1986, S. 23ff.
7 Vgl. Porter, M.E., 1980, S. 35-37.
8 Vgl. Porter, M.E., 1980, S. 37f.

tet die Realisierung einer Preisprämie, die über den Differenzierungskosten liegt, wobei eine relative Kostenparität im Wettbewerbsvergleich als notwendige Bedingung gilt.[1] Die *Konzentrationsstrategie* besteht in der Verfolgung einer dieser beiden Strategien (mit Kosten- oder Differenzierungsschwerpunkt) für ein bestimmtes Markt- oder Kundensegment. Sie kann daher als eine Spezialform unter die beiden erstgenannten Strategietypen subsumiert werden.[2]

Die Typologie hat im deutschen Sprachraum große Verbreitung gefunden und wird gerade wegen ihres intuitiven Bezugs zur Kostenrechnung über die Strategie der Kostenführerschaft fast ausschließlich in theoretisch-konzeptionellen Arbeiten verwendet.[3] Arbeiten zur Unterstützung der Differenzierungsstrategie[4] sind selten.

Die Existenz der Typologie von Porter konnte in empirischen Untersuchungen grundsätzlich nachgewiesen werden.[5] Allerdings finden die zugehörigen Rentabilitätsaussagen sowohl konzeptionell[6] als auch empirisch tendenziell keine Bestätigung.[7] Zusammenfassend läßt sich nach dieser kurzen Betrachtung festhalten, daß die Typologie aufgrund ihres Bezugs zur Kostenrechnung zunächst geeignet scheint, der Bezug zum mittelständischen Wettbewerbsverhalten aber noch zu prüfen ist.

5.1.1.2.2 Wettbewerbsstrategien nach Miles/Snow

Eine zweite Typologie stammt von Miles/Snow (1978). Diese Typologie zählt im angloamerikanischen Raum zu den populärsten Klassifizierungen der Wettbewerbsstrategie, ist aber im deutschen Sprachraum relativ unbekannt. Sie soll daher im folgenden etwas ausführlicher erläutert werden.

Die Typologie beruht auf drei Hypothesen.[8] Die erste Hypothese betrifft das Verhältnis des Unternehmens zu seiner Umwelt. Über die Zeit entwickeln erfolgreiche Organisationen einen systematischen, identifizierbaren Ansatz der Anpassung an die Umwelt. Dieser Anpassungskreislauf („adaptive cycle") ist die generelle Physiologie des Unternehmens und bietet ein Hilfsmittel zur Konzeptualisierung der wesentlichen Elemente und zur Darstellung ihrer

1 Vgl. Corsten, H./Will, T., 1992, S. 186.
2 Vgl. Porter, M.E., 1980, S. 39.
3 Vgl. u.a. Steinmann, H./Guthunz, U./Hasselberg, F., 1992; Ewert, R./Wagenhofer, A., 1997, S. 276-278; Schweitzer, M./Friedl, B., 1997.
4 Vgl. Bromwich, M./Bhimani, A., 1994.
5 Vgl. Dess, G.G./Davis, P.S., 1984; für eine dynamische Betrachtung vgl. Kim, L./Yim, Y., 1988.
6 Bzgl. der Verfolgung mehrerer generischer Strategieoptionen vgl. Corsten, H./Will, T., 1992, S. 189-190.
7 Vgl. Homburg, C./Simon, H., 1995, Sp. 2760.
8 Vgl. Zahra, S.A./Pearce, J.A., 1990, S. 751; Homburg, C./Simon, H., 1995, Sp. 2757.

Beziehungen untereinander.[1] Unternehmen stoßen im Rahmen ihrer Adaption an die Umwelt permanent auf Probleme, die sich den drei folgenden Problemkreisen zuordnen lassen:[2]

- *Unternehmerische Probleme:* Der Adaptionsprozeß wird besonders in der Wahl des Produkt-/Markt-Bereiches, in dem das Unternehmen tätig ist, deutlich. Die Lösung des unternehmerischen Problems ist durch die Wahl einer bestimmten Produkt-/ Markt-Domäne und die Auswahl der Ressourcen, mit denen Ziele innerhalb dieser Domäne erreicht werden sollen, gekennzeichnet.
- *Technologische Probleme:* Technologische Probleme bestehen in der Durchführung der von den Führungskräften zur Lösung des unternehmerischen Problems vorgeschlagenen Wege. Die Lösung erfolgt über die Auswahl einer geeigneten Technologie (Prozeß von Input – Transformation – Output) zur Herstellung und Verteilung der gewählten Produkte und Dienstleistungen und die Entwicklung von (bzw. Modifizierung existierender) Informations-, Kommunikations- und Kontrollverbindungen.
- *Administrative Probleme:* Die Lösung administrativer Probleme besteht in der Rationalisierung und Stabilisierung derjenigen Aktivitäten, die erfolgreich zur Lösung der Probleme beigetragen haben, auf die das Unternehmen während der unternehmerischen und technologischen Phase gestoßen ist, also der Rationalisierung von Struktur und Prozeß. Gleichzeitig betrifft sie die Formalisierung und Implementierung derjenigen Prozesse, die das Unternehmen zur Weiterentwicklung (Innovation) befähigen. In diesen Bereich fallen auch normative Aussagen zur Ausgestaltung der Planungs- und Kontrollsysteme (also auch der Kostenrechnung) sowie zur Verwendung bestimmter Informationen. Diese weisen einen engen Bezug zum verfolgten Wettbewerbsvorteil auf.

Die zweite Hypothese betrifft die Typen des angewandten Problemlösungsverhaltens zur Bewältigung der drei skizzierten Problemkreise. Nach Miles/Snow (1986)[3] lassen sich innerhalb einer einzigen Branche verschiedene Unternehmensformen zu Archetypen zusammenfassen. Jeder dieser Typen besitzt eine eigene Strategie, auf die Umwelt zu reagieren, sowie eine spezifische Konfiguration von Technologie, Struktur und Prozeß, die mit seiner Strategie übereinstimmt. Im wesentlichen unterscheiden sie sich in der Anpassungsfähigkeit und -geschwindigkeit. Es werden dabei vier Strategietypen unterschieden:

- *Defender*: Unternehmen mit einem engen Produkt-/Markt-Bereich, die sich bewußt auf eine Nische konzentrieren und nicht dazu neigen, neue Domänen zu erschließen oder sich sehr intensiv mit den Veränderungen in der Branche zu befassen. Im Vergleich zum Wettbewerb bieten sie ein weniger breites Leistungsspektrum an und sichern ihre Marktposition durch Qualitäts-, Service- oder Preisvorteile. Sie konzentrieren sich auf bestmögliche Leistungen in ihrem angestammten Geschäft.

---

1 Vgl. Miles, R.E./Snow, C.C., 1986, S. 37.

2 Vgl. Miles, R.E. et al., 1978, S. 548ff.; Miles, R.E./Snow, C.C., 1986, S. 31ff.

3 Vgl. Miles, R.E./Snow, C.C., 1986, S. 38ff.

- *Prospector*: Unternehmen, die typischerweise in mehreren Produkt-/Markt-Bereichen tätig sind, die in regelmäßigen Abständen neu definiert werden. Die Unternehmen dieses Typs reagieren schnell auf chancenreiche Veränderungen und versuchen, als erste in neue Märkte zu gehen und neuartige Produkte anzubieten. Diese Bemühungen müssen dabei aber nicht immer von Erfolg gekrönt sein.
- *Analyzer*: Unternehmen, deren Verhalten am Markt durch eine hybride Vorgehensweise gekennzeichnet ist. In einigen Aspekten ähneln sie den Defendern, in anderen hingegen dem Typ des Prospector. Sie bieten ein klar abgegrenztes Leistungsspektrum an, das die Basis des Geschäfts darstellt, gehen aber darüber hinaus immer wieder vielversprechenden Entwicklungen in der Branche nach. Dabei treten sie häufig im Sinne eines (opportunistischen) Verfolgers auf, indem sie als zweite oder dritte in den Markt eintreten. Sie beobachten daher Branchen- und Wettbewerbsveränderungen sorgfältig.
- *Reactor:* Als einziger Unternehmenstyp verfügt der Reactor über kein konsistentes Antwortverhalten auf Umweltherausforderungen und gilt daher als dysfunktionaler Strategietyp. Er ist in einem nicht exakt abgegrenzten Produkt-/Markt-Bereich tätig und nicht besonders konsequent bei der Beibehaltung bestehender Produkte oder bei der Verteidigung angestammter Märkte. Der Reactor ist tendenziell risikoavers und reagiert nur, wenn Umwelt- oder Markteinflüsse ihn dazu zwingen.

Die dritte Hypothese betrifft die Erfolgswirkung der drei funktionalen Strategietypen: Prospector-, Analyzer- und Defender-Strategien sind nach Miles/Snow gleichermaßen erfolgreiche Strategietypen. Sie sind der Reactor-Strategie immer überlegen.

Die Existenz der Miles/Snow-Strategietypologie ist mehrfach empirisch belegt worden.[1] Die dritte Hypothese bezüglich der Vorteilhaftigkeit der drei funktionalen Strategietypen – Analyzer, Defender und Prospector – gegenüber der Reactor-Strategie wurde ebenfalls empirisch tendenziell bestätigt. Die Ergebnisse zur Gleichwertigkeit des Erfolgs dieser drei Strategien sind allerdings nicht eindeutig. In der Summe müssen die Rentabilitätsaussagen daher in ihrer reinen Form als empirisch nur schwer haltbar bezeichnet werden.[2]

Zusammenfassend läßt sich an dieser Stelle festhalten, daß beide Typologien zunächst gleichermaßen für die vorliegende Fragestellung geeignet scheinen. Bei der Auswahl einer für die vorliegende Fragestellung geeigneten Typologie soll eine explizit mittelstandsspezifische Sichtweise eingenommen und sollen die Ergebnisse bisheriger theoretisch-konzeptioneller und empirischer Forschungsbemühungen einbezogen werden.

---

1 Vgl. die Übersicht bei Zahra, S.A./Pearce, J.A., 1990, S. 752.

2 Vgl. Homburg, C./Simon, H., 1995, Sp. 2760.

5.1.2 Mittelständische Unternehmen im Wettbewerb

Mittelständische Unternehmen unterscheiden sich in ihrem Wettbewerbsverhalten deutlich von größeren Unternehmen. Während Großunternehmen erhebliche Möglichkeiten zur Risikodiversifizierung haben, werden kleine und mittlere Unternehmen von Veränderungen des Absatzmarktes oder der Wettbewerbsstruktur wesentlich stärker und unmittelbarer getroffen – nicht nur weil es ökonomisch schwerer ist, die zahlreichen Interessen vieler kleiner Unternehmen zu koordinieren, sondern auch weil ein Hilfsbegehren an den Staat bei Versagen im Wettbewerb weniger überzeugend vorgetragen werden kann.[1]

Die Wettbewerbsstellung mittelständischer Unternehmen ist dennoch äußerst unterschiedlich. Teils haben sie eine führende Position auf dem Weltmarkt für eine sachlich begrenzte Nachfrage inne und gelten als „Hidden Champions"[2] der deutschen Wirtschaft, teils besitzen sie nur eine äußerst schwache Wettbewerbsposition in einem regional begrenzten Markt.

Als Wettbewerbsvorteile mittelständischer Unternehmen gelten regelmäßig ihre Kundennähe und -flexibilität.[3] Empirische Studien zeigen, daß sich aus diesen Rahmenbedingungen ein spezifisch mittelständisches Wettbewerbsverhalten ableiten läßt, das im wesentlichen auf ihrer erhöhten Anpassungsfähigkeit basiert.[4] Im folgenden soll geprüft werden, inwiefern die dargestellten Strategietypologien auf mittelständische Unternehmen übertragbar sind.

5.1.3 Unternehmertypen und Wettbewerbsstrategie

Die Darstellung der Charakteristika mittelständischer Unternehmen läßt vermuten, daß die verfolgte Unternehmensstrategie in engem Zusammenhang mit den Werthaltungen und persönlichen Zielen und Motiven der zentralen handelnden Personen steht. Ein anderes Verhalten wäre auch angesichts der bisher gewonnenen Erkenntnisse als nicht konsistent („schizophren") einzustufen. Empirische Ergebnisse bestätigen die Hypothese, daß die Unternehmerpersönlichkeit mittelbar und unmittelbar das Verhalten und die Leistungsfähigkeit des Unternehmens determiniert.[5] Bestimmte Werthaltungs- und Persönlichkeitsmuster sind eher geeignet, strategische Wettbewerbsvorteile und damit gewünschte Ziele und Erfolge

---

1 Vgl. Albach, H., 1983b, S. 4.
2 Vgl. Simon, H., 1990.
3 Zum Einfluß der Unternehmensgröße auf die Kundennähe vgl. Homburg, C., 1995, S. 186ff.
4 Vgl. Hambrick, D.C./Chen, M.-J., 1995, S. 473.
5 Vgl. Fröhlich, E./Pichler, J.H., 1988, S. 147ff.; Gabele, E., 1989, S. 623.

zu erreichen, als andere.[1] Daher scheint es plausibel, die Übertragbarkeit bzw. potentielle Kongruenz der Unternehmertypen und strategischen Ausrichtungen von Unternehmen zu untersuchen und die Ergebnisse zur Auswahl einer Strategietypologie heranzuziehen.

Unter *Typen* werden abstrakt-isolierende Konstruktionen und bewußt kontrastierende Ordnungsmuster und Orientierungshilfen verstanden, die die Vielfalt der Erfahrungswirklichkeit faßbar, durchschaubar und erkennbar machen. Sie unterscheiden sich von Klassifizierungen durch unscharfe und verschwimmende Grenzen.[2] In realiter werden diese Typen nur in den seltensten Fällen in dieser Form, sondern in Mischformen auftreten. Typologien strukturieren die erfahrbare Wirklichkeit, bergen aber gleichzeitig die Gefahr der Vereinfachung und Reduktion der Wirklichkeit in sich.

Unternehmertypen lassen sich auf Basis verschiedenster Merkmalsausprägungen erarbeiten. Dabei lassen sich Typologien unterscheiden, die Unternehmermotive betrachten, und Typologien, die sich vor allem am Verhalten des Unternehmers gegenüber dem Markt orientieren.[3] Eine für die vorliegende Fragestellung aufgrund ihres Umfangs und Untersuchungsgegenstandes besonders geeignete Typologie wurde im Rahmen des STRATOS-Projekts erarbeitet.[4] Fröhlich/Pichler (1988)[5] identifizieren im Rahmen einer Untersuchung der Werthaltungen von mittelständischen Führungskräften empirisch auf der Basis von über 1100 strukturierten Interviews in Europa vier Unternehmertypen. Sie legen dabei einen wert- und begabungsorientierten Ansatz zugrunde. Unter Werthaltungen werden „grundlegende Einstellungen, Urteile und Überzeugungen, an welchen sich Menschen bei ihrem Verhalten orientieren und aufgrund deren sie Zustände und Ergebnisse beurteilen",[6] verstanden. In Anlehnung an die Erkenntnisse über die Psychologie und die Physiologie des Gehirns lassen sich bei Unternehmern grundsätzlich zwei Einstellungen bzw. Präferenzen für bestimmte Problemlösungsstrategien vermuten:[7]

- eine mehr intuitive Problemlösungsstrategie
- eine mehr analytische Problemlösungsstrategie

1 Fröhlich/Pichler (1988) gelangen zu ähnlichen Resultaten, indem sie empirisch den Zusammenhang zwischen der Befolgung ethischer Prinzipien in der Betriebsführung und dem Unternehmenserfolg aufzeigen. Vgl. Fröhlich, E./Pichler, J.H., 1988, S. 149.

2 Vgl. Chmielewicz, K., 1994, S. 72.

3 Vgl. Mugler, J., 1993, S. 22.

4 Vgl. auch die Hinweise bei Mugler, J., 1993, S. 23ff.

5 Vgl. Fröhlich, E./Pichler, J.H., 1988, S. 59ff.

6 Vgl. Ulrich, H./Probst, G.J., 1982, S. 7.

7 Vgl. Bamberger, I./Pleitner, H.-J., 1988, S. 41.

Diese Unterscheidung findet sich jüngst auch in der Diskussion um das Spannungsfeld zwischen Intuition und Reflexion in anderen Bereichen wieder.[1] Als unterscheidende Werthaltungen werden diese geistigen Begabungen der Unternehmer in den Ausprägungen „dynamisch-schöpferisch" oder „administrativ-ausführend" herangezogen. Aus der Kombination der jeweils möglichen Ausprägungen dieser Begabungen in stark oder schwach ergeben sich idealtypisch die vier Unternehmertypen, die in Abbildung 5.1 dargestellt sind.

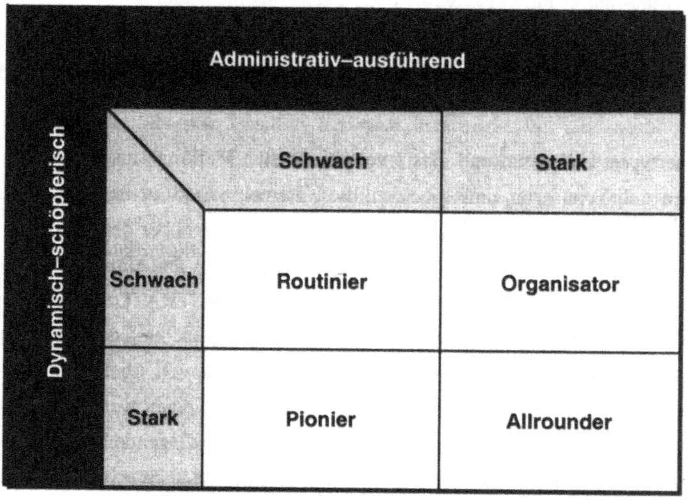

Abb. 5.1: Unternehmertypen nach Fröhlich/Pichler (1988)[2] und Bamberger/Pleitner (1988)[3]

Die Existenz dieser Typen wurde im Rahmen der Untersuchung durch eine Clusteranalyse über 85 Wertkategorien bestätigt.

- Der erste Unternehmertyp – mit zwei Stärken – ist universell begabt und wird daher als *Allrounder* bezeichnet. Die Vielseitigkeit führt in der Summe zu einer gewissen Nivellierung seiner Fähigkeiten. Er findet sich mit etwa 28 % in der Stichprobe. In vielen Werteprofilen nehmen diese Unternehmer eine mittlere Position ein, Extremmeinungen sind ihnen fremd.
- Der zweite eingebungsstarke Unternehmertyp ist der dynamisch-schöpferische, kreative oder innovative Pionierunternehmer und wird daher als *Pionier* bezeichnet. Der

1 Vgl. Weber, J./Schäffer, U., 1999a.
2 Vgl. Fröhlich, E./Pichler, J.H., 1988, S. 59.
3 Vgl. Bamberger, I./Pleitner, H.-J., 1988, S. 47.

Pionier erscheint mit 32 % in der Stichprobe. Er nimmt häufig Höchstwerte im Rahmen der Beurteilung verschiedener Wertekategorien ein.

- Der Unternehmertyp mit administrativ-ausführender Stärke betont die analytischen und organisatorischen Fähigkeiten und wird daher als ***Organisator*** bezeichnet. Der Organisator findet sich mit 24 % immer noch in einer ähnlichen Größenordnung in der Stichprobe. Er neigt zu einem patriarchalisch-hierarchischen Führungsstil.
- Der letzte Unternehmertyp hat keine besonderen Stärken, sondern verfügt beispielsweise über eine besondere finanzielle oder persönliche Einsatzbereitschaft. Als Gegentypus zum Pionier wird er als *Routinier* gekennzeichnet. Im Hinblick auf die Erfolgschancen seines Unternehmens werden ihm angesichts der Schwächen in beiden Bereichen die geringsten Aussichten eingeräumt.

Die extrahierten Unternehmertypen finden sich in ähnlicher Form auch in theoretischen Arbeiten an anderer Stelle in der Literatur. Der Allrounder entspricht bei Kirsch/Roventa/Trux (1983) dem „Architekten".[1] Der Allrounder und der Pionier werden im Rahmen einer empirischen Untersuchung beide bei Cooper/Dunkelberg (1986)[2] identifiziert. Der Pionier findet sich konzeptionell in ähnlicher Form als dynamischer Unternehmer insbesondere bei Schumpeter (1961).[3] Die Existenz der Unternehmertypen läßt sich also auch durch Bezugnahme auf eine Reihe anderer Arbeiten begründen.

Es lassen sich an dieser Stelle erhebliche Ähnlichkeiten mit der Miles/Snow-Typologie feststellen. Fröhlich/Pichler (1988) verweisen auch selbst am Rande auf diese Typologie, ohne allerdings diesen Bezug im Rahmen der Diskussion des strategischen Verhaltens zu spezifizieren.[4] Spezifischer als die Untersuchung der Unternehmertypen orientieren sich zuerst Preston (1976)[5] und dann Miles/Snow an den Einstellungsmustern gegenüber dem Markt. Kirsch/Roventa/Trux (1983)[6] haben in enger Anlehnung an Miles/Snow eine weitere Typologie vorgeschlagen, die sechs Typen umfaßt. Die Typologie orientiert sich dabei an einer Mischung aus markt- und führungsstilbezogenen Kriterien, ohne daß sie auf eine empirische Basis zurückgreift.[7] Von Kirsch/Roventa/Trux (1983)[8] wird diese Typologie auch als die Grundhaltung des Unternehmens bezeichnet.[9] Die Entwicklung dieser Typologie mit Fokus

1 Vgl. Kirsch, W./Roventa, P./Trux, W., 1983, S. 24ff.
2 Vgl. Cooper, A.C./Dunkelberg, W.S., 1986, S. 269ff.
3 Vgl. Schumpeter, J.A., 1961.
4 Vgl. Fröhlich, E./Pichler, J.H., 1988, S. 59. Auch bei Haake (1987) findet sich ein Hinweis auf die Typologie. Vgl. Haake, K., 1987, S. 82.
5 Vgl. Preston, L.E., 1976, S. 13.
6 Vgl. Kirsch, W., 1983, S. 404.
7 Vgl. auch Mugler, J., 1993, S. 25f.
8 Vgl. Kirsch, W./Roventa, P./Trux, W., 1983, S. 24.
9 Die folgenden Typen wurden identifiziert: Reagierer, Verteidiger, Risikostreuer, Innovator, Prospektor und Architekt.

auf den Mittelstand legt ihre Verwendung nahe. Die zusätzliche Differenzierung bringt allerdings für die vorliegende Untersuchung keine besonderen Vorteile mit sich. Insbesondere finden sich keine normativen oder empirischen Aussagen in ausreichender Breite und Differenzierung über den Bezug zu Führungsunterstützungssystemen. Im folgenden soll daher die Miles/Snow-Typologie in ihrer ursprünglichen Form verwendet werden. Sie bietet sich angesichts ihrer Verwendung in konzeptionellen Arbeiten mit Mittelstandsbezug und ihrer umfassenden empirischen Validierung an.

Daneben sprechen einige Argumente gegen die Verwendung der Typologie von Porter. Studien zur Erfolgsfaktorenforschung weisen auf die geringe Differenzierungsmöglichkeit der Porterschen Typologie für mittelständische Unternehmen hin. Daschmann (1994)[1] ermittelt unter explizitem Bezug auf Porter beinahe 89 % mittelständische Unternehmen, die eine Differenzierungsstrategie verfolgen. Fröhlich/Pichler (1988)[2] erhalten einen Anteil von 69 % an Unternehmen, die als strategischen Schwerpunkt die Entwicklung neuer Produkte nennen. In der gleichen Untersuchung wird dem Erfolgsfaktor „niedriges Kostenniveau" gegenüber anderen Faktoren ein äußerst geringer Stellenwert eingeräumt.[3] Die Verfolgung der Kostenführerschaftsstrategie und die Realisierung von Kostenvorteilen, die sich insbesondere an der Logik der Erfahrungskurve orientiert, sind angesichts der Größe der betrachteten Unternehmen, der Auftragsstruktur und der Fertigungstechnologie (Kleinserien- bzw. Auftragsfertigung) für mittelständische Unternehmen nicht typisch.

Dies bedeutet allerdings nicht, daß die theoretischen Arbeiten zur Porterschen Typologie völlig vernachlässigt werden. Beide Typologien lassen sich konzeptionell integrieren, so daß zumindest teilweise Aussagen auf Basis der Porterschen Typologie auch für die vorliegende Fragestellung nutzbar gemacht werden können.[4] Auf die starke Affinität des Defender zur Strategie der Kostenführerschaft wurde bereits hingewiesen.

Miller/Dröge (1986)[5] und insbesondere Miller/Dröge/Toulouse (1988)[6] bestätigen für kleine und mittlere Unternehmen empirisch, daß die Persönlichkeit wesentlich für die Gestaltung des Strategieprozesses, der realisierten Strategie und für die Ausgestaltung der Unternehmensstruktur ist.[1] Damit besteht bei einer Befragung der Unternehmensleitung durch den Rekurs auf die Typologie eine erhebliche Chance, dem Strategieverständnis mittelständischer

1 Vgl. Daschmann, H.-A., 1994, S. 140.
2 Vgl. Fröhlich, E./Pichler, J.H., 1988, S. 106.
3 Vgl. Bamberger, I./Pleitner, H.-J., 1988, S. 83; Fröhlich, E./Pichler, J.H., 1988, S. 118.
4 Vgl. Langfield-Smith, K., 1997, S. 212f.
5 Vgl. Miller, D./Dröge, C., 1986.
6 Vgl. Miller, D./Dröge, C./Toulouse, J.-M., 1988, S. 544ff.

Führungskräfte zu entsprechen. Insbesondere für die Formulierung der Forschungshypothesen ist die Anknüpfung an die Werthaltungen angesichts der vorliegenden Fragestellung von besonderem Interesse. Die Präferenz für bestimmte Führungs- und Entscheidungsmuster läßt sich in enge Verbindung mit der Ausgestaltung und Nutzung der Instrumente zur Führungsunterstützung bringen.[2] Leider verzichten Fröhlich/Pichler (1988)[3] explizit auf die Untersuchung dieser Zusammenhänge. Die Diskussion des „Fit“ zwischen der verfolgten Strategie und den Charakteristika des Managements thematisiert üblicherweise im Kontext von Großunternehmen das Problem der Wahl eines bestimmten Managers für eine gegebene Strategie.[4] Im vorliegenden Fall ist die Strategie aber Derivat der Charakteristika der Unternehmensleitung.

In dieser Arbeit wird allerdings die Auffassung vertreten, daß sich die Unternehmertypen von Fröhlich/Pichler (1988) nur indirekt in strategisches Verhalten des Unternehmens übersetzen lassen. Im Rahmen des Umsetzungsprozesses kommt es notwendigerweise zu erheblichen Transformationsverlusten. Der Zusammenhang zwischen dem Fühlen (Werthaltungen) und dem Wollen (Ziele) auf der einen Seite und der Umwelt auf der anderen Seite wird durch das eigentliche Handeln hergestellt, also durch die *realisierte Strategie*, die damit für die vorliegende Untersuchung herangezogen werden soll.

5.2 Wettbewerbsstrategie und Kostenrechnung

5.2.1 Strategische Kostenrechnung vs. strategiegerechte Kostenrechnung

In die Forschung zum internen Rechnungswesen fand die Unternehmensstrategie als explizite Kontextvariable bis in die achtziger Jahre keinen Eingang.[5] In jüngster Zeit läßt sich ein verstärktes Interesse am Verhältnis zwischen Strategie und Kostenrechnung konstatieren. Eine Strategieorientierung der Kostenrechnung kann dabei unter verschiedenen Aspekten betrachtet werden,[1] die in der Literatur allerdings häufig nicht stringent getrennt werden. Im folgenden soll zwischen einer *strategischen Kostenrechnung* zur Unterstützung von strategischen Entscheidungen und einer *strategiegerechten Kostenrechnung* unterschieden werden.

---

1 Allerdings handelt es sich um keine sequentielle, sondern eher um eine indirekte Beziehung. Vgl. Miller, D./Dröge, C./Toulouse, J.-M., 1988, S. 564ff.

2 Vgl. Haake, K., 1987, S. 104.

3 Vgl. Fröhlich, E./Pichler, J.H., 1988, S. 72f.

4 Vgl. Gupta, A.K./Govindarajan, V., 1984.

5 Vgl. Langfield-Smith, K., 1997, S. 207.

Gewandelte externe und interne Strukturbedingungen der Kostenrechnung sowie die resultierenden Veränderungen der Kostenstrukturen und deren Beeinflußbarkeit werden als Ausgangspunkt für eine veränderte Kostenrechnung angesehen.[2] Die Bedeutungszunahme strategischer, längerfristiger Führungsaufgaben und der Bedeutungsverlust operativer, kurzfristiger Führungsaufgaben stehen im Gegensatz zum Charakter der Kostenrechnung als einem kurzfristigen Informationsinstrument. Stellenweise ist von einem Paradigmenwechsel die Rede.[3] Die Langfristigkeit von Entscheidungen und nicht unbedingt die verfolgte Wettbewerbsstrategie steht dabei tendenziell im Vordergrund der Betrachtungen.[4] Daneben findet sich eine Reihe von Instrumenten wie die Analyse der Wertschöpfungskette[5] bzw. die strategische Kostenanalyse zur Unterstützung bestimmter Wettbewerbsstrategien.[6] Strategisches Kostenmanagement kann dabei als die Verwendung von Kosteninformationen zur

- Formulierung und Kommunikation von Strategien,
- Durchführung taktischer Maßnahmen im Rahmen der Implementierung der Strategie,
- Entwicklung und Implementierung von Kontrollmechanismen zur Implementierung der Strategie bezeichnet werden.[7]

Bromwich (1996) definiert Strategic Management Accounting umfassend: „The provision and analysis of financial information on the firm's product markets and competitors' cost and cost structures and the monitoring of the enterprises's strategies and those of its competitors in these markets over a number of periods."[8] Darunter wird die Unterstützung der Umsetzung der Strategie und deren laufendes Controlling verstanden.[9] In dieser weiten Definition können auch externe Informationen einbezogen werden.[10]

Das Treffen strategischer Entscheidungen, im Sinne von Entscheidungen mit langfristigem Charakter, wird durch diese strategische Kostenrechnung als ein „Instrument der strategischen Planung"[11] unterstützt. Dieser Aspekt der Unterstützung strategischer Entscheidungen sei

1 Vgl. Albach, H., 1988; Schimank, D., 1990; Weber, J., 1992b, S. 466ff.; Holzwarth, J., 1993; Baden, A., 1998; Horváth, P./Brokekemper, A., 1998.

2 Vgl. Schehl, M., 1994, S. 469.

3 Vgl. Shank, J.K., 1989, S. 62.

4 Vgl. Baden, A., 1997, S. 46f.

5 Vgl. Steinmann, H./Guthunz, U./Hasselberg, F., 1992; Shank, J.K./Govindarajan, V., 1989; Shank, J.K./Govindarajan, V., 1992.

6 Vgl. Steinmann, H./Guthunz, U./Hasselberg, F., 1992, S. 1464; Schehl, M., 1994, S. 469ff.

7 Vgl. Govindarajan, V./Shank, J.K., 1995, S. 74.

8 Vgl. Bromwich, M., 1996, S. 206.

9 Vgl. Govindarajan, V./Shank, J.K., 1995, S. 74; Steinmann, H./Schreyögg, G., 1991, S. 202ff.

10 Vgl. Bromwich, M./Bhimani, A., 1994, S. 125.

11 Vgl. Weber, J., 1992b, S. 466.

strategische Kostenrechnung genannt. Sie wird in den folgenden Ausführungen nur am Rande behandelt.

Im folgenden soll der Frage nachgegangen werden, in welcher Form eine *strategiegerechte* Kostenrechnung die Umsetzung von Strategien unterstützt bzw. einen eigenständigen Beitrag zur Erzielung von Wettbewerbsvorteilen leisten kann. Eine strategiegerechte Kostenrechnung unterstützt dabei (laufend) über Art und Verwendung von Kostenrechnungsinformationen die Erzielung von Wettbewerbsvorteilen. Der Schwerpunkt der (begrenzten) Forschungsbemühungen im deutschsprachigen Raum zu diesem Themenkomplex liegt dabei in theoretisch-konzeptionellen Arbeiten auf der Beziehung zwischen der Wettbewerbsstrategie und der Gestaltung der Kostenrechnung im Sinne einer strategiegerechten Kostenrechnung.[1] Es läßt sich in diesen Arbeiten eine Reihe normativer Forderungen konstatieren, über deren Umsetzung in der Unternehmenspraxis bisher allerdings nur spekuliert werden kann.[2]

Die Kostenrechnung kann durch eine strategiekonforme Ausgestaltung der Anreiz- und Informationssysteme einen erheblichen Beitrag zur Umsetzung der Strategie liefern. Dabei kommen in der Regel neben der Kontrolle über Budgets auch sogenannte Schlüsselindikatoren zum Einsatz.[3] Zunehmend ergänzen bzw. ersetzen allerdings strategienähere Informationssysteme, wie die Balanced Scorecard,[4] die Kostenrechnung in dieser – bisher auch nur eingeschränkt wahrgenommenen – Rolle.

Im anglo-amerikanischen Raum ist die Erforschung dieses Zusammenhangs weiter fortgeschritten. Dennoch ist die Zahl der theoretischen und insbesondere empirischen Publikationen bis heute überschaubar und weist z.T. widersprüchliche Ergebnisse hinsichtlich der Existenz und Art des Zusammenhangs auf.[5] Aufgrund methodischer Einschränkungen der bisherigen Untersuchungen[6] gibt es bisher nur geringe empirische Unterstützung für diese Forderung.[7] Simons (1990) folgert: „We know surprisingly little about the effects of strategy on management control systems or, alternatively, about how these systems affect strategy."[1] Eine Untersuchung unter Berücksichtigung der entsprechenden konzeptionellen Anforderungen – insbesondere der Forderung nach einer konsistenten Klassifizierung der Steuerungsinstru-

---

1 Vgl. Steinmann, H./Guthunz, U./Hasselberg, F., 1992; Ewert, R./Wagenhofer, A., 1997, S. 276-278; Schweitzer, M./Friedl, B., 1997.

2 Roithmayr/Wendner (1992) konstatieren einen ähnlichen Befund für den Zusammenhang von Wettbewerbsstrategie und Informationssystemen. Vgl. Roithmayr, F./Wendner, J., 1992, S. 473.

3 Vgl. Pearce, J.A./Robinson, R.B., 1991, S. 376.

4 Vgl. u.a. Weber, J./Schäffer, U., 1998b, S. 20f.

5 Vgl. Dent, J.F., 1990, S. 21; Simons, R., 1987, S. 320; Simons, R., 1990, S. 127; Weber, J., 1990, S. 120.

6 Vgl. Abschnitt 5.2.2.

7 Vgl. u.a. Simons, R., 1987, S. 357.

mente, die im vorliegenden Fall durch die Beschränkung auf die Instrumente der Kostenrechnung erbracht wird, und nach einem Rückgriff auf bewährte Konzepte der Strategie – steht daher in dieser Form auf einer breiten empirischen Basis noch aus.[2]

5.2.2 Empirische Ergebnisse zur Strategieabhängigkeit der Kostenrechnung

Die Kostenrechnung muß sich wie jedes andere Instrument der Entscheidungsunterstützung an den Unternehmenszielen ausrichten. Damit erscheint es nicht sinnvoll, eine einzige optimale Ausgestaltung der Kostenrechnung für sämtliche Unternehmensziele und strategische Grundpositionen zu postulieren.[3] Vielmehr steht zu erwarten, daß die Charakteristika der Kostenrechnung an die individuellen Informationsbedürfnisse angepaßt werden und je nach strategischer Orientierung einen unterschiedlichen Beitrag zur Erreichung der Unternehmensziele leisten können.

Eine Reihe von Studien hat sich gerade dieses Themas unter Hinzuziehung des kontingenztheoretischen Gedankengutes zur Untersuchung der Gestaltung und Interaktion von Management-Kontrollsystemen bzw. der Kostenrechnung angenommen:[4] Zwischen der verfolgten oder intendierten Strategie und bestimmten Merkmalen der Gestaltung und Nutzung der Kostenrechnung sollen systematische Beziehungen festgestellt werden. Dabei werden vorwiegend Wettbewerbsstrategien auf der Ebene der Geschäftsführung des jeweiligen Unternehmens bzw. der jeweiligen Geschäftseinheit betrachtet. Die Operationalisierung der Strategien ist dabei äußerst unterschiedlich, so daß die Aussagen jeweils auf die gewählte Typologie übertragen werden. Die Breite an verwendeten Strategievariablen stiftet mehr Verwirrung, als daß sie geeignet ist, einen Beitrag zum Verständnis der Beziehung zwischen Management Control System (MCS) bzw. der Kostenrechnung und der Wettbewerbsstrategie zu leisten. Im folgenden werden kurz die wesentlichen Arbeiten zu diesem Themengebiet skizziert. Ein Überblick über diese und weitere Arbeiten findet sich in Tabelle 5.1 auf der folgenden Seite.[5]

---

1 Vgl. Simons, R., 1990, S. 127.
2 Vgl. Langfield-Smith, K., 1997, S. 226.
3 Vgl. Ewert, R./Wagenhofer, A., 1997, S. 276.
4 Vgl. Dent, J.F., 1990, S. 9.
5 Ein ähnlicher Überblick findet sich bei Langfield-Smith, K., 1997, S. 214-216.

Khandwalla (1972) konzentriert sich in seiner Untersuchung auf den Zusammenhang zwischen Wettbewerbsdruck und der Verwendung verschiedener Kostenrechnungs-[1] und Kontroll-/ Controllingmethoden.[2] Erhöhter Wettbewerb führt zur zunehmenden Verwendung von „fortgeschrittenen" Kontrollmechanismen. Dieser Teil der Studie war Bestandteil einer größeren Untersuchung. Das Kontrollsystem wurde nur über eine Variable abgedeckt, so daß der Erkenntnisbeitrag beschränkt ist.

Miller/Friesen (1982)[3] untersuchen den Zusammenhang zwischen Produktinnovation und bestimmten Organisationsmerkmalen. Eine der betrachteten Variablen ist die unterschiedlich intensive Verwendung des Kontrollsystems, wobei die Strategie als Kontrollvariable fungiert. Die Autoren trennen in ihrer Typologie zwischen konservativen (conservative) und unternehmerischen (entrepreneurial) Firmen. Diese unterscheiden sich hinsichtlich ihrer Fähigkeit, Produktinnovation voranzutreiben, und entsprechen in dieser Hinsicht in etwa der Unterscheidung zwischen den Typen Defender und Prospector.[4] Zentrales Ergebnis der Untersuchung ist, daß unternehmerische Firmen eine negative Beziehung zwischen Innovation und zunehmender Kontrolle aufweisen.

Simons (1987)[5] sieht dies als Hinweis darauf, daß sie Steuerungssysteme verwenden, um „innovative excess" zu unterbinden. Konservative Firmen hingegen verwendeten das Kontrollsystem als Informationssystem für Schwachstellen und Potentiale, so daß eine positive Beziehung zwischen Nutzung und Innovationsverhalten beobachtet wurde.[6] Da die Verwendung des Kontrollsystems nur über eine Variable abgebildet wurde, sind die Einblicke in den betrachteten Zusammenhang allerdings begrenzt.

---

1 Die untersuchten Methoden sind u.a. Normalkostenrechnung und Abweichungsanalyse, Grenzkostenrechnung, flexible Budgetierung, interne(s) Auditing/Revision, aber auch statistische Qualitätskontrolle und systematische Leistungsbeurteilung der Manager.

2 Vgl. Khandwalla, P.N., 1972.

3 Vgl. Miller, D./Friesen, P.H., 1982.

4 Vgl. Langfield-Smith, K., 1997, S. 216.

5 Vgl. Simons, R., 1987, S. 357.

6 Vgl. Miller, D./Friesen, 1982.

7 Vgl. Miller, D./Friesen, P.H., 1982.

8 Vgl. Langfield-Smith, K., 1997, S. 216.

Autor(en)	Untersuchter Zusammenhang	Empirische Analyse			Differenziertheit der Aussagen		
		Datengrundlage	Daten-erhebung	Methode(n)	Persönliche/ organisatorische Merkmale	Trennung Gestaltung/ Nutzung	Erfolgs-wirkung
IHK Koblenz (1977)	Einsatz betriebswirtschaftlicher Methoden/Kostenrechnung	505 Industrie/ Dienstleistung[1]	Schriftliche Befragung	Deskriptive Statistik	Nein	Nein	Nein
Küpper, H.-U. (1983)	Informationsbedarfe aus der Kostenrechnung	137 Industrie-unternehmen[1]	Schriftliche Befragung	Deskriptive Statistik	Nein	Nein	Nein
Becker, H.P. (1984)	Gestaltung und Einflußfaktoren der Kostenrechnung	480 Industrie-unternehmen[1]	Schriftliche Befragung	Deskriptive Statistik, KA	Ja	Nein	Ja
Kind, H. (1986)	Gestaltung der Kostenrechnung und der Unternehmensplanung	261 Industrie-unternehmen[1]	Schriftliche Befragung	Deskriptive Statistik	Nein	Nein	Nein
Lachnitt, L./Dey, G. (1989)	Gestaltung der Kostenrechnung und EDV-Unterstützung	24 Industrie-unternehmen[1]	Schriftliche Befragung	Deskriptive Statistik	Nein	Nein	Nein
Kosmider, A. (1991, 1993)	Anwendung und Einflußfaktoren des Controlling/Kostenrechnung	440 Industrie-unternehmen[1]	Schriftliche Befragung	Deskriptive Statistik, KA	Ja	Nein	Ja

Tabelle 5.1: Empirische Untersuchungen zum Verhältnis der Strategie und des Management Control System (MCS) in den Jahren 1970-1998

Simons (1987)[3] untersucht die Beziehung zwischen finanziellem Steuerungs- und Anreizsystem (Management Control System) und der verfolgten Wettbewerbsstrategie nach der Typologie von Miles/Snow. Er beschränkt sich dabei auf die Betrachtung der beiden Typen Defender und Prospector als Extrema und verzichtet auf die Aufstellung expliziter Forschungshypothesen. Auf Basis der Attribute des Steuerungssystems lassen sich Firmen den Typen Defender und Prospector zuordnen, so daß eindeutige Unterschiede in der Ausgestaltung des Steuerungssystems zwischen den beiden Typen festgestellt werden können. Die Ergebnisse zum Unternehmenserfolg stehen zu den von Miles/Snow postulierten Zusammenhängen im Widerspruch.[4] Unternehmen, die eine Prospector-Strategie verfolgen und einen hohen Unternehmenserfolg aufweisen, verwenden feste Budgetziele und Planungsdaten besonders intensiv und kontrollieren diese Daten eng. Andererseits weisen sie eine geringe Nutzung der Kostenkontrolle auf. Große Firmen mit einer Prospector-Strategie verwenden ein regelmäßiges Berichtswesen und standardisierte Planungs- und Kontrollsysteme, während insbesondere große Defender Planungs- und Kontrollsysteme nur in geringem Umfang anwenden. Bei kleinen Defendern läßt sich dieses Verhalten nicht beobachten. Darüber hinaus läßt sich über alle Größenklassen bei Defendern ein negativer Zusammenhang zwischen festen Budgetzielen und dem Unternehmenserfolg feststellen.

In einer zweiten Untersuchung versucht Simons (1990),[5] auf Basis mehrerer Fallstudien diese Widersprüche aufzuklären. Die Beschränkung auf die Betrachtung von finanziellen Kontrollmechanismen scheint zu diesem widersprüchlichen Bild beizutragen. Allerdings sind die Begründungen spekulativ, und insbesondere der Einfluß der Unternehmensgröße in Verbindung mit der Wettbewerbsstrategie bleibt unklar. Die monokausale Erklärung der Ausgestaltung der Systeme über die Strategie wurde kritisiert, da sie den Einfluß der Feedback-Informationen auf den Prozeß der Willensbildung im Rahmen der Strategie vernachlässigt.[6] In einer integrierenden Betrachtung kommt Simons (1995)[7] zu dem Ergebnis, daß in Unternehmen eine Reihe von formellen und informellen Kontrollsystemen parallel verwendet werden. Das Informationssystem „Kostenrechnung“ zählt dabei zu den diagnostischen Systemen, die – im Sinne einer plan- und kontrolldeterminierten Führung – der Überwachung, Kontrolle und Motivation dienen. In dieser Funktion wird die Kostenrechnung in mittelständischen Unter-

---

1 Vgl. Simons, R., 1987, S. 357.
2 Vgl. Miller, D./Friesen, 1982.
3 Vgl. Simons, R., 1987.
4 Vgl. Simons, R., 1987, S. 367.
5 Vgl. Simons, R., 1990. Zu anderen Erklärungsansätzen vgl. Dent, J.F., 1990.
6 Vgl. Gray, B., 1990, S. 145ff.
7 Vgl. Simons, R., 1995, S. 59.

nehmen nur in geringer Form genutzt, so daß dieser Aspekt im folgenden nicht weiter betrachtet werden soll.

Cunningham (1992)[1] untersucht auf Basis von Fallstudien die Eignung verschiedener Kostenrechnungssysteme für die Unterstützung von Wettbewerbsstrategien. Insbesondere scheint die gezielte Verwendung von Activity-Based Costing durch den Funktionalbereich Marketing/Vertrieb und sein Einfluß auf die Gestaltung des Systems (strategiegerechte Kostenrechnung) den Erfolg der Wettbewerbsstrategie zu fördern. Zusammenfassend geht Cunningham davon aus, daß weder die Gestaltung des Systems noch die verhaltenssteuernder Aspekte des Systems, sondern allein die Verwendung der Informationen erfolgfördernd wirkt.[2] Allerdings können diese Ergebnisse aufgrund methodischer Schwächen der Untersuchung nur eingeschränkt interpretiert werden.

Abernethy/Guthrie (1994)[3] bestätigen im Rahmen einer empirischen Untersuchung die Bedeutung von weit ausgelegten (broad-scope) Informationssystemen für den Zusammenhang zwischen Wettbewerbsstrategie und Unternehmenserfolg. Die Verwendung externer, nicht-finanzieller Informationen hat für den Prospector einen stärkeren positiven Einfluß auf die Profitabilität als für den Defender, für finanzielle Informationen ergeben sich gleich starke positive Einflüsse. In bezug auf die Kostenrechnung kann damit für die vorliegenden Fragestellungen nur ein grundsätzlicher Zusammenhang zwischen der Verwendung eines Kostenrechnungssystems und dem Unternehmenserfolg festgehalten werden.

Eine Reihe von anderen Arbeiten analysiert verschiedene Zusammenhänge, die für die vorliegende Untersuchung von Belang sind. Merchant (1985)[4] betrachtet die Beziehung zwischen Steuerungssystemen[5] im weiteren Sinne, der Unternehmensstrategie und der Entscheidungsfindung in verschiedenen Divisionen eines Unternehmens. Die Ausgestaltung der verwendeten Steuerungssysteme unterscheidet sich nicht zwischen Unternehmenseinheiten, die eine Wachstumsstrategie verfolgen, und denen, die eine Halte- oder selektive Wachstumsstrategie verfolgen. Angesichts der geringen theoretischen Bezüge und des explorativen Charakters der Studie sind die Erkenntnisse allerdings begrenzt.[6]

Andere Studien konzentrieren sich auf den Zusammenhang zwischen dem verwendeten Bonus- und Anreizsystem für Führungskräfte und der verfolgten Wettbewerbsstrategie.

---

1 Vgl. Cunningham, G.M., 1992.

2 Vgl. Cunningham, G.M., 1992, S. 99.

3 Vgl. Abernethy, M.A./Guthrie, C.H., 1994.

4 Vgl. Merchant, K.A., 1985.

5 Das Kontrollsystem umfaßt dabei sowohl finanzielle, prozessuale als auch persönliche Steuerungsmechanismen.

6 Vgl. Langfield-Smith, K., 1997, S. 218.

Govindarajan/Gupta (1985)[1] unterscheiden die Wettbewerbsstrategie in Ernten („harvest“) und Aufbau („build“), die sich ansatzweise mit Defender und Prospector nach Miles/Snow (1978) bzw. Kostenführerschafts- und Differenzierungsstrategie nach Porter (1980) vergleichen lassen.[2] Firmen, die eine Ernte-Strategie verfolgen, werden durch den Einsatz langfristiger Bewertungskriterien und eines subjektiven Bonussystems in ihrem Unternehmenserfolg negativ beeinflußt. Hingegen werden Firmen mit einer Aufbau-Strategie durch deren Einsatz positiv beeinflußt. Diese Ergebnisse sind konsistent mit den von Porter postulierten Beziehungen zum Einsatz von Bewertungssystemen.[3] In anderen Untersuchungen konnten diese Ergebnisse erweitert und bestätigt werden.[4]

Einige Studien haben, wie gezeigt, signifikante Beziehungen zwischen Strategievariablen und Merkmalen des Kostenrechnungssystems gefunden, doch bleiben die Beziehungen schwach und die Schlußfolgerungen fragmentiert. Eine besondere Berücksichtigung mittelständischer Unternehmen läßt sich nicht feststellen. Vielmehr konzentriert sich die Auswahl der Unternehmen auf die Zugänglichkeit für bestimmte Untersuchungszwecke und ist insofern tendenziell als opportunistisch zu bezeichnen. Zusammenfassend läßt sich festhalten, daß Einigkeit über die Auswahl und Operationalisierung von Kontextfaktoren derzeit nicht auszumachen ist und daher der Wissensstand über den untersuchten Zusammenhang als nicht gesichert gelten kann.

5.2.3 Wettbewerbsstrategie als Determinante der Kostenrechnung

5.2.3.1 Charakteristika der Strategietypen

Jede Strategie erfordert im Rahmen ihrer Umsetzung eine höchstmögliche Kongruenz zwischen angestrebtem Erfolgsbeitrag und der idealtypischen Ausgestaltung der unterstützenden Merkmale der Unternehmensstruktur („Structure Follows Strategy“). Im Vordergrund der folgenden Betrachtung steht damit die Frage, ob die Gestaltung und Anwendung der Kostenrechnung sich je nach verfolgter Strategie unterscheidet. In einer Metaanalyse von Studien, die die Miles-Snow-Typologie verwenden, weisen Zahra/Pearce (1990)[5] darauf hin, daß die internen Organisationsvariablen, insbesondere die administrativen Strukturen und Steuerungssysteme, in empirischen Studien nur geringe Aufmerksamkeit erfahren haben. Dies ist insofern überraschend, als Miles/Snow (1978) relativ detaillierte Angaben über die idealty-

[1] Vgl. Govindarajan, V./Gupta, A.K., 1985.

[2] Zur konzeptionellen Integration der drei Strategietypologien vgl. Langfield-Smith, K., 1997, S. 212.

[3] Vgl. Porter, M.E., 1980, S. 40f.

[4] Vgl. Gupta, A.K., 1987; Govindarajan, V., 1988; Govindarajan, V./Fischer, J., 1990.

[5] Vgl. Zahra, S.A./Pearce, J.A., 1990, S. 765.

pisch verwendeten Steuerungssysteme machen. Selbst in der umfangreichen Studie von Simons (1987)[1] finden sich keine explizit formulierten Forschungshypothesen, so daß ihr eher ein explorativer Charakter zugesprochen werden muß. Auf Basis theoretisch-konzeptioneller und empirischer Ergebnisse sollen nun die Ausprägungen für jeden Strategietyp beschrieben und anschließend in Forschungshypothesen überführt werden.

Die unterschiedliche Gestaltung der Kostenrechnung und der unterschiedliche Betrieb des Systems, also die Intensität des Einsatzes der Kostenrechnungsinstrumente, sind von den Charakteristika der verfolgten Strategie und der Lösung der drei Problembereiche – unternehmerisches, technologisches und administratives Problem – abhängig. Die folgenden Ausführungen orientieren sich – sofern nicht anders angegeben – an Miles et al. (1978)[2] und Miles/Snow (1986).[3] Dem administrativen Problem wird dabei aus naheliegenden Gründen eine vergleichsweise große Aufmerksamkeit zuteil.

Das *unternehmerische Problem* des *Defender* besteht in der Abkapselung eines Teils des gesamten Marktes zur Schaffung eines stabilen Arrangements von Produkt und Abnehmer. Er definiert einen engen und nach Möglichkeit stabilen Tätigkeitsbereich und verteidigt diesen relativ aggressiv über konkurrenzorientierte Preisgestaltung oder besonderen Kundenservice. Er hat eine Tendenz, Entwicklungen außerhalb dieses Tätigkeitsbereiches zu ignorieren, und verfolgt ein vorsichtiges und langsames Wachstum aufgrund der Durchsetzung seiner Leistungen am Markt. Damit umschreibt die Marktstrategie des Defender das Wettbewerbsverhalten für einen wesentlichen Teil mittelständischer Unternehmen. Außerdem ist die Nähe der beschriebenen Marktstrategie zur Kostenführerschaftsstrategie unübersehbar. Das *technologische Problem* wird im wesentlichen durch den Begriff der Effizienz beschrieben. Der Defender konzentriert sich auf eine (einzige) kosteneffiziente Technologie. Kontinuierliche Verbesserungen im Bereich der Technologie sichern diese Effizienz. Das *administrative Problem* des Defender konzentriert sich auf die Frage, wie die Effizienz des Unternehmens zu gewährleisten ist. Finanzen und Produktion gelten daher als mächtigste Mitglieder der dominanten Koalition. Dieser Umstand begründet gleichzeitig die begrenzte Erfassung des Umfelds. Die dominante Koalition besteht auch in personeller Hinsicht lange, Unternehmensexterne werden grundsätzlich nicht aufgenommen. Die Planung ist relativ intensiv und orientiert sich an den Kosten, d.h., es ist davon auszugehen, daß eine Plankostenrechnung in diesem Umfeld am ehesten eingesetzt wird. Es besteht eine Tendenz zu einer funktionalen Organisationsstruktur und einem hohen Grad an Formalisierung. Einfache Koordinationsmechanismen und ein hoher Grad an Zentralisierung gelten als wesentliche strukturelle Merk-

[1] Vgl. Simons, R., 1987.
[2] Vgl. Miles, R.E. et al., 1978, S. 550-558.
[3] Vgl. Miles, R.E./Snow, C.C., 1986, S. 41-99.

male des Defender. Damit werden ebenfalls typisch mittelständische Strukturmerkmale umschrieben. Auf Basis dieser Charakterisierung ist davon auszugehen, daß der Defender in einem erheblichen Ausmaß in der Grundgesamtheit identifiziert wird. Die Unternehmensleistung wird – bedingt durch die Innensicht – durch den Vergleich mit eigenen früheren Ergebnissen und nicht mit dem Wettbewerb gemessen.

Den *Prospector* beschäftigt im Rahmen des *unternehmerischen Problems* die zentrale Frage, wie neue Produkt- und Marktmöglichkeiten genutzt werden können. Er setzt auf eine breite und sich ständig fortentwickelnde Produkt-/Markt-Domäne und beobachtet eine große Spannbreite von Umfeldbedingungen und -ereignissen. Der Prospector wächst im wesentlichen über Produkt- und Marktentwicklungen, ggf. in entsprechenden Schüben. Dabei ist er häufig selbst die treibende Kraft in einem bestimmten Produkt-/Markt-Segment. An dieser Stelle wird der starke Bezug zum Pionier in anderen Typologien deutlich. Der Prospector beweist eine hohe Überlebensfähigkeit in einem dynamischen Umfeld. Das Unternehmen geht jedoch das Risiko einer erheblichen Beanspruchung seiner Aktiva und niedriger Rentabilitäten ein. Gerade der letzte Punkt ist allerdings bei Deckung der Kosten für mittelständische Unternehmen von geringerer Relevanz. Das *technologische Problem* besteht in der Vermeidung einer Bindung an eine einzige Produktionstechnologie. Dies geschieht über den Einsatz multipler und jeweils flexibler Technologien sowie einen niedrigen Grad an Routine und Mechanisierung. Effizienz spielt in der Lösung des technologischen Problems nur eine geringe Rolle. Das *administrative Problem* liegt in der Koordination und Vereinfachung der vielfältigen Verfahrensweisen. Die dominante Koalition besteht aus den Bereichen F&E und Marketing. Dabei besteht die dominante Koalition vergleichsweise kurz und kann durch externe Einstellungen oder interne Beförderungen ergänzt werden. Der Planungsprozeß ist eher breit und problemorientiert als intensiv angelegt. Die Kontrolle ist eher dezentralisiert und durch die Verwendung horizontaler Informationssysteme zur Koordination gekennzeichnet. Die Unternehmensleistung wird im Gegensatz zum Defender an den wichtigsten Konkurrenten und weniger an den eigenen vergangenen Leistungen gemessen.

Der *Analyzer* bildet eine eigenständige und überlebensfähige Alternative zu den eben beschriebenen Typen, die die beiden entgegengesetzten Enden der Anpassungsskala bilden. Ein Analyzer verbindet idealtypisch die Stärken des Defender mit denen des Prospector, d.h. Risikominimierung mit Gewinnmaximierung. Ein wesentlicher Bestandteil der Strategie besteht dabei im Marktauftritt in der Rolle eines Verfolgers und der schnellen Adaption an diese neuen Herausforderungen. Das *unternehmerische Problem* des Analyzers liegt in der Nutzung neuer Markt- und Produktmöglichkeiten bei gleichzeitiger Aufrechterhaltung einer festen und traditionellen Basis an Produkten und Kunden. Damit ist der Analyzer naturgemäß in einer hybriden Domäne tätig, die sowohl Stabilität als auch Wandel umfaßt.

Wesentliche Merkmale sind aufgrund der verfolgten Imitationsstrategie geringe F&E-Aufwendungen und ein erheblicher Marketingaufwand zur Beobachtung relevanter Entwicklungen. Das *technologische Problem* besteht in der Balance zwischen Effizienz in den relativ stabilen Teilen und Flexibilität in den wechselnden Teilen der Produkt-/Markt-Bereiche. Angewandte Forschung dominiert damit innerhalb der Gruppen im Unternehmen, während die technische Effizienz als eher durchschnittlich einzustufen ist. Das *administrative Problem* besteht in der Differenzierung der Struktur und der Prozesse des Unternehmens, um verschiedene Forschungsfelder aufnehmen zu können. Marketing und angewandte Forschung, gefolgt von Produktion, sind die einflußreichsten Teilnehmer der dominanten Koalition. Das Kontrollsystem ist nur mäßig ausgeprägt. Koordination erfolgt über Produktverantwortliche. Der Unternehmenserfolg wird an Effektivitäts- und Effizienzmaßstäben gemessen.

Der *Reactor* soll im folgenden nicht näher betrachtet werden. Da er über eine dysfunktionale, unsystematische Strategie verfügt, lassen sich nur in begrenztem Umfang Aussagen über sein Verhalten im Wettbewerb und insbesondere über seine Nutzung der Führungsunterstützungssysteme machen.[1]

5.2.3.2 Konzeptualisierung und Operationalisierung der Konstrukte

5.2.3.2.1 Wettbewerbsstrategie nach Miles/Snow

Die Typologie von Wettbewerbsstrategien nach Miles/Snow ist mittlerweile mehrfach empirisch überprüft worden. Dabei sind die Art der Operationalisierung und die Gültigkeit der beschriebenen Ausprägungen im anglo-amerikanischen Sprachraum Gegenstand einer intensiven Diskussion.[2] Insofern können sich die folgenden Ausführungen auf eine vergleichsweise breite Literaturbasis stützen.

Die Erarbeitung von Typologien wird häufig durch die Intuition und Erfahrung der Untersuchenden gefördert. Die im Rahmen empirischer Untersuchungen notwendige Replikation solcher Typologien erweist sich daher in der Regel als relativ problematisch.[3] Zur Operationalisierung der *Wettbewerbsstrategie* kommen nach Snow/Hambrick (1980) insgesamt vier Methoden in Frage, die jeweils in sich verschiedene Vor- und Nachteile aufweisen.[4] Darüber

---

[1] Für eine Beschreibung vgl. Miles, R.E. et al., 1978, S. 557f.; Miles, R.E./Snow, C.C., 1986, S. 88-98.

[2] Vgl. Venkatraman, N./Grant, J.H., 1986; Conant, J.S./Mokwa, M.P./Varadarajan, P.R., 1990; Shortell, S.M./Zajac, E.J., 1990; Zahra, S.A./Pearce, J.A., 1990; Slater, S.F./Narver, J.C., 1993; James, W.L./ Hatten, K.J., 1995.

[3] Vgl. Zahra, S.A./Pearce, J.A., 1990, S. 753.

[4] Vgl. Snow, C.C./Hambrick, D., 1980, S. 527ff.

hinaus sind die Verfahren für verschiedene Forschungsanliegen, also etwa Theoriebildung oder Hypothesenüberprüfung, unterschiedlich gut geeignet:[1]

- Bei der *Selbsteinstufung* (self-typing) erfolgt die Identifikation der Strategietypen durch die befragten Unternehmen selbst. Dabei stehen zwei Arten von Erhebungsinstrumenten zur Verfügung. Die Strategietypen können in der üblichen Konstruktmessung über Multi-Item-Skalen erhoben werden. In vielen Untersuchungen wird allerdings eine sogenannte „paragraph description" eingesetzt, in der die Strategietypen als Text beschrieben werden. Unternehmen ordnen sich dann dem Strategietyp zu, der ihrem Verhalten am nächsten kommt.
- Bei der *Einstufung über den Befrager* (investigator) werden die Unternehmen über die Einschätzung des Durchführenden der Untersuchung individuell in die vier Strategietypen eingestuft. Die Basis für diese Einstufung bildet in der Regel ein strukturiertes Interview.
- Alternativ können Unternehmen über *unabhängige Experten* einer Branche bzw. Industrie in die Strategietypen eingestuft werden. Die Basis für die Zuordnung bildet dabei das beobachtbare Wettbewerbsverhalten.
- Die *empirische Ableitung* über objektive Indikatoren erfolgt über die Auswahl eines oder mehrerer Indikatoren. Unternehmen werden dann auf Basis der Ausprägungen dieser Indikatoren verschiedenen Strategietypen zugeordnet.

Für die Betrachtung der realisierten Strategie sind alle Operationalisierungsformen gleichermaßen geeignet.[2] Snow/Hrebiniak (1980)[3] verwenden einen nominalskalierten Ansatz zur Selbsteinstufung, der sich bis heute besonderer Popularität erfreut und auch im folgenden verwendet werden soll. Die Formulierungen orientieren sich dabei eng an der Beschreibung der ursprünglichen Strategietypen.

Angesichts der intuitiven Logik und Einfachheit der Nominalskalierung und der resultierenden Breite der Verwendung haben sich einige Studien mit der problematischen Validität und Reliabilität der Skala auseinandergesetzt.[4] Da für solche Skalen keine Gütekriterien erhoben werden können, werden an ihrer Stelle Multi-Item-Skalen empfohlen.[5] Schwächen dieses Ansatzes bestehen zum einen in der Gefahr, die intendierte statt der realisierten Strategie zu messen,[6] zum anderen sind Manager sehr zurückhaltend, sich als Reactor einzustufen.[7]

---

1 Vgl. auch im folgenden: Zahra, S.A./Pearce, J.A., 1990, S. 753.
2 Vgl. Zahra, S.A./Pearce, J.A., 1990, S. 764.
3 Vgl. Snow, C.C./Hrebiniak, L.G., 1980.
4 Vgl. Conant, J.S./Mokwa, M.P./Varadarajan, P.R., 1990; Shortell, S.M./Zajac, E.J., 1990; James, W.L./Hatten, K.J., 1995.
5 Vgl. Venkatraman, N./Grant, J.H., 1986, S. 81.
6 Vgl. James, W.L./Hatten, K.J., 1995, S. 161 und Abschnitt 5.1.1.1.
7 Vgl. u.a. Conant, J.S./Mokwa, M.P./Varadarajan, P.R., 1990, S. 375f.

Darüber hinaus werden noch andere Schwächen genannt:[1] Die Verwendung nur eines Informanten je Unternehmen wird kritisch gesehen, da in größeren Organisationen durchaus Unterschiede in der Einschätzung der verfolgten Strategie bestehen können. Angesichts der hohen Übereinstimmung persönlicher Merkmale der Geschäftsleitung mit der strategischen Ausrichtung[2] und der zentralen Rolle der Geschäftsleitung im Kontext mittelständischer Unternehmen ist dieser Einwand für die vorliegende Fragestellung allerdings ohne Belang. Des weiteren wird auf die Bedeutung der Klarstellung der untersuchten Strategie – intendierte oder realisierte Strategie – verwiesen. Ohne die Argumente an dieser Stelle wiederholen zu wollen, läßt sich in der Summe der Ansatz der Nominalskalierung vertreten, da wesentliche Schwachpunkte in dieser Untersuchung ausgeschaltet werden konnten.

Im Fragebogen wurde explizit darauf hingewiesen, daß keine der Strategietypen eine gute oder schlechte Strategie darstellt. Auch aus den Formulierungen konnte außer für den Reactor keine Vorteilhaftigkeit für einen Strategietyp abgeleitet werden. Die Worte Analyzer, Prospector und Defender wurden an keiner Stelle genannt. Insbesondere wurde darauf hingewiesen, daß die Strategie in Relation zum Wettbewerb erfragt wurde und nicht als absolute Einstufung zu verstehen ist. Auch in hochdynamischen Märkten sind mit dieser Definition Defender-Typen zu identifizieren, obwohl deren Verhalten in einer anderen, weniger dynamischen Branche u.U. als Analyzer oder Prospector identifiziert würde. In der vorliegenden Untersuchung wurde die *realisierte* Strategie erfragt. Dies wurde über eine einleitende Bemerkung sichergestellt, die darauf verwies, daß diejenige Strategie gekennzeichnet werden sollte, die in der Vergangenheit nachhaltig verfolgt wurde. In der Vorphase zeigte sich, daß einige der Befragten Probleme mit dem üblicherweise verwendeten langen zusammenhängenden und unformatierten Textblock hatten.[3] Sprachlich wurde daher auf eine möglichst einfache Formulierung geachtet und visuell eine schnell zu erfassende und übersichtliche Aufbereitung gewählt. Dabei wurden einzelne Textpassagen durch Fettdruck optisch hervorgehoben.

5.2.3.2.2 Merkmale der Gestaltung und Nutzung der Kostenrechnung

Im folgenden werden bereits konzeptualisierte und operationalisierte Konstrukte zur Abbildung der Gestaltung und Nutzung der Kostenrechnung verwendet. Angesichts der theoretischen und empirischen Ergebnisse lassen sich Verbindungen sowohl zur objektiven Ausgestaltung der Kostenrechnung als auch zu ihren derivativen Merkmalen herstellen.

---

[1] Vgl. Zahra, S.A./Pearce, J.A., 1990, S. 761f.
[2] Vgl. auch James, W.L./Hatten, K.J., 1995, S. 161.
[3] Vgl. Snow, C.C./Hrebiniak, L.G., 1980, S. 336.

Unter den objektiven Merkmalen wurde zunächst die *Intensität des Einsatzes verschiedener Kostenrechnungs- und Erlösrechnungsmethoden* verstanden. Zu jeder Methode wurde die Einsatzhäufigkeit erfragt.[1] Durch die besondere Bedeutung alternativer Informationssysteme wie *Zeitinformationen* (z.B. Durchlaufzeiten) und marktbezogener *Qualitätsinformationen* (z.B. Liefertreue) für den Prospector und teilweise auch für den Analyzer wurde die Intensität der Verwendung dieser Daten ebenfalls mit aufgenommen und über eine 7-stufige Likert-Skala abgebildet.

Im Rahmen der reflexiven Messung wurden die bereits erläuterten Konstrukte der *Komplexität* und *Dynamik der Kostenrechnung* in die Analyse einbezogen. Die unterschiedliche Präferenz für verschiedene Führungs- und Entscheidungsmuster läßt vermuten, daß sich auch unterschiedliche Einstellungen gegenüber und Nutzungen der Kostenrechnung konstatieren lassen. Die *dominante Koalition* im Unternehmen spielt in diesem Zusammenhang eine besondere Rolle, so daß der Einfluß des Bereiches Finanzen/Controlling auf die Entscheidungsfindung im Unternehmen einbezogen wurde. Ebenso wurden die *entscheidungsorientierte Nutzung der Kostenrechnung* und die *Bedeutung der Kostenrechnung für verschiedene Entscheidungsprobleme* untersucht.

5.2.4 Formulierung der Hypothesen

Im folgenden soll die Unterschiedlichkeit sowohl der Gestaltung als auch der Nutzung der Kostenrechnung untersucht werden. Dabei werden direkte Einflüsse der realisierten Strategie auf die strategiegerechte Ausgestaltung der Kostenrechnung unterstellt.

Die Einbeziehung von Kostenrechnungsinformationen in Entscheidungskalküle unterscheidet sich grundsätzlich je nach Strategietyp. Die Entscheidungsfindung beim Defender ist durch eine starke Innensicht geprägt, so daß internen Informationen ein deutlicher Vorzug vor externen Informationen gegeben wird.[2] In diesem Zusammenhang kommt der Kostenrechnung daher eine vergleichsweise große Bedeutung zu. Gerade Entscheidungen über Investitionen oder Fertigungstechnologien sind in besonderem Maße wichtig für den Defender, so daß hier Kostenrechnungsinformationen von Bedeutung sind.

Die in Abschnitt 2.2.2.3.2 gemachten Ausführungen über die mögliche Rolle der Kostenrechnung im Entscheidungsprozeß treffen hier in besonderer Weise zu. Daher soll folgende Forschungshypothese gelten:

---

1 Dabei wurde die Häufigkeit des Einsatzes (kein Einsatz, monatlich, periodisch [2x jährlich] und jährlich) auf eine Skala von 1-4 transformiert. Für die deskriptiven Ergebnisse vgl. Abschnitt 3.1.2.

2 Vgl. Abernethy, M.A./Guthrie, C.H., 1994.

H20: Die Intensität der Verwendung der *Kostenrechnungsinformationen* für Entscheidungsprobleme ist für den Defender höher als für den Analyzer und Prospector.

Eine wesentliche Voraussetzung für den Erfolg des Defender ist die Überwachung und Optimierung der internen Abläufe zur Realisierung von Wirtschaftlichkeitspotentialen und der Identifizierung von Problembereichen („attention-directing"). Leistungsabweichungen sind frühzeitig zu erkennen und zu beseitigen. Dem Vergleich gegenwärtiger mit früheren Effizienzgrößen kommt dabei wesentliche Bedeutung zu, so daß der Einsatz von Kostendaten und insbesondere der Plankostenrechnung naheliegend ist. Die hohe Stabilität der Bezugsobjekte über die Zeit kommt dabei der Anwendung von Kostenrechnungsinformationen deutlich entgegen.[1] Dabei sind „langschleifige" vertikale Informationssysteme geeignet, die Informationen bis zur Geschäftsleitung zu übermitteln und dort zur Kenntnis zu bringen.[2] Die Verwendung von Kosteninformationen zur Steuerung und Kontrolle ist beim Prospector deutlich eingeschränkt.

Die Art der Verwendung bestimmt damit auch die Intensität der Verwendung von Kostenrechnungsmethoden. Soll die Plankostenrechnung einen Beitrag zur Erkennung von Problemen leisten, muß sie regelmäßig durchgeführt werden, um die entsprechenden Feedback-Informationen bereitzustellen. Demgemäß kann unterstellt werden, daß sich die unterschiedliche Bedeutung auch in einer häufigeren Anwendung widerspiegelt, auch wenn dieser Zusammenhang durch zahlreiche organisatorische Faktoren überlagert wird. Auch Govindarajan/Shank (1995)[3] kommen zu dem Ergebnis, daß in stabilen Umfeldern mit einer „Harvest"-Strategie formalisierte Entscheidungsmethoden und die Verwendung finanzieller Daten – insbesondere Kosteninformationen – eine wesentlich höhere Bedeutung erlangen als in dynamischen Umfeldern. Darüber hinaus bilden Kosten einen Maßstab für die Beurteilung der eigenen Leistungsfähigkeit.[4] Auch für die Strategie der Kostenführerschaft wird die Rolle der Budgetierung und damit der regelmäßigen Erhebung von Kostendaten hervorgehoben.[5] Ein hoher Homogenitätsgrad des Produktprogramms und eine resultierende relative Stabilität der Bezugsobjekte lassen auf der operativen Ebene längere Bezugszeiträume zu,[6] so daß sich

[1] Vgl. Miles, R.E./Snow, C.C., 1986, S. 51f. und den Hinweis bei Weber, J./Aust, R., 1998, S. 9.

[2] Vgl. Miles, R.E./Snow, C.C., 1986, S. 53f.

[3] Vgl. Govindarajan, V./Shank, J.K., 1995, S. 78.

[4] Vgl. Govindarajan, V./Shank, J.K., 1995, S. 80.

[5] Vgl. Shank, J.K., 1989, S. 55.

[6] Vgl. Schweitzer, M./Friedl, B., 1997, S. 458.

die Plankostenrechnung als informatorische Grundlage eignet.[1] Damit soll folgende Forschungshypothese gelten:

H21: Die Intensität (Periodizität) der Verwendung der *Kostenrechnungsinstrumente* ist für den Defender höher als für den Analyzer und Prospector.

Chakravarthy (1982)[2] macht das Verhältnis der Adaptionsfähigkeit von Organisationen zur Unternehmensstrategie zum Ausgangspunkt seiner Überlegungen. Er argumentiert auf Basis konzeptioneller Überlegungen, daß Organisationen in Abhängigkeit ihrer Adaptionsfähigkeit eine unterschiedliche Strategie nach der Miles/Snow-Typologie verfolgen werden. Organisationen mit einem hohen Anpassungsgrad und einer organischen Struktur verfolgen tendenziell eine Prospector-Strategie und Organisationen mit einer geringen Anpassungsfähigkeit und einer mechanischen Struktur eher eine Defender-Strategie. Jennings/Seaman (1994)[3] bestätigen diese Hypothesen empirisch, allerdings nur in bezug auf die allgemeinen Organisationsstrukturen. Spezifischer läßt sich dieser Zusammenhang auch für die Gestaltung der Kostenrechnung fordern. Je stärker sich die Bezugsobjekte der Kostenrechnung ändern, desto stärker ist das Erfordernis, diese den veränderten Bedingungen anzupassen. Unternehmen, die eine Prospector-Strategie verfolgen, modifizieren ihr System regelmäßig.[4] Daher soll folgende Hypothese für die Anpassungsfähigkeit der Kostenrechnung gelten:

H22: Die Dynamik der Kostenrechnung ist für den Prospector höher als für den Defender und Analyzer.

Die Komplexität der Kostenrechnung unterscheidet sich ebenfalls deutlich zwischen den Typen. Während der Defender auf einer ausgebauten Kostenrechnung und einer intensiven Beobachtung und Verarbeitung interner Informationen aufbaut, orientiert sich der Prospector viel stärker an externen Informationen. Dabei können auch in erheblichem Maße informelle Informationskanäle zum Einsatz kommen. Der Analyzer hingegen bewegt sich mit der Komplexität der Kostenrechnung im Spannungsfeld zwischen beiden Strategietypen. Eine zumindest minimal ausgebaute Kostenrechnung ist durch die Verfolgerstrategie notwendig,

[1] Hambrick (1983) kann auf Basis der PIMS-Daten hingegen nicht bestätigen, daß die relativen Preise der Unternehmen, die eine Prospector-Strategie verfolgen, höher sind als die der „kostenorientierten" Defender. Dies wäre bei einer vergleichsweise konsequenten Anwendung von Kostenrechnungsinstrumenten zu erwarten gewesen. Allerdings bleibt die Konzeptualisierung und Operationalisierung der betrachteten Variablen unklar, so daß die Ergebnisse nur eingeschränkt zu interpretieren sind. Der geforderte Zusammenhang findet sich auch nicht in dieser Form in den ursprünglichen Arbeiten von Miles/Snow. Vgl. Hambrick, D.C., 1983, S. 24. Für eine Erläuterung der PIMS-Daten vgl. Anderson, C.R./Paine, F.T., 1978; The Strategic Planning Institute, 1980; Buzzell, R.D./Gale, B.T., 1987; Dietz, J.-W., 1990. Für die Relevanz der Ergebnisse vgl. u.a. Fritz, W., 1997.

[2] Vgl. Chakravarthy, B.S., 1982.

[3] Vgl. Jennings, D.F./Seaman, S.L., 1994, S. 461.

[4] Vgl. Simons, R., 1990, S. 131.

um die entsprechenden Stückkosten zu erreichen. Andererseits besteht ein wesentliches Informationsinstrumentarium in der Marktbeobachtung. Damit soll folgende Forschungshypothese gelten:

H23: Die Komplexität der Kostenrechnung ist für den Defender am höchsten, gefolgt von Analyzer und Prospector.

Die Einbeziehung der dominanten Koalition in die Untersuchung des diskutierten Zusammenhangs liegt aufgrund der in Abschnitt 4.2.4 und 5.2.3.1 identifizierten Bedeutung nahe.[1] Je nach verfolgter Strategie ergeben sich im Rahmen des Anpassungskreislaufs unterschiedliche dominante Koalitionen. Für den Defender besitzen aufgrund der Stabilität des Marktes und der Betonung der technischen Effizienz die Bereiche Finanzen/Controlling und Produktion einen großen Einfluß.[2] Die Darstellung der Spezifika mittelständischer Führungsorganisation hat gezeigt, daß eine dominante Koalition mit technischem Schwerpunkt typisch für alle Unternehmen ist, unabhängig davon, welche Strategie sie verfolgen.[3] Insofern scheint es sinnvoll, im folgenden nur von einer überdurchschnittlichen Ausprägung der postulierten dominanten Koalition auszugehen. Für den Analyzer ist diese aufgrund der hohen Bedeutung des Marktes der Bereich Marketing/Vertrieb,[4] während für den Prospector aufgrund der intensiven Eigenentwicklung die dominante Koalition in der Forschung und Entwicklung bzw. in der Produktion gesehen wird.[5]

Snow/Hrebiniak (1980)[6] bestätigen empirisch die Zuschreibung von funktionalen Kompetenzen. Unternehmen, die sich selbst als Defender identifizieren, sehen ihre Stärken in den Bereichen General Management, Finanzen und Produktion. Für den Prospector gibt es weniger eindeutige Ergebnisse. Die Studie von Hambrick (1981)[7] bestätigt hingegen eindeutig die unterschiedliche Machtverteilung gemäß den Forderungen von Miles/Snow. Angesichts der erheblichen Bedeutung der dominanten Koalition für die Rolle der Kostenrechnung in mittelständischen Unternehmen ist eine Untersuchung des Zusammenhangs für mittelständische Unternehmen von erheblicher Bedeutung. Diese Überlegungen führen zur folgenden Forschungshypothese:

---

1 Vgl. Langfield-Smith, K., 1997, S. 226.
2 Vgl. Miles, R.E./Snow, C.C., 1986, S. 51.
3 Vgl. Abschnitt 4.2.2.2.
4 Vgl. Miles, R.E./Snow, C.C., 1986, S. 81f.
5 Vgl. Miles, R.E./Snow, C.C., 1986, S. 68.
6 Vgl. Snow, C.C./Hrebiniak, L.G., 1980, S. 317.
7 Vgl. Hambrick, D.C., 1981, S. 253ff.

H24: Für den Defender ist der Einfluß des Bereiches Finanzen/Controlling überdurchschnittlich ausgeprägt, für den Analyzer der des Bereiches Marketing/Vertrieb und für den Prospector der des Bereiches F&E/Produktion.

Tabelle 5.2 faßt die Hypothesen noch einmal zusammen:

Hypothese	Defender	Analyzer	Prospector
H20: Verwendung für Entscheidungsprobleme	hoch	–	gering
H21: Intensität der Verwendung der Kostenrechnungsinstrumente	hoch	mittel	gering
H22: Dynamik der Kostenrechnung	gering	mittel/hoch	hoch
H23: Komplexität der Kostenrechnung	hoch	mittel	gering
H24: Dominante Koalition	Finanzen/ Controlling	Marketing/ Vertrieb	F&E/ Produktion

Tabelle 5.2: Forschungshypothesen zur Gestaltung und Nutzung der Kostenrechnung in Abhängigkeit von der Wettbewerbsstrategie

5.2.5 Überprüfung der Hypothesen

Die Überprüfung der Hypothesen erfolgt mit der Methode der univariaten Varianzanalyse (ANOVA). Mit ihrer Hilfe wird der Einfluß einer nominalskalierten Variablen – der Wettbewerbsstrategie – auf eine metrisch skalierte Variable untersucht.[1] Gerade in bezug auf die Überprüfung der Eigenschaften der Miles/Snow-Typologie wird dieses Verfahren auch in anderen Untersuchungen verwendet.[2]

Die Ergebnisse in Tabelle 5.3 zeigen, daß *keine* signifikanten Unterschiede zwischen den betrachteten Variablen festgestellt werden können. Auf Basis des F-Tests kann für alle Variablen ausgeschlossen werden, daß die Abweichungen zwischen den Gruppen signifikant höher sind als innerhalb der einzelnen Gruppen. Auch die deskriptiven Werte für die einzelnen Ausprägungen liegen sehr eng beieinander. Damit kann an dieser Stelle die Strategieabhängigkeit der Gestaltung und Nutzung der Kostenrechnung nicht bestätigt werden. Selbst die

1 Vgl. Abschnitt 2.3.3.2.2.

2 Vgl. u.a. Slater, S.F./Narver, J.C., 1993.

Verteilung des Einflusses auf die Entscheidungsfindung ist unabhängig von den verfolgten Wettbewerbsvorteilen.

		Defender	Analyzer	Prospector
H20:	Entscheidungsorientierte Nutzung	5,08	4,99	5,10
H21:	Verwendung der Kostenrechnung			
	- Vollkostenrechnung	2,46	2,36	2,36
	- Deckungsbeitragsrechnung	2,25	2,40	2,25
	- Plankostenrechnung	1,87	1,99	1,86
	- Erfolgsrechnung	2,49	2,59	2,39
H22:	Dynamik der Kostenrechnung	3,80	3,90	3,60
H23:	Komplexität der Kostenrechnung	3,40	3,36	3,40
H24:	Dominante Koalition			
	- Finanzen/Controlling	27,23	27,11	25,02
	- Marketing/Vertrieb	44,50	44,00	45,26
	- F&E/Produktion	30,30	30,51	30,31

1) *: Signifikanz auf dem 10%-Niveau
**: Signifikanz auf dem 5%-Niveau
***: Signifikanz auf dem 1%-Niveau

Tabelle 5.3: Einfluß der Strategie auf die Kostenrechnungsmerkmale: Ergebnisse der Varianzanalyse

5.2.6 Ergänzende Analyse und Diskussion der Ergebnisse

Bevor die Ergebnisse inhaltlich diskutiert werden, soll überprüft werden, ob nicht methodische Einschränkungen bei der Operationalisierung der Strategie die Ergebnisse beeinflußt haben. Es ist durchaus möglich, daß die betrachteten Strategietypen nicht korrekt klassifiziert wurden. Da sich – wie bereits erwähnt – für die nominalskalierte Einstufung keinerlei Gütemaße erheben lassen, soll ein anderes Verfahren zur Überprüfung dieses Sachverhalts angewendet werden. Ausgewählte Wettbewerbsziele der einzelnen Strategietypen, die sich aus den bereits gemachten Aussagen ableiten lassen,[1] sollen auf Basis einer Varianzanalyse miteinander verglichen werden. Dabei wurde jeweils erfragt, wie die Unternehmen *im Vergleich zum Wettbewerb* bezüglich verschiedener Erfolgsmaßstäbe abgeschnitten haben. Im einzelnen wurde nach der Erzielung von Kundenzufriedenheit, dem erreichten Absatzwachstum, der Erzielung von Marktanteilen, dem Erfolg bei der Produkteinführung und der

[1] Vgl. 5.2.3.1.

Eroberung von Kundengruppen und/oder Märkten gefragt. Die Ergebnisse finden sich in Tabelle 5.4.

	Defender	**Analyzer**	**Prospector**
Erzielung von Kundenzufriedenheit[1)]	**5,13***	4,86*	5,09*
Absatzwachstum[1)]	4,60	4,48	4,80
Marktanteil[1)]	4,79	4,76	4,97
Produkteinführung[1)]	4,65***	4,62***	**5,44*** **
Eroberung von Kundengruppen/Märkten[1)]	4,59***	4,45***	**5,06*** **

[1)] *: Signifikanz auf dem 10%-Niveau
**: Signifikanz auf dem 5%-Niveau
***: Signifikanz auf dem 1%-Niveau

Tabelle 5.4: Einflüsse der verfolgten Wettbewerbsstrategie auf ausgewählte Erfolgsbegriffe: Ergebnisse der Varianzanalyse

Die Varianzanalyse zeigt mit hoher Signifikanz, daß der Prospector deutlich besser im Rahmen der Produkteinführung und der Eroberung von Kundengruppen und Märkten abschneidet. Im Rahmen der Kundenzufriedenheit liegt hingegen der Defender aufgrund seiner Investitionen in Produktqualität und Zusatzleistungen vorne. Auf Basis dieser Analyse kann die Vermutung aufgestellt werden, daß die Strategietypen entsprechend den verfolgten Wettbewerbsvorteilen klassifiziert wurden. Ebenso kann gezeigt werden, daß diese Wettbewerbsvorteile in der Regel auch erreicht werden.

Die entscheidungsorientierte Nutzung der Kostenrechnung unterscheidet sich nicht nach der verfolgten Strategie. Kostenrechnungsinformationen werden also in gleichem Maße in Entscheidungsprozesse einbezogen. Dieses Ergebnis widerspricht deutlich den normativen Forderungen zum Einsatz der Kostenrechnung.

Die Verwendung der Kostenrechnungsinstrumente wird ebenfalls nicht nach der strategischen Orientierung unterschieden. Das Informationssystem Kostenrechnung wird in allen Fällen mit vergleichbarer Intensität betrieben. Gerade in bezug auf die Plankostenrechnung war dieses Ergebnis nicht zu erwarten. Weder die Anpassungshäufigkeit noch die Komplexität der Kostenrechnung unterscheiden sich signifikant zwischen den Strategietypen. Die Strategie hat damit keinen über die bereits untersuchten Faktoren hinausgehenden Einfluß auf beide Parameter. Die dominante Koalition besteht unabhängig von der Strategie aus den Bereichen Marketing und Vertrieb. Dem Bereich Finanzen/Controlling kommt regelmäßig der geringste Einfluß auf die Entscheidungsfindung im Unternehmen zu.

Das Konzept einer strategiegerechten Kostenrechnung ist zunächst aufgrund der skizzierten Argumente unter normativen Aspekten nicht in Frage zu stellen. Zur Unterstützung der

Umsetzung strategischer Maßnahmen kommen der Kostenrechnung zahlreiche Aufgaben zu, die eine Adaption ihrer Gestaltungsparameter im Rahmen einer konsequenten Implementierung erfordern. Die Annahme, daß die Kostenrechnung im Sinne eines „Multizwecksystems" auch ohne Anpassungen dazu in der Lage wäre, widerspricht nicht nur den spezifischen Bedürfnissen der Strategietypen, die teilweise nur sehr schwierig im Rahmen eines Systems miteinander vereinbar sein dürften, sondern auch der umfassenden Kritik, die an der Adäquanz betrieblicher Informationssysteme in jüngster Zeit geäußert wird. Das Perpetuieren des umfassenden Gültigkeitsanspruches bestehender Kostenrechnungssysteme läßt sich angesichts dieser Befunde trotz der empirischen Ergebnisse nicht aufrechterhalten.

Die Ursache für den Befund dürfte viel stärker im Charakter der Kostenrechnung als einem *fakultativen Informationsinstrument* zu suchen sein. Ihre Ausgestaltung ist weder gesetzlich vorgeschrieben, noch kann die strategische Ausrichtung als so erheblicher Kontextfaktor für die Gestaltung der Kostenrechnung betrachtet werden, daß eine Anpassung an sie unumgänglich wird.

Die Forderung „Structure follows Strategy" unterstellt einen rationalen Algorithmus zur Übersetzung der strategischen Ausrichtung in Charakteristika des Kostenrechnungssystems. Dies setzt zum einen das Bewußtsein über die bestehenden strategischen Anforderungen als notwendige Bedingung, zum anderen die Bereitschaft sowie die Ressourcen und Fähigkeiten zur Implementierung voraus. Fehlen beide – und das muß angesichts der empirischen Ergebnisse angenommen werden –, bewegt sich die Kostenrechnung im strategiefreien Raum. Dem Einfluß der Management Attention – als notwendige Voraussetzung für die Bereitstellung von Ressourcen zur Adaption der Kostenrechnung – konnte allerdings in vorangegangenen Untersuchungsschritten keine besondere Bedeutung für diesen Zusammenhang beigemessen werden. Offensichtlich sehen mittelständische Unternehmer keine Notwendigkeit, die Kostenrechnung als Instrument der Strategieimplementierung einzusetzen. Vielmehr wird (vermutlich) auf die direkte Führung und Steuerung im persönlichen Kontakt sowie die Unternehmenskultur und damit auf informelle Steuerungsmechanismen zurückgegriffen. Der enge Bezug zwischen persönlichen Werten und Unternehmensstrategie legt diesen Schluß in Verbindung mit den empirischen Ergebnissen dieser Untersuchung nahe. Mittelständische Führungskräfte verzichten auf eine Kodifizierung (explizites Wissen) der Unternehmensstrategie und damit auch auf die Möglichkeit, divergierende Zielsetzungen über geeignete Anreiz- und Informationssysteme zu den strategischen Unternehmenszielen kongruent zu machen. Wie die ergänzende Analyse gezeigt hat, erreichen mittelständische Unternehmen ihre strategischen Ziele auch, so daß von der Funktionsfähigkeit dieses Implementierungsmechanismus ausgegangen werden kann. Der zusätzliche Wert einer Kostenrechnung ist in diesem Zusammenhang also trotz der zahlreichen normativen Forderungen als eher gering einzustufen. Im Rahmen des „Spielraums der organisatorischen Gestaltung“[1] verzichten Unternehmen damit auf die strukturelle Anpassung an die strategischen Anforderungen.

Einen zusätzlichen Aspekt bieten die möglicherweise unterschiedlichen zeitlichen Bezugsebenen der Antworten. Angesichts der langsamen Veränderungsprozesse interner Informationssysteme wäre es durchaus denkbar, daß im Einzelfall die Realisierung der Strategie der Implementierung administrativer Strukturen zeitlich deutlich vorausgeht. Allerdings sind solche Ergebnisse eher im Einzelfall als in der Breite der betrachteten Unternehmen zu erwarten.

5.3 Erfolgswirkungen der Kostenrechnung

Im folgenden sollen die Erfolgswirkungen der Kostenrechnung untersucht werden. Dabei ist zu überprüfen, ob ihre Nutzung trotz der fehlenden gestalterischen Anpassung an strategische Anforderungen den Erfolg einer Strategie unterstützen kann. Empirische Ergebnisse stützen die Auffassung, daß eine Kostenrechnung weitgehend unabhängig von der konkreten Gestaltung des Systems bei entsprechender Nutzung einen Beitrag zum Unternehmenserfolg leisten kann.[2] Diese Hypothese soll im Rahmen des folgenden Abschnitts begründet und überprüft werden.[3]

5.3.1 Grundlagen der Erfolgsfaktoren mittelständischer Unternehmen

Der Analyse der Bestimmungsgründe des Unternehmenserfolgs und damit der Größen, die erfolgreiche von weniger erfolgreichen Unternehmen unterscheiden, kommt aus naheliegenden Gründen von jeher eine besondere Bedeutung zu. Im Mittelpunkt steht die Identifizierung von Erfolgsfaktoren, d.h. Ausprägungen oder Strukturen des Unternehmens, die den betrieblichen Erfolg positiv beeinflussen. Dabei läßt sich eine Vielzahl von Erfolgsfaktoren bestimmen, über deren Auswahl und Systematisierung jedoch keine Einigkeit herrscht.[4]

Die empirische Erfolgsfaktorenforschung versucht in diesem Rahmen auf Basis empirischer Daten, wesentliche Determinanten des Erfolgs von Unternehmen oder von Geschäftseinheiten zu ermitteln.[5] Dabei läßt sich eine Reihe von Problembereichen identifizieren, die zur

---

1 Kieser, A., 1993, S. 60.
2 Vgl. Cunningham, G.H., 1992, S. 97.
3 Vgl. auch die Herleitung der Erfolgsgrößen in Abschnitt 4.1.1.
4 Vgl. Eschenbach, R./Müller-Tyl, F., 1993, S. 61.
5 Für einen Überblick vgl. Fritz, W., 1990.

Einordnung der folgenden Ausführungen von Bedeutung sind. Sie sollen daher kurz skizziert werden.

Die Auffassung, daß Managemententscheidungen in einem kausalen Zusammenhang zum Unternehmenserfolg stehen, ist keineswegs unumstritten. Je nach deterministischer oder voluntaristischer Perspektive des Unternehmens unterscheidet sich die Bedeutung für den Unternehmenserfolg, die den Entscheidungen der Geschäftsführung zugebilligt werden.[1] Die deterministische Perspektive unterstellt, daß das Verhalten und der Erfolg von Organisationen im wesentlichen von Umfeldfaktoren bestimmt werden. Dabei wird davon ausgegangen, daß Organisationen nur bedingt dazu in der Lage sind, sich zielgerichtet an Umweltveränderungen anzupassen. Voluntaristische Ansätze gehen hingegen davon aus, daß unternehmenspolitische Entscheidungen von erheblicher Bedeutung für den Unternehmenserfolg sind.

Kontingenztheoretische Ansätze lassen sich nicht eindeutig in diese strikte Unterteilung einordnen, da sie sowohl deterministische als auch voluntaristische Elemente aufweisen.[2] Der Unternehmenserfolg hängt sowohl von der Unternehmenspolitik als auch von Umfeldfaktoren ab, da er aus der konsistenten Übereinstimmung beider Größen („Fit") resultiert.

Die Untersuchung des Einflusses der Nutzung des Rechnungswesens auf den Unternehmenserfolg orientiert sich tendenziell an einer voluntaristischen Sichtweise: Die Geschäftsführung kann über den Einbezug von Kostenrechnungsinformationen den Unternehmenserfolg beeinflussen. Allerdings erhält diese Sichtweise eine situative Einschränkung, nämlich die der Abhängigkeit dieses Wirkungszusammenhangs mit dem Unternehmenserfolg von der verfolgten Wettbewerbsstrategie: Kostenrechnungsinformationen können also nur in bestimmten Konstellationen Wettbewerbsvorteile unterstützen. Insofern finden sich im Forschungsmodell auch deterministische Elemente.

Der situative Ansatz hat für Forschungen zur Unternehmensstrategie erhebliche Bedeutung erlangt und gilt als dominantes Forschungsprogramm in diesem Bereich.[3] Dabei beschränken sich die Forschungsbemühungen auf die Erarbeitung von Theorien mit mittlerer Reichweite. Eine allumfassende „große Theorie" wird in der Regel nicht angestrebt. Damit wird neben der situativen Einschränkung der identifizierten Kausalbeziehungen indirekt das Problem der *Multikausalität* empirischer Erfolgsfaktorenforschung angesprochen.[4] Der Unternehmenserfolg hängt von verschiedenen Faktoren ab, die sich nur schwer in ein Modell integrieren lassen, oder mit Raffée/Fritz (1991): „Ein umfassendes, die z.T. sehr heterogenen Einzelre-

---

[1] Zur Unterscheidung vgl. Astley, W./van den Ven, A., 1983, S. 246.
[2] Vgl. Homburg, C., 1995, S. 154.
[3] Vgl. Ginsberg, A./Venkatraman, N., 1985, S. 421.
[4] Vgl. Fritz, W., 1992, S. 241f.

sultate integrierendes und empirisch bewährtes Kausalmodell des Unternehmenserfolgs existiert bisher jedoch nicht."[1] Die identifizierten Determinanten stehen in einem direkten oder indirekten Abhängigkeitsverhältnis zueinander, so daß sich das Problem der kausalen Zurechnung einzelner Determinanten auf den Unternehmenserfolg ergibt. An dieser Stelle sei darauf hingewiesen, daß der überwiegende Teil der Untersuchungen zum Unternehmenserfolg schon innerhalb der eigenen Untersuchung darauf verzichtet, die Beziehungen der Determinanten untereinander zu bestimmen. Vielmehr wird über ein korrelationsanalytisches Verfahren ein Je-mehr-desto-besser postuliert.

Seltener wird die Rolle von *Mißerfolgsfaktoren* diskutiert, die einen negativen Erfolg begründen können, aber keinen eigenständigen Erfolgsfaktor für einen positiven Erfolg darstellen.[2] Insbesondere die Forschung zu Insolvenzursachen[3] und zu Ursachen von Unternehmenskrisen[4] beschäftigt sich mit diesem Phänomen. Dabei kommt dem Rechnungswesen als Hygienefaktor – im Sinne eines den Mißerfolg verhindernden Faktors – eine vergleichsweise große Bedeutung für den Mittelstand zu.

Ziel einer Untersuchung des Einflusses des Rechnungswesens auf den Unternehmenserfolg kann demgemäß also nicht die umfassende Erklärung desselben sein. Vielmehr steht die Untersuchung eines – bisher im wesentlichen theoretisch-konzeptionell begründeten – Zusammenhangs im Vordergrund. Damit beschränkt sich die vorliegende Untersuchung auf die Betrachtung eines Partialmodells, das sich von umfassenden Ansätzen zur Erklärung der Erfolgsfaktoren deutlich unterscheidet. Der Erklärungsgehalt solcher Modelle ist von vornherein beschränkt, relevant ist vielmehr, ob sich signifikante Assoziationen zwischen Gestaltung und Nutzung des Rechnungswesens und dem Unternehmenserfolg herstellen lassen.

5.3.2 Das Rechnungswesen als Erfolgsfaktor mittelständischer Unternehmen

Ziel der empirischen Erfolgsfaktorenforschung ist es, die zentralen Einflußgrößen für den Erfolg des Unternehmens zu bestimmen. Dabei lassen sich zwei Arten von Untersuchungen unterscheiden:

- Befragungen der Unternehmensleitung, welche Faktoren aus ihrer Sicht für den Unternehmenserfolg verantwortlich sind, lassen sich als Erhebung *subjektiver Erfolgs-*

[1] Vgl. Raffée, H./Fritz, W., 1991, S. 1212.
[2] Vgl. Rehkugler, H., 1989, S. 627.
[3] Vgl. u.a. Reske, W./Brandenburg, A./Mortsiefer, H.-J., 1976.
[4] Vgl. stellvertretend Albach, H./Bock, K./Warnke, T., 1985.

faktoren bezeichnen.[1] Ein empirisch begründeter Zusammenhang mit dem Unternehmenserfolg läßt sich so nicht feststellen.

- Untersuchungen, die sich auf statistische Verfahren stützen, sind dem Bereich der *analytischen* oder *statistischen* Erfolgsfaktoren zuzuordnen.

Wie bereits aus den vorangehenden Ausführungen deutlich geworden ist, sollen in dieser Arbeit nur statistische Bestimmungsgründe aus dem Bereich des internen Rechnungswesens zur Erklärung des Unternehmenserfolgs herangezogen werden.

Untersuchungen zu Erfolgsfaktoren betrachten die verschiedensten Sachverhalte, die sich vereinfachend den folgenden Bereichen zuordnen lassen:[2]

- *Interne Rahmenbedingungen:* Dazu zählen demographische Merkmale wie die Größe, die Rechtsform, das Alter oder die Kultur des Unternehmens, die sich vergleichsweise langsam und nur unter erheblichem Aufwand verändern lassen. Gerade für mittelständische Unternehmen werden in diesem Zusammenhang auch die Eigenschaften der Unternehmensführung und der Mitarbeiter diskutiert.
- *Organisation und Führungsinstrumente:* Untersucht werden die Existenz und die Ausprägungen verschiedener Merkmale des Führungssystems wie das Vorliegen von Unternehmenszielen oder die Gestaltung der Aufbau- und Ablauforganisation sowie die Qualität und die Intensität der Verwendung von Führungsunterstützungssystemen. In diesem Bereich ist auch die Gestaltung und Nutzung der Kostenrechnung anzusiedeln.
- *Externe Rahmenbedingungen:* Untersuchungen, welche die externen Rahmenbedingungen als Bestimmungsgründe des Unternehmenserfolgs betrachten, orientieren sich häufig am Vorgehen der Branchen- und Strukturanalyse von Porter (1980).[3] Dazu zählen die Wettbewerbsintensität durch bestehende und neue Konkurrenten, die Kunden- und Lieferantenmacht sowie die Existenz von Substituten. Daneben werden auch außerökonomische Einflußgrößen mit einbezogen, wie die staatlichen und politischen Rahmenbedingungen.

Die Eigenschaften und Strukturen der Unternehmensführung sind besonders für die mittelständische Erfolgsfaktorenforschung von Bedeutung.[4] Dabei wird die Qualifikation der Unternehmensführung in der Verbindung von formaler Ausbildung und beruflicher Erfahrung als zentraler Erfolgsfaktor betrachtet oder in der Persönlichkeit bzw. den Werthaltungen des

---

[1] Vgl. beispielsweise Peters, T.J./Waterman, R.H., 1982.

[2] Vgl. die Übersichten bei Fritz, W., 1990, S. 94-103; Lingenfelder, M., 1990, 286-303; Daschmann, H.-A., 1994, S. 202-213.

[3] Vgl. Porter, M.E., 1980, S. 4.

[4] Vgl. Hahn, D./Gräb, U., 1989, S. 217.

Unternehmers gesehen,[1] teilweise wird sogar ein „persönlichkeitsbezogener Ansatz“ vertreten.[2]

Die Instrumente zur Führungsunterstützung – Planungs-, Kontroll- und Informationssysteme – erfahren im Rahmen der Untersuchung *mittelständischer Erfolgsfaktoren* eine gewisse Aufmerksamkeit. Letztendlich beziehen viele Instrumente ihren Anspruch aus der Unterstützung eines erfolgsfördernden Verhaltens. Im folgenden sollen die empirischen Befunde zu diesem Zusammenhang diskutiert werden.

5.3.3 Empirische Ergebnisse zur Erfolgswirksamkeit der Kostenrechnung

Die mittelständische Kostenrechnung ist dabei in einer Reihe von Untersuchungen mit durchweg positiven Assoziationen zum Unternehmenserfolg in Verbindung gebracht worden. Becker (1984)[3] ermittelt einen positiven Zusammenhang zwischen dem Stand der Kostenrechnung und der Eigenkapitalrendite. In einem ähnlichen Zusammenhang stellt Knoll (1989)[4] fest, daß die Nutzung der Kostenrechnung bei erfolgreichen Unternehmen besonders häufig ist. Pohl/Rehkugler (1989)[5] differenzieren ihre Ergebnisse nach dem Einsatz verschiedener Instrumente und weisen ebenso wie Becker (1984) einen positiven Zusammenhang zwischen der Eigenkapitalrendite und der Qualität (hier: Ausbaugrad) der eingesetzten Kostenrechnung nach. Kosmider (1993)[6] ermittelt positive Korrelationen mit dem Gesamterfolg des Unternehmens für die Kostenstellenrechnung, die Betriebsabrechnung, die Kostenplanung und die Deckungsbeitragsrechnung. Daschmann (1994)[7] beobachtet auf Basis empirischer Ergebnisse eine positive Assoziation zwischen dem Einsatz verschiedener Kostenrechnungsinstrumente und der Rentabilität der betrachteten Unternehmen. Pohl/Nawroth (1994)[8] kommen auf Basis einer vergleichenden Erhebung bei mittelständischen Unternehmen in den USA und Deutschland zu dem Ergebnis, daß sich der Einsatz von MIS-Instrumenten, darunter auch in erheblichem Umfang Kostenrechnungsinstrumente, in amerikanischen Unternehmen positiv auf das Umsatzwachstum und die Eigenkapitalrendite auswirkt. Ähnliche Ergebnisse lassen sich auch

[1] Vgl. Fröhlich, E./Pichler, J.H., 1988; Gabele, E., 1989.
[2] Vgl. Reckhaus, H.-D., 1993.
[3] Vgl. Becker, H.P., 1984, S. 156.
[4] Vgl. Knoll, G., 1989, S. 188f.
[5] Vgl. Pohl, H.J./Rehkugler, H., 1989, S. 9.
[6] Vgl. Kosmider, A., 1993, S. 100.
[7] Vgl. Daschmann, H.-A., 1994, S. 163ff.
[8] Vgl. Pohl, H.-J./Nawroth, G., 1994, S. 64.

für deutsche Unternehmen erzielen.[1] Allerdings liegt der Schwerpunkt dieser Untersuchung im Bereich Handel und Dienstleistung.

In der Summe lassen sich diese Ergebnisse als ein Beleg für die erfolgsfördernde Wirkung von Kostenrechnungsinstrumenten werten. Empirische Ergebnisse dienen damit häufig der Begründung der Vorteilhaftigkeit des Einsatzes bestimmter Instrumente zur Führungsunterstützung und zur Ableitung entsprechender Handlungsempfehlungen. In aller Regel ist aber das verwendete statistische Instrumentarium der zitierten Untersuchungen für solche weitreichenden Aussagen nicht geeignet. Allen Untersuchungen ist gemein, daß sie sich auf korrelationsanalytische Verfahren stützen. Damit lassen sich keine Aussagen über die Richtung der betrachteten Beziehungen und insbesondere über die Beziehungen der betrachteten Determinanten untereinander treffen. Einerseits läßt sich begründen, daß ein ausgebautes Rechnungswesen zu einer höheren Transparenz und einem „besseren" Entscheidungsverhalten führt, andererseits läßt sich auch argumentieren, daß erst erfolgreiche Unternehmen in der Lage sind, entsprechende Ressourcen für den Aufbau und Betrieb einer Kostenrechnung bereitzustellen. Eine Untersuchung der Erfolgswirkung von Kostenrechnungssystemen auf den Unternehmenserfolg in mittelständischen Unternehmen steht also in dieser Form für den deutschsprachigen Raum noch aus.

Grinyer/Yasai-Ardekani/Al-Bazzaz (1980)[2] gelangen zu uneindeutigen Resultaten bezüglich der Beziehung zwischen Strategie und Struktur. Ittner/Larcker (1997)[3] untersuchen den Zusammenhang zwischen strategischen Controllinginstrumenten und dem Unternehmenserfolg bei der Verfolgung von Qualitätsstrategien, ohne eine Assoziation zwischen beiden Größen festzustellen. Vielmehr ergibt sich ein negativer Zusammenhang für eine erhebliche Zahl an Instrumenten unabhängig davon, welche Erfolgsgröße verwendet wird. Die Autoren gehen davon aus, daß die Anwendung solcher Instrumente die notwendige Kreativität und Delegation von Verantwortung übermäßig einschränkt. Cunningham (1992)[4] und Abernethy/Guthrie (1994)[5] kommen, wie bereits geschildert, zu positiven Ergebnisses bezüglich des Zusammenhangs mit dem Unternehmenserfolg.

---

[1] Vgl. Pohl, H.-J./Nawroth, G., 1994, S. 103. Allerdings bleibt offen, auf welches statistische Instrumentarium sich die Autoren stützen.

[2] Vgl. Grinyer, P.H./Yasai-Ardekani, M./Al-Bazzaz, S., 1980, S. 213.

[3] Vgl. Ittner, C.D./Larcker, D.F., 1997, S. 308.

[4] Vgl. Cunningham, G.M., 1992.

[5] Vgl. Abernethy, M.A./Guthrie, C.H., 1994.

5.3.4 Konzeptualisierung und Operationalisierung der Konstrukte

5.3.4.1 Unternehmenserfolg

Die Diskussion über Ziele und Zielsysteme nimmt im betriebswirtschaftlichen Schrifttum einen erheblichen Raum ein, wobei sich die Diskussion auf zwei zentrale Phänomene bezieht: die Existenz singulärer bzw. pluralistischer Zielgrößen in der betrieblichen Praxis sowie das angestrebte Ausmaß der Zielgrößen. Faßt man Erfolg als das Ausmaß der Erreichung von Zielen auf, so stellt sich die Frage nach den verfolgten Zielen.

Caves (1964)[1] betrachtet die Gewinnerzielung als dominantes Ziel kleinerer Unternehmen, während Großunternehmen tendenziell eine Reihe anderer selbstgesteckter Ziele parallel verfolgen. Diese Einschätzung wird über die Existenzsicherungsfunktion des Gewinns begründet, der für kleinere Unternehmen eine vergleichsweise größere Bedeutung hat. Vielfach wird in der Literatur allerdings die Pluralität der Unternehmensziele hervorgehoben oder von Zielbündeln des Unternehmens gesprochen.[2] Dabei werden diese Ziele häufig als gleichberechtigt mit der Gewinnerzielung angesehen, so daß sich die Frage nach einer geeigneten Zielgröße für diese Untersuchung stellt. Die Rücksichtnahme auf konfliktäre Ziele führt i.d.R. zu einer *Optimierung* und nicht zu einer Maximierung des Gewinnziels. Unabhängigkeit gilt beispielsweise als zentraler Wert mittelständischer Unternehmer, so daß die Aufnahme von Fremdkapital oder die Beteiligung anderer Kapitalgeber am Unternehmen unter Umständen zuungunsten des Wachstumsprozesses unterlassen wird. Wie die Ausführungen zur Wettbewerbsstrategie mittelständischer Unternehmer gezeigt haben, sind Markt- und Produktziele im Wertesystem mittelständischer Unternehmer von höherer Bedeutung als die finanzielle Zielerreichung. Im folgenden erscheint es insofern plausibel, zwei unterschiedliche Erfolgsgröße parallel zu verwenden, um diesen Einschränkungen in ausreichendem Maße gerecht zu werden: den finanziellen Erfolg und den Markterfolg des Unternehmens.

Der *finanzielle Erfolg* der Unternehmung wurde über zwei Indikatoren gemessen: die *Umsatzrentabilität im Wettbewerbsvergleich* und die *Zufriedenheit mit der finanziellen Zielerreichung*. Objektive Größen weisen Probleme beim Vergleich zwischen Branchen auf, da beispielsweise die Umsatzrentabilitäten zwischen verschiedenen Branchen erheblich schwanken können. Ein Vergleich mit dem jeweiligen Wettbewerb des relevanten Marktes erscheint daher angebrachter. Das Cronbachsche Alpha der beiden Indikatoren, die auf einer 7-Punkt-Likert-Skala gemessen wurden, beträgt 0,76 und belegt damit den engen Zusammenhang der beiden Größen.

---

1 Vgl. Caves, R., 1964, S. 2f.

2 Vgl. Staehle, W., 1989, S. 405ff.; Fritz, W., 1992, S. 217

Als zweite Größe wurde der Markterfolg des Unternehmens herangezogen. Ebenfalls über zwei Indikatoren, *Erzielung der angestrebten Absatzziele* und Erzielen bzw. Halten der angestrebten *Marktanteilsziele im Wettbewerbsvergleich*, wurde der Markterfolg operationalisiert. Dabei beträgt das Cronbachsche Alpha 0,86. Die Werte können damit für beide Erfolgsmaßstäbe als zufriedenstellend gelten.

5.3.4.2 Einsatzdauer des Kostenrechnungssystems

Die Unternehmen wurden auf Basis einer textualen Darstellung des Ausbaugrades verschiedener Kostenrechnungsstufen nach dem Jahr der Realisation in ihrem Unternehmen für die jeweilige Stufe befragt. Auf Basis der Differenzbildung zum Jahr 1998 wurde dann die Einsatzdauer des Systems ermittelt. Von besonderer Bedeutung ist allerdings nur die voll ausgebaute Stufe des Systems im Sinne einer den normativen Forderungen entsprechenden *ausgebauten Kostenarten-, -stellen-, und -trägerrechnung* mit zahlreichen Kostenstellen, die das Unternehmen abdecken.

Alle anderen verwendeten Konstrukte – Nutzung der Kostenrechnung, Gestaltung der Kostenrechnung, Qualität der Kostenrechnung und Komplexität der Kostenrechnung – wurden bereits in den vorangegangenen Untersuchungsschritten ausführlich hergeleitet.

5.3.5 Formulierung und Überprüfung der Hypothesen

5.3.5.1 Basismodell

In einem Basismodell sollen nun die Erfolgswirkungen der Kostenrechnung untersucht werden. Angesichts der ausführlichen Diskussion der Erfolgswirkungen der Kostenrechnung in der bisherigen Darstellung sollen die resultierenden Forschungshypothesen an dieser Stelle relativ knapp dargestellt werden.

Eine verstärkte Nutzung der Kostenrechnung für Entscheidungsprobleme trägt der vielfach geforderten stärkeren betriebswirtschaftlichen Durchdringung mittelständischen Entscheidungsverhaltens Rechnung. Eine Ergänzung der intuitiven Problemlösung über eine rationale Entscheidungsbasis und/oder einen rationalen Entscheidungsalgorithmus führt demnach zu verbesserten, betriebswirtschaftlich abgesicherten Entscheidungen. Positive Wirkungen auf den Unternehmenserfolg werden mit dieser verstärkten Nutzung regelmäßig verbunden, so daß postuliert werden soll:

H25: Die entscheidungsorientierte Nutzung der Kostenrechnung beeinflußt den Unternehmenserfolg positiv.

Gleiches kann auch unter dem Aspekt der Realisierung von Wirtschaftlichkeitspotentialen und der Identifizierung von Problembereichen („attention-directing“) für eine regelmäßigere Anwendung der Kostenrechnungsinstrumente unterstellt werden. Eine stärkere kostenrechnerische Durchdringung mittelständischer Unternehmen ist demnach mit positiven Erfolgswirkungen verbunden. Im einzelnen wird der Einsatz der Vollkosten-, Deckungsbeitrags- und Plankostenrechnung sowie der kurzfristigen Erfolgsrechnung untersucht:

H26: Die Anwendung von Kostenrechnungsinstrumenten beeinflußt den Unternehmenserfolg positiv.

Neben der Nutzung und der Gestaltung der Kostenrechnung bildet ihre Akzeptanz bzw. Qualitätseinschätzung eine wesentliche Voraussetzung für die beschriebenen Wirkungen. Neben den – bereits untersuchten – direkten Wirkungen auf die Rolle der Kostenrechnung im Entscheidungsprozeß sind auch indirekte Wirkungen der kostenrechnerischen Durchdringung und managementorientierten Aufbereitung der Kostenrechnungsinformationen denkbar.

H27: Die Ergebnisqualität der Kostenrechnung beeinflußt den Unternehmenserfolg positiv.

Der Nachvollziehbarkeit der Kostenrechnung kam eine erhebliche Bedeutung für die Akzeptanz und Nutzung der Kostenrechnung zu. Eine hohe Komplexität der Kostenrechnung wirkte sich negativ auf die Transparenz der Kostenrechnung aus. Sie kann damit ihre positiven Wirkungen nicht entfalten.

H28: Die Komplexität der Kostenrechnung beeinflußt den Unternehmenserfolg negativ.

Als letzte Hypothese soll eine Beziehung zwischen der Einsatzdauer einer ausgebauten Kostenrechnung und dem Unternehmenserfolg hergestellt werden. Je länger die Kostenrechnung im Unternehmen in einer im allgemeinen in der normativen Literatur als anzustrebend bezeichneten Ausbaustufe vorhanden ist, desto positiver müßten die Erfolgswirkungen der Kostenrechnung sein.

H29: Die Einsatzdauer einer ausgebauten Kostenrechnung beeinflußt den Unternehmenserfolg positiv.

Der Zusammenhang wurde über zwei multiple Regressionsanalysen mit den beschriebenen Parametern als exogenen und dem Unternehmenserfolg als endogenen Variablen überprüft. Die Ergebnisse sind in Tabelle 5.5 dargestellt.

Exogene Variablen / Endogene Variable	Effekt auf finanziellen Erfolg[1)2)]	Effekt auf Markterfolg[1)2)]
H 25: Nutzung der Kostenrechnung	- 0,106*	0,061
H 26: Gestaltung der Kostenrechnung		
- Vollkostenrechnung	0,023	- 0,024
- Deckungsbeitragsrechnung	0,039	0,098
- Plankostenrechnung	0,029	0,105*
H27: Kostenrechnungsqualität	0,162**	0,112*
H28: Kostenrechnungskomplexität	0,001	- 0,064
H29: Einsatzdauer	- 0,048	- 0,103*
Erklärungsgehalt des Modells[3)]	3,5 %	7,0 %***

1) Die angegebenen Werte sind standardisierte Regressionskoeffizienten (Beta-Koeffizienten).
2) *: Signifikanz auf dem 10%-Niveau
**: Signifikanz auf dem 5%-Niveau
***: Signifikanz auf dem 1%-Niveau
3) Erklärungsgehalt durch quadrierte multiple Korrelation gemessen.

Tabelle 5.5: Einflüsse der Kostenrechnungsparameter auf den Unternehmenserfolg: Ergebnisse der Regressionsanalysen

Es zeigt sich deutlich, daß auf den *finanziellen Erfolg*, der in den oben beschriebenen Studien regelmäßig herangezogen wird, keine Wirkungen festzustellen sind. Die Nullhypothese der Unabhängigkeit der Parameter voneinander kann nicht abgelehnt werden. Zwar lassen sich einzelne schwache Korrelationen zwischen dem finanziellen Erfolg und den Parametern herstellen, doch können diese nicht signifikant zur Erklärung des Unternehmenserfolgs beitragen. Die Ergebnisse zahlreicher vorgenannter Studien können also auf Basis eines umfangreichen Datensatzes und unter Verwendung moderner statistischer Methoden in dieser Form nicht bestätigt werden.

Anders stellt sich das Ergebnis für den *Markterfolg* des Unternehmens dar. Der Zusammenhang ist auf dem 1%-Niveau signifikant. Wesentliche Einflüsse können dabei der Kostenrechnungsqualität (H27), also der Entscheidungsrelevanz der Informationen, und dem Einsatz einer Plankostenrechnung (H26) zugesprochen werden. Die planerische Durchdringung fördert also über eine verstärkte Koordination über Pläne und über Feedback-Informationen den Markterfolg. Bemerkenswert ist an dieser Stelle der Einfluß der Einsatzdauer des Systems. Je länger eine *ausgebaute* Kostenrechnung im Unternehmen verwendet wird, desto negativer ist dies für den Markterfolg des Unternehmens. Eigentlich wäre ein positives Vorzeichen zu erwarten gewesen, da mit dem Ausbau der Kostenrechnung auch eine größere betriebswirtschaftliche Durchdringung des Unternehmens einhergeht. Ohne dieses Ergebnis an dieser Stelle überbewerten zu wollen, zeigt sich doch, daß ein erheblicher Ausbaugrad des

Systems, der nicht mit mittelständischen Gegebenheiten vereinbar ist, u.U. negative Konsequenzen für das Unternehmen haben kann. Das Informationssystem des Unternehmens beschränkt sich in diesen Fällen vermutlich auf die Abbildung von Kostengrößen, so daß das die Informationsbereitstellung nicht mehr ausgewogen erfolgt. Diese historisch gewachsenen Kennzahlen bzw. Kostendaten müßten in diesem Fall durch andere Kennzahlen ergänzt werden.[1] Es sei noch einmal darauf hingewiesen, daß über diese Zusammenhänge an dieser Stelle nur spekuliert werden kann.

5.3.5.2 Unternehmensstrategie und Erfolgswirkungen strategie- und unternehmensgerechter Kostenrechnung

Die beschriebenen Erfolgswirkungen sollen nun in Abhängigkeit von der Wettbewerbsstrategie untersucht werden. Das Forschungsmodell hat folgenden Aufbau:

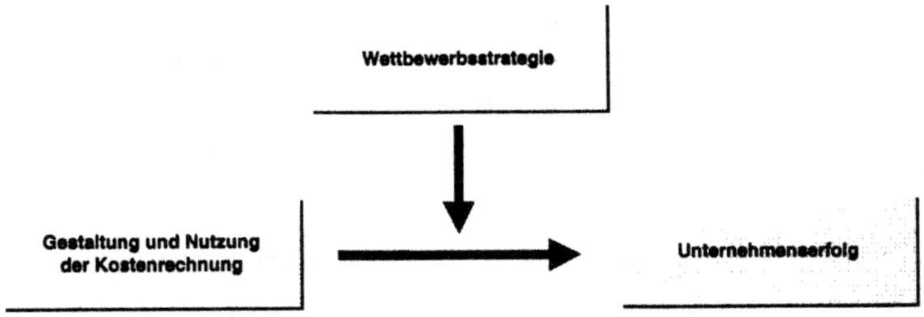

Abb. 5.2: Forschungsmodell zur Untersuchung der Erfolgswirksamkeit der Kostenrechnung in Abhängigkeit von der Wettbewerbsstrategie

Die folgenden Ausführungen werden dabei auf die Strategietypen Defender und Prospector beschränkt, was auch dem Vorgehen anderer Untersuchungen entspricht.[2] Die hybride Strategie des Analyzers läßt keine zuverlässigen Aussagen über den Zusammenhang mit dem Kostenrechnungssystem zu.

Grundsätzlich läßt sich dabei postulieren, daß die Erfolgswirkungen beim Einsatz von Kostenrechnungsinstrumenten für den Defender höher sind als für den Prospector. Die Merkmale der Kostenrechnung erhalten in einem Umfeld mit traditionell hoher Wertschätzung finanzieller Informationen eine höhere Bedeutung. Eine strategiegerechte Ausgestaltung der Kostenrechnung kann daher einen erheblichen Beitrag für den Unternehmenserfolg des Defender leisten. Je höher die Qualität der Kostenrechnung ist und je niedriger die Komplexität der Kostenrechnung eingeschätzt wird, desto stärker kann der Erfolgsbeitrag der

[1] Zum Aufbau von Kennzahlensystemen in diesem Zusammenhang vgl. Weber, J./Schäffer, U., 1999b, S. 8ff.

[2] Vgl. Abschnitt 5.2.2.

Kostenrechnung ausfallen. Insbesondere der Einsatz einer Plankostenrechnung entspricht den Gegebenheiten des Defender mit seinem engen Fokus auf die interne Optimierung und die Erschließung von Wirtschaftlichkeitsreserven. Je stärker die Kostenrechnung eingesetzt wird, desto stärker wird der Einfluß auf die betrachteten Erfolgsgrößen sein. Zusammenfassend soll daher folgende Forschungshypothese gelten:

H30: Die Erfolgswirkungen der Gestaltung und Nutzung von Kostenrechnungsinstrumenten sind für den Defender höher als für den Prospector. Dies betrifft die Rolle der Kostenrechnung, die Kostenrechnungsqualität, die Kostenrechnungskomplexität sowie den Einsatz der Plankostenrechnung.

Die Daten der Leistungserstellung und Marktdaten lassen sich ebenfalls als internes Informationssystem kennzeichnen. Gerade die funktionale Äquivalenz der Daten der Leistungsrechnung mit denen der Kostenrechnung im mittelständischen Kontext legt es nahe, den Zusammenhang für den Prospector an dieser Stelle in die Analyse einzubeziehen. Simons (1995)[1] argumentiert, daß Kennzahlen in Prospector-Unternehmen tendenziell stärker verwendet werden als in Defender-Unternehmen. Dieser Zusammenhang ergab sich schon im Rahmen der bereits erwähnten Untersuchung über die Beziehung zwischen MCS und Strategie.

Auf Basis dieser Überlegungen steht zum einen zu erwarten, daß interne Kennzahlen der Leistungserstellung einen erheblichen Stellenwert besitzen, zum anderen, daß sehr kunden- und marktnahe Kennzahlen eine positive Wirkung haben. Die Verwendung von nicht-finanziellen Informationen, also *Zeitinformationen* und *Qualitätsinformationen,* als Elemente eines diagnostischen Kennzahlensystems[2] kann für den Prospector positive Erfolgswirkungen haben. Zumindest (kundenorientierte) Qualitätskennzahlen können als erfolgskritische Kennzahlen[3] für den Erfolg der Prospector-Strategie angesehen werden. Die Verwendung dieser Informationen wurde jeweils über eine einfache 7-Punkt-Likert-Skala gemessen, so daß sich keinerlei Gütekriterien für diese Art der Operationalisierung angeben lassen. Bei dieser Form der Operationalisierung besteht damit kein Anspruch auf eine vollständige Abbildung der im Unternehmen verwendeten internen Größen. Dem postulierten Zusammenhang kommt damit tendenziell ein explorativer Charakter zu:

H31: Die Erfolgswirkungen für die Verwendung von Kennzahlen (Qualitäts- und Zeitinformationen) sind für den Prospector höher als für den Defender.

---

[1] Vgl. Abschnitt 5.2.2.

[2] Vgl. Simons, R., 1995, S. 63.

[3] Vgl. Weber, J./Schäffer, U., 1999b, S. 15.

Die Zusammenhänge wurden mit jeweils zwei Regressionsanalysen überprüft. Dabei bildet der Markterfolg und der finanzielle Erfolg jeweils die endogene Variable und die beschriebenen Parameter die exogenen Variablen. Zur Kontrolle der Wettbewerbssituation wurde der Wettbewerbsdruck als Kontrollvariable mit in die Analyse aufgenommen. Die Ergebnisse finden sich in Tabelle 5.6. und 5.7 getrennt nach den Erfolgsgrößen.

In weiten Teilen bestätigen sich die Ergebnisse des vorherigen Abschnitts. Für alle vier Modelle kann die Nullhypothese, daß kein Zusammenhang vorliegt, verworfen werden. Der Erklärungsgehalt der Modelle ist angesichts der Einschränkungen eines Partialmodells mit relativ markt- und erfolgsfernen Größen als zufriedenstellend einzustufen.

Endogene Variable / **Exogene Variablen**	**Defender**[1)2)]	**Prospector**[1)2)]
Rolle der Kostenrechnung	- 0,157**	0,032
Kostenrechnungsqualität	0,218**	0,041*
Kostenrechnungskomplexität	0,006	- 0,064
Plankostenrechnung	0,021	- 0,093
Qualitätsinformationen	- 0,014	0,295***
Zeitinformationen	- 0,006	- 0,238**
Erklärungsgehalt des Modells[3)]	10,2 %***	15,3 %**

Tabelle 5.6: Einflüsse auf den finanziellen Erfolg: Ergebnisse der Regressionsanalysen

Die Kostenrechnungsqualität ist mit positiven Wirkungen für den Defender verbunden. Der Erklärungsgehalt des Modells ist mit 10,2 % relativ hoch und auf dem 1%-Niveau signifikant. Der negative Effekt der Nutzung der Kostenrechnung ist an dieser Stelle überraschend. Eine zu starke Verwendung von Kostenrechnungsinformationen – eventuell in Verbindung mit einem zu großen Einfluß des Controllers – kann die eigentlichen Stärken mittelständischer Unternehmen verdecken.[1] Allerdings trifft dies gemäß den Forschungshypothesen für den Defender gerade nicht zu.

Die Ergebnisse für den Prospector bestätigen überraschend deutlich die eher explorativ formulierte Hypothese bezüglich der Nutzung von Kennzahlensystemen. Kennzahlensysteme sollten für diesen Strategietyp eher kunden- und marktorientierte Zahlen umfassen. Qualitätskennzahlen im Sinne eines kundenorientierten Qualitätsbegriffes sind für den Erfolg des Prospector äußerst förderlich. Auch die fehlende Wirkung auf den Erfolg des Defender ist theoriekompatibel. Überraschend ist die negative Assoziation mit den Zeitkennzahlen.

[1] Vgl. Kosmider, A., 1993, S. 83.

Offenbar ist eine zu starke Orientierung an internen (Produktions-)Kennzahlen nicht mit den Stärken des Prospector auf der Marktseite kompatibel. Dieser Befund bestätigt die Ergebnisse von Ittner/Larcker (1997)[1], die ebenfalls für eine Reihe von Kostenrechnungsinstrumenten einen negativen Zusammenhang mit dem Erfolg feststellen konnten.

Für den *Markterfolg* ergibt sich ein ähnliches Bild. Erfolgsrelevant sind für den Defender die Charakteristika des Kostenrechnungssystems, insbesondere die Kostenrechnungskomplexität und der intensive Einsatz der Plankostenrechnung. Damit sind diese Ergebnisse theoriekompatibel. Für den Prospector hat wiederum der Einsatz von Qualitätsinformationen eine deutliche Erfolgswirkung. Der Zusammenhang kann daher als äußerst robust bezeichnet werden.

Endogene Variable / Exogene Variablen	**Defender**[1)2)]	**Prospector**[1)2)]
Rolle der Kostenrechnung	0,047	0,095
Kostenrechnungsqualität	0,076	0,029
Kostenrechnungskomplexität	- 0,148**	- 0,183*
Plankostenrechnung	0,135**	0,043
Qualitätsinformationen	- 0,039	0,233**
Zeitinformationen	0,061	- 0,137
Erklärungsgehalt des Modells[3)]	8,2 %**	14,3 %**

Tabelle 5.7: Einflüsse auf den Markterfolg: Ergebnisse der Regressionsanalysen

5.3.6 Diskussion der Ergebnisse

In der Summe verdeutlichen die Ergebnisse die Vorteilhaftigkeit der kontextbezogenen, differenzierten Betrachtung der Zusammenhänge. Die Gestaltung und Nutzung der Kostenrechnung muß sich eng an den angestrebten Wettbewerbsvorteilen und Charakteristika des internen Umfelds orientieren. Die Kostenrechnung kann bei entsprechender Unternehmensstrategie also durchaus positiv zum Unternehmenserfolg beitragen. Nur für den Defender lassen sich die in normativen Arbeiten postulierten Wirkungen der Kostenrechnung empirisch aufzeigen. Damit sind die in früheren Studien artikulierten pauschalen positiven Einschätzungen des Einsatzes einer Kostenrechnung im mittelständischen Kontext einzuschränken.

Bei der Verfolgung einer typisch mittelständischen Strategie (*Defender*) sollten Kostenrechnungsinformationen vorwiegend in der Form des „attention-directing“ eingesetzt werden. Für

[1] Vgl. Ittner, C.D./Larcker, D.F., 1997, S. 308.

die Parameter der Nutzung ließen sich keine positiven Erfolgswirkungen feststellen. Kostenrechnungsinformationen können damit die Problemwahrnehmung unterstützen.[1] Gerade der regelmäßige Einsatz einer Plankostenrechnung unterstützt die Identifikation von Wirtschaftlichkeitsreserven und schafft ein entsprechendes Kostenbewußtsein, das die Erzielung der Wettbewerbsvorteile unterstützt.

Von besonderer Bedeutung ist die geringe Komplexität der Kostenrechnung, da sie für beide Strategietypen mit negativen Erfolgswirkungen verbunden ist. Eine hohe Transparenz des Kostenrechnungssystems ist also nicht nur in bezug auf die Qualitätseinschätzung, sondern auch in bezug auf den Unternehmenserfolg von Bedeutung. Gerade im mittelständischen Kontext ist damit nicht auf die Zahlen- und Methodenhoheit des Kostenrechners zu achten, sondern vielmehr darauf, das Wissen der Anwender über die Daten und die zugrundeliegenden Algorithmen zu erhöhen.

Für den *Prospector* ergeben sich aus dem Einsatz von Qualitätskennzahlen deutlich positive Wirkungen. Da hier nur ein kleiner Ausschnitt der denkbaren Kennzahlen verwendet wurde, steht zu vermuten, daß sich auch für andere Kennzahlen solche Wirkungen zeigen lassen. Eine Strategie, die auf Wettbewerbsvorteilen aus den Bereichen F&E/Produktion basiert, läßt sich also erwartungsgemäß wesentlich stärker über ein adäquates Kennzahlensystem als über die klassischen Instrumente der Kostenrechnung unterstützen.

Zusammenfassend kommt der Kostenrechnung damit nur eine begrenzte Rolle bei der Schaffung und Umsetzung von Wettbewerbsvorteilen zu. Weder ist sie geeignet bzw. wird sie dazu verwendet, die Implementierung von Wettbewerbsstrategien zu unterstützen, noch ist sie in der Breite in der Lage, den Unternehmenserfolg zu erhöhen. Einzig auf einen Typ der Wettbewerbsstrategie bezogen können spezifische Elemente des Kostenrechnungssystems einen positiven Beitrag leisten. Pauschale Forderungen nach einer stärkeren kostenrechnerischen Durchdringung des Mittelstands sind hier also zu relativieren. Diese Punkte sollen in der abschließenden Betrachtung noch einmal aufgegriffen werden.

---

[1] Vgl. ausführlich Abschnitt 2.2.2.3.2.

6 Zusammenfassung und Implikationen für Theorie und Praxis

Neben einer wissenschaftlichen Bewertung der Untersuchung werden in diesem Abschnitt die Implikationen für die Unternehmenspraxis dargestellt. Ein Fazit schließt aus einer übergeordneten Perspektive das Kapitel ab.

6.1 Wissenschaftliche Bewertung der Untersuchung

6.1.1 Ergebnisse der Untersuchung und wissenschaftliche Implikationen

Ausgangspunkt der Untersuchung war die Feststellung, daß Kostenrechnung als wesentlicher Erfolgsfaktor mittelständischer Unternehmen in der Theorie – weniger in der Unternehmenspraxis – gesehen wird. Ziel der Arbeit war es, sowohl die Determinanten, die Gestaltung und den Erfolg der Kostenrechnung wissenschaftlich zu untersuchen als auch Empfehlungen für die Unternehmenspraxis zu generieren.

Die Grundlage der Untersuchung bildete eine differenzierte Betrachtung der (mittelständischen) Rahmenbedingungen der Kostenrechnung, die in erheblichem Umfang die potentiellen sinnstiftenden Rollen der Kostenrechnung determinieren. Als Resultat dieser Betrachtung liegt der Untersuchung ein erweitertes Kostenrechnungsverständnis im Sinne eines Management Accounting zugrunde. Die Entscheidungsorientierung konnte auf Basis theoretischer (institutionelle Voraussetzungen) und empirischer Argumente (Anwendungs- und Verbreitungsgrad) als dominante Funktion der Kostenrechnung in mittelständischen Unternehmen identifiziert werden.

Auf Basis einer Analyse bestehender empirischer Ergebnisse zur mittelständischen Kostenrechnung zeigte sich, daß wissenschaftliche Erkenntnisse über den Zusammenhang der Gestaltung und Nutzung mit Umweltveränderungen, internen Rahmenbedingungen und dem Unternehmenserfolg zwar in Teilen vorliegen, aber eine Reihe von methodischen und inhaltlichen Lücken aufweisen. Vor diesem Hintergrund stand die wissenschaftliche Auseinandersetzung mit den folgenden Fragen im Mittelpunkt dieser Arbeit:

- Welche Faktoren der unternehmensinternen und -externen Umgebung der Kostenrechnung beeinflussen ihre Gestaltung?
- Was ist unter Erfolg der Kostenrechnung zu verstehen, und in welcher Beziehung stehen verschiedene Erfolgsbegriffe zueinander?

- Welche Beziehung besteht zwischen diesen Erfolgsbegriffen, der Unternehmensstrategie sowie beiden Faktoren und dem Unternehmenserfolg?

Zur Beantwortung dieser Fragen wurden die Antworten von 493 deutschen mittelständischen Unternehmen in einer aufwendigen, mehrstufigen empirischen Untersuchung ausgewertet. Dabei wurden moderne statistische Methoden zur Überprüfung der Güte der Messung der betrachteten Sachverhalte und für die Überprüfung der postulierten Zusammenhänge eingesetzt. Im Verlauf der gesamten Untersuchung wurde dabei einschlägigen methodischen und inhaltlichen Empfehlungen zur Gestaltung empirischer Untersuchungen im Bereich des internen Rechnungswesens gefolgt. Die Arbeit sieht sich wissenschaftstheoretisch dem wissenschaftlichen Empirismus verpflichtet und baut in erheblichem Umfang auf theoretische und empirische Vorarbeiten auf. Dabei lag der folgende Bezugsrahmen zugrunde:

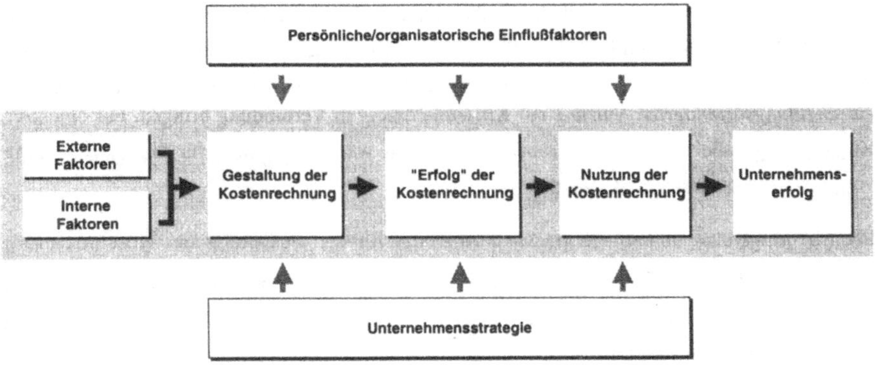

Abb. 6.1: Konzeptioneller Bezugsrahmen der Untersuchung

Entlang der horizontalen Beziehungskette sollen nun die wesentlichen Ergebnisse noch einmal zusammenfassend dargestellt und anschließend aus einer übergeordneten Perspektive diskutiert werden. Die Analyse der Kostenrechnungspraxis bildete die Grundlage für die nachfolgenden Untersuchungsschritte. Ein Vergleich mit früheren Untersuchungen ergab, daß von einem Stillstand der Kostenrechnung im Mittelstand gesprochen werden kann, also zahlreiche normative Forderungen der theoretischen und praxisorientierten Literatur nicht umgesetzt werden. Die beobachtete Heterogenität der mittelständischen Kostenrechnung bildete den Ausgangspunkt der folgenden Untersuchung.

Die erste Fragestellung wurde auf Basis eines umfassenden Bezugsrahmens in *Kapitel 3* überprüft. Dabei zeigt sich, daß die in theoretisch-konzeptionellen Arbeiten geforderten Anpassungen der Kostenrechnung an Umweltmerkmale nur eingeschränkt stattfinden. Externe und interne Kontextfaktoren stehen gleichberechtigt nebeneinander. Die objektiven Gestaltungsmerkmale der Kostenrechnung erhöhen die wahrgenommene Komplexität des Informationssystems, während ein zunehmendes Wissen über das System die wahrgenommene Komplexität senkt. Im Rahmen der Betrachtung der Merkmale der Umweltdynamik konnten nur geringfügige Einflüsse auf die Dynamik der Kostenrechnung festgestellt werden.

Dieser Teil der Untersuchung leistet einen *inhaltlichen und methodischen Beitrag* zum Verständnis des Begriffes der Komplexität von Informationssystemen. Von besonderem Interesse dürfte der verwendete (relative) Komplexitätsbegriff sein, der aus dem Zusammenspiel der objektiven Komplexität und des Kenntnisstands des Anwenders (User-Know-how) definiert wird. Der häufige Rekurs auf einen systemtheoretisch geprägten (objektiven) Komplexitätsbegriff ist mit erheblichen Problemen behaftet, da die Relativität der Komplexität und die Rolle des relevanten Wissens nicht berücksichtigt werden. Bereits an dieser Stelle zeigte sich, daß der Erfolg und die Wahrnehmung der Kostenrechnung nur in Teilen ein Problem der Systemgestaltung sind. Ein in der vorliegenden Form verstandener Komplexitätsbegriff ließ sich mit *negativen* Assoziationen zur *Kostenrechnungsqualität* und zur *entscheidungsorientierten Nutzung der Kostenrechnung* in Verbindung bringen. Für objektive Komplexitätsmaße gelten diese Assoziationen nicht, was die Eignung für die Untersuchung von Informationssystemen bestätigt.

Ebenso bringt eine höhere *Management Attention* für die Gestaltung der Kostenrechnung zunächst keine Vorteile mit sich. Der Wirkungszusammenhang zwischen Kontext- und Gestaltungsfaktoren bleibt von einer höheren Aufmerksamkeit des Managements für die Kostenrechnung unbeeinflußt.

Ein zweites wichtiges Ergebnis ist der *indirekte Effekt der Unternehmensgröße*. Mit zunehmender Größe des Unternehmens werden üblicherweise eine Reihe von Veränderungen des Führungssystems assoziiert, die komplexitätserhöhend wirken. In der vorliegenden Untersuchung zeigt sich aber vielmehr, daß sich die Effekte bei einer Desaggregation auf wenige Parameter des Kostenrechnungssystems beschränken und darüber hinaus keine eigenständigen Effekte (z.B. zunehmende Sophistizierung der Systeme oder Bereitstellung von Ressourcen) der Unternehmensgröße diagnostiziert werden konnten. Eine explizite Modellierung der postulierten Effekte der Unternehmensgröße erscheint vor diesem Hintergrund vorteilhaft, um im Vergleich zu ähnlichen Untersuchungen differenziertere Aussagen treffen zu können.

Bei der Beantwortung der zweiten Fragestellung konnte in Kapitel 4 auf Basis einer ausführlichen theoretischen Diskussion der Erfolgsbegriffe der Kostenrechnung gezeigt werden, daß von einer *begrifflichen Koexistenz* verschiedener Erfolgsmaßstäbe ausgegangen werden muß. Gedanklich lassen sich diese über eine *Wertschöpfungskette* miteinander verbinden, die den Bezugsrahmen konkretisiert. Empirisch zeigt sich, daß der wahrgenommene Nutzen bzw. die

Qualität der Kostenrechnung im wesentlichen von der *wahrgenommenen Komplexität* des Systems, dem *Kenntnisstand des Nutzers* und zu einem erheblichen Maß von der *Datenqualität* der zugrundeliegenden Leistungsrechnung abhängt.

Die begriffliche und empirisch bestätigte Koexistenz von Erfolgsbegriffen und damit die Bestätigung des Konzepts der Wertschöpfungskette für die „Produktion" von Kostenrechnungsprodukten bieten erhebliche Ansatzpunkte für das Verständnis fehlender kostenrechnerischer Durchdringung der Praxis sowie für weitere Forschungsbemühungen. Die problematische („naturgesetzliche") Gleichsetzung der Existenz, Akzeptanz und Nutzung der Kostenrechnung bestätigte sich: Der Weg von den Systemmerkmalen bis zur entscheidungsorientierten Nutzung ist mit einer Reihe von Transformationsverlusten behaftet, die im wesentlichen aus den organisatorischen und persönlichen Restriktionen aus dem Umfeld der Kostenrechnung resultieren. Daher wird nicht die bloße Existenz von Kostenrechnungssystemen, sondern vielmehr ihre tatsächliche Nutzung zukünftig als Erfolgsmaßstab für die Kostenrechnung heranzuziehen sein. Bestehende Erfolgskonzeptionen der Kostenrechnung in mittelständischen Unternehmen sollten damit überdacht werden.

Interessant war in diesem Zusammenhang auch der überragende Effekt des *User-Know-hows* auf die Qualitätseinschätzung der Kostenrechnung. Eine Erhöhung des Kenntnisstands des Nutzers führte zu einer deutlich verbesserten Qualitätseinschätzung, da die Erwartungshaltung an das System offenbar wesentlich realistischer formuliert wird. Die Komplexität der Kostenrechnung erwies sich in diesem Zusammenhang als „zweischneidiges Schwert". Eine Erhöhung der objektiven Komplexität steigert die Realitätsnähe des Informationssystems, senkt aber bei unverändertem Kenntnisstand des Anwenders die Nachvollziehbarkeit und damit die Akzeptanz des Systems.

Im zweiten Abschnitt des Kapitels 4 wurden die Faktoren der entscheidungsorientierten Nutzung von Kostenrechnungsinformationen untersucht. In einigen Beiträgen zur mittelständischen Kostenrechnung wird auf die notwendigen Rahmenbedingungen der Kostenrechnung aufmerksam gemacht, die als Anwendungsvoraussetzungen gelten. Auf Basis einer empirischen Überprüfung dieser Zusammenhänge zeigte sich, daß die Nutzung der Kostenrechnung im wesentlichen Willens- und Machtfrage ist. Die Bedeutung der *dominanten Koalition* bzw. der Funktion von *Fach- und Machtpromotoren* für den Einsatz von Kostenrechnungsinformationen im Entscheidungsprozeß konnte eindeutig bestätigt werden. Interessant ist in diesem Zusammenhang, daß ihnen eine fast gleichrangige Bedeutung wie der Qualität der Kostenrechnung zukam. Eine *Koordination über Pläne* gilt ebenfalls als Voraussetzung für eine sinnvolle Einbindung von Kostenrechnungsinformationen. Dieser Einfluß konnte ebenfalls bestätigt werden, wenn auch auf Basis theoretischer und vorliegender empirischer Ergebnisse die Überlagerung der Plankoordination durch persönliche Koordination als mittelständische

Spezifität gelten muß. Dieser Aspekt wird regelmäßig bei der Betrachtung von Funktionalitätsvoraussetzungen vernachlässigt und sollte verstärkt Eingang in die Forschungsbemühungen zum Mittelstand finden.

Entgegen allen theoretischen Argumenten konnte hingegen ausgeschlossen werden, daß ein zunehmender *Kostenwettbewerb* die Bedeutung des Systems Kostenrechnung im Unternehmenskontext erhöht. Damit srundet sich das Bild einer Kostenrechnung, die im wesentlichen als gesetztes System von Umwelteinflüssen unbeeindruckt bleibt.

Aus wissenschaftlicher Sicht ist die Konzeptualisierung der entscheidungsorientierten Nutzung der Kostenrechnung von Interesse, da sie an den Entscheidungsprozeß – genauer an die Willensbildung – anknüpft. Daß Kostenrechnungsinformationen nur einen (geringen) Teil der verfügbaren und verwendeten Informationen darstellen, wurde explizit in die Operationalisierung einbezogen. Eine so verstandene Nutzung von Kostenrechnungsinformationen für Entscheidungszwecke orientiert sich daher im Vergleich zu ähnlichen Untersuchungen vermutlich näher an der mittelständischen Realität. Sie wird in nicht unerheblichem Umfang von verhaltensorientierten bzw. organisationssoziologischen Determinanten beeinflußt. Wiederum zeigt sich, daß der Erfolg der Kostenrechnung – an welchem der möglichen Erfolgsbegriffe aus der Wertschöpfungskette man sich auch ausrichten mag – nur im Zusammenspiel mit und damit unter Berücksichtigung von entsprechenden organisatorischen Voraussetzungen zu erreichen ist. Diese werden zwar in der Diskussion um die Einführung der mittelständischen Kostenrechnung angesprochen, aber eine theoretische oder vertiefte empirische Aufarbeitung steht für den deutschsprachigen Raum noch aus. In der Summe zeigte sich daher auf Basis der theoretischen und empirischen Ergebnisse, daß die Konzentration des Forschungsinteresses auf die Systemgestaltung nur einen geringen Teil der Determinanten des Erfolgs von Informationssystemen ausmacht.

Die *horizontale Beziehungskette* läßt sich damit in ihren Grundzügen empirisch bestätigen. Allerdings zeigten die Analysen, daß organisatorische und persönliche Einflußfaktoren die beschriebenen Zusammenhänge z.T. deutlich beeinflussen bzw. im Falle der Komplexität auch überlagern können. Die Bestimmungsgründe für den Erfolg oder Mißerfolg sind damit nicht nur in der Ausgestaltung des Systems und der allgemein bekannten Anwendungsvoraussetzung zu suchen, sondern vielmehr im organisatorischen Kontext, in dem sich die Kostenrechnung bewegt.

Der Zusammenhang zwischen der verfolgten *Unternehmensstrategie* und der Gestaltung und Nutzung der Kostenrechnung wurde in *Kapitel 5* untersucht. Der Begriff der strategieorientierten bzw. strategiegerechten Kostenrechnung wurde dabei für die vorliegende Untersuchung theoretisch-konzeptionell deutlich präzisiert. Nicht die Unterstützung von Entscheidungen mit strategischem Charakter, sondern die Unterstützung der dauerhaften Verfolgung einer gewählten Strategie stand im Vordergrund der Betrachtungen. Dabei erfolgte im Rahmen der Konzeptualisierung/Operationalisierung der Wettbewerbsstrategie in besonderem Maße eine Anpassung an die mittelständische Realität. Ein deutlicher Bezug zur aktuellen Forschung zu Werten und Typen mittelständischer Unternehmer ist dabei deutlich geworden. In wissenschaftlicher Hinsicht bedeutet diese Übertragung und ihre empirische Anwendung einen deutlichen Fortschritt gegenüber der bisherigen Orientierung an der Kostenführerschafts- und Differenzierungsstrategie. Werden auf diesem Wege doch zahlreiche vorliegende Erkenntnisse für die deutsche Forschung zur Wettbewerbsstrategie nutzbar gemacht. Viele konzeptionelle Beiträge knüpfen gerade an die Strategietypologie von Porter (1980) an, deren theoretische und empirische Existenz für (mittelständische) Unternehmen nicht sinnvoll unterstellt werden kann. Der Bezugspunkt der Empfehlungen ist damit empirisch nur schwer haltbar.

Eine grundsätzliche Strategieabhängigkeit der Kostenrechnung, die in zahlreichen Arbeiten mit vorwiegend normativem Charakter postuliert wird, konnte in den vorangegangenen Ausführungen im Rahmen der Erarbeitung der Forschungshypothesen noch weiter konkretisiert werden. Im vorliegenden Fall konnte jedoch auf Basis eines umfangreichen Datensatzes kein Einfluß der Strategie auf die Kostenrechnungsmerkmale festgestellt werden. Eine weitgehende Unabhängigkeit der beiden Größen voneinander auf Basis empirischer Ergebnisse widersprach in erheblichem Maße der in konzeptionellen Arbeiten geforderten Berücksichtigung der strategischen Ausrichtung bei der Gestaltung der Kostenrechnung. Als Erklärung läßt sich die Nutzung alternativer Steuerungsmechanismen zur Strategieimplementierung heranziehen. Daher ergeben sich aus wissenschaftlicher Sicht weitere Ansatzpunkte: Die Unterstützung der Unternehmensstrategie über die Kostenrechnung ist bisher in kaum einer Untersuchung nachgewiesen worden, so daß sich die Frage nach der Berechtigung dieser Forderungen stellen läßt. Die Eignung der Kostenrechnung für die Implementierung strategischer Verhaltensweisen läßt sich auch auf Basis theoretischer Argumente kritisch diskutieren.

Forderungen nach einem Ausbau der Kostenrechnung werden regelmäßig mit ihren positiven direkten oder indirekten Wirkungen auf Entscheidungen und letztendlich den *Unternehmenserfolg* begründet. Frühere empirische Ergebnisse schienen diese Assoziation zu bestätigen. Die vorliegenden empirischen Ergebnisse relativieren diese Aussagen erheblich. Zum einen läßt sich auf Basis eines umfangreichen Datensatzes und unter Anwendung moderner statistischer Methoden ein Bezug zur Kostenrechnungsnutzung nicht herstellen. Zum anderen bleiben die geringen positiven Erfolgswirkungen auf die der Nutzung vorgelagerten Erfolgsgrößen beschränkt. Der Instrumenteneinsatz bzw. die bloße Existenz von Kostenrechnungssystemen kann unter diesen Umständen auf keinen Fall als Treiber des Unternehmenserfolges akzeptiert werden. Einzig die positiven Wirkungen einer stärkeren planerischen Durchdringung werden bestätigt. In bezug auf die Diskussion der Rolle der Kostenrechnung (Verhaltens- vs. Entscheidungsorientierung) stellen die Ergebnisse die positiven Erfolgswirkungen der Kostenrechnung in mittelständischen Unternehmen teilweise in Frage. Es ergeben sich sogar u.U. negative Konsequenzen eines übermäßigen Einsatzes der Kostenrechnung.

Zusammenfassend läßt sich feststellen, daß die in der Arbeit anfangs aufgeworfenen Forschungsfragen umfassend beantwortet wurden. Die bisherige Forschung konnte damit in inhaltlicher, theoretischer und methodischer Hinsicht erweitert werden.

6.1.2 Methodischer Beitrag der Untersuchung

Der methodische Beitrag der Untersuchung im Rahmen der Forschung zum internen Rechnungswesen bezieht sich auf drei Aspekte:

- die wissenschaftstheoretische Ausrichtung,
- die Messung der betrachteten Phänomene,
- die Untersuchung der Abhängigkeitsbeziehungen.

Die *wissenschaftstheoretische Ausrichtung* der Arbeit am wissenschaftlichen Empirismus erfolgte aufgrund der problematischen Übertragung der Grundsätze des Kritischen Rationalismus auf die betriebswirtschaftliche empirische Forschung. Eine ausgewogene wissenschaftstheoretische Position ist von erheblicher Relevanz für die Erzielung und Interpretation aussagekräftiger empirischer Ergebnisse. Wie die Übersicht über die bestehenden Arbeiten zum internen Rechnungswesen gezeigt hat, wird in keiner der Arbeiten eine theoriegeleitete Aufstellung von Forschungshypothesen verfolgt. Vielmehr orientieren sich viele Arbeiten an einer induktiven Erkenntnisgewinnung. Die resultierenden Probleme bei der Interpretation und insbesondere bei der Weiterentwicklung der Theorie auf dem Gebiet des internen Rechnungswesens sprechen gegen eine solche Vorgehensweise.

Dies ist um so bedenklicher, als die Verwendung moderner Methoden zur Validitäts- und Realiabilitätsmessung nicht zum Standard der betriebswirtschaftlichen Forschung zum Rechnungswesen gehört. Damit besteht bei der Analyse von Abhängigkeitsbeziehungen auf der Basis einer unzureichenden Konzeptualisierung/Operationalisierung die Gefahr, erheblichen Fehlinterpretationen zu unterliegen. Diese Gefahr konnte am Beispiel der Beziehung zwischen Kostenrechnung und Unternehmenserfolg gezeigt werden.

Der *Messung der betrachteten Phänomene* wurde in der vorliegenden Arbeit erhebliche Aufmerksamkeit gewidmet. Es konnte festgestellt werden, daß auch komplexe Konstrukte durchaus einer quantitativen Analyse zugänglich sind. Dabei wurden im Rahmen der Untersuchung die Anwendungsmöglichkeiten der Reliabilitäts- und Validitätsmessung veranschaulicht. Gerade aus der Notwendigkeit heraus, verstärkt organisations- und verhaltenstheoretische Aspekte in die Untersuchung des internen Rechnungswesens einzubeziehen, sollten die verwendeten Methoden – zumindest bei der Untersuchung der Abhängigkeitsbeziehungen – zum Standard empirischer Untersuchungen werden. Die Beschränkung auf einfachste deskriptive statistische Methoden ist mit äußerst geringem Erkenntnisgewinn verbunden. Die Verbindung von qualitativen und quantitativen Forschungsstrategien ist für die behandelten Fragestellungen von besonderer Bedeutung, da sie noch vor der eigentlichen empirischen Erhebung das Verständnis des Mittelstandes vertieft hat. Als letzter Punkt sei noch die Berücksichtigung der mittelständischen Besonderheiten in der Sprache bzw. Semantik im Verlauf der Untersuchung genannt, die sicherlich zu einem guten Teil zu den guten Ergebnissen im Rahmen der Konzeptualisierung/Operationalisierung beigetragen hat.

Die explizite Einbeziehung von situativen Größen in die *Untersuchung von Abhängigkeitsbeziehungen* (z.B. im Rahmen der Analyse von Teilstichproben oder der Anwendung der moderierten Regressionsanalyse) ist eine Möglichkeit zur Bereicherung der empirischen Forschung zum internen Rechnungswesen. Der situativen Einschränkung vieler konzeptioneller Hinweise wird so Rechnung getragen.

6.1.3 Restriktionen der Untersuchung und Ansatzpunkte für die zukünftige Forschung

Mit der vorliegenden Untersuchung wurden einige Defizite der Forschung zur Kostenrechnung und insbesondere zur mittelständischen Kostenrechnung aufgearbeitet. Jeder wissenschaftliche Erkenntnisprozeß unterliegt gewissen Einschränkungen, die sich aus dem verfolgten Wissenschaftsziel, der Wahl des Erkenntnisobjektes oder der verfolgten Forschungsstrategie ergeben. Diese methodischen und inhaltlichen Einschränkungen können im Rahmen zukünftiger Forschungsprozesse aufgehoben werden und bieten damit Ansatzpunkte für weiterführende Forschungsbemühungen.

Eine wesentliche Restriktion der Untersuchung liegt in der *Einschränkung des Untersuchungsobjektes* auf deutsche mittelständische Industriegüterunternehmen. Groß- oder Dienstleistungsunternehmen wurden damit völlig ausgeschlossen. Aufgrund der mittelstandsspezifischen Sichtweise ist eine Übertragbarkeit der Erkenntnisse auf Großunternehmen von Interesse. Außerdem wäre zu prüfen, ob sich die Relevanz bestimmter Faktoren für Qualität und Nutzung der Kostenrechnung auch in Dienstleistungsunternehmen bestätigt. Grundsätzlich lassen die Ergebnisse der Untersuchung eine solche Übertragbarkeit vermuten.

Darüber hinaus wurde die Datenerhebung auf eine geschichtete zufällige Auswahl von deutschen mittelständischen Unternehmen in fünf Branchen mit einer gewissen Repräsentativität beschränkt. Diese Einschränkung war notwendig, um zu aussagefähigen, empirisch gestützten Ergebnissen zu gelangen. Die Übertragbarkeit der Ergebnisse auf andere Branchen ist damit aber nicht automatisch gegeben, ebensowenig wie eine internationale Gültigkeit der Ergebnisse. Das unterschiedliche Verständnis der Kostenrechnung in Deutschland und in den anglo-amerikanischen Ländern sowie die Probleme bei der Übertragung internationaler Erkenntnisse auf das enge Verständnis einer deutschen Kostenrechnung lassen auf solche Unterschiede schließen.

Die *Konzeption der Untersuchung* über eine einmalige schriftliche Befragung der Unternehmen hat den Charakter einer Querschnittsuntersuchung („Schnappschuß") und deckt damit naturgemäß nur einen Teil der möglichen Determinanten der Gestaltung und Nutzung der Kostenrechnung ab. Eine Erweiterung um die zeitliche Dimension (Längsschnittuntersuchungen) ist damit ein weiterer interessanter Ansatzpunkt für wissenschaftliche Arbeiten. Auch eine Untersuchung der Persönlichkeitsmerkmale und der resultierenden Unterschiede in der Verwendung der Kostenrechnung entspräche der Forderung nach einem Führungsstilbezug der Kostenrechnung. Dazu wären allerdings umfangreiche Vorarbeiten und eine konsequente Anwendung psychometrischer Verfahren notwendig.

Ergänzend ist in diesem Zusammenhang auf die Rolle von *Fallstudien* zu verweisen: Die Verwendung von Kostenrechnungsinformationen läßt sich ab einer gewissen theoretischen und empirischen Durchdringung des Themengebietes nicht mehr über die Fragebogenmethodik erheben. Die zunehmende Differenzierung der Fragestellungen und die daraus resultierenden Probleme der Operationalisierung nur schwer unterscheidbarer Konstrukte verlangen nach einer stärkeren Konfrontation der Forschenden mit der Unternehmenspraxis. Einige Autoren sehen dieses Stadium im internationalen Umfeld bereits erreicht.[1] Die Verwendung von Fallstudien in wissenschaftlichen Untersuchungen ist allerdings mit erheblichen methodischen Anforderungen behaftet, um einen Erkenntnisgewinn zu erzielen, der über anekdotische Erfahrungen hinausgeht.

In inhaltlicher Sicht sind drei Aspekte für weitere Forschungsbemühungen von besonderem Interesse:

- Für die Untersuchung der *organisatorischen Determinanten* und Voraussetzungen des Einsatzes von Kostenrechnungssystemen resultieren aus dieser Untersuchung zahlreiche Ansatzpunkte, auf die im Verlauf der Untersuchung mehrfach hingewiesen wurde. Aus diesem Themenkomplex ergeben sich aus Sicht des Autors wesentliche Impulse für die Neuorientierung der deutschsprachigen Forschung zum internen Rechnungswesen.

[1] Vgl. Dent, J.F., 1990; Lukka, K./Kasanen, E., 1995.

- Empirische Ergebnisse für den Einsatz von *Kennzahlen* liegen nur begrenzt vor. Die Ergebnisse dieser Studie deuten auf eine erhebliche Bedeutung des internen Informationssystems mit positiven Wirkungen für den Unternehmenserfolg hin.

- Als letzter Punkt soll auf die *Rolle der Vorsysteme* für die Qualität der Kostenrechnung eingegangen werden. In Großunternehmen bestehen für die Nutzer der Kostenrechnung nur begrenzte Chancen, die Qualität der Leistungsrechnung einzuschätzen. Insofern stellt sich die Frage nach der Übertragbarkeit der Bedeutung der Datenqualität für die Qualitätseinschätzung der Kostenrechnung auf Großunternehmen. Der Untersuchung der Qualität und Nachvollziehbarkeit – im Sinne des hier verwendeten Komplexitätsbegriffs – und der resultierenden Wirkung auf Qualitätseinschätzung und Nutzung kommt damit eine erhebliche Bedeutung als einer weiteren Forschungsfrage zu.

6.2 Implikationen für die Unternehmenspraxis

Neben der wissenschaftlichen Untersuchung der Zusammenhänge war eine zweite Zielsetzung der Arbeit die Gewinnung praxeologischer Aussagen zur Gestaltung und Nutzung der Kostenrechnung. Die Implikationen empirischer Untersuchungen beschränken sich häufig auf die textuale Zusammenfassung der identifizierten Beziehungen: Im Sinne eines „Je-desto“ werden die Gestaltungsempfehlungen für eine Erhöhung der Ausprägung der exogenen Variablen ausgesprochen, um eine möglichst starke Ausprägung der abhängigen (Instrumental-)Variablen zu erzielen.[1] Dieses Vorgehen durchzieht die Forschung zum internen Rechnungswesen in besonderer Weise. Ein Mehr an Kostenrechnung ist damit regelmäßig mit positiven Wirkungen verbunden.[2]

Eine solche Haltung ignoriert allerdings zum einen die grundsätzliche *Nicht-Linearität* solcher Beziehungen. Auch für die hier untersuchten Beziehungen muß ein abnehmender bzw. u.U. negativer Grenznutzen unterstellt werden. Zum anderen werden die *Interdependenzen* zwischen den betrachteten exogenen Variablen nicht berücksichtigt, da generell eine Erhöhung aller betrachteten Variablen mit positiven Assoziationen zur angestrebten Erfolgsgröße postuliert wird. Die Bestimmung des relativen bzw. partiellen Einflusses einer Variable im Verhältnis zu anderen wird damit übergangen.

Angesichts der Begrenzung der – nicht nur mittelständischen – Ressourcen ist zum einen grundsätzlich nicht ein Maximalprinzip, sondern die Erfüllung eines Anspruchsniveaus zu verfolgen und zum anderen eine sinnvolle Auswahlentscheidung aus den anzustrebenden Erfolgsgrößen zu treffen. Die Erkenntnisse sollen für zwei typische Anwendungssituationen

[1] Vgl. Staehle, W., 1976, S. 37.
[2] Vgl. Abschnitt 5.3.

in einem größeren Kontext diskutiert werden: die Gestaltung bzw. Veränderung der Kostenrechnung sowie die laufende Anwendung und Verankerung der Kostenrechnung.

6.2.1 Gestaltung und Veränderung der Kostenrechnung

Die Analyse der Determinanten der Kostenrechnung förderte eine Reihe von Erkenntnissen zutage, die für die Gestaltung der Kostenrechnung von Relevanz sind. Die Ergebnisse der vorliegenden Untersuchung sind allerdings nicht dazu geeignet, Vorschläge zur Ausgestaltung eines konkreten Systems zu machen, sondern orientieren sich stärker an grundsätzlichen Parametern und Rahmenbedingungen. Wesentliche Impulse gehen dabei vom skizzierten *Wertschöpfungskonzept* der Kostenrechnung aus. Jegliche Gestaltung der Kostenrechnung muß demgemäß die Interdependenz der Erfolgsgrößen berücksichtigen, denn die einzelnen Parameter lassen sich, wie gezeigt, nicht unabhängig voneinander optimieren.

Die erheblichen Anpassungsprobleme der Kostenrechnung an externe und interne Umweltveränderungen führen zu der Überlegung, daß ein einfaches, schlankes Kostenrechnungssystem für mittelständische Belange als geeignet anzusehen ist. Dies wird auch durch die Bedeutung einzelner Parameter für die Qualitätseinschätzung der Kostenrechnung gestützt: Der Betrieb eines einfachen Systems geht mit erheblicher *Nachvollziehbarkeit* der verwendeten Wertansätze und Methoden einher. Die objektive Komplexität der Kostenrechnung sinkt und schafft so eine Voraussetzung für eine erhöhte Qualitätseinschätzung. Eine für die Zwecke eines schlanken Systems ausreichende *Datenqualität* läßt sich so wesentlich leichter herstellen, als sich die Anforderungen einer komplexen Standardsoftware erfüllen lassen. Wie gezeigt, ist die Qualität der zugrundeliegenden Daten von erheblicher Relevanz für die Einschätzung der Kostenrechnung. Der Betrieb eines solchen Systems ist mit den im Mittelstand zur Verfügung stehenden *Ressourcen* zu bewältigen. Damit sollten im Mittelstand tendenziell einfache Systeme zum Tragen kommen, die sich üblicherweise aufgrund ihrer geringen Leistungsfähigkeit in der normativen Literatur nur geringer Beliebtheit erfreuen. Eine Übertragung von Instrumenten, die üblicherweise für Großunternehmen gedacht sind, erscheint vor diesem Hintergrund nicht sinnvoll. Der Einsatz einer umfassenden Standardsoftware ohne die Fähigkeit, diese auch betreiben und die Ergebnisse vermitteln zu können – Anwender schulen zu können –, ist damit abzulehnen. Die Ergebnisse in Kapitel 3 bezüglich der Anpassungsfähigkeit der Kostenrechnung im Mittelstand lassen darauf schließen, daß diese Fähigkeit in den seltensten Fällen gegeben ist.

Im Rahmen des Einführungsprozesses ist darauf zu achten, daß in ausreichendem Umfang *relevantes Wissen* über das System vermittelt wird. Die Leistungsfähigkeit der Kostenrechnung wird so deutlich realistischer und ohne übertriebene Erwartungen eingeschätzt. Ein dauerhaftes Coaching oder eine regelmäßige Präsentation und Diskussion der Ergebnisse statt einer reinen schriftlichen Weitergabe mögen geeignete Ansätze zur Vermittlung von Wissen sein. Die Grundsätze zur sinnvollen Gestaltung der Kostenrechnungsinformationen sollen an dieser Stelle nicht wiederholt werden, ihre Befolgung erleichtert allerdings in erheblichem Maße die Schaffung einer geringen Komplexität.[1]

Die untersuchte Unterstützung durch das Management wird auch in erheblichem Umfang von der wahrgenommenen Leistungsfähigkeit des Systems und seiner Relevanz für betriebliche Entscheidungen abhängen. Daher sollten bei der Einführung oder Veränderung der Kostenrechnung zunächst Teilrechnungen von hoher Entscheidungsrelevanz geschaffen werden. Dazu zählt etwa eine Erfolgsrechnung mit Produkt(gruppen)- und Kundenerfolgen. Die Kostenrechnung muß damit einen „Leistungsnachweis"[2] erbringen. Ihre Einführung und Gestaltung sollte ergebnisorientiert erfolgen und mit meß- und sichtbaren Erfolgen verbunden sein. Der Aufbau von Ressourcen und Systemen kann begleitend erfolgen, im Vordergrund sollten aber zunächst partielle Verbesserungen stehen. Ein schrittweises Vorgehen wird dabei der Notwendigkeit der Veränderung von Einstellungen gegenüber der Kostenrechnung am ehesten gerecht. Allerdings ist dies im Rahmen einer umfassenden Einführung von Standardsoftware nur schwer zu erreichen.

6.2.2 Nutzung der Kostenrechnung

Der Nutzen einer Kostenrechnung liegt für mittelständische Unternehmen in der Schaffung von Transparenz über Erfolgsquellen und der Identifikation von Wirtschaftlichkeitsreserven in der Wertschöpfungskette. Dazu sollte die laufende Rechnung um gezielte fallweise Auswertungen ergänzt werden, die einen starken Erkenntnis- und Entscheidungsbezug aufweisen. Die fortlaufende Berichterstattung ist sowohl in der Tiefe als auch in der Periodizität im Vergleich zu den Möglichkeiten einer ausgebauten Standardsoftware einzuschränken.

Die erhebliche Bedeutung, die für die organisatorischen Determinanten der Rolle der Kostenrechnung festgestellt wurde, bestätigt die Vermutung, daß Kostenrechnung im wesentlichen eine Willens- und Einstellungsfrage ist und weniger eine Frage des verwendeten Systems. Die erfolgreiche Einbeziehung von Kostenrechnungsinformationen in die Entscheidungsfindung erfordert also sowohl während des Einführungsprozesses als auch während des laufenden Prozesses geeignete Protagonisten. Die Persönlichkeit der Kostenrechner wird vereinzelt als Erfolgsmerkmal genannt.[3]

---

1 Vgl. Weber, J./Aust, R., 1998.

2 Siegwart, H., 1993, S. 99.

3 Vgl. Gaulhofer, M., 1988, S. 308; Siegwart, H., 1993, S. 96.

Organisatorische Macht kann sich auf institutionalisierte Macht und/oder persönliche Macht stützen, idealtypisch in Kombination beider Machtarten. Angesichts der Charakteristika mittelständischer Unternehmen steht nicht zu erwarten, daß sich der Einfluß des Bereiches Finanzen/Controlling innerhalb eines gewachsenen Unternehmens in einer normalen Entwicklungsphase des Unternehmens durch Veränderung der institutionalisierten Machtstrukturen erhöhen läßt. Idealtypisch kommt dabei dem Unternehmer eine Initiierungsverantwortung zu, die er aber ohne externe Einflüsse kaum wahrnehmen wird.[1] Damit verbleiben zwei Möglichkeiten: Unternehmensveränderungen und -krisen[2] sowie persönliche Autorität als Machtgrundlage. Im Rahmen der Untersuchung konnte gezeigt werden, daß selbst ein erhöhter Wettbewerbsdruck keinen Anlaß zur verstärkten Beschäftigung mit der Kostenrechnung bot. Mittelständische Unternehmen müssen also bewußt Kostenrechner bzw. Controller mit entsprechend gefestigter Persönlichkeit zur Durchsetzung der Belange der Kostenrechnung einstellen und fördern. Ihre Rolle muß permanent thematisiert werden, um eine Erosion ihrer Bedeutung im organisatorischen Kontext zu verhindern. Abbildung 6.1 faßt die skizzierten Empfehlungen noch einmal zusammen:

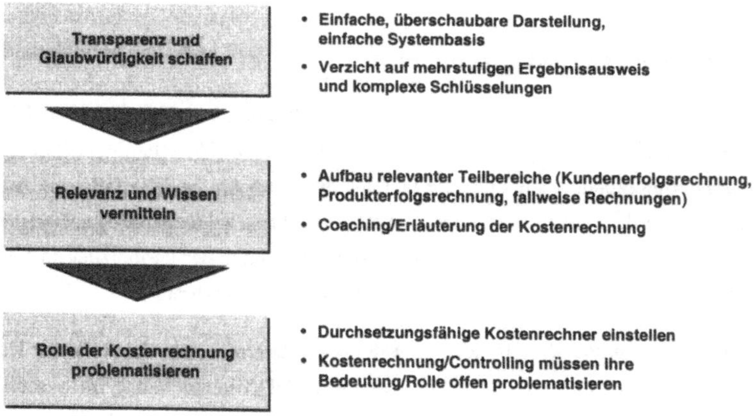

Abb. 6.2: Implikationen für die Einführung der Kostenrechnung in mittelständischen Unternehmen

[1] Vgl. Lanz, R., 1989, S. 359.
[2] Für einen Überblick vgl. Rapp, M., 1996, S. 7f.

6.3 Fazit der Untersuchung

Viele Arbeiten zur mittelständischen Kostenrechnung münden in die Empfehlung, die Kostenrechnung erheblich auszubauen und verstärkt auf betriebswirtschaftliches Standardwissen zurückzugreifen.[1] Die kritische Reflexion einer solchen Rechnung beschränkt sich auf das allgemeine Postulat, der fakultative Charakter einer solchen Rechnung erfordere bei ihrer Gestaltung stets Kosten-Nutzen-Überlegungen.[2] Auf Basis eines umfangreichen Datensatzes, einer aufwendigen Konzeptualisierung und Operationalisierung aller Konstrukte sowie der Anwendung moderner statistischer Methoden lassen sich nur wenige Belege für eine erfolgsfördernde Rolle der Kostenrechnung finden. Die organisatorischen Voraussetzungen für eine entscheidungsorientierte Nutzung sind erheblich und liegen in den seltensten Fällen vor. Eine stärkere betriebswirtschaftliche Durchdringung des Mittelstands ist daher mit entsprechender Differenzierung und Zurückhaltung zu fordern. Die Empfehlungen dieser Untersuchung lösen sich damit bewußt vom normativen Sendungsbewußtsein eines großen Teils der mittelständischen Kostenrechnungsliteratur.

Warum eigentlich gerade eine *Kostenrechnung* für den Mittelstand? Eine stärkere betriebswirtschaftliche Durchdringung ist zunächst eine normative Forderung, die sich, wie gezeigt, weniger an der mittelständischen Realität denn an (vermeintlich) selbstverständlichen, idealtypischen Vorstellungen zur Führung von Unternehmen ausrichtet. Ein Entscheider in mittelständischen Unternehmen ist „in überschaubaren Produktionsumgebungen jedoch nicht auf eine detaillierte Kostenzuordnung angewiesen".[3] Leistungsdaten und Kennzahlensysteme können diese Aufgabe besser und einfacher übernehmen: Diskrepanzen zum abgebildeten Geschehen werden schneller und deutlicher sichtbar. Die verwendeten Größen entsprechen tendenziell eher der Lebens- und Erfahrungswelt mittelständischer Unternehmer als Kostengrößen. Die Geschwindigkeit der Informationsbereitstellung ist zudem mit dem mittelständischen Entscheidungsverhalten kompatibler.

Der Kostenrechnung kommt die Rolle des „attention-directing" zu, also der Schaffung von Transparenz über mögliche Probleme und Problemverbünde. Entscheidungen lassen sich mit ihrer Hilfe unterstützen. Letztendlich ist das Einsatzspektrum der Kostenrechnung aber begrenzt und sollte es auch bleiben. Der Einsatz von Kostenrechnung ist in der Summe nicht als Erfolgsfaktor zu sehen, sondern verstellt u.U. den Blick auf die Stärken mittelständischer Unternehmen.

---

1 Vgl. Becker, H.P., 1984; Kellerwessel, P., 1984; Gaulhofer, M., 1988; Gushurst, K.-P., 1990; Kosmider, A., 1993.

2 Vgl. Weber, J., 1996a, S. 940.

3 Vgl. Weber, J., 1996b, S. 6.

Übertriebenen Erwartungen an die Verbesserung der Unternehmenssituation durch eine Einführung von aufwendigen und letztendlich ungeeigneten Systemen wird damit an dieser Stelle entgegengetreten. Konzepte der mittelständischen Kostenrechnung können in dieser Betrachtungsweise als Operations Research der neunziger Jahre gelten: konzeptionell ausgereift, aber nur sehr schwer mit den Realitäten von (mittelständischen) Unternehmen zu vereinbaren. Auch empirisch werden diese Vermutungen gestützt. Damit wird abschließend die zweite der zu Anfang von Kapitel 2 aufgestellten Voraussetzungen erfüllt: Mittelständische Unternehmen erfordern in der Tat eine andere Betrachtungsweise als Großunternehmen.

Literaturverzeichnis

Aaker, D.A./Day, G.S. (1983): Marketing Research, 2nd edition, New York 1983.

Abernethy, M.A./Guthrie, C.H. (1994): An Empirical Assessment of the "Fit" Between Strategy and Management Information System Design, in: Accounting and Finance, Vol. 34, S. 49-66.

Albach, H. (1983a): Die Bedeutung mittelständischer Unternehmen in der Marktwirtschaft, in: Zeitschrift für Betriebswirtschaft, 53. Jg., S. 870-888.

Albach, H. (1983b): Die Bedeutung mittelständischer Unternehmen in der Marktwirtschaft, in: Institut für Mittelstandsforschung: ifm-Materialien Nr. 4, Bonn 1983.

Albach, H. (1988): Kosten, Transaktionen und externe Effekte im betrieblichen Rechnungswesen, in: Zeitschrift für Betriebswirtschaft, 58. Jg., S. 1143-1170.

Albach, H. (1993): Betriebswirtschaftslehre als Wissenschaft: Entwicklungstendenzen in der modernen Betriebswirtschaftslehre, in: Zeitschrift für Betriebswirtschaft, 63. Jg., Ergänzungsheft 3/1993, S. 7-26.

Albach, H./Bock, K./Warnke, T. (1985): Kritische Wachstumsschwellen in der Unternehmensentwicklung. Heft 7 der Schriften zur Mittelstandsforschung, hrsg. vom Institut für Mittelstandsforschung, Stuttgart 1985.

Albach, H./Freund, W. (1989): Generationswechsel und Unternehmenskontinuität – Chancen, Risiken, Maßnahmen: eine empirischen Untersuchung bei Mittel- und Großunternehmen, Gütersloh 1989.

Aldrich, H.E. (1972): Technology and Organizational Structure: A Reexamination of the Findings of the Aston Group, in: Administrative Science Quarterly, Vol. 17, S. 26-43.

Aldrich, H.E. (1979): Organizations and Environments, Englewood Cliffs, N.J. 1979.

Allhoff, D.W./Allhoff, W. (1996): Rhetorik & Kommunikation – Ein Lehr- und Übungsbuch zur Gesprächspädagogik, 11. Auflage, Regensburg 1996.

Ammann, H. (1988): PC-gestützte Systeme der Erfolgslenkung: Anwendungsmöglichkeiten und Ausgestaltung für eine qualifizierte Unternehmensführung in Klein- und Mittelbetrieben, Frankfurt/Main 1988.

Amshoff, B. (1993): Controlling in deutschen Unternehmungen: Realtypen, Kontext und Effizienz, Wiesbaden 1993.

Anderson, C.R./Paine, F.T. (1978): PIMS: A Reexamination, in: Academy of Management Review, Vol. 3, S. 602-612.

Anderson, J.C./O'Reilly, C.A. (1981): Effects of an Organizational Control System on Managerial Satisfaction and Performance, in: Human Relations, Vol. 34, No. 6, S. 491-501.

Argote, L. (1982): Input Uncertainty and Organizational Coordination in Hospital Emergency Units, in: Administrative Science Quarterly, Vol. 27, S. 420-434.

Armstrong, J.S./Overton, T.S. (1977): Estimating Nonresponse Bias in Mail Surveys, in: Journal of Marketing Research, Vol. 14, August, S. 396-402.

Astley, W./van den Ven, A. (1983): Central Perspectives and Debates in Organization Theory, in: Administrative Science Quarterly, Vol. 28, S. 245-273.

Aust, R. (1999): Die Kostenrechnung als unternehmensinterne Dienstleistung, Wiesbaden 1999.

Backhaus, K./Erichson, B./Plinke, W./Weiber, R. (1996): Multivariate Analysemethoden – Eine anwendungsorientierte Einführung, 8. Auflage, Berlin 1996.

Baden, A. (1997): Strategische Kostenrechnung. Einsatzmöglichkeiten und Grenzen, Wiesbaden 1997.

Bagozzi, R. (1994): Measurement in Marketing Research: Basic Principles of Questionnaire Design, in: Bagozzi, R. (Ed.): Principles of Marketing Research, Cambridge, MA 1994, S. 1-49.

Bagozzi, R./Phillips, L.W. (1982): Representing and Testing Organizational Theories: A Holistic Construal, in: Administrative Science Quarterly, Vol. 27, S. 459-489.

Bagozzi, R./Yi, Y./Phillips, L.W. (1991): Assessing Construct Validity in Organizational Research, in: Administrative Science Quarterly, Vol. 36, S. 421-458.

Ball, H. (1984): Der Beitrag der Analyse kleiner Unternehmungen zur Rekonstruktion einer Allgemeinen Betriebswirtschaftslehre, in: Albach, H./Held, T. (Hrsg.): Betriebswirtschaftslehre mittelständischer Unternehmen, Stuttgart 1984, S. 753-767.

Bamberger, I./Pleitner, H.-J. (1988): Strategische Ausrichtung kleiner und mittlerer Unternehmen, in: Internationales Gewerbearchiv, Sonderheft 2, Berlin 1988.

Banbury, J./Nahapiet, J.E. (1979): Towards a Framework for the Study of the Antecedents and Consequences of Information Systems in Organizations, in: Accounting, Organization and Society, Vol. 4, No. 3, S. 163-177.

Becker, H.P. (1984): Verwendung und Gestaltung der Kosten- und Leistungsrechnung in mittelgroßen Unternehmen, Darmstadt 1984.

Berekoven, L./Eckert, W./Ellenrieder, P. (1996): Marktforschung – Methodische Grundlagen und praktische Anwendung, 7. Auflage, Wiesbaden 1996.

Berry, W.D./Feldman, S. (1985): Multiple Regression Analysis in Practice, Newbury Park, CA 1985.

Bitner, MJ./Booms, B.H./Tetreault, M.S. (1990): The Services Encounter. Diagnosing Favorable and Unfavorable Incidents, in: Journal of Marketing, Vol. 54, April, S. 71-84.

Blau, P.M. (1976): Technology and Organization in Manufacturing, in: Administrative Science Quarterly, Vol. 21, S. 365-373.

Blau, P.M./Schoenherr, R.A. (1971): The Structure of Organizations, New York 1971.

Bleicher, K. (1986): Strukturen und Kulturen der Organisationen im Umbruch. Herausforderungen für den Organisator, in: Zeitschrift für Organisation, 55. Jg., S. 97-108.

Bleicher, K. (1991): Das Konzept integriertes Management, Frankfurt/New York 1991.

Bohr, K./Schwab, H. (1984): Überlegungen zu einer Theorie der Kostenrechnung, in: Zeitschrift für Betriebswirtschaft, 54. Jg., Heft 2, S. 139-159.

Bolton, R.N./Drew, J.H. (1991): A Longitudinal Analysis of the Impact of Service Changes on Customer Attitudes, in: Journal of Marketing, Vol. 55, January, S. 1-9.

Bolton, R.N./Drew, J.H. (1994): Linking Customer Satisfaction to Service Operations and Outcomes, in: Rust, R.T./Oliver, R.L. (Ed.): Service Quality: New Directions in Theory and Practice, Thousand Oaks, CA 1994, S. 173-200.

Braun, G.E. (1982): Organisation, in: Pfohl, H.-C. (Hrsg.): Betriebswirtschaftslehre der Mittel- und Kleinbetriebe. Größenspezifische Probleme und Möglichkeiten zu ihrer Lösung, Berlin 1982, S. 164-190.

Brink, H.-J. (1992): Einflußfaktoren auf die Gestaltung der Kostenrechnungssysteme, in: Männel, W. (Hrsg.): Handbuch Kostenrechnung, Wiesbaden 1992, S. 167-181.

Brockhoff, K. (1986): Decision Quality and Information, in: Witte, E./Zimmermann, H.-J. (Hrsg.): Empirical Research on Organizational Decision-Making, Amsterdam 1986, S. 249-265.

Bromwich, M. (1996): Strategic Management Accounting, in: Drury, C. (Ed.): Management Accounting Handbook, 2nd Edition, Oxford 1996, S. 201-227.

Bromwich, M./Bhimani, A. (1994): Management Accounting: Pathways to Progress, London 1994.

Bronner, E./Witte, E./Wossidlo, P.R. (1972): Betriebswirtschaftliche Experimente zum Informations-Verhalten in Entscheidungs-Prozessen, in: Witte, E. (Hrsg.): Das Informationsverhalten in Entscheidungsprozessen, Tübingen 1972, S. 165-203.

Bronner, R. (1992): Komplexität, in: Frese, E. (Hrsg.): Handwörterbuch der Organisation, 3. Auflage, Stuttgart 1992, Sp. 1121-1130.

Brose, P./Corsten, H. (1981): Anwendungsorientierte Weiterentwicklung des Promotoren-Ansatzes, in: Die Unternehmung, 35. Jg., S. 89-104.

Brown, A.M. (1975): Klein- und Mittelbetriebsführung in Australien, in: Internationales Gewerbearchiv, 23. Jg., Vol. 1, S. 23-31.

Brownell, P. (1987): The Use of Accounting Information in Management Control, in: Ferris, K.R./ Livingstone, J.L. (Ed.): Management Planning and Control: The Behavioral Foundations, Ohio 1987, S. 177-196.

Bruhn, M. (1991): Qualitätssicherung im Dienstleistungmarketing – eine Einführung in die theoretischen und praktischen Probleme, in: Bruhn, M./Stauss, B. (Hrsg.): Dienstleistungsqualität: Konzepte, Methoden, Erfahrungen, Wiesbaden 1991, S. 19-48.

Bruns, W.J./Waterhouse, J.H. (1975): Budgetary Control and Organization Structure, in: Journal of Accounting Research, Vol. 13, No. 2, S. 177-203.

Bundesministerium für Wirtschaft (1996): Mittelstandspolitik für mehr Selbständigkeit und Beschäftigung. Bericht an den Ausschuß für Wirtschaft des Deutschen Bundestages, Dokumentation Nr. 394, Bonn 1996.

Bungenstock, C. (1995): Entscheidungsorientierte Kostenrechnungssysteme: eine entwicklungsgeschichtliche Analyse, Wiesbaden 1995.

Burns, P./Dewhurst, J. (1989): Small Business and Entrepreneurship, Hampshire 1989.

Burns, T./Stalker, G.M. (1961): The Management of Innovation, London 1961.

Busse von Colbe, W. (1976): Betriebsgröße und Unternehmensgröße, in: Grochla, E./Wittmann, W. (Hrsg.): Handwörterbuch der Betriebswirtschaft, 3. Auflage, Stuttgart 1976, Sp. 566-579.

Busse von Colbe, W. (1991): Rechnungswesen, in: Busse von Colbe, W. (Hrsg.): Lexikon des Rechnungswesens: Handbuch der Bilanzierung und Prüfung, der Erlös-, Finanz-, Investitions- und Kostenrechnung, München/Wien 1991, S. 467-470.

Bussiek, J. (1981): Erfolgsorientierte Steuerung mittelständischer Unternehmen. Netzorganisation und Erfolgsbeitragsrechnung als größengerechte Steuerungselemente, München 1981.

Bußmann, H. (1990): Lexikon der Sprachwissenschaft, 2. Auflage, Stuttgart 1990.

Buxmann, P./König, W. (1997): Empirische Ergebnisse zum Einsatz der betrieblichen Standardsoftware SAP R/3, in: Wirtschaftsinformatik, 39. Jg., S. 331-338.

Buzzell, R.D./Gale, B.T. (1987): The PIMS Principle, New York 1987.

Carnap, R. (1953): Testability and Meaning, in: Feigl, H./Brodbeck, M. (Ed.): Readings in the Philosophy of Science, New York 1953, S. 47-92.

Caves, R. (1964): American Industry: Structure, Conduct, Performance, Englewood Cliffs, NJ 1964.

Chandler, A.D. (1962): Strategy and Structure: Chapters in the History of the Industrial Enterprise, Cambridge, MA 1962.

Chandler, A.D./Daems, H. (1979): Administrative Co-ordination, Allocation, and Monitoring: A Comparative Analysis of the Emergence of Accounting and Organisation in the U.S.A. and Europe, in: Accounting, Organizations and Society, Vol. 4, No. 1/2, S. 3-20.

Chapman, C.S. (1997): Reflections on a Contingent View of Accounting, in: Accounting, Organizations and Society, Vol. 22, No. 2, S. 189-205.

Cheney, P.H./Dickson, G.W. (1982): Organizational Characteristics and Information Systems: An Exploratory Investigation, in: Academy of Management Journal, Vol. 25, No. 1, S. 170-184.

Chenhall, R.H./Langfield-Smith, K. (1998): The Relationship between Strategic Priorities, Management Techniques, and Management Accounting: An Empirical Investigation Using a Systems Approach, in: Accounting, Organizations and Society, Vol. 23, No. 3, S. 243-264.

Chenhall, R.H./Morris, D. (1986): The Impact of Structure, Environment, and Interdependence on the Perceived Usefulness of Management Accounting Systems, in: The Accounting Review, Vol. 61, No. 1, S. 16-35.

Child, J. (1972): Organizational Structure, Environment and Performance: The Role of Strategic Choice, in: Sociology, Vol. 6, S. 1-22.

Child, J. (1975): Prognose und Erklärung von Organisationsstrukturen, in: Grochla, E. (Hrsg.): Organisationstheorie, 1. Teilband, Stuttgart 1975, S. 118-139.

Child, J./Mansfield, R. (1972): Technology, Size and Organization Structure, in: Sociology, 6. Jg., S. 369-393.

Chmielewicz, K. (1973): Interessen in der Betriebswirtschaftslehre aus wissenschaftstheoretischer Sicht, in: WSI-Forum, Arbeitsorientierte Einzelwirtschaftslehre contra Kapitalorientierte Betriebswirtschaftslehre, Köln 1973.

Chmielewicz, K. (1982): Betriebliches Rechnungswesen, 1. Finanzrechnung und Bilanz, 3. Auflage, Opladen 1982.

Chmielewicz, K. (1984): Forschungsschwerpunkte und Forschungsdefizite in der deutschen Betriebswirtschaftslehre, in: Zeitschrift für betriebswirtschaftliche Forschung, 36. Jg., 2, S. 148-157.

Chmielewicz, K. (1987): Unternehmensverfassung und Führung, in: Kieser, A./Reber, G./Wunderer, R. (Hrsg.): Handwörterbuch der Führung, Stuttgart 1987, Sp. 1978-1985.

Chmielewicz, K. (1994): Forschungskonzeptionen der Wirtschaftswissenschaften, 3. Auflage, Stuttgart 1994.

Chong, V.K. (1996): Management Accounting Systems, Task Uncertainty and Managerial Performance: A Research Note, in: Accounting, Organizations and Society, Vol. 21, No. 5, S. 415-421.

Chong, V.K./Chong, K.M. (1997): Strategic Choices, Environmental Uncertainty and SBU Performance: A Note on the Intervening Role of Management Accounting Systems, in: Accounting and Business Research, Vol. 27, No. 4, S. 268-276.

Churchill, G.A. (1979): A Paradigm for Developing Better Measures of Marketing Constructs, in: Journal of Marketing Research, Vol. 16, February, S. 64-73.

Churchill, G.A. (1991): Marketing Research: Methodological Foundations, 5th edition, Chicago, IL 1991.

Churchill, N.C./ Lewis, V.L. (1983): The Five Stages of Small Business Growth, in: Harvard Business Review, Vol. 62, July-August, S. 30-50.

Coenenberg, A.G. (1973): Organisation des Rechnungswesens, in: Grochla, E. (Hrsg.): Handwörterbuch der Organisation, Stuttgart 1973, Sp. 1413-1424.

Coenenberg, A.G. (1993): Rechnungswesen und Unternehmensrechnung, in: Wittmann, W./Kern, W./Köhler, R./Küpper, H.-U./Wysocki, K.v. (Hrsg.): Handwörterbuch der Betriebswirtschaft, 5. Auflage, Stuttgart 1993, Sp. 3677-3696.

Coenenberg, A.G. (1995): Einheitlichkeit oder Differenzierung von internem und externem Rechnungswesen: Die Anforderungen der internen Steuerung, in: Der Betrieb, 48. Jg., S. 2077-2083.

Coenenberg, A.G./Fischer, T./Schmitz, J. (1994): Target Costing und Product Life Cycle Costing als Instrumente des Kostenmanagements, in: Zeitschrift für Planung, 5. Jg., S. 1-38.

Coenenberg, A.G./Günther, T. (1991): Erfolg durch strategisches Controlling? – Ergebnisse einer empirischen Untersuchung, in: Horváth, P./Gassert, H./Solaro, D. (Hrsg.): Controllingkonzeptionen für die Zukunft: Trends und Visionen, Stuttgart 1991, S. 29-45.

Coenenberg, A.G./Haller, A. (1993): Empirische Forschung, in: Chmielewicz, K./Schweizer, M. (Hrsg.): Handwörterbuch des Rechnungswesens, 3. Auflage, Stuttgart 1993, Sp. 506-517.

Cohen, J./Cohen, P. (1975): Applied Multiple Regression/Correlation Analysis for the Behavioral Sciences, New York 1975.

Cohen, J./Paquette, L. (1991): Management Accounting Practices: Perceptions of Controllers, in: Journal of Cost Management for the Manufacturing Industry, Fall 1991, S. 73-83.

Conant, J.S./Mokwa, M.P./Varadarajan, P.R. (1990): Strategic Types, Distinctive Marketing Competencies and Organizational Performance: A Multiple Measure-Based Study, in: Strategic Management Journal, Vol. 11, S. 365-383.

Cooper, A.C./Dunkelberg, W.S. (1986): Unternehmertypen, Ergebnisse einer empirischen Studie, in: Internationales Gewerbearchiv, Nr. 4., Berlin 1986.

Corsten, H. (1988): Betriebswirtschaftslehre der Dienstleistungsunternehmen, München 1988.

Corsten, H./Will, T. (1992): Das Konzept generischer Wettbewerbsstrategien, Kennzeichnung und kritische Analyse, in: Wirtschaftsstudium, 21. Jg., S. 185-191.

Cronbach, L.J. (1951): Coefficient Alpha and the Internal Structure of Tests, in: Psychometrika, Vol. 16, No. 3, S. 297-334.

Cunningham, G.H. (1992): Management Control and Accounting Systems under a Competitive Strategy, in: Accounting, Auditing & Accountability Journal, Vol. 5, No. 2, S. 85-102.

Daft, R.L./Macintosh, N.B. (1984): The Nature and Use of Formal Control Systems for Management Control and Strategy Implementation, in: Journal of Management, Vol. 10, No. 1, S. 43-66.

d'Amboise, G./Muldowney, M. (1986): Zur betriebswirtschaftlichen Theorie der kleinen und mittleren Unternehmung, in: Pleitner, H.-J. (Hrsg.): Aspekte einer Managementlehre für kleinere Unternehmen, Berlin 1986, S. 9-31.

Daschmann, H.-A. (1994): Erfolgsfaktoren mittelständischer Unternehmen. Ein Beitrag zur Erfolgsfaktorenforschung, Stuttgart 1994.

Daum, E. (1998): Einführung von datenverarbeitungsgestütztem Unternehmens-Controlling in der mittelständischen Industrie, Idstein 1998.

DeLone, W.H./McLean, E.R. (1992): Information System Success: The Quest for the Dependent Variable, in: Information Systems Research, Vol. 3, No. 1, S. 60-95.

Demski, J. (1994): Managerial Uses of Accounting Information, Norwell, MA 1994.

Demski, J./Feltham, G. (1976): Cost Determination: A Conceptual Approach, Ames, Iowa 1976.

Dent, J.F. (1986): Organizational Research in Accounting: Perspectives, Issues and a Commentary, in: Bromwich, M./Hopwood, A.G. (Ed.): Research and Current Issues in Management Accounting, London 1986, S. 143-178.

Dent, J.F. (1990): Strategy, Organization and Control: Some Possibilities for Accounting Research, in: Accounting, Organizations and Society, Vol. 15, No. 1/2, S. 3-25.

Dess, G.G./Beard, D.W. (1984): Dimensions of Organizational Task Environments, in: Administrative Science Quarterly, Vol. 29, S. 52-73.

Dess, G.G./Davis, P.S. (1984): Porter's (1980) Generic Strategies as Determinants of Strategic Group Membership and Organizational Performance, in: Academy of Management Journal, Vol. 27, No. 3, S. 467-488.

Dess, G.G./Rasheed, A.M.A. (1991): Conceptualizing and Measuring Organizational Environments: A Critique and Suggestions, in: Journal of Management, Vol. 17, No. 4, S. 701-710.

Diamantopoulos, A./Schlegelmilch, B.B. (1996): Determinants of Industrial Mail Survey Response: A Survey-on-Survey Analysis of Researchers' and Managers' Views, in: Journal of Marketing Management, Vol. 12, S. 505-531.

Dickson, G.W./Senn, J.A./Chervany, N.L. (1977): Research in Management Information Systems. The Minnesota Experiments, in: Management Science, Vol. 23, No. 9, S. 913-923.

Dietz, J.-W. (1990): Was leistet die PIMS-Datenbank?, in: Lücke, W./Dietz, J.-W. (Hrsg.): Problemorientiertes Management, Wiesbaden 1990, S. 57-86.

Donabedian, A. (1980): The Definition of Quality and Approaches to its Assessment – Explorations in Quality Assessment and Monitoring, Vol. 1, Ann Arbor 1980.

Dorow, W. (1992): Leitungs- und Machtstruktur, in: Frese, E. (Hrsg.): Handwörterbuch der Organisation, 3. Auflage, Stuttgart 1992, Sp. 2568-2581.

Downey, H.K./Hellriegel, D./Slocum, J.W.(1975): Environmental Uncertainty: The Construct and its Application, in: Administrative Science Quarterly, Vol. 20, December, S. 613-629.

Drazin, R./Van de Ven, A.H. (1985): Alternative Forms of Fit in Contingency Theory, in: Administrative Science Quarterly, Vol. 30, December, S. 514-539.

Drury, C./Dugdale, D. (1996): Surveys of Management Accounting Practice, in: Drury, C. (Ed.): Management Accounting Handbook, 2nd Edition, Oxford 1996, S. 327-347.

Duncan, R.B. (1972): Characteristics of Organizational Environments and Perceived Environmental Uncertainty, in: Administrative Science Quarterly, Vol. 17, March, S. 313-327.

Dyas, G.P./Thanheiser, H.T. (1976): The Emerging of European Enterprise: Strategy and Structure in French and German Industry, New York 1976.

Ebers, M. (1992): Organisationstheorie, situative, in: Frese, E. (Hrsg.): Handwörterbuch der Organisation, 3. Auflage, Stuttgart 1992, Sp. 1818-1838.

Ein-Dor, P./Segev, E. (1978): Organizational Context and the Success of Management Information Systems, in: Management Science, Vol. 24, No. 10, S. 1064-1077.

Ein-Dor, P./Segev, E. (1982): Organizational Context and MIS Structure: Some Empirical Evidence, in: MIS Quarterly, Vol. 6, No. 3, S. 55-68.

Emore, J.R./Ness, J.A. (1991): The Slow Pace of Meaningful Change in Cost Systems, in: Journal of Cost Management for the Manufacturing Industry, Winter, S. 36-45.

Erhard, L. (1956): Mittelstandspolitik, in: Rüstow, A. (Hrsg.): Der mittelständische Unternehmer in der Sozialen Marktwirtschaft. Wortlaut der Vorträge auf der vierten Arbeitstagung der Aktionsgemeinschaft Soziale Marktwirtschaft e.V. am 17. November 1955 in Bad Godesberg, Ludwigsburg 1955.

Eschenbach, R./Müller-Tyl, F. (1993): Strategische Erfolgsfaktoren innovativer mittelständischer Unternehmen, in: Liessmann, K. (Hrsg.): Controllingkonzepte für den Mittelstand. Existenzsicherung durch Innovation und Flexibilität, Freiburg 1993, S. 57-72.

Ewert, R./Wagenhofer, A. (1997): Interne Unternehmensrechnung, 3. Auflage, Berlin 1997.

Ewusi-Mensah, K. (1981): The External Organizational Environment and its Impact on Management Information Systems, in: Accounting, Organizations and Society, Vol. 6, No. 4, S. 301-316.

Feiland, F.-M. (1986): Strategien erfolgreicher mittelständischer Unternehmen, in: Institut für Mittelstandsforschung (Hrsg.): ifm-Materialien Nr. 42, Bonn 1986.

Fickert, R. (1993): Management Accounting – quo vadis?, in: Die Unternehmung, 47. Jg., S. 203-224.

Fisher, C. (1996): The Impact of Perceived Environmental Uncertainty and Individual Differences on Management Information Requirements: A Research Note, in: Accounting, Organizations and Society, Vol. 21, No. 4, S. 361-369.

Flagg, J.C./Hale, M.W./Glover, H.D. (1992): Field Research: A Foundation for Developing New Theories in Management Accounting, in: Management Research News, Vol. 15, No. 7, S. 8-14.

Flassak, D. (1997): Wie sieht die optimale Kostenrechnung für den Mittelstand aus?, in: Kostenrechnungspraxis, 41. Jg., S. 234-235.

Forsgren, R.A. (1989): Increasing Mail Survey Response Rates: Methods for Small Business Researchers, in: Journal of Small Business Management, October, S. 61-66.

Frank, S. (1995): Entwicklung und Fundierung eines Meßkonzepts für die wahrgenommene Qualität von Controller-Leistungen aus der Sicht der Leistungsempfänger, unveröffentlichte Diplomarbeit, Vallendar 1995.

Frank, S./Reitmeyer, T. (1999): Gestaltung und Erfolgsfaktoren der Kostenrechnung im Mittelstand, in: Kostenrechnungspraxis, 43. Jg., Sonderheft 2/99, S. 15-26.

Franz, C.R./Robey, D. (1986): Organizational Context, User Involvement, and the Usefulness of Information Systems, in: Decision Sciences, Vol. 17, S. 329-356.

Franz, K.-P./Kajüter, P. (1997): Kostenmanagement in Deutschland – Ergebnisse einer empirischen Untersuchung in deutschen Großunternehmen, in: Franz, K.-P./Kajüter, P. (Hrsg.): Kostenmanagement – Wettbewerbsvorteile durch systematische Kostensteuerung, Stuttgart 1997, S. 481-502.

Freimann, J. (1994): Das Theorie-Praxis-Dilemma der Betriebswirtschaftslehre – Wissenschaftssoziologische Überlegungen zu einem besonderen Verhältnis –, in: Fischer-Winkelmann, W.F. (Hrsg.): Das Theorie-Praxis-Problem der Betriebswirtschaftslehre – Tagung der Kommission Wissenschaftstheorie, Wiesbaden 1994, S. 7-24.

Frese, E. (1992): Organisationstheorie, in: Frese, E. (Hrsg.): Handwörterbuch der Organisation, 3. Auflage, Stuttgart 1992, Sp. 1706-1733.

Frese, E. (1993): Geschäftssegmentierung als organisatorisches Konzept zur Leitbildfunktion mittelständischer Strukturen für Großunternehmungen, in: Zeitschrift für betriebswirtschaftliche Forschung, Nr. 12, S. 999-1024.

Fritz, W. (1990): Marketing – ein Schlüsselfaktor des Unternehmenserfolges?, in: Marketing – Zeitschrift für Forschung und Praxis, 12. Jg., S. 91-110.

Fritz, W. (1992): Marktorientierte Unternehmensführung und Unternehmenserfolg: Grundlagen und Ergebnisse einer empirischen Studie, Stuttgart 1992.

Fritz, W. (1997): Produktqualität, Marktanteil und Unternehmenserfolg – Ergebnisse der PIMS-Forschung und ihre empirische Relevanz für die westdeutsche Industrie –, in: Betriebswirtschaftliche Forschung und Praxis, 49. Jg., Heft 4, S. 455-469.

Fröhlich, E./Pichler, J.H. (1988): Werte und Typen mittelständischer Unternehmer, Berlin 1988.

Frost, A./Meyer, P (1981): Ausgestaltungsformen der Kostenrechnungssysteme in deutschen Großunternehmen – Eine empirische Untersuchung, Kiel 1981.

Funke, S. (1995): Fixkosten und Beschäftigungsrisiko, München 1995.

Gabele, E. (1989): Die Rolle der Werthaltungen von Führungskräften mittelständischer Unternehmen bei der Erringung strategischer Wettbewerbsvorteile: Ergebnisse eines europäischen Forschungsprojektes, in: Die Betriebswirtschaft, Heft 5, S. 623-637.

Gabele, E./Moraw, D.J. (1991): Marktstrategien zur Erringung von Wettbewerbsvorteilen in mittelständischen Unternehmen, in: Zeitschrift für Betriebswirtschaft, 61. Jg., Heft 9, S. 1007-1025.

Gantzel, K.-J. (1962): Wesen und Begriff der mittelständischen Unternehmung, Abhandlung zur Mittelstandsforschung Nr. 4, Köln, Opladen, 1962.

Garvin, D.A. (1988): Managing Quality: The Strategic and Competitive Edge, New York 1988.

Gaulhofer, M. (1988): Controlling im Mittelbetrieb. Gedanken zur Abstimmung von Verfahren und Instrumenten des Controlling auf die Situation von Führung und Organisation im Mittelbetrieb, Frankfurt/Main 1988.

Gaydoul, P. (1980): Controlling in der deutschen Unternehmenspraxis, Darmstadt 1980.

Geiser, J. (1983): Wachstumshemmnisse mittelständischer Industriebetriebe, in: Institut für Mittelstandsforschung (Hrsg.): Heft 90 der Schriften zur Mittelstandsforschung, Göttingen 1983.

Gemünden, H.G. (1992): Informationsverhalten, in: Frese, E. (Hrsg.): Handwörterbuch der Organisation, 3. Auflage, Stuttgart 1992, Sp. 1010-1029.

Gemünden, H.G. (1993): Informationsverhalten, in: Hauschildt, J./Grün, O. (Hrsg.): Ergebnisse empirischer betriebswirtschaftlicher Forschung – Zu einer Realtheorie der Unternehmung, Stuttgart 1993, S. 839-878.

Gerbing, D.W./Anderson, J.C. (1988): An Updated Paradigm for Scale Development Incorporating Unidimensionality and its Assessment, in: Journal of Marketing Research, Vol. 25, May, S. 186-192.

Gerum, E. (1979): Prinzipien des Konstruktivismus, in: Raffeé, H./Abel, B. (Hrsg.): Wissenschaftstheoretische Grundfragen der Wirtschaftswissenschaften, München 1979, S. 205-208.

Ginsberg, A./Venkatraman, N. (1985): Contingency Perspectives of Organizational Strategy: A Critical Review of the Empirical Research, in: Academy of Management Review, Vol. 10, No. 3., S. 421-434.

Glaser, H. (1992): Prozeßkostenrechnung – Darstellung und Kritik, in: Zeitschrift für betriebswirtschaftliche Forschung, 44. Jg., S. 275-288.

Goodman, S.K. (1993): Information Needs for Management Decision-Making, in: Records Management Quarterly, Vol. 27, No. 4, S. 12-23.

Goodstadt, M.S./Chung, L./Kronitz, R./Cook, G. (1977): Mail Survey Response Rates: Their Manipulation and Impact, in: Journal of Marketing Research, Vol. 14, August, S. 391-395.

Gordon, L.A./Miller, D. (1976): A Contingency Framework for the Design of Accounting Information Systems, in: Accounting, Organizations and Society, Vol. 1, No. 1, S. 59-69.

Gordon, L.A./Narayanan, V.K. (1984): Management Accounting Systems, Perceived Environmental Uncertainty and Organizational Structure: An Empirical Investigation, in: Accounting, Organizations and Society, Vol. 9, No. 1, S. 33-47.

Govindarajan, V. (1984): Appropriateness of Accounting Data in Performance Evaluation: An Empirical Examination of Environmental Uncertainty as an Intervening Variable, in: Accounting, Organizations and Society, Vol. 9, No. 2, S. 125-135.

Govindarajan, V. (1988): A Contingency Approach to Strategy Implementation at the Business-Unit Level: Integrating Adminstrative Mechanisms with Strategy, in: Academy of Management Journal, Vol. 31, No. 4, S. 828-853.

Govindarajan, V./Fisher, J. (1990): Strategy, Control Systems, and Resource Sharing: Effects on Business-Unit Performance, in: Academy of Management Journal, Vol. 33, No. 2, S. 259-285.

Govindarajan, V./Gupta, A.K. (1985): Linking Control Systems to Business Unit Strategy: Impact on Performance, in: Accounting, Organizations and Society, Vol. 10, No. 1, S. 51-66.

Govindarajan, V./Shank, J.K. (1989): Strategic Cost Analysis, Chicago 1989.

Govindarajan, V./Shank, J.K. (1992): Strategic Cost Management and the Value Chain, in: Journal of Cost Management, Winter 1992, S. 5-21.

Govindarajan, V./Shank, J.K. (1995): Strategic Cost Management: Tailoring Controls to Strategies, in: Reeve, J.M. (Ed.): Readings and Issues in Cost Management, New York 1995, S. 73-90.

Gramss, R.J. (1990): Strategische Planung im kleinen und mittleren Unternehmen, Bamberg 1990.

Grant, R.M. (1978): The Resource-Based Theory of Competitive Advantage: Implications for Strategy Formulation, in: California Management Review, Spring, S. 114-135.

Gray, B. (1990): The Enactment of Management Control System: A Critique of Simons, in: Accounting, Organizations and Society, Vol. 15, No. 1/2, S. 145-148.

Gremillion, L.L (1984): Organization Size and Information System Use: An Empirical Study, in: Journal of Management Information Systems, Vol. 1, Fall 1984, S. 4-17.

Grinyer, P.H./Al-Bazzaz, S./Yasai-Ardekani, M. (1986): Towards a Contingency Theory of Corporate Planning: Findings in 48 U.K. Companies, in: Strategic Management Journal, Vol. 7, S. 3-28.

Grinyer, P.H./Yasai-Ardekani, M./Al-Bazzaz, S. (1980): Strategy, Structure, the Environment, and Financial Performance in 48 United Kingdom Companies, in: Academy of Management Journal, Vol. 23, No. 2, S. 193-220.

Grochla, E. (1976): Praxeologische Organisationstheorie durch sachliche und methodische Integration – Eine pragmatische Konzeption –, in: Zeitschrift für betriebswirtschaftliche Forschung, 28. Jg., S. 613-637.

Grochla, E. (1978): Einführung in die Organisationstheorie, Stuttgart 1978.

Grochla, E./Puhlman, M./Vahle, M. (1984): Die Entlastung mittelständischer Unternehmer durch organisatorische Maßnahmen, in: Zeitschrift für betriebswirtschaftliche Forschung, 36. Jg., S. 395-411.

Gul, F.A. (1991): The Effects of Management Accounting Systems and Environmental Uncertainty on Small Business Managers' Performance, in: Accounting and Business Research, Vol. 22, No. 85, S. 57-61.

Gul, F.A./Chia, Y.M. (1994): The Effects of Management Accounting Systems, Perceived Environmental Uncertainty and Decentralization on Managerial Performance: A Test of Three-Way Interaction, in: Accounting, Organizations and Society, Vol. 19, No. 4/5, S. 413-426.

Gupta, A.K. (1987): SBU Strategies, Corporate-SBU, and SBU Effectiveness in Strategy Implementation, in: Academy of Management Journal, Vol. 30, No. 3., S. 477-500.

Gupta, A.K./Govindarajan, V. (1984): Business Unit Strategy, Managerial Characteristics, and Business Unit Effectiveness at Strategy Implementation, in: Academy of Management Journal, Vol. 27, No. 1, S. 25-41.

Gupta, A.K./Govindarajan, V. (1986): Resource Sharing among SBUs: Strategic Antecedents and Administrative Implications, in: Academy of Management Journal, Vol. 29, No. 4, S. 695-714.

Gushurst, K.-P. (1990): Implementierung von Controllingsystemen: der Einsatz externer Träger unter besonderer Berücksichtigung mittelständischer Unternehmen, Baden-Baden 1990.

Gutenberg, E. (1962): Unternehmensführung – Organisation und Entscheidungen, Wiesbaden 1962.

Gutenberg, E. (1983): Grundlagen der Betriebswirtschaftslehre, Erster Band: Die Produktion, 24. Auflage, Berlin 1983.

Haake, K. (1987): Strategisches Verhalten in europäischen Klein- und Mittelunternehmen, Berlin 1987.

Hahn, D./Gräb, U. (1989): Erfolgsfaktoren und Wachstumsstrategien erfolgreicher mittelständischer Unternehmungen in der Bundesrepublik Deutschland und in Großbritannien – Ergebnisbericht einer empirischen Studie, in: Bühner, R. (Hrsg.): Führungsorganisation und Technologiemanagement, Berlin 1989, S. 211-230.

Hall, R.H. (1987): Organizations: Structures, Processes, and Outcomes, Englewood Cliffs, NJ 1987.

Haller, S. (1995): Beurteilung von Dienstleistungsqualität: Dynamische Betrachtung des Qualitätsurteils im Weiterbildungsbereich, Wiesbaden 1995.

Hambrick, D.C. (1980): Operationalizing the Concept of Business-Level Strategy in Research, in: Academy of Management Review,

Hambrick, D.C. (1981): Environment, Strategy and Power Within Top Management Team, in: Administrative Science Quarterly, Vol. 20, S. 253-276.

Hambrick, D.C. (1983): Some Test of the Effectiveness and Functional Attributes of Miles and Snow's Strategic Types, in: Academy of Management Journal, Vol. 26, No. 1, S. 5-26.

Hambrick, D.C./Chen, M.-J. (1995): Speed, Stealth, and Selective Attack: How Small Firms Differ from Large Firms in Competitive Behavior, in: Academy of Management Journal, Vol. 38., No. 2., S. 453-482.

Hamer, E. (1988): Wie Unternehmer entscheiden: Motive und Verhalten mittelständischer Firmenchefs, Landsberg/Lech 1988.

Hamer, E. (1990): Mittelständische Unternehmen: Gründung, Führung, Chancen, Risiken, Landsberg/Lech 1990.

Hamprecht, M. (1996): Controlling von Konzernplanungssystemen, Wiesbaden 1996.

Hauer, G. (1994): Hierarchische kennzahlenorientierte Entscheidungsrechnung, München 1994.

Hayes, D.C. (1977): The Contingency Theory of Management Accounting, in: The Accounting Review, Vol. 52, No. 1, S. 22-39.

Heigl, A. (1981): Controlling im Mittelstand, in: Zeitschrift für Organisation, 50. Jg., S. 425-430.

Heinen, E. (1980): Einführung in die Betriebswirtschaftslehre, 7. Auflage, Wiesbaden 1980.

Heinen, E./Dietel, B. (1993): Kostenrechnung, in: Chmielewicz, K./Schweizer, M. (Hrsg.): Handwörterbuch des Rechnungswesens, 3. Auflage, Stuttgart 1993, Sp. 1234-1242.

Henning, M. (1991): Rahmenbedingungen für die Kostenrechnung im Mittelstand, in: Weber, J. (Hrsg.): Kostenrechnung im Mittelstand, Stuttgart 1991, S. 7-20.

Hentschel, B. (1990): Die Messung der wahrgenommenen Dienstleistungsqualität mit SERVQUAL: Eine kritische Auseinandersetzung, in: Marketing · Zeitschrift für Forschung und Praxis, 12. Jg., S. 230-240.

Hentschel, B. (1992): Dienstleistungsqualität aus Kundensicht. Vom merkmals- zum ereignisorientierten Ansatz, Wiesbaden 1992.

Hickson, D.J./Pugh, D.S./Phesey, D.L. (1969): Operations Technology and Organization Structure: An Empirical Reappraisal, in: Administrative Science Quarterly, Vol. 14, S. 378-397.

Hofer, C.W./Schendel, D. (1978): Strategy Formulation: Analytical Concepts, St. Paul, MN 1978.

Hofmeister, R./Stiegler, H. (1990): Controlling. Gestaltung für Klein- und Mittelbetriebe, 3. Auflage, Linz 1990.

Hofstede, G. (1968): The Game of Budget Control, Tavistock 1968.

Holmes, S./Nicholls, D. (1988): An Analysis of the Use of Accounting Information by Australian Small Business, in: Journal of Small Business Management, April, S. 57-68.

Holzwarth, J. (1993): Strategische Kostenrechnung? Zum Bedarf einer modifizierten Kostenrechnung für die Bewertung der Alternativen strategischer Entscheidungen, Stuttgart 1993.

Homburg, C. (1995): Kundennähe von Industriegüterunternehmen: Konzeption – Erfolgsauswirkungen – Determinanten, Wiesbaden 1998.

Homburg, C./Baumgartner, H. (1995): Beurteilung von Kausalmodellen: Bestandsaufnahme und Anwendungsempfehlungen, in: Marketing · Zeitschrift für Forschung und Praxis, 17. Jg., S. 162-177.

Homburg, C./Giering, A. (1996): Konzeptualisierung und Operationalisierung komplexer Konstrukte, in: Marketing · Zeitschrift für Forschung und Praxis, 18. Jg., S. 5-24.

Homburg, C./Giering, A. (1998) (Hrsg.): Konzeptualisierung und Operationalisierung komplexer Konstrukte – Ein Leitfaden für die Marketingforschung, Stuttgart 1998.

Homburg, C./Karlshaus, J.T. (1999): Kostenrechnung in mittelständischen und großen Unternehmen – ein Vergleich, in: Kostenrechnungspraxis, 43. Jg., Sonderheft 2/99, S. 73-80.

Homburg, C./Simon, H. (1995): Wettbewerbsstrategien, in: Tietz, B./Köhler, R./Zentes, J. (Hrsg.): Handwörterbuch des Marketing, 2. Auflage, Stuttgart 1995, Sp. 2753-2762.

Homburg, C./Weber, J./Aust, R./Karlshaus, J.T. (1998): Interne Kundenorientierung der Kostenrechnung – Ergebnisse der Koblenzer Studie –, Band 7 der Reihe Advanced Controlling, Vallendar 1998.

Hopwood, A.G. (1978): Towards an Organizational Perspective for the Study of Accounting and Information Systems, in: Accounting, Organizations and Society, Vol. 3, No. 1, S. 3-13.

Hopwood, A.G. (1987): The Archaeology of Accounting Systems, in: Accounting, Organizations and Society, Vol. 12, No. 3, S. 207-234.

Horváth, P. (1994): Controlling, München 1994.

Horváth, P./Brokekemper, A. (1998): Strategieorientiertes Kostenmanagement – Thesen zum Einsatz von Kosteninformationen im strategischen Planungsprozeß, in: Zeitschrift für Betriebswirtschaft, 68. Jg., S. 581-604.

Horváth, P./Dambrowski, J./Jung, H./Posselt, S. (1985): Die Budgetierung im Planungs- und Kontrollsystem der Unternehmung – Erste Ergebnisse einer empirischen Studie, in: Die Betriebswirtschaft, 45. Jg., S. 138-155.

Horváth, P./Gleich, R./Seidenschwarz, W. (1998): New Tools for Management and Control in German Organizations – Report on the Stuttgart Study, Paper Presented at the 21st Annual Congress of the European Accounting Association, Antwerp 1998.

Horváth, P./Weber, J. (1990): Controlling, in: Pfohl, H.-C. (Hrsg.): Betriebswirtschaftslehre der Klein- und Mittelbetriebe, 2. Auflage, Berlin 1990, S. 288-324.

Hummel, S./Männel, W. (1986): Kostenrechnung 1: Grundlagen, Aufbau und Anwendung, 4. Auflage, Wiesbaden 1986.

Hunt, S.D. (1990): Truth in Marketing Theory and Research, in: Journal of Marketing, Vol. 54, July, S. 1-15.

Hunt, S.D. (1991): Modern Marketing Theory: Critical Issues in the Philosophy of Marketing Science, Cincinnati 1991.

IHK Koblenz (1977): Zum Rechnen zu klein? Die Anwendung betriebswirtschaftlicher Verfahren in Klein- und Mittelbetrieben, Empirische Untersuchung, Koblenz 1977.

IHK Koblenz (1978): Zukunft im Nebel. Im Kleinbetrieb wird Planen klein geschrieben, Empirische Untersuchung, Koblenz 1978.

Ittner, C.D./Larcker, D.F. (1997): Quality Strategy, Strategic Control Systems, and Organizational Performance, in: Accounting, Organizations and Society, Vol. 22, No. 3/4, S. 293-314.

Jaccard, J./Turrisi, R./Wan, C.K. (1990): Interaction Effects in Multiple Regression, Newbury Park, CA 1990.

Jain, D. (1994): Regression Analysis for Marketing Decisions, in: Bagozzi, R. (Hrsg.): Principles of Marketing Research, Cambridge 1994, S. 162-194.

Jakobs, S. (1992): Strategische Erfolgsfaktoren der Diversifikation, Wiesbaden 1992.

James, W.L./Hatten, K.J. (1995): Further Evidence on the Validity of the Self Typing Paragraph Approach: Miles and Snow Strategic Archetypes in Banking, in: Strategic Management Journal, Vol. 16, S. 161- 168.

Jaworski, B.J. (1988): Toward a Theory of Marketing Control: Environmental Context, Control Types, and Consequences, in: Journal of Marketing, Vol. 52, July, S. 23-39.

Jaworski, B.J./Kohli, A.K. (1993): Market Orientation: Antecedents and Consequences, in: Journal of Marketing, Vol. 57, July, S. 53-70.

Jennings, D.F./Seaman, S.L. (1994): High and Low Levels of Organizational Adaption: An Empirical Analysis of Strategy, Structure, and Performance, in: Strategic Management Journal, Vol. 15, S. 459-475.

Jones, C.S. (1985): An Empirical Study of the Evidence of Management Accounting Systems in Conditions of Rapid Change, in: Accounting, Organizations and Society, Vol. 10, No. 3, S. 303-328.

Kahle, E. (1992): Mittelständische Unternehmung, Organisation der, in: Frese, E. (Hrsg.): Handwörterbuch der Organisation, 3. Auflage, Stuttgart 1992, Sp. 1408-1419.

Kahle, E. (1993): Betriebliche Entscheidungen, 3. Auflage, München 1993.

Kahle, E. (1993): Mittelständische Unternehmungen, in: Chmielewicz, K./Schweitzer, M.(Hrsg.): Handwörterbuch des Rechnungswesens, 3. Auflage, Stuttgart 1993, Sp. 1406-1414.

Kayser, G. (1990): Organisation, Pfohl, H.-C. (Hrsg.): Betriebswirtschaftslehre der Mittel- und Kleinbetriebe. Größenspezifische Probleme und Möglichkeiten zu ihrer Lösung, 2. Auflage, Berlin 1990, S. 74-95.

Kayser, G. (1995): Klein- und Mittelbetriebe, Führung in, in: Kieser, A./Reber, G./Wunderer, R. (Hrsg.): Handwörterbuch der Führung, 2. Auflage, Stuttgart 1995, Sp. 1298-1309.

Keller, R. (1989): Deckungsbeitragsrechnungen in der mittelständischen Bauindustrie – Integrierte Grundrechnungen als Ausgangsbasis für ein effizientes Controlling, Frankfurt/Main 1989.

Kellerwessel, P. (1984): Führungsinformationen in Klein- und Mittelbetrieben. Arten und Möglichkeiten zu ihrer Beschaffung, Frankfurt/Main 1984.

Kern, M. (1979): Klassische Erkenntnistheorien und moderne Wissenschaftslehre, in: Raffeé, H./Abel, B. (Hrsg.): Wissenschaftstheoretische Grundfragen der Wirtschaftswissenschaften, München 1979, S. 11-27.

Kettner, H. (1989): Stand der Kostenrechnung im mittelständischen Unternehmen, in: Kostenrechnungspraxis, 33. Jg., S. 114-115.

Khandwalla, P.N. (1972): The Effect of Different Types of Competition on the Use of Management Controls, in: Journal of Accounting Research, Autumn, S. 275-285.

Khandwalla, P.N. (1973): Viable and Effective Organizational Designs of Firms, in: Academy of Management Journal, Vol. 16, No. 3, S. 481-495.

Khandwalla, P.N. (1975): Unsicherheit und die „optimale" Gestaltung von Organisationen, in: Grochla, E. (Hrsg.): Organisationstheorie: Band 1, Stuttgart 1975, S. 140-156.

Kiedaisch, I. (1997): Internationale Kunden-Lieferanten-Beziehungen: Determinanten - Steuerungsmechanismen - Beziehungsqualität, Wiesbaden 1997.

Kieser, A. (1973): Einflußgrößen der Unternehmensorganisation: Der Stand der empirischen Forschung und Ergebnisse einer eigenen Erhebung, Köln 1973.

Kieser, A. (1974a): Der Einfluß der Fertigungstechnologie auf die Organisationsstruktur industrieller Unternehmungen, in: Zeitschrift für betriebswirtschaftliche Forschung, 26. Jg., S. 569-590.

Kieser, A. (1974b): Der Einfluß der Umwelt auf die Organisationsstruktur der Unternehmung, in: Zeitschrift für Führung und Organisation, 43. Jg., S. 302-314.

Kieser, A. (1993): Organisationsstruktur, in: Hauschildt, J./Grün, O. (Hrsg.): Ergebnisse empirischer betriebswirtschaftlicher Forschung – Zu einer Realtheorie der Unternehmung, Stuttgart 1993, S. 55-82.

Kieser, A./Kubicek, H. (1974): Organisation, New York 1974.

Kieser, A./Kubicek, H. (1992): Organisation, 3. Auflage, Berlin 1992.

Kilger, W. (1993): Flexible Plankostenrechnung und Deckungsbeitragsrechnung, 10. Auflage, Wiesbaden 1993.

Kim, C./Suh, K./Lee. J. (1998): Utilization and User Satisfaction in End-User Computing: A Task Contingent Model, in: Information Resources Management Journal, Vol. 11, No. 4, S. 11-24.

Kim, L./Lim, Y. (1988): Environment, Generic Strategies, and Performance in a Rapidly Developing Country, in: Academy of Management Journal, Vol. 31, No. 4., S. 802-827.

Kind, H. (1986): Das interne Rechnungswesen mittelständischer Industrieunternehmen – Ergebnisse einer empirischen Untersuchung –, 2. Auflage, Speyer 1986.

Kind, H. (1992): Führungsorientierte Plankosten- und Deckungsbeitragsrechnung für mittelständische Industriebetriebe, 36. Jg., S. 247-254.

Kirsch, W. (1971): Die Koordination von Entscheidungen in Organisationen, in: Zeitschrift für betriebswirtschaftliche Forschung, 23. Jg., S. 61-82.

Kirsch, W. (1977): Betriebswirtschaftslehre als Führungslehre, München 1977.

Kirsch, W. (1983): Fingerspitzengefühl und Hemdsärmeligkeit bei der Planung im Mittelstand, in: Kirsch, W./Roventa, P. (Hrsg.): Bausteine eines Strategischen Managements, Berlin 1983, S. 399-422.

Kirsch, W./Roventa, P./Trux, W. (1983): Wider den Haarschneideautomaten – Ein Plädoyer für mehr „Individualität" bei der Strategischen Unternehmensführung, in: Kirsch, W./Roventa, P. (Hrsg.): Bausteine eines Strategischen Managements, Berlin 1983, S. 17-42.

Kirschbaum, G./Naujoks, W. (1989): Kleinbetrieb, Planung im, in: Szyperski, N./Winand, A. (Hrsg.): Handwörterbuch der Planung, Stuttgart 1989, Sp. 828-834.

Klein-Blenkers, F./Leihner, E./Reske, W./Robl, K./Geiser, J. (1979): Die mittelständische Wirtschaft heute. Probleme und Lösungsansätze, Göttingen 1979.

Kloock, J./Sieben, J./Schildbach, T. (1991): Kosten- und Leistungsrechnung, 6. Auflage, Düsseldorf 1991.

Knoll, G. (1989): Strategische Erfolgsfaktoren in mittelständischen Tiefbauunternehmen. Eine empirische Untersuchung, Spardorf 1989.

Knorren, N./Weber, J. (1997): Shareholder-Value – eine Controlling-Perspektive, Band 2 der Reihe Advanced Controlling, Vallendar 1997.

Kobayashi, T. (1993): Management Accounting, in: Chmielewicz, K./Schweizer, M. (Hrsg.): Handwörterbuch des Rechnungswesens, 3. Auflage, Stuttgart 1993, Sp. 1381-1392.

Koeder, K.W. (1992): Das betriebliche Rechnungswesen als Führungsinstrument der Unternehmung – Ergebnisse einer empirischen Untersuchung in mittelständischen Unternehmen, in: Bilanz, Buchführung, Kostenrechnung, Nr. 11, 1992, S. 947-956.

Köhler, G. (1994): Management von Klein- und Mittelbetrieben: praktischer Leitfaden zur Führung, Planung, Organisation, Wien 1994.

Kosiol, E. (1962): Organisation der Unternehmung, Wiesbaden 1962.

Kosiol, E. (1964): Kostenrechnung, Wiesbaden 1964.

Kosmider, A. (1991): Stand und Einflußfaktoren der Kostenrechnung im Mittelstand, in: Weber, J. (Hrsg.): Kostenrechnung im Mittelstand, Stuttgart 1991, S. 21-38.

Kosmider, A. (1993): Controlling im Mittelstand: Eine Untersuchung der Gestaltung und Anwendung des Controllings in mittelständischen Industrieunternehmen, 2. Auflage, Stuttgart 1993.

Kotey, B./Meredith, G.G. (1997): Relationships among Owner/Manager Personal Values, Business Strategies, and Enterprise Performance, in: Journal of Business Management, Vol. 1, April, S. 37-64.

Krämer, W./Biehl, W. (1983): Die Bedeutung innovativer Investitionen und des Führungspersonals für den Unternehmenserfolg, in: Zeitschrift für betriebswirtschaftliche Forschung, 35. Jg., S. 666-681.

Kratz, T. (1996): Abgrenzung der klein- und mittelständischen Unternehmen, in: Mayer, H. (Hrsg.): Problembereiche klein- und mittelständischer Unternehmen. Dresdner Beiträge zur Revision und Steuerlehre, Band 3, Dresden 1996.

Krüger, R. (1984): Die stark differenzierte Ertragssituation im Braugewerbe – Versuch einer Erklärung, in: Albach, H./Held, T. (Hrsg.): Betriebswirtschaftslehre mittelständischer Unternehmen, Stuttgart 1984, S. 682-692.

Küpper, H.-U. (1983): Der Bedarf an Kosten- und Leistungsinformationen in Industrieunternehmungen – Ergebnisse einer empirischen Erhebung, in: Kostenrechnungspraxis, 27. Jg., S. 169-181.

Küpper, H.-U. (1992): Anforderungen an die Kostenrechnung aus Sicht des Controlling, in: Männel, W. (Hrsg.): Handbuch Kostenrechnung, Wiesbaden 1992, S. 138-153.

Küpper, H.-U. (1993): Internes Rechnungswesen, in: Hauschildt, J./Grün, O. (Hrsg.): Ergebnisse empirischer betriebswirtschaftlicher Forschung – Zu einer Realtheorie der Unternehmung, Stuttgart 1993, S. 601-631.

Küpper, H.-U. (1995): Unternehmensrechnung, Integration in: Küpper, H.-U./Weber, J. (Hrsg.): Grundbegriffe des Controlling, Stuttgart 1995, S. 327-329.

Küpper, H.-U./Winckler, B./Zhang, S. (1990): Planungsverfahren und Planungsinformationen als Instrument des Controlling, in: DBW, 50. Jg., 1990, S. 435-458.

Küting, K./Lorson, P. (1998a): Anmerkungen zum Spannungsfeld zwischen externen Zielgrößen und internen Steuerungsinstrumenten, in: Betriebs-Berater, 53. Jg., Heft 9, S. 469-475.

Lachnit, L./Amman, H. (1989): Theoretische Grundlagen von Unternehmensführung in mittelständischen Betrieben, in: Lachnit, L. (Hrsg.): EDV-gestützte Unternehmensführung in mittelständischen Betrieben: Controllingsysteme zur integrierten Erfolgs- und Finanzlenkung auf operativer und strategischer Basis, München 1989, S. 7-56.

Lachnitt, L./Dey, G. (1989): Stand der in Klein- und Mittelbetrieben angewendeten Führungs-Informationssysteme: eine empirische Untersuchung, in: Lachnit, L. (Hrsg.): EDV-gestützte Unternehmensführung in mittelständischen Betrieben: Controllingsysteme zur integrierten Erfolgs- und Finanzlenkung auf operativer und strategischer Basis, München 1989, S. 57-96.

Lambsdorff, O. Graf (1984): Aufgaben der Betriebswirtschaftslehre kleiner und mittlerer Betriebe, in: Albach, H./Held, T. (Hrsg.): Betriebswirtschaftslehre mittelständischer Unternehmen, Stuttgart 1984, S. 5-16.

Lange, J.-U./Schauer, B.D. (1996): Ausgestaltung und Rechenzwecke mittelständischer Kostenrechnung, in: Kostenrechnungspraxis, 40. Jg., S. 202-208.

Langfield-Smith, K. (1997): Management Control System and Strategy: A Critical Review, in: Accounting, Organizations and Society, Vol. 22, No. 2, S. 207-232.

Lanz, R. (1989): Controlling in kleinen und mittleren Unternehmen, Bern 1989.

Larcker, D.F. (1981): The Perceived Importance of Selected Information Characteristics for Strategic Capital Budgeting Decisions, in: The Accounting Review, Vol. 61, S. 519-538.

Larcker, D.F./Lessig, V.P. (1980): Perceived Usefulness of Information: A Psychometric Examination, in: Decision Sciences, Vol. 11, No. 1, S. 121-134.

Laßmann, G. (1995): Stand und Weiterentwicklung des Internen Rechnungswesens, in: Zeitschrift für betriebswirtschaftliche Forschung, 47. Jg., S. 1044-1063.

Lawrence, P.R./Lorsch, J.W. (1967): Differentiation and Integration in Complex Organizations, in: Administrative Science Quarterly, Vol. 12, June, S. 1-47.

Lawrence, P.R./Lorsch, J.W. (1969): Organization and Environment: Managing Differentiation and Integration, Homewood, IL 1969.

Layer, M. (1985): Die Abstimmung des Internen Rechnungswesens auf die individuellen Unternehmensverhältnisse, in: Ballwieser, W./Berger, K.-H. (Hrsg.): Information und Wirtschaftlichkeit, Wiesbaden 1985, S. 715-743.

Leplin, J. (1986): Methodological Realism and Scientific Rationality, in: Philosophy of Science, Vol. 53, No. 1, S. 31-51.

Lewis-Beck, M.S. (1980): Applied Regression: An Introduction, Newbury Park, CA 1980.

Li, E.Y. (1997): Perceived Importance of Information System Success Factors: A Meta Analysis of Group Differences, in: Information and Management, Vol. 32, S. 15-28.

Li, M./Ye, L.R. (1999): Information Technology and Firm Performance: Linking with Environmental, Strategic and Managerial Contexts, in: Information and Management, Vol. 35, S. 43-51.

Lingenfelder, M. (1990): Die Marketingorientierung von Vertriebsleitern als strategischer Erfolgsfaktor. Eine theoretische Analyse und empirische Bestandsaufnahme in der Markenartikelindusrie, Berlin 1990.

Littkemann, J. (1997): Kontingenzansatz des Behavioral Accounting, in: Die Betriebswirtschaft, 57. Jg., S. 861-864.

Lucas, H.C. (1975): The Use of an Accounting Information System, Action and Organizational Performance, in: The Accounting Review, Vol. 50, October, S. 735-746.

Luhmann, N. (1980): Komplexität, in: Grochla, E. (Hrsg.): Handwörterbuch der Organisation, 2. Auflage, Stuttgart 1980, Sp. 1064-1070.

Lukka, K./Kasanen, E. (1995): The Problem of Generalizability: Anecdotes and Evidence in Accounting Research, in: Accounting, Auditing & Accountability Journal, Vol. 8, No. 5, S. 71-90.

Macintosh, N.B. (1981): A Contextual Model of Information Systems, in: Accounting, Organizations and Society, Vol. 6, No. 1, S. 39-53.

Macintosh, N.B./Daft, R.L. (1987): Management Control Systems and Departmental Interdependencies: An Empirical Study, in: Accounting, Organizations and Society, Vol. 12, No. 1, S. 49-61.

Macy, G./Arunachalam, V. (1995): Management Accounting Systems and Contingency Theory: In Search of Effective Systems, in: Epstein, M.J./Poston, K.M. (Ed.): Advances in Management Accounting, Vol. 4, Greenwich, CT 1995, S. 63-86.

Maleri, R. (1994): Grundlagen der Dienstleistungsproduktion, 3. Auflage, Berlin 1994.

Malhotra, N. (1993): Marketing Research – An Applied Orientation, Englewood Cliffs, NJ 1993.

Malik, F. (1984): Strategie des Managements komplexer Systeme. Ein Beitrag zur Management-Kybernetik evolutionärer Systeme, Bern/Stuttgart 1984.

Männel, W. (1992): Anpassung der Kostenrechnung an moderne Unternehmensstrukturen, in: Männel, W. (Hrsg.): Handbuch Kostenrechnung, Wiesbaden 1992, S. 105-137.

Männel, W. (1993): Moderne Konzepte für Kostenrechnung, Controlling und Kostenmanagement, in: Kostenrechnungspraxis, 37. Jg., 1993, S. 69-78.

Männel, W. (1995): Ausrichtung von Kostenrechnung, Kostencontrolling und Kostenmanagement auf marktorientiert segmentierte Unternehmensstrukturen, in: Bühner, R./Haase, K.D./Wilhelm, J. (Hrsg.): Die Dimensionierung des Unternehmens, Stuttgart 1995, S. 63-72.

March, J.G./Simon, H.A. (1958): Organizations, New York/London/Sydney 1958.

Marner, B. (1981): Kostenrechnungssysteme als Informationsbasis von Controlling-Konzeptionen – Ergebnisse einer empirischen Untersuchung, in: Kostenrechnungspraxis, 24. Jg., S. 211-220.

Martin, A. (1989): Die empirische Forschung in der Betriebswirtschaftslehre: Eine Untersuchung über die Logik der Hypothesenprüfung, die empirische Forschungspraxis und die Möglichkeit einer theoretischen Fundierung realwissenschaftlicher Untersuchungen, Stuttgart 1989.

Mason, C.H./Perreault, W.D. (1991): Collinearity, Power, and Interpretation of Multiple Regression, in: Journal of Marketing Research, Vol. 28, August, S. 268-280.

McGuire, B. (1976): The Small Enterprise in Economics and Organization Theory, 1976.

Meffert, H. (1998): Marketing: Grundlagen marktorientierter Unternehmensführung: Konzepte – Instrumente – Praxisbeispiele, 8. Auflage, Wiesbaden 1998.

Menon, A./Varadarajan, R. (1992): A Model of Marketing Knowledge Use Within Firms, in: Journal of Marketing, Vol. 56, October, S. 53-71.

Merchant, K.A. (1981): The Design of the Corporate Budgeting System: Influences on Managerial Behavior and Performance, in: The Accounting Review, Vol. 56, No. 4, S. 813-829.

Merchant, K.A. (1984): Influences on Departmental Budgeting: An Empirical Examination of a Contingency Model, in: Accounting, Organizations and Society, Vol. 9, No. 3/4, S. 291-307.

Merchant, K.A. (1985): Organizational Controls and Discretionary Program Decision Making: A Field Study, in: Accounting, Organizations and Society, Vol. 10, No. 1, S. 67-85.

Merchant, K.A. (1990): The Effects of Financial Controls on Data Manipulation and Management Myopia, in: Accounting, Organizations and Society, Vol. 15, No. 4, S. 297-313.

Merchant, K.A./Simons, R. (1986): Research on Control in Complex Organizations: An Overview, in: Journal of Accounting Literature, Vol. 5, S. 183-203.

Mertens, P. (1984): Einflüsse der EDV auf die Weiterentwicklung des betrieblichen Rechnungswesens, in: Kostenrechnungspraxis, 28. Jg., S. 87-93.

Mertens, P. (1992): DV-Unterstützung der Kostenrechnung, in: Männel, W. (Hrsg.): Handbuch Kostenrechnung, Wiesbaden 1992, S. 1199-1214.

Mertens, P./Cas, K./Meier, M. (1997): Die Integration von internen und externen Informationen als Herausforderung für das Controlling, in: Becker, W./Weber, J. (Hrsg.): Kostenrechnung: Stand und Entwicklungsperspektiven; Wolfgang Männel zum 60. Geburtstag, Wiesbaden 1997, S. 367-382.

Meyer, W. (1979a): Die Methodologie des Kritischen Rationalismus, in: Raffeé, H./Abel, B. (Hrsg.): Wissenschaftstheoretische Grundfragen der Wirtschaftswissenschaften, München 1979, S. 28-43.

Meyer, W. (1979b): Falsifikationslehre und ökonomische Theorie: Anwendungsprobleme des Kritischen Rationalismus, in: Raffeé, H./Abel, B. (Hrsg.): Wissenschaftstheoretische Grundfragen der Wirtschaftswissenschaften, München 1979, S. 44-59.

Mia, L. (1993): The Role of MAS Information in Organisations: An Empirical Study, in: British Accounting Review, Vol. 25, S. 269-285.

Mia, L./Chenhall, R.H. (1994): The Usefulness of Management Accounting Systems, Functional Differentiation and Managerial Effectiveness, in: Accounting, Organizations and Society, Vol. 19, No. 1, S. 1-13.

Miles, R.E./Snow, C.C. (1978): Organizational Strategy, Structure and Process, New York 1978.

Miles, R.E./Snow, C.C. (1986): Unternehmensstrategien, Hamburg 1986.

Miles, R.E./Snow, C.C./Meyer, A.D./Coleman, H.J. (1978): Organizational Strategy, Structure and Process, in: Academy of Management Journal, Vol. 21, No. 2, S. 546-562.

Miller, D./Chen, M.-J. (1996): The Simplicity of Competitive Repertoires: An Empirical Analysis, in: Strategic Management Journal, Vol. 17, S. 419-439.

Miller, D./Dröge, C. (1986): Psychological and Traditional Determinants of Structure, in: Administrative Science Quarterly, Vol. 31, S. 539-560.

Miller, D./Dröge, C./Toulouse, J.-M. (1988): Strategic Process and Content as Mediators Between Organizational Context and Structure, in: Academy of Management Journal, Vol. 31, No. 3, S. 544-569.

Miller, D./Friesen, P.H. (1982): Innovation in Conservative and Entrepreneurial Firms: Two Models of Strategic Momentum, in: Strategic Management Journal, Vol. 3, S. 1-25.

Mintzberg, H. (1978): Patterns in Strategy Formation, in: Management Science, Vol. 24, S. 934-948.

Mintzberg, H. (1989): Planning On the Left Side and Managing On the Right, in: Mintzberg on Management, New York 1989, S. 43-55.

Mitchell, F./Reid, G./Smith, J. (1998): A Case for Researching. Management Accounting in SMEs, in: Management Accounting, October, S. 30-32.

Mitchell, F./Reid, G./Terry, N. (1995): Post Investment Demand for Accounting Information by Venture Capitalists, in: Acounting and Business Research, Vol. 25, No. 99, S. 186-196.

Montazemi, A.R. (1988): Factors Affecting Information Satisfaction in the Context of the Small Business Environment, in: MIS Quarterly, Vol. 12, S. 239-256.

Mugler, J. (1984): Betriebswirtschaftslehre der Klein- und Mittelbetriebe – Begründung – Anforderung – Konzeption, in: Albach, H./Held, T. (Hrsg.): Betriebswirtschaftslehre mittelständischer Unternehmen, Stuttgart 1984, S. 768-781.

Mugler, J. (1993): Betriebswirtschaftslehre der Klein- und Mittelbetriebe, Wien/New York 1993.

Müller-Böling, D. (1992): Organisationsforschung, Methodik der, in: Frese, E. (Hrsg.): Handwörterbuch der Organisation, 3. Auflage, Stuttgart 1992, Sp. 1491-1505.

Müller-Stewens, G. (1992): Strategie und Organisationsstruktur, in: Frese, E. (Hrsg.): Handwörterbuch der Organisation, 3. Auflage, Stuttgart 1992, Sp. 2344-2355.

Mussnig, W. (1996): Von der Kostenrechnung zum Management Accounting, Wiesbaden 1996.

Naujoks, W./Kayser, G. (1983): Mittelstand 1983, Lage im Wettbewerb und betriebswirtschaftliche Praxis. Beiträge zur Mittelstandsforschung, Heft 95, Göttingen 1983.

Niedermayr, R. (1994): Entwicklungsstand des Controlling: System, Kontext und Effizienz, Wiesbaden 1994.

Nieschlag, R./Dichtl, E./Hörschgen, H. (1997): Marketing, 18. Auflage, Berlin 1997.

Nunnally, J.C. (1978): Psychometric Theory, 2nd edition, New York 1978.

o.V. (1997): Re-inventing Germany's Mittelstand, in: Financial Times, 17. Februar, London 1997, S. 3.

o.V. (1998): Nutzen Sie Ihre Kostenrechnung wirklich?, in: Maschinenbau-Nachrichten, 10/98, S. 23.

Oliver, R. (1980): A Cognitive Model of the Antecedents and Consequences of Satisfaction Decisions, in: Journal of Marketing Research, Vol. 17, November, S. 460-469.

O'Reilly, C.A. (1978): The Intentional Distortion of Information in Organizational Communication: A Laboratory and Field Approach, in: Human Relations, Vol. 31, No. 2, S. 173-193.

O'Reilly, C.A. (1980): Individuals and Information Overload in Organizations: Is More Necessarily Better?, in: Academy of Management Journal, Vol. 23, No. 4, S. 684-696.

O'Reilly, C.A. (1982): Variations in Decision Makers' Use of Information Sources: The Impact of Quality and Accessibility of Information, in: Academy of Management Journal, Vol. 25, No. 4, S. 756-771.

Otley, D.T. (1980): The Contingency Theory of Management Accounting: Achievement and Prognosis, in: Accounting, Organizations and Society, Vol. 5, No. 4, S. 413-428.

Otley, D.T. (1985): Developments in Management Accounting Research, in: The British Accounting Review, Vol. 17, No. 2, S. 3-23.

Otley, D.T./Broadbent, J./Berry, A. (1995): Research in Management Control: An Overview of its Development, in: British Journal of Management, Vol. 6, Special Issue, S. S31-S44.

Otley, D.T./Wilkinson, C. (1988): Organizational Behavior: Strategy, Structure, Environment, and Technology, in: Ferris, K. (Ed.): Behavioral Accounting Research: A Critical Analysis, Columbus, Ohio 1988, S. 147-170.

Parasuraman, A./Berry, L.A./Zeithaml, V. (1985): A Conceptual Model of Service Quality and its Implications for Future Research, in: Journal of Marketing, Vol. 49, October, S. 41-50.

Parasuraman, A./Zeithaml, V.A./Berry, L.L. (1988): SERVQUAL: A Multiple Item Scale for Measuring Customer Perceptions of Service Quality, in: Journal of Retailing, Vol. 64, Spring, S. 12-40.

Pearce, J.A./Robinson, R.B. (1991): Formulation, Implementation, and Control of Competitive Strategy, Homewood, IL 1991.

Pennings, J.M. (1987): Structural Contingency Theory: A Multivariate Test, in: Organization Studies, Vol. 8, S. 223-240.

Peter, J.P. (1979): Reliability: A Review of Psychometric Basics and Recent Marketing Practices, in: Journal of Marketing Research, Vol. 18, May, S. 6-17.

Peters, T.J./Waterman, R.H. (1982): In Search of Excellence, New York 1982.

Pfaff, D. (1994): Zur Notwendigkeit einer eigenständigen Kostenrechnung – Anmerkungen zur Neuorientierung des internen Rechnungswesens im Hause Siemens –, in: Zeitschrift für betriebswirtschaftliche Forschung, 46. Jg., S. 1065-1084.

Pfaff, D. (1996): Kostenrechnung als Instrument der Entscheidungssteuerung – Chancen und Probleme, in: Kostenrechnungspraxis, 40. Jg., S. 151-156.

Pfaff, D./Weber, J. (1998): Zweck der Kostenrechnung? Eine neue Sicht auf ein altes Problem, in: Die Betriebswirtschaft, 58. Jg., S. 151-165.

Pfaff, D./Weber, J./Weißenberger, B. (1999): Relevance Lost and Found: Kostenrechnung als Steuerungsinstrument und Sprache, in: Die Betriebswirtschaft, 59. Jg., S. 138-143.

Pfohl, H.-C./Kellerwessel, P. (1982): Abgrenzung der Klein- und Mittelbetriebe von Großbetrieben, in: Pfohl, H.-C. (Hrsg.): Betriebswirtschaftslehre der Mittel- und Kleinbetriebe. Größenspezifische Probleme und Möglichkeiten zu ihrer Lösung, Berlin 1982, S. 9-34.

Plaut, H.G. (1992): Grenzplankosten- und Deckungsbeitragskostenrechnung als modernes Kostenrechnungssystem, in: Männel, W. (Hrsg.): Handbuch Kostenrechnung, Wiesbaden 1992.

Pleitner, H.J. (1995): Unternehmensführung im Mittelstand, in: Corsten, H./Reiß, M. (Hrsg.): Handbuch Unternehmensführung: Konzepte – Instrumente – Schnittstellen, Wiesbaden 1995, S. 927-939.

Plinke, W. (1989): Industrielle Kostenrechnung für Ingenieure, Berlin: Springer 1989.

Pohl, H.-J./Nawroth, G. (1994): Führung kleiner und mittlerer Unternehmen in Deutschland und den USA. Ergebnisse einer empirischen Studie zum Unternehmenserfolg, Hamburg 1994.

Pohl, H.-J./Rehkugler, H. (1989): Management-Instrumente als Erfolgsfaktoren in mittelständischen Unternehmen, in: Internationales Gewerbearchiv, Heft 1, S. 1-13.

Popper, K. (1934): Logik der Forschung, Wien 1934.

Popper, K. (1963): Conjectures and Refutations: The Growth of Scientific Discovery, New York 1963.

Popper, K. (1984): Logik der Forschung, 8. Auflage, Tübingen 1984.

Porter, M.E. (1980): Competitive Strategy: Techniques for Analyzing Industries and Competitors, New York 1980.

Porter, M.E. (1986): Wettbewerbsvorteile, Frankfurt/Main 1986.

Preston, L.E. (1976): The World of Small Business: A Suggested Typology, in: American Journal of Small Business, 1/4, S. 13-19.

Pugh, D.S./Hickson, D.J. (1976): Organisational structure in its context (The Aston programme I), Westmead 1976.

Pugh, D.S./Hickson, D.J./Hinings, C.R./MacDonald, K.M./Turner, C./Lupton, T. (1963): A Conceptual Scheme for Organizational Analysis, in: Administrative Science Quarterly, Vol. 8, S. 289-315.

Pugh, D.S./Hickson, D.J./Hinings, C.R./Turner, C. (1969): The Context of Organization Structures, in: Administrative Science Quarterly, Vol. 14, S. 91-114.

Raffeé, H./Abel, B. (1979): Aufgaben und aktuelle Tendenzen der Wissenschaftstheorie in den Wirtschaftswissenschaften, in: Raffeé, H./Abel, B. (Hrsg.): Wissenschaftstheoretische Grundfragen der Wirtschaftswissenschaften, München 1979, S. 1-10.

Raffée, H./Fritz, W. (1991): Die Führungskonzepte erfolgreicher und weniger erfolgreicher Industrieunternehmen im Vergleich. Ergebnisse einer empirischen Untersuchung, in: Zeitschrift für Betriebswirtschaft, Heft 11, S. 1211-1226.

Rapp, M. (1996): Die funktionalistische Unternehmensverfassung in Familienunternehmen des verarbeitenden Gewerbes: theoretische und empirische Grundlagen zur Gewährleistung der Nachfolge, Frankfurt/Main 1996.

Raymond, L. (1985): Organizational Characteristics and MIS Success in the Context of Small Business, in: MIS Quarterly, Vol. 9, S. 37-52.

Raymond, L. (1990): Organizational Context and Information Systems Success: A Contingency Approach, in: Journal of Management Information Systems, Vol. 6, Spring 1990, S. 5-20.

Raymond, L./Magnenat-Thalmann, N. (1982): Information Systems in Small Business: Are They Used in Managerial Decisions?, in: American Journal of Small Business, Vol. 6, No. 4, S. 20-26.

Reckhaus, H.-D. (1993): Erfolgreiche Führung in Klein- und Mittelunternehmen – eine empirische Studie zur DOB-Branche, Bamberg 1993.

Rehkugler, H. (1989): Erfolgsfaktoren mittelständischer Unternehmen, in: Das Wirtschaftsstudium, Heft 11, S. 626-632.

Reiss, M. (1993): Komplexitätsmanagement. Teil 1 und 2, in: Das Wirtschaftsstudium, H. 1, 1993. S. 54-59 und 132-137.

Reske, W./Brandenburg, A./Mortsiefer, H.-J. (1976): Insolvenzsursachen mittelständischer Betriebe. Eine empirische Analyse, Göttingen 1976.

Riebel, P. (1992): Einzelerlös-, Einzelkosten- und Deckungsbeitragsrechnung als Kern einer ganzheitlichen Führungsrechnung, in: Männel, W. (Hrsg.): Handbuch Kostenrechnung, Wiesbaden 1992, S. 247-299.

Robl, K. (1976): Zur Problemsituation mittelständischer Betriebe. Eine empirische Analyse, Göttingen 1978.

Roithmayr, F./Wendner, F. (1992): Ergebnisse einer empirischen Studie über den Zusammenhang zwischen Unternehmenstrategie und Informationssystem-Strategie, in: Wirtschaftsinformatik, 34. Jg., Heft 5, S. 472-480.

Rumelt, R.P. (1974): Strategy, Structure and Economic Performance, Cambridge, MA 1974.

Sandler, G. (1989): Strategie und Struktur, in: Szyperski, N./Winand, U. (Hrsg.): Handwörterbuch der Planung, Stuttgart 1989, Sp. 1885-1893.

Schanz, G. (1975a): Zwei Arten des Empirismus, in: Zeitschrift für betriebswirtschaftliche Forschung, 27. Jg., S. 307-331.

Schanz, G. (1975b): Einführung in die Methodologie der Betriebswirtschaftslehre, Köln 1975.

Schanz, G. (1993): Verhaltenswissenschaften und Betriebswirtschaftslehre, in: Wittmann, W./Kern, W./Köhler, R./Küpper, H.-U./Wysocki, K. v. (Hrsg.): Handwörterbuch der Betriebswirtschaft, 5. Auflage, Stuttgart 1993, Sp. 4521-4532.

Schehl, M. (1994): Die Kostenrechnung der Industrieunternehmen vor dem Hintergrund unternehmensexterner und -interner Strukturwandlungen: Eine theoretische und empirische Untersuchung, Berlin 1994.

Schildbach, T. (1995): Entwicklungslinien in der Kosten- und internen Unternehmensrechnung, in: Zeitschrift für betriebswirtschaftliche Forschung, 47. Jg., Sonderheft 34, S. 1-18.

Schimank, D. (1990): Strategische Entscheidungsunterstützung durch prozeßorientierte Kosteninformationen, in: Horváth, P. (Hrsg.): Strategieunterstützung durch das Controlling: Revolution im Rechnungswesen?, Stuttgart 1990, S. 227-247.

Schmidt, A. (1995): Der Einfluß der Unternehmensgröße auf die Rentabilität von Industrieunternehmen, Wiesbaden 1995.

Schneider, D. (1992b): Theorien zur Entwicklung des Rechnungswesens, in: Zeitschrift für betriebswirtschaftliche Forschung, 44. Jg., S. 3-31.

Schoenfeld, H.-M.W. (1992): Entwicklung des Management Accounting in den USA, in: Männel, W. (Hrsg.): Handbuch Kostenrechnung, Wiesbaden 1992, S. 348-359.

Schoenfeld, H.-M.W. (1993): Behavioral Accounting, in: Chmielewicz, K./Schweitzer, M.(Hrsg.): Handwörterbuch des Rechnungswesens, 3. Auflage, Stuttgart 1993, Sp. 280-292.

Schoonhoven, C.B. (1981): Problems With Contingency Theory: Testing Assumptions Hidden within the Language of Contingency "Theory", in: Administrative Science Quarterly, Vol. 26, S. 349-377.

Schreyögg, G. (1978): Umwelt, Technologie und Organisationsstruktur, Bern 1978.

Schreyögg, G. (1992): Organisationstheorie, entscheidungsprozeßorientierte, in: Frese, E. (Hrsg.): Handwörterbuch der Organisation, 3. Auflage, Stuttgart 1992, Sp. 1746-1757.

Schröder, E.F. (1993): Erfolgsfaktoren mittelständischer Unternehmen, in: Liessmann, K. (Hrsg.): Controllingkonzepte für den Mittelstand. Existenzsicherung durch Innovation und Flexibilität, Freiburg 1993, S. 103-123.

Schumpeter, J.A. (1961): The Theory of Economic Development. An Inquiry into Profits, Capital, Credit, Interest and the Business Cycle, 7. Auflage, Cambridge, MA 1961.

Schuster, P. (1991): Erfolgsorientierte Steuerung kleiner und mittlerer Unternehmen. Funktionale, instrumentelle und organisatorische Aspekte eines größengerechten Controlling, Berlin/ Heidelberg 1991.

Schweikart, J.A. (1986): The Relevance of Managerial Accounting Information: A Multinational Analysis, in: Accounting, Organizations and Society, Vol. 11, No. 6, S. 541-554.

Schweitzer, M. (1978): Wissenschaftziele und Auffassungen in der Betriebswirtschaftslehre - Eine Einführung, in: Schweitzer, M. (Hrsg.): Auffassungen und Wissenschaftsziele der Betriebswirtschaftslehre, Darmstadt 1978, S. 1-14.

Schweitzer, M./Friedl, B. (1997): Kostenmanagement bei verschiedenen Wettbewerbsstrategien, in: Becker, W./Weber, J. (Hrsg.): Kostenrechnung: Stand und Entwicklungsperspektiven – Wolfgang Männel zum 60. Geburtstag, Wiesbaden 1997, S. 447-463.

Schweitzer, M./Küpper, H.-U. (1995): Systeme der Kosten- und Erlösrechnung, 6. Auflage, München 1995.

Sexton, D.L./Kasarda, J.D. (1992): The State of the Art of Entrepreneurship, Boston 1992.

Shank, J.K. (1989): Strategic Management Accounting: New Wine or Just New Bottles?, in: Journal of Management Accounting Research, Vol. 1, Fall, S. 47-65.

Sharfman, M.P./Dean, J.W., Jr. (1991a): Conceptualizing and Measuring the Organizational Environment: A Multidimensional Approach, in: Journal of Management, Vol. 17, S. 681-700.

Sharfman, M.P./Dean, J.W., Jr. (1991b): Dimensions and Constructs: A Response to Dess and Rasheed, in: Journal of Management, Vol. 17, No. 4, S. 711-715.

Sharma, S./Durand, R.M./Gur-Arie, O. (1981): Identification and Analysis of Moderator Variables, in: Journal of Marketing Research, Vol. 18, August, S. 291-300.

Shortell, S.M./Zajac, E.J. (1990): Perceptual and Archival Measures of Miles and Snow's Strategic Types: A Comprehensive Assessment of Reliability and Validity, in: Academy of Management Journal, Vol. 33, No. 4, S. 817-832.

Siegwart, H. (1993): Controllerdienst als Servicefunktion, in: Liessmann, K. (Hrsg.): Controllingkonzepte für den Mittelstand. Existenzsicherung durch Innovation und Flexibilität, Freiburg 1993, S. 89-102.

Simon, G. (1966): Kostenrechnung in Klein- und Mittelbetrieben, Wiesbaden 1966.

Simon, H. (1990): „Hidden Champions" – Speerspitze der deutschen Wirtschaft, in: Zeitschrift für Betriebswirtschaft, 60 Jg., S. 875-890.

Simon, H.A./Guetzkow, H./Kozmetsky, G./Tyndall, G. (1954): Centralization Vs. Decentralization in Organizing the Controller's Department, Reprint of the ed. published by Controllership Foundation (1954), Houston 1978.

Simons, R. (1987): Accounting Control Systems and Business Strategy: An Empirical Analysis, in: Accounting, Organizations and Society, Vol. 12, No. 4, S. 357-374.

Simons, R. (1990): The Role of Management Control Systems in Creating Competitive Advantage: New Perspectives, in: Accounting, Organizations and Society, Vol. 15, No. 1/2, S. 127-143.

Simons, R. (1995): Levers of Control, Cambridge, MA 1995.

Sinkula, J.M. (1990): Perceived Characteristics, Organizational Factors, and the Utilization of External Market Research Suppliers, in: Journal of Business Research, Vol. 21, S. 1-17.

Sinkula, J.M. (1994): Market Information Processing and Organizational Learning, in: Journal of Marketing, Vol. 58, January, S. 35-45.

Slater, S.F./Narver, J.C. (1993): Product-market Strategy and Performance: An Analysis of the Miles and Snow Types, in: European Journal of Marketing, Vol. 27, No. 10, S. 33-51.

Snow, C.C./Hambrick, D.C. (1980): Measuring Organizational Strategies: Some Theoretical and Methodological Problems, in: Academy of Management Review, Vol. 5, S. 527-538.

Snow, C.C./Hrebiniak, L.G. (1980): Strategy, Distinctive Competence, and Organizational Performance, in: Adminstrative Science Quarterly, Vol. 25, S. 317-336.

Stadelmann, M. (1996): Informationstechnologie als Hilfsmittel der Führung in Klein- und Mittelunternehmen (KMU) – Ansätze für die informationstechnologisch unterstützte organisatorische Gestaltung der Führungstätigkeit, Bern 1996.

Staehle, W. (1976): Der situative Ansatz in der Betriebswirtschaftslehre, in: Ulrich, H. (Hrsg.): Zum Praxisbezug der Betriebswirtschaftslehre in wissenschaftstheoretischer Sicht, Bern/Stuttgart 1976, S. 33-50.

Staehle, W. (1989): Management – Eine verhaltenswissenschaftliche Einführung, 4. Auflage, München 1989.

Staerkle, R (1992): Leitungssystem, in: Frese, E. (Hrsg.): Handwörterbuch der Organisation, 3. Auflage, Stuttgart 1992, Sp. 1228-1239.

Statistisches Bundesamt (1998): Statistisches Jahrbuch 1996 für die Bundesrepublik Deutschland, Wiesbaden 1998.

Stauss, B. (1991): „Augenblicke der Wahrheit" in der Dienstleistungserstellung, in: Bruhn, M./Stauss, B. (Hrsg.): Dienstleistungsqualität. Konzepte, Methoden, Erfahrungen, Wiesbaden 1991, S. 345-365.

Stauss, B./Hentschel, B. (1991): Dienstleistungsqualität, in: Wirtschaftswissenschaftliches Studium, 20. Jg., Nr. 5, S. 238-244.

Stefanic-Allmayer, K. (1950): Allgemeine Organisationslehre, Wien/Stuttgart 1950.

Steiner, J./Reske, W. (1978): Aufgaben und Bedeutung von Führungspersonen in mittelständischen Betrieben – Ergebnisse einer empirischen Analyse, Heft 36 der Beiträge zur Mittelstandsforschung des Instituts für Mitteltstandsforschung, Göttingen 1978.

Steinmann, H./Guthunz, U./Hasselberg, F. (1992): Kostenführerschaft und Kostenrechnung, in: Männel, W. (Hrsg.): Handbuch Kostenrechnung, Wiesbaden 1992, S. 1459-1477.

Steinmann, H./Schreyögg, G. (1991): Management: Grundlagen der Unternehmensführung. Konzepte, Funktionen und Praxisfälle, 2. Auflage, Wiesbaden 1991.

STRATOS (1987): Strategic Orientation of Small and Medium Sized Entreprises: a Summary of First Descripitve Results, in: Institute Report 87-01, European Institute for Advanced Studies in Management, An International Network for Research an Teaching, September, Brussels 1987.

Suzuki, Y. (1980): The Strategy and Structure of the Top 100 Japanese Industrial Enterprises 1950-1970, in: Strategic Management Journal, 1980, S. 265-291.

Swieringa, R.J./Moncur, R.H. (1972): The Relationship Between Manager's Budget-Oriented Behavior and Selected Attitude, Position, Size and Performance Measures, in: Journal of Accounting Research, Vol. 10, Supplement, S. 194-209.

Szyperski, N. (1981): Rechnungswesen als Informationssystem, in: Kosiol, E./Chmielewicz, K./Schweitzer, M. (Hrsg.): Handwörterbuch des Rechnungswesens, 2. Auflage, Stuttgart 1981, Sp. 1425-1439.

Szyperski, N./Müller-Böling, D. (1980): Gestaltungsparameter der Planungsorganisation: Ein anwendungsorientiertes Konzept für die Gestaltung von Planungssystemen, in: Die Betriebswirtschaft, 40. Jg., S. 357-373.

The Strategic Planning Institute (1980): The PIMS Program, Cambridge, MA 1980.

Thompson, J.D. (1967): Organizations in Action: Social Science Bases of Administrative Theory, New York 1967.

Thürbach, R.-P./Hutter, E. (1976): Zum Stand der Organisation in mittelständischen Betrieben – eine empirische Analyse, Beiträge zur Mittelstandsforschung, Heft 11, Göttingen 1976.

Uebele, H. (1981): Verbreitungsgrad und Entwicklungsstand des Controlling in deutschen Industrieunternehmen – Ergebnisse einer empirischen Untersuchung –, DBW-Depot, Stuttgart 1981.

Ulrich, H. (1970): Die Unternehmung als produktives soziales System, 2. Auflage, Bern/Stuttgart 1970.

Ulrich, H./Krieg, W./Malik, F. (1976): Zum Praxisbezug einer systemorientierten Betriebswirtschaftslehre, in: Ulrich, H. (Hrsg.): Zum Praxisbezug der Betriebswirtschaftslehre in wissenschaftstheoretischer Sicht, Bern 1976, S. 135-151.

Ulrich, H./Probst, G.J. (1982): Werthaltungen schweizerischer Führungskräfte, Bern/Stuttgart 1982.

Ulrich, P./Fluri, E. (1992): Management – Eine konzentrierte Einführung, Bern 1992.

Venkatraman, N./Grant, J.H. (1986): Construct Measurement in Organizational Strategy Research: A Critique and Proposal, in: Academy of Management Review, Vol. 11, No. 1, S. 71-87.

Währisch, M. (1998): Kostenrechnungspraxis in der deutschen Industrie, Wiesbaden 1998.

Waterhouse, J.H./Tiessen, P. (1978): A Contingency Framework for Management Accounting Systems Research, in: Accounting, Organizations and Society, Vol. 3, No. 1, S. 65-76.

Weber, J. (1985): Kostenrechnung als Controllinginstrument, in: Kostenrechnungspraxis, 29. Jg., Sonderheft 1/1985, S. 23-31.

Weber, J. (1989): Change-Management für die Kostenrechnung – Zur Notwendigkeit des beständigen Wandels der Kostenrechnung, in: Scheer, A.-W. (Hrsg.): Rechnungswesen und EDV – 10. Saarbrücker Arbeitstagung 1989: Rechnungswesen im Unternehmen der 90er Jahre, Heidelberg 1989, S. 30-47.

Weber, J. (1991a): Kostenrechnung als Controlling-Objekt: Zur Neuausrichtung und Weiterentwicklung der Kostenrechnung, in: Kistner, K.-P./Schmidt, R. (Hrsg.): Unternehmensdynamik. Horst Albach zum 60. Geburtstag, Wiesbaden 1991, S. 443-479.

Weber, J. (1991b): Einführung von Kostenrechnungs-Standard-Software, in: Weber, J. (Hrsg.): Kostenrechnung im Mittelstand, Stuttgart 1991.

Weber, J. (1992a): Kostenrechnung im Mittelstand, in: Deutsches Steuerrecht, 28. Jg., S. 958-963.

Weber, J. (1992b): Entfeinerung der Kostenrechnung?, in: Scheer, A.-W. (Hrsg.): Rechnungswesen und EDV – 13. Saarbrücker Arbeitstagung 1992: Spannungsfeld zwischen Integration und Dezentralisierung, Heidelberg 1992, S. 173-199.

Weber, J. (1993a): Kostenrechnung im System der Unternehmensführung – Stand und Perspektiven der Kostenrechnung in den 90er Jahren, in: Weber, J. (Hrsg.): Zur Neuausrichtung der Kostenrechnung: Entwicklungsperspektiven für die 90er Jahre, Stuttgart 1993, S. 1-77.

Weber, J. (1993b): Stand der Kostenrechnung in deutschen Großunternehmen – Ergebnisse einer empirischen Erhebung, in: Weber, J. (Hrsg.): Zur Neuausrichtung der Kostenrechnung: Entwicklungsperspektiven für die 90er Jahre, Stuttgart 1993, S. 257-277.

Weber, J. (1995a): Einführung in das Rechnungswesen II: Kostenrechnung, 4. Auflage, Stuttgart 1995.

Weber, J. (1995b): Kostenrechnung-(s)-Dynamik – Einflüsse hoher unternehmensex- und -interner Veränderungen auf die Gestaltung der Kostenrechnung, in: Betriebswirtschaftliche Forschung und Praxis, 47. Jg., S. 565-581.

Weber, J. (1996a): Selektives Rechnungswesen, in: Zeitschrift für Betriebswirtschaft, 66. Jg., S. 925-946.

Weber, J. (1996b): Kostenrechnung am Scheideweg?, WHU-Forschungspapier Nr. 42, Vallendar 1996.

Weber, J. (1998): Einführung in das Controlling, 7. Auflage, Stuttgart 1998.

Weber, J./Aust, R. (1997): Reengineering Kostenrechnung: Notwendigkeit – Benchmarking – Veränderungsschritte, Band 5 der Reihe Advanced Controlling, Vallendar 1997.

Weber, J./Aust, R. (1998): Reengineering der Kostenrechnung – vom komplexen Rechensystem zur internen Dienstleistung, in: Kostenrechnungspraxis, 42. Jg., S. 133-139.

Weber, J./Brettel, M./Schäffer, U. (1996): Gedanken zur Unternehmensführung, WHU-Forschungspapier Nr. 35, Vallendar 1996.

Weber, J./Hamprecht, M./Goeldel, H. (1995): Benchmarking des Controlling: Ein Ansatz zur Effizienzsteigerung betrieblicher Organisationsbereiche, in: Kostenrechnungspraxis, 39. Jg., S. 15-19.

Weber, J./Lehman, F.O./Jörgens, H. (1990): Einführung von Kostenrechnungs-Standard-Software, in: Kostenrechnungspraxis, 34. Jg., S. 92-100.

Weber, J./Reitmeyer, T./Frank, S. (2000): Erfolgreich Entscheiden – der Management-Leitfaden für den Mittelstand, Wiesbaden 2000.

Weber, J./Schäffer, U. (1998a): Balanced Scorecard, Band 8 der Reihe Advanced Controlling, Vallendar 1998.

Weber, J./Schäffer, U. (1998b): Sicherstellung der Rationalität von Führung als Controlleraufgabe?, WHU-Forschungspapier Nr. 49, Vallendar 1998.

Weber, J./Schäffer, U. (1999a): Sicherung der Rationalität in der Willensbildung durch die Nutzung des fruchtbaren Spannungsverhältnisses von Reflexion und Intuition, in: Zeitschrift für Planung, 10. Jg., S. 205-224.

Weber, J./Schäffer, U. (1999b): Auf dem Weg zu einem aktiven Kennzahlenmanagement, WHU-Forschungspapier Nr. 66, Juni, Vallendar 1999.

Weber, M. (1976): Wirtschaft und Gesellschaft, 5. Auflage, Tübingen 1976.

Welge, M.K. (1988): Unternehmensführung, Band 3: Controlling, Stuttgart 1988.

Wells, C.J. (1990): Deutsch: eine Sprachgeschichte bis 1945, Tübingen 1990.

Welsh, J.A./White, J.F. (1981): A Small Business is not a Little Big Business, in: Harvard Business Review, 59. Jg., Nr. 4, July-August, S. 18-32.

Wengerter, A. (1992): Ein Controllingsystem für mittelständische Unternehmen – Grundlage für eine laufende betriebswirtschaftliche Beratung durch externe Berater, Frankfurt/Main 1992.

Wiebe, R. (1991): Controlling im industriellen Mittelbetrieb unter besonderer Berücksichtigung der Internationalisierung in Form der Direktinvestition, Frankfurt/Main 1991.

Winkler, W.M. (1986): Kostenrechnung in Klein- und Mittelbetrieben. Hemmfaktoren und betriebsspezifische Gestaltung, Graz 1986.

Witt, F. (1995): Theorietraditionen der betriebswirtschaftlichen Forschung. Deutschsprachige Betriebswirtschaftslehre und angloamerikanische Management- und Organisationsforschung, Wiesbaden 1995.

Witte, E. (1968): Phasen-Theorem und Organisation komplexer Entscheidungsverläufe, in: Zeitschrift für betriebswirtschaftliche Forschung, 20. Jg., S. 625-647.

Witte, E. (1972): Das Informations-Verhalten in Entscheidungs-Prozessen, in: Witte, E. (Hrsg.): Das Informationsverhalten in Entscheidungsprozessen, Tübingen 1972, S. 1-81.

Witte, E. (1973): Organisation für Innovationsentscheidungen, Göttingen 1973.

Witte, E. (1975): Informationsverhalten, in: Grochla, E. (Hrsg.): Organisationstheorie: Band 2, Stuttgart 1975, S. 389-396.

Witte, E. (1977): Lehrgeld für empirische Forschung: Notizen während einer Diskussion, in: Köhler, R. (Hrsg.): Empirische und handlungstheoretische Forschungskonzeptionen in der Betriebswirtschaftslehre, Stuttgart 1977.

Witte, E. (1984): Informationsverhalten, in: Grochla, E./Wittmann, W. (Hrsg.): Handwörterbuch der Betriebswirtschaft, 4. Auflage, Stuttgart 1984, Sp. 1915-1924.

Wolff, R./Goldberg, W.H. (1984): Das mittelständische Unternehmen und seine Umwelt, in: Albach, H./Held, T. (Hrsg.): Betriebswirtschaftslehre mittelständischer Unternehmen, Stuttgart 1984, S. 523-542.

Wollnik, M./Kubicek, H. (1976): Einflußfaktoren der Koordination in Unternehmungen – Eine Neuformulierung der empirischen Ergebnisse von Pugh et. al. und Child, in: Zeitschrift für betriebswirtschaftliche Forschung, 28. Jg., S. 502-524.

Wonnacott, T.H./Wonnacott, R.J. (1990): Introductory Statistics, 5th edition, New York 1990.

Wood, S. (1979): Reappraisal of the Contingency Approach to Organization, in: Journal of Management Studies, Vol. 16, S. 334-354.

Woodward, J. (1958): Management and Technology, London 1958.

Wossidlo, P.R. (1993): Mittelständische Unternehmungen, in: Wittmann, W./Kern, W./Köhler, R./Küpper, H.-U./Wysocki, K. v. (Hrsg.): Handwörterbuch der Betriebswirtschaft, 5. Auflage, Stuttgart 1993, Sp. 2888-2998.

Wrigley, L. (1970): Diversification and Divisional Autonomy, Cambridge, MA 1970.

Wunderer, R. (1995): Führungstheorien, in: Kieser, A./Reber, G./Wunderer, R. (Hrsg.): Handwörterbuch der Führung, 2. Auflage, Stuttgart 1995, Sp. 1323-1340.

Zahra, S.A./Pearce, J.A. (1990): Research Evidence On The Miles-Snow-Typology, in: Journal of Management, Vol. 16, No. 4, S. 751-768.

Ziegler, H. (1994): Neuorientierung des internen Rechnungswesens für das Unternehmenscontrolling im Hause Siemens, in: Zeitschrift für betriebswirtschaftliche Forschung, 46. Jg., S. 175-188.

Zwerman, W.L. (1970): New Perspectives on Organization Theory, Westport 1970.